U0453331

本书出版受到国家社科基金项目"社会语用学视角下的东乡语语用研究"（项目号：16BYY159）资助，特表示感谢

社会语用学视角下的东乡语语用研究

刘思 杨益 李宗宏 著

中国社会科学出版社

图书在版编目（CIP）数据

社会语用学视角下的东乡语语用研究 / 刘思，杨益，李宗宏著 . — 北京：中国社会科学出版社，2021.1
ISBN 978-7-5203-7811-6

Ⅰ. ①社⋯　Ⅱ. ①刘⋯ ②杨⋯ ③李⋯　Ⅲ. ①东乡语—语用学—研究　Ⅳ. ① H233.4

中国版本图书馆 CIP 数据核字（2021）第 019852 号

出 版 人	赵剑英
责任编辑	史慕鸿　夏　侠
责任校对	冯英爽
责任印制	戴　宽

出　　版	中国社会科学出版社
社　　址	北京鼓楼西大街甲 158 号
邮　　编	100720
网　　址	http://www.csspw.cn
发 行 部	010-84083685
门 市 部	010-84029450
经　　销	新华书店及其他书店

印　　刷	北京明恒达印务有限公司
装　　订	廊坊市广阳区广增装订厂
版　　次	2021 年 1 月第 1 版
印　　次	2021 年 1 月第 1 次印刷

开　　本	710×1000　1/16
印　　张	26.5
字　　数	383 千字
定　　价	128.00 元

凡购买中国社会科学出版社图书，如有质量问题请与本社营销中心联系调换
电话：010-84083683
版权所有　侵权必究

课题组其他成员

张水云　何　磬　吉晓彤　焦　梅
梁潇洁　马彩霞　魏芳秀　赵白露
黎巧儿
陈元龙（东乡语语言文化专家、指导）

前　　言

　　无可非议，各种语言或方言都代表一个国家或地区的文化生态的记录与传承；而语言文化多样性与生物多样性之间存在密切联系。各种社团具有不同的语言表达方式，一种语言就是一个可利用的知识库。社会的发展离不开语言使用，语言使用离不开社会环境；语言与社会环境密切相关。人们在复杂的动态的语境中去理解话语，以明白对方的会话意思或交际意图，同时了解对方的文化习俗及心理认知。这是处理交际者之间、个体与社会整体之间，尤其是不同民族个体或社团之间友好关系的必经道路。

　　为了深入了解东乡族的民族文化习俗及心理认知，我们基于"社会语用学"的理论与研究理念，首先全面系统地梳理普通语用学的相关理论，以社会语用学为视角，观察、分析影响说话人语用策略的社会环境、文化认知及性格特点；确立东乡语语用调研、分析的思路和方法。也即是：实证研究必须有理论基础的指导；反过来，系统的理论需要实际的应用和检验。

　　理论部分的方法采用文献综述法；即在广泛阅读和理解的基础上，对社会语用学相关理论基础、争论焦点、新水平、新动态和新发现等进行综述和分析。实证部分采用定性与定量相结合的实地调查研究法，获取自然或半自然会话语料，保证数据收集、分析的科学性和可靠性。

　　我们还对东乡语与兰州汉语方言的语用异同进行了对比；东乡语属

于阿尔泰语系蒙古语族东蒙古语支，加之先民不少是历史上进入华夏大地的伊斯兰教的后代，所以东乡语外来词汇中，除了汉语之外，还有不少宗教使用的突厥语、阿拉伯语、波斯语等；因而东乡语保留着许多民族独特的社会和宗教文化观念。所以，东乡语与兰州汉语方言之间必然存在语用差异。对比东乡语与兰州汉语方言的语用异同，能帮助我们更深入了解东乡少数民族与汉族之间语用特点及所反映的社会文化和意识形态的异同；增进民族了解与团结；促进语用生态、文化生态的研究和发展。

我们希望通过对东乡语语用特点的研究，引起语言学界对少数民族尤其是濒危语言语用研究的高度重视；涌现更多、更好地对各种濒危语言的语用研究。

作者于金城
2020年6月

目　　录

第一部分　（社会）语用学基础理论

语用学理论分章简述…………………………………………………………… 2

第一章　会话意义理论…………………………………………………… 4
第一节　格莱斯的基本理论…………………………………………… 4
一　格莱斯对话语的划分………………………………………… 5
二　合作原则及四准则…………………………………………… 6
三　会话含意理论………………………………………………… 10
四　合作原则的不足……………………………………………… 13
第二节　新格莱斯主义与后格莱斯主义的修正理论………………… 13
一　新格莱斯主义………………………………………………… 14
二　后格莱斯主义………………………………………………… 23
第三节　会话含意、明意和隐意对比………………………………… 27
一　基本观点和主要分歧………………………………………… 27
二　焦点问题及解答……………………………………………… 30
第四节　含意、隐意和明意的认知实验研究………………………… 34
一　一个研究的焦点……………………………………………… 34
二　两个关注的问题……………………………………………… 37

		三　三种意义认知处理模式……………………………………	38
	第五节	含意、隐意和明意的社会交际功能…………………………	45
		一　言语行为理论与话语意图…………………………………	45
		二　面子、礼貌与话语意图……………………………………	47
		三　小结…………………………………………………………	49

第二章　言语行为理论……………………………………………… 50

第一节	引言……………………………………………………………	50
第二节	奥斯汀言语行为理论…………………………………………	52
	一　理论概述……………………………………………………	52
	二　施为句和述谓句……………………………………………	53
	三　奥斯汀的完整言语行为说和三分法………………………	54
第三节	塞尔言语行为理论……………………………………………	56
	一　理论概述……………………………………………………	56
	二　塞尔言语行为分类…………………………………………	57
	三　塞尔间接言语行为理论……………………………………	58
第四节	言语行为理论评论……………………………………………	60
	一　塞尔对奥斯汀言语行为理论的批评………………………	60
	二　顾曰国对言语行为论的批评………………………………	61
	三　其他学者对言语行为论的评价……………………………	63
第五节	言语行为与语言交际…………………………………………	65
	一　言语行为和交际语境性……………………………………	65
	二　言语行为和交际动态性……………………………………	67
	三　言语行为和交际意图与意向性……………………………	69
第六节	言语行为理论的转向与发展…………………………………	74
第七节	小结……………………………………………………………	76

第三章　礼貌理论 ·· 78
第一节　各种礼貌理论的观点 ································· 79
　　一　会话准则型礼貌理论 ······································ 79
　　二　面子挽救型礼貌理论 ······································ 81
　　三　汉语礼貌理论 ·· 85
　　四　日语的礼貌观点 ··· 86
　　五　言语行为实施模式的跨文化研究 ······················ 87
　　六　人际关系管理理论 ··· 88
　　七　话语霸权的礼貌观 ··· 90
　　八　其他礼貌观点 ·· 90
第二节　争论 ··· 92
　　一　礼貌研究的同一性和自主性的争论 ··················· 92
　　二　东、西方礼貌的共性和差异性的争论 ··············· 93
　　三　礼貌因素的共性和差异性争论 ·························· 94
　　四　礼貌存在于说话人还是听话人心中，还是两者心中？··· 95
第三节　修正 ··· 96
　　一　宏观礼貌策略 ·· 96
　　二　宏观礼貌策略的新观点 ································· 104
　　三　宏观不礼貌策略原则 ···································· 106
第四节　小结 ··· 111

第四章　社会和个体因素对语用的影响 ···················· 112
第一节　性别对语用的影响 ···································· 112
　　一　语言性别差异的起源与发展 ··························· 112
　　二　性别与语言使用差异 ···································· 114
　　三　语言性别差异的语用解释和分析 ···················· 117
　　四　性别差异的成因与相关理论 ··························· 119

第二节　年龄对语用的影响 …………………………………… 124
　　　　一　年龄对言语行为的影响 ………………………………… 124
　　　　二　年龄对方言使用的影响 ………………………………… 125
　　第三节　权势对语用的影响 …………………………………… 127
　　　　一　权势在语用中的构建和调整 …………………………… 128
　　　　二　权势的理论由来和实况解析 …………………………… 131
　　第四节　关系亲疏对语用的影响 ……………………………… 132
　　　　一　关系亲疏影响语用策略 ………………………………… 134
　　　　二　语用调节关系亲疏 ……………………………………… 137
　　第五节　小结 …………………………………………………… 140

第五章　跨文化语用学 ……………………………………………… 141
　　第一节　跨文化语用学概述 …………………………………… 141
　　　　一　研究背景 ………………………………………………… 141
　　　　二　定义 ……………………………………………………… 142
　　　　三　研究层面 ………………………………………………… 145
　　第二节　跨文化语用语言学 …………………………………… 146
　　　　一　对语言形式的关注 ……………………………………… 146
　　　　二　研究重点 ………………………………………………… 147
　　　　三　研究实例 ………………………………………………… 149
　　第三节　跨文化社会语用学 …………………………………… 150
　　　　一　语言形式背后的社会文化因素 ………………………… 150
　　　　二　语用原则的普遍性与相对性之争 ……………………… 152
　　第四节　跨文化语用学研究方法及"对等"问题 …………… 155
　　　　一　角色扮演 ………………………………………………… 155
　　　　二　会话完型测试 …………………………………………… 157
　　　　三　"对等"问题 …………………………………………… 160
　　第五节　小结 …………………………………………………… 161

一　努力探索更具普遍性的交际语用规则 …………………… 162
　二　语际语用学将具有更加广阔的现实意义 ………………… 162
　三　努力探索和更新研究论题、范式和方法 ………………… 163

第二部分　东乡语语用特点研究报告

东乡语语用研究综述 ……………………………………………… 166

第六章　问候和告别 ……………………………………… 172
第一节　引言 ……………………………………………………… 172
第二节　理论背景 ………………………………………………… 173
　一　问候语和告别语作为会话成分 …………………………… 174
　二　问候语和告别语作为施为行为 …………………………… 176
　三　问候语和告别语作为常规礼貌用语 ……………………… 176
第三节　文献综述 ………………………………………………… 177
　一　问候语和告别语的定义 …………………………………… 177
　二　问候语和告别语的分类 …………………………………… 179
第四节　研究方法 ………………………………………………… 180
　一　研究问题 …………………………………………………… 180
　二　受试 ………………………………………………………… 181
　三　研究设计 …………………………………………………… 182
　四　研究步骤 …………………………………………………… 184
第五节　研究结果 ………………………………………………… 187
　一　东乡语和汉语问候和告别言语行为主要语用策略 ……… 187
　二　年龄对东乡语问候和告别语用策略的影响 ……………… 190
　三　权势对东乡语问候和告别语用策略的影响 ……………… 195
　四　年龄和权势对东乡语和汉语问候和告别语用策略的影响 … 197
第六节　分析与讨论 ……………………………………………… 203

  一　东乡语和汉语问候和告别言语行为语用策略分析………204
  二　年龄对东乡语问候和告别语用策略的影响分析………204
  三　权势对东乡语问候和告别语用策略的影响分析………205
  四　年龄和权势对东乡语和汉语问候和告别语用策略的影响…206
 第七节　结论……………………………………………………207
  一　主要发现……………………………………………………207
  二　局限性和建议………………………………………………208

第七章　邀请……………………………………………………210
 第一节　引言……………………………………………………210
 第二节　理论背景………………………………………………211
  一　邀请言语行为的定义………………………………………211
  二　邀请言语行为策略的分类…………………………………212
 第三节　文献综述………………………………………………212
  一　国外邀请言语行为相关研究………………………………212
  二　国内邀请言语行为相关研究………………………………214
 第四节　研究方法………………………………………………214
  一　研究问题……………………………………………………214
  二　受试…………………………………………………………215
  三　研究工具……………………………………………………216
  四　数据收集……………………………………………………219
  五　数据编码和分析……………………………………………220
 第五节　数据分析………………………………………………221
  一　东乡语和汉语的邀请实施模式……………………………222
  二　年龄差异对东乡语邀请策略的影响………………………230
  三　关系亲疏对东乡语邀请策略的影响………………………232
  四　东乡语和汉语邀请策略对比………………………………235
 第六节　分析与讨论……………………………………………242

一　东乡语和汉语实施邀请的总体模式·················· 242
　　　二　年龄对东乡语邀请策略的影响······················ 243
　　　三　关系亲疏对东乡语邀请策略的影响·················· 244
　　　四　东乡语和汉语邀请策略对比························ 245
　第七节　结语·· 248
　　　一　主要发现·· 248
　　　二　研究局限性与改进意见···························· 249

第八章　建议·· 250
　第一节　引言·· 250
　第二节　理论背景·· 251
　　　一　建议言语行为的定义······························ 251
　　　二　建议礼貌策略···································· 252
　第三节　文献综述·· 253
　　　一　国外建议言语行为相关研究······················· 253
　　　二　国内建议言语行为相关研究······················· 254
　第四节　研究方法·· 257
　　　一　研究问题·· 257
　　　二　受试·· 257
　　　三　研究工具·· 258
　　　四　研究设计·· 259
　第五节　研究结果·· 264
　　　一　东乡语建议礼貌策略的种类······················· 265
　　　二　年龄对东乡语建议礼貌策略的影响················ 268
　　　三　涉及事物大小对东乡语建议礼貌策略的影响······· 271
　　　四　汉语建议礼貌策略的类型························· 273
　　　五　东乡语和汉语建议中礼貌策略的异同············· 274
　第六节　分析与讨论·· 279

一　东乡语建议礼貌策略种类 ·············· 279
　　二　年龄对东乡语建议礼貌策略的影响 ········ 281
　　三　涉及事物大小对东乡语建议礼貌策略的影响 ·· 282
　　四　东乡语建议礼貌策略的类型 ·············· 284
　　五　东乡语和汉语建议礼貌策略的异同点 ······ 284
第七节　总结 ···································· 288
　　一　主要发现 ································ 288
　　二　不足与展望 ······························ 289

第九章　拒绝 ······································ 291
　第一节　引言 ···································· 291
　第二节　理论背景 ································ 292
　　一　拒绝语的定义 ···························· 292
　　二　拒绝策略的分类 ·························· 292
　　三　性别和语言使用 ·························· 293
　第三节　文献综述 ································ 295
　　一　国外拒绝言语行为研究 ···················· 295
　　二　国内拒绝言语行为研究 ···················· 296
　第四节　研究方法 ································ 298
　　一　研究问题 ································ 298
　　二　受试 ···································· 299
　　三　数据收集工具 ···························· 299
　　四　研究设计 ································ 300
　　五　角色扮演 ································ 304
　　六　预测问卷调查 ···························· 305
　　七　正式问卷调查 ···························· 306
　第五节　研究结果 ································ 308
　　一　东乡语拒绝策略的总体特征 ················ 308

二　性别对东乡语拒绝策略的影响 ······ 313
　　　三　关系亲疏对东乡语拒绝策略的影响 ······ 314
　　　四　东乡语和汉语拒绝策略的异同 ······ 316

第六节　分析与讨论 ······ 322
　　　一　东乡语拒绝策略的总体特征 ······ 322
　　　二　性别因素对东乡语拒绝策略的影响 ······ 323
　　　三　东乡语拒绝策略受关系亲疏影响 ······ 324
　　　四　东乡语和汉语拒绝策略的异同 ······ 325

第七节　结论 ······ 328
　　　一　主要发现 ······ 328
　　　二　局限与建议 ······ 329

第十章　抱怨 ······ 331

第一节　引言 ······ 331

第二节　理论框架 ······ 332
　　　一　抱怨言语行为 ······ 332
　　　二　面子威胁行为的抱怨 ······ 334
　　　三　直接和间接抱怨 ······ 334

第三节　文献综述 ······ 335

第四节　研究方法 ······ 338
　　　一　研究设计 ······ 338
　　　二　受试 ······ 339
　　　三　研究步骤 ······ 340

第五节　结果 ······ 346
　　　一　性别对东乡语抱怨策略的影响 ······ 346
　　　二　东乡语和汉语受试抱怨策略和人称对比 ······ 348
　　　三　涉及事物大小对东乡语受试抱怨策略的影响 ······ 354
　　　四　涉及事物大小对东乡语和汉语抱怨策略的影响 ······ 357

第六节　分析与讨论……………………………………………360
　　一　东乡语抱怨的性别影响…………………………………360
　　二　东乡语和汉语不同性别受试抱怨策略的异同…………363
　　三　涉及事物大小对东乡语抱怨的影响……………………367
　　四　涉及事物大小对东乡语和汉语抱怨影响的对比………369
第七节　结论…………………………………………………………371
　　一　本研究主要发现…………………………………………371
　　二　局限性和对未来研究的建议……………………………373

参考文献……………………………………………………………374
后　　记……………………………………………………………405

第一部分

(社会)语用学基础理论

　　第一部分运用文献研究法,较系统、较全面地介绍语用学基础理论,重点剖析了理论的争论焦点和较新的理论和研究领域,也梳理了一些国内外相关实证研究,旨在加强语用学理论基础,促进创新型实证研究的发展。

　　第一至第三章分别梳理、陈述新格莱斯和后格莱斯的会话意义理论、奥斯汀和塞尔的言语行为理论以及利奇、布朗和列文森等的礼貌理论;第四章分析了社会和个体因素对语用产生的全面、多元且动态的影响;第五章介绍了从跨文化语用角度开展的"言语行为实施模式研究",在方法论上为第二部分的实证研究奠定基础。

语用学理论分章简述

这一部分首先从理论上较系统、全面地评述了语用学理论与社会交际的关系，呈现出作者对相关理论的争论焦点和前沿理论的思考；其次，以礼貌理论为基础，结合东乡语实例，介绍了礼貌理论的最新准则；再次，从个体因素、跨文化与互动文化角度探讨了社会交际问题。

第一章对格莱斯理论的主要研究方向、理论基础和最新焦点进行综述；介绍语用学领域内对格莱斯的话语划分和合作原则的批判和修正；对比分析"含意""明意"和"隐意"三种意义辨析，进而探讨"默认推理模式""语境作用模式"和"标准化处理模式"的实验争端。我们认为，巴赫的"标准化"理论相对较合理："标准化"是一种认知过程，需要共同语境因素，包括说话者意图、语言知识、规约及心理语境、特设语境等被激活，随时为理解和表达提供处理信息。

第二章从奥斯汀的言语行为理论到塞尔的言语行为理论，结合动态的语境观论述言语行为的交际意图及其认知机制。我们认为，言语行为研究可以转化为文化行为研究；即把言语行为置于更大的社会文化语境中去探讨其对言语行为的解释力和约束力；进一步探究言语行为能够承载的文化意义和功能，以及隐藏于语言使用时所表征的特定文化价值体系。

第三章以利奇的新、旧礼貌理论及顾曰国的礼貌理论为基础，探讨东西方的不同礼貌和面子理论的差异及争论。随后，着重介绍了利奇的"宏观礼貌策略原则"和"宏观不礼貌策略原则"。应用部分介绍了研究言语行为的基本分类规则；讨论了以权势①强弱、关系亲疏和涉及事物大小三个变量设计礼貌研究的合理方法。我们认同：三个变量是礼貌地实现言语行为的制约因素；通过对这三个变量以及性别、年龄等因素的观察、分析，可以了解实施言语行为的礼貌策略及所反映的文化背景、个性特点和认知观念。

第四章探讨社会和个体因素对语用的影响；将"社会建构论""语言顺应论"以及"交际适应论"用于解释如性别、年龄、权势、亲疏关系等个体和社会因素对语用的制约与作用。我们认为语用研究应该通过观察社会和个体变量，以及文化背景、交际语境、交际意图等因素，对言语行为的制约；全面地、多元地、动态地去发现、分析各民族使用语言的社会特征和民族个性。

第五章通过对语言形式及其背后的社会文化因素的分析，从跨文化语用角度开展的"言语行为实施模式研究"，在方法论上为跨文化语用实证研究奠定了基础。我们认同探索普遍的语用规则，对比不同文化的言语行为差异以及它们所反映的该民族的社会习俗和文化观念，在深入了解不同社会文化和消除跨文化交际中的隔阂等方面发挥着不可低估的作用。

---

① 本专著所使用的"权势"是语用学研究的专用术语。它指在特定场景下说话人与听话人之间存在强弱不同的关系；如老年与青年、爷爷与孙子、老师与学生、经理与员工等。语用学者认为说话人的"权势"强弱不同，可能说话的方式就不同。

第一章　会话意义理论

本章探讨"会话含意""会话隐意"和"会话明意"及相关理论。格莱斯的"会话含意"理论是语用学研究的基本理论之一，广泛地运用于社会交际中的会话研究；对于我们研究的东乡语语用特点所涉及的会话含意研究，必然具有不可替代的指导作用。本章从经典的格莱斯会话含意理论出发，再进一步探讨近年来新格莱斯和后格莱斯针对会话含意理论所持的修正和相悖的新观点；即"会话隐意"和"会话明意"及相关理论。

第一节　格莱斯的基本理论

语用学产生于20世纪70、80年代，是语言学研究的新兴领域，源于哲学对意义的思索。1879年，德国逻辑学家弗雷格（Frege，1879）在其《概念文字：一种模仿算术语言构造的纯思维的形式语言》一文中就探讨了"将所思与其载体（所言）分开"这一思想，认为"话语应当对听话人的思想和感觉产生影响"。美国哲学家莫里斯（Morris，1937）最先提出"语用"（pragmatism）这一术语，紧接着结合美国哲学家皮尔斯（2014）提出的符号学的三分说，即语形学、语义学和语用学，进一步确立了语用学作为符号学的这一理论来源。在莫里斯之后，语用学的研究走出了准理论的符号推演阶段。19世纪60年代初，英国哲学家奥斯汀（Austin，1962）挑战逻辑实证主义提出了言语行为理论。19世纪

60年代末到70年代，美国语言学家塞尔（Searle，1968，1969a，1969b，1976）基于奥斯汀的言语行为理论，提出了间接言语行为理论。1967年，先后于英国牛津大学和美国加州大学伯克利分校任教的哲学家格莱斯（Grice，1975），提出了影响极其深远的"会话含意"理论，包括合作原则及其四准则。这些创见构建起了语用学的基本理论基础。

一　格莱斯对话语的划分

在20世纪60年代以前，语言一直是作为哲学范畴中逻辑学的主要研究对象，人们着重于研究语言命题真值及其所对应现实之间的关系。格莱斯（1957，1989）则最早将逻辑分析运用到话语所传达的意义之中，将"所说的话"与"所含的意"明确地划分开来，区分了话语字面意义与话语含意（刘思，2010：149），开启了语用学理论和实验研究的争鸣年代。格莱斯于1967年在哈佛大学威廉·詹姆斯讲坛上正式提出了会话含意的概念，并正式在《逻辑与会话》（格莱斯，1989）中提出了"合作原则"和"会话含意"理论，阐释了详细内容。这一套具有普遍解释力的语用学奠基理论已被世界哲学界和语言学界广泛接受和应用，并衍生出欧美三大语用学理论派别——格莱斯主义学派、新格莱斯主义和后格莱斯主义（关联理论）学派。

格莱斯通常被认为是第一位将所说的话与所含的意系统划分开来的人。不过在他之前，已有哲学家注意到了二者的差异，并就这一划分进行了哲学范畴的探讨。各家争鸣的过程为格莱斯提出合作原则及四准则提供了启示。

英国哲学家摩尔（Moore，1953，1942/68）最先从辩证逻辑分析的角度观察到，人们在说出一句话的同时，会隐含另外的意思，这就是著名的"摩尔悖论"。自此，"语用意义"的概念推广开来，人们开始真正关注除话语命题的真值之外恰当使用话语的重要性（刘思等［Liu et al.］，2012：206）。有关"语用意义"这一概念的哲学讨论，从以色列哲学家和语言学家巴-希勒尔（Bar-Hillel，1946，1964）将"隐含意义"称为语用意义开始,再到英国道德哲学家诺维尔-史密斯(Nowell-Smith,1954)"言者说的话可以假定与听话人的利益相关"等观点,都对格莱斯提出"质量准则"和"关系准则"产生了一定的影响。除此之外,格兰特(Grant,1958:308—309)指出"语用推理不是传统的逻辑推理模式",需要说话人根据经验和知识对"有目的的行为"进行解读。经过语用推理得出的反映说话人意图的意义,就是格莱斯提出的会话含意。各家争鸣的过程为格莱斯提出合作原则及四准则提供了启发;但格莱斯的理论较为完整,影响力最大。

二 合作原则及四准则

格莱斯(1989:26)提出的"合作原则",可以精练地译为:"根据你正参与会话中的目的或方向,适时恰当地进行谈话"。这一定义包含几个关键点(姚晓东,2012):

1.合作原则针对说话人制定;

2.说话人都有目的和意图,与听话人的意图属于同一个方向;

3.说话人对正在进行的会话发话;

4.说话人所说的话应该是恰当的。

格莱斯还注意到很多正常会话都可能产生含意;这种"会话含意"是怎样产生的呢?有人说"违反合作原则产生会话含意",这种说法是不对的。会产生会话含意的会话,是正常会话;正常会话都是以"遵循合作原则"为前提的。也即是说,遵循合作原则的会话才会产生会话含意;或者说产生会话含意的会话都是遵循合作原则的。那么,"会话含意"到底是怎样产生的呢?为解决此问题,格莱斯(1989:26—28)从哲学分析的角度借鉴德国哲学家康德(1956)的四个哲学范畴(质、量、关系、方式)提出四准则和相应次则,以及简明易懂的阐释。四准则如下(见图1-1):

1."量的准则":所说的话应具有恰当的信息量。

(1)为当前会话的交际目的提供所需信息;

(2)不提供当前会话不需要的多余信息。

2. "质的准则": 保证说话的真实性。
  （1）不说自知是虚假的话；
  （2）不说缺乏足够证据的话。
3. "关联准则": 所说的话（与话题）相关。
4. "方式准则": 说话清楚、明确。
  （1）避免晦涩；
  （2）避免歧义；
  （3）简练（避免啰唆）；
  （4）有条理。

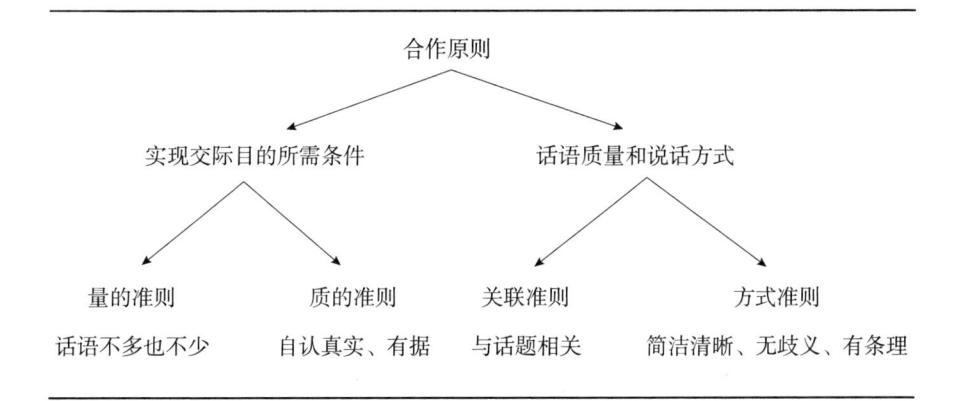

```
                          合作原则
                ┌────────────┴────────────┐
         实现交际目的所需条件          话语质量和说话方式
          ┌──────┴──────┐          ┌──────┴──────┐
       量的准则        质的准则      关联准则       方式准则
      话语不多也不少   自认真实、有据  与话题相关   简洁清晰、无歧义、有条理
```

图1-1 合作原则次则分类及关键词

（刘思等，2012：209）

在日常的交谈中，双方都是合作的，并且相互被认为是合作的。唯有两种情况可能不遵循合作原则：一是由于说话人生理、心理、社会或个体因素等原因（如智力不健全、语言不通、文化相悖、年龄悬殊、认知差别大）而使会话失败；二是说话人撒谎，而听话人不知晓。这两种情况不在格莱斯的"会话含意"讨论之列。

在遵循"合作原则"的前提下，人们或遵循或故意违反"四准则"；遵循（例1-1）或故意违反（例1-2）"四准则"，在一定的语境中，都可能产生"会话含意"。

例 1-1

[语境]张、王、李是三个同班同学,也是好朋友,相互比较信任。平时3人的成绩都在80分左右。期中考试的成绩发下来以后:

张:(问王)这次考得怎么样?

王:88。

张:(问李)你呢?

李:69。

王和李同学的回答都是真实的,提供了相关、足够、清楚的信息;即遵循了"四准则",但也可能产生会话含意。张可能推测王同学的言外之意是"考得比往常好些";而李的是"我没往常考得好"或"我的分没她的高"。

例 1-2

[语境]东乡县的一个餐馆上午开始营业之前。平时买菜有专人,但当时不在。在后厨老板跟服务员对话。

老板(男性):

东乡语:Mayi guanzide cunghuna barazho.

汉　语:咱们饭店里的葱完了。

员工(女性):

东乡语:Ede made shijian uwo, wilie chighara.

汉　语:现在我没有时间,活有点多。

(修改自刘思等,2018:192)

例 1-2 中的员工故意违反"关系准则"。老板用陈述"葱完了"这一事实,暗示员工去买葱。员工并没有正面回复老板的要求,而是用一个陈述句,暗含"我没空"或"不能去买葱"的含意。她明明从老板的话中推断出要她去买葱的意图,但故意不提买葱的事儿。老板从她的话中,会推断:"她的话似乎与'葱'不相关,但她是在按我的意图回复我。她说没时间,活有点多,意思就是不能去买葱,就是在委婉拒绝我的要求。"

所谓故意违反（flout）准则,指说话人按双方会话的目的和方向说话,同时明显地违反某一准则;听话人也自然知晓这种"违反",从而能从语境信息、文化、背景知识等出发,推断出对方传递的会话含意。至于说话人不直截了当地表达意思的原因,绝不是想中断交流,也不是想说谎;最大的可能性是出于礼貌或者客气的需要,或者就是约定俗成的语用习惯。而听话人首先会意会说话人是"合作"的。当他觉察到说话人没有遵守相应准则时,他会"直觉"地超越对方话语的"字面意义"去领会"言外含意",也就是"会话含意"。

除了故意违反准则,格莱斯（1989:30）还总结出另外三种可能不遵循"四准则"的情况:

1.说话人不露声色地违反（voilate）某条准则;如"说谎",在听话人不知情的情况下误导听话人。如前文所述,这种情况不在格莱斯关于合作原则和四准则理论所解释的范围之列。

2.说话人通过直说、暗示,或不予回应;如,"我没别的可说了"或"我被禁言了"。格莱斯认为这意味着听话人既不遵循四准则,也不遵循合作原则（格莱斯1989:30）。

3.准则"冲突",即说话人为了某一准则而不得不违反另一条准则。因为格莱斯（1989:27）认为有些准则相对更凸显和更迫切;例如说话人在满足质准则时,或许不得不违反量准则,但他从未表明过质准则优于量原则,反之亦然。格莱斯（1989:27—28）承认四条准则并非各自完全独立没有不同之处,但他认为这是当时他所想到的最方便、最基本的划分方法。其他如"礼貌"这种与审美、交际或道德相关的考量因素由于牵涉面较窄,暂未单独列作一条独立的准则。

我们认为第二种情况值得探讨。说话人说"我没别的可说了"或"我被禁言了",可能不应该看作不遵循四准则,甚至不遵循合作原则。例如,一个男孩追求女孩;他对她说:"你说我这不好那不好;那我们的关系你说怎么办？"女孩说"我没别的可说了"。这种回复是符合会话的目的和方向的，是合作的。但女孩没有提供男孩需要的信息，违反了量准则。但男孩可以推断她话语的含意可能是"我们分手吧"。再则，即使听话人埋头不语，或径直离开。这种回复可能也应该看作是"合作的"；只是回应人采取了有声语言之外的形式来回复说话人，从而传递会话含意；即"无可奉告"或"我不想跟你谈这个问题"。

三　会话含意理论

哈尼希（Harnish）（刘思等，2012：206—207）认为，格莱斯最初提出会话含意，是为了避免在语义学研究范畴涉及过多有关"意思"（sense）和"意义"（meaning）的讨论。这一想法慢慢发展成为一套解释"信息如何通过不明说的方式进行传递"的经典理论——会话含意理论。一句"话语"的全部内容可分为"所说的话"和"所含的意"，以及非话语层面的"话语意图"；所含的意又可以划分为"规约含意""非规约含意"和"预设"；非规约含意主要是会话含意；会话含意包括"特殊会话含意"和"一般会话含意"（见图1-2）。

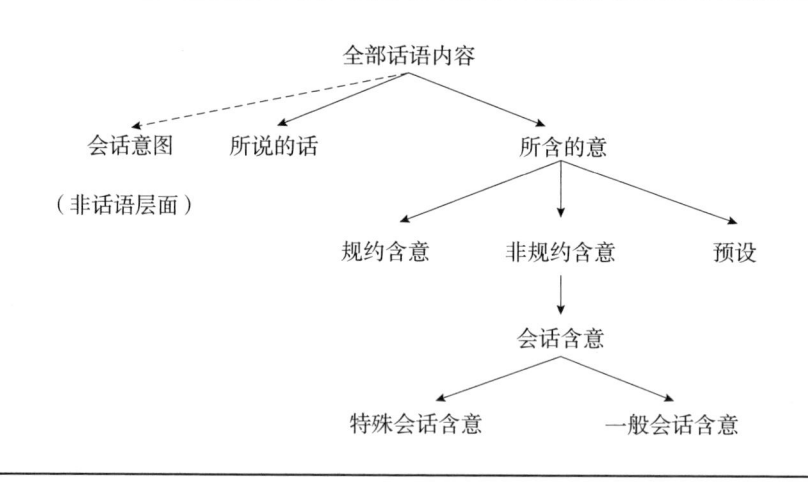

图1-2　格莱斯对全部话语内容的划分

（刘思等，2012：207）

有人把"规约含意"误认为"规约会话含意",并且跟"一般会话含意"混为一谈,甚至说,"规约含意"跟"一般会话含意"没有什么区别,可以忽略不计。这是误解了格莱斯的想法。

格莱斯(1989:37)明确区分了一般会话含意和特殊会话含意。"一般会话含意"是在话语中使用某种形式的词语通常带有这样一种泛化的含意,这层含义不受特殊情况的制约。对于一般会话含意,所说的话与其所含的规约含意密切相关。而含有规约含意的话语,往往依照其规约含意,无须通过语境,便能推导出一般会话含意。简言之,一般会话含意不受语境因素制约,而特殊会话含意需要依赖特殊语境才能推导出来。

会话含意理论试图从哲学的角度诠释一种有趣的常见语言现象,说话人可以通过一句话表达多层意思,这些意思不需要明说就能理解。特殊会话含意不是解释同义词语有多少种意义,而是根据话语意思(命题)和特定语境推导出一句话可能表达的几个非规约含意。列文森(Levinson,1983:95—100)认为会话含意是语用学中最重要的概念之一,与逻辑意义、蕴涵和逻辑结果是不同的;同时指出会话含意理论具有五个方面的意义。

1.基于合作原则,会话含意理论为"言外之意"这样一种自然语言现象提供了一套重要的描述和解释。

2.在一般的交际场景中,母语受试虽能够理解语义层面的意义,但仍有些缺失的信息使理解产生障碍;会话含意理论弥合了这些语义层面无法解释的信息空白。

3.看似简单的自然语言,实际上有一系列可能存在的涉及逻辑和语义层面的意义。会话含意理论简化了以往的逻辑语义分析路径,为逻辑语言和自然语言之间的根本性差异提供了解释方案。

4.会话含意理论为自然语言中的一些词汇和句法解释增加了语用限制。如对句中副词"都""更加"和"重新"的解释,就需要考虑语用因素。

5.会话含意理论具有非常强大而普遍的解释力，仅凭简单的一句合作原则和几项准则就可以解释繁杂的"弦外之音"，及话语逻辑意义的不合理，或与所述事物看似矛盾或不相符的现象，如"规矩就是规矩"和"他不是人"等。

同样一句话，在不同的语境里说出来，能够产生不同的含意。格莱斯（1989：39—40）列举了会话含意的五个特征，我们结合列文森（1983：114—118）的诠释对这五个特征进行解读。

1.可撤销性

在遵循合作原则的前提下，人们根据所说的话可以推导出一般会话含意。但在两种情况下，一般会话含意可被撤销：一是有了语境后，语境信息与字面意产生了明显的意义冲突；二是说话人有意不合作，或直接补充说明，改变说话人的原意。因此，（一般）会话含意是可以通过语境变化，或说话人意思改变而被撤销的。

2.不可分离性

尽管特殊会话含意在语境变化的条件下可撤销，但在同一语境或无特殊表达方式的情况下，会话含意与其话语表达的意义（即使所用的词语不同）是不可分离的。显然，无语境的一般会话含意具有更突出的这种不可分离性。

3.非规约性

会话含意是由所说的字面意的规约含意推导获得，显然会话含意不是所说的话的规约含意。

4.推导性

听话人能够根据所说的话的规约含意，运用合作原则及相关准则，结合语境信息，推导出远不止所说的话字面意义的含意。

5.不确定性

运用合作原则及相关准则，以及所说的话规约含意，可以推导出一般会话含意。但是由于语境作用强大，并具有诸多变化和可能性，所以导致会话含意具有不确定性。

四　合作原则的不足

合作原则的提出，最初为了解决哲学问题，为语义学的"意义"研究提供一种减负的思路。随着语言学研究范畴的不断扩大，合作原则解释力的不足之处逐渐显现。很多学者认为格莱斯话语意义的划分和"合作原则"的定义都不够清晰，从而导致各派别争端纷纭，激发了语用学理论的不断发展和自我修正（详见本章第二节）。下面我们从三个方面探讨合作原则的不足。

首先，会话原则只解释了人们间接地使用语言所产生的会话含意，及其对会话含意的理解；却没有解释人们为什么不采取直截了当的表达方式，甚至故意违反准则，进行交际。为了完善这一原则的不足，利奇（Leech，1983）提出礼貌原则加以弥补（详见本章第五节）。

其次，合作原则仅限定说话人单方面为配合听话人完成某一共同目的而应当怎样发话，忽略了听话人在会话中的要求和意愿。这一不足由列文森做出了修正（详见本章第二节）。也有学者如朗姆斯登（Lumsden，2008：1904）认为，合作原则忽略了会话双方的交际目的可能各不相同，甚至存在瞬息转变的可能性，且会话双方对这一现实心照不宣，尤其是竞争性的谈判情景明显突出。

最后一点涉及跨文化问题。合作原则没有将社会文化背景等语言外因素充分考虑在内，如来自不同社会文化背景的交际双方，虽然交际目的可能一致，但由于文化的差异，可能导致双方无法真正的"合作"。正是基于消除这种合作失败的目的，我们对东乡语与汉语由于社会文化不同而导致的语用差异进行深入研究（参见第六到十章）。

第二节　新格莱斯主义与后格莱斯主义的修正理论

在第一节中我们提到，合作原则是会话含意推导机制的基本规则，影响较大；同时，为了解释在合作原则下，推导会话含意的机制，格莱斯还提出了四准则。很多学者对合作原则及四准则提出批评、修正，乃至企图从理论源头推翻合作原则的根本理论。

在一个真实的交际场景中,人们说出一些话,同时传达出的内容远不止字面意义的信息。"所说的话"表达字面上的意义;即"字面意义"或"语义意义";涉及词汇和句法上的语言形式,通常被视为传达说话人交际意图的工具。而说话人的交际意图,通常被归入"所含的意"、意义、推理和暗示意义等。通过格莱斯的合作原则及四准则,听话人能推导出会话含意。而格莱斯对所说的话和所含的意这一划分引发了区分语义学与语用学的长期争鸣,由此产生了新格莱斯主义和后格莱斯主义,争议的焦点在于一般会话含意。

会话含意包含一般会话含意与特殊会话含意。以塞尔(1979)、克拉克和露西(Clark & Lucy,1975)为代表的经典格莱斯主义学派的主张与格莱斯的基本观点一致,即推断"所含的意","所说的话"将被无条件地最先处理,之后才考虑语境信息(刘思等,2012:3—4)。经典格莱斯主义学派的立场受到新格莱斯主义和后格莱斯主义的批判。列文森(2000:186—187)将所含的意是由所说的话根据四准则推导出的观点称为"格莱斯怪圈",这一怪圈使得对话语理解中涉及的语言意义与语用推理之间产生了不可避免的循环或相互依赖。就此,新/后格莱斯学派分别提出了不同的解决方案。无论是通过理论争辩还是实验验证,有关格莱斯所说的话和所含的意间的争论从未停止。近三十年来,结合新兴的实验语言学方法,争论通过实验研究继续进行,从而出现了实验语用学这一前沿性研究方向。下节我们探讨新格莱斯主义理论。

一 新格莱斯主义

新格莱斯主义从根本上接受格莱斯对话语意义的划分,以及合作原则,但试图进行一些批判性修正。霍恩(Horn,1984,1988)提出了推导含意的"二准则"及"等级会话含意"(简称"等级含意")理论;列文森(1987,2000)提出了"三原则";巴赫(Bach,1994,1995)以及巴赫和哈尼希(Bach & Harnish,1979)在所说的话和所含的意之间,划分出"隐意"这一概念,还提出与语言意义的认知机制相关的"标准化非字面意义假设"。

1. 霍恩的等级含意理论

霍恩(1984)借鉴了齐普夫(Zipf,1949)的"省力原则"(Principle of Least Effort);即以省力为目的的会话经济原则,简化了格莱斯的四准则,并梳理了各次则之间的关系。根据省力原则,说话人的表达须简明而易懂;听话人的回复须简要而明确。遵循此思路,霍恩(1984)提出了二准则。他(2004:14)明确指出,数量准则和质量准则之间的关系是动态的互相定义、互相限制的关系。

(1)"数量准则"

霍恩的"数量准则"包含了格莱斯的量准则的1次则、方式准则的1和2次则。数量准则是一种语用的下限规则,旨在推断上限会话含意。规定说话人在会话过程中恰当地说话;在话题相关的前提下提供充足的信息,以利于交际。

(2)"关系准则"

霍恩的关系准则包含了格莱斯的量准则的2次则、关联准则及方式准则的3和4次则。关系准则是一种语用的上限规则,可据此推导出下限会话含意。规定听话人在会话过程中谈话恰当;在话题相关的前提下只说必须要说的。

违反上述两个准则可产生等级含意,即当一个等级阈值内的任何一个等级被肯定时,那高于该等级的所有对应量级都会被否定。下列等级阈值的例子有助于理解霍恩等级。

例1-3

[1-3a] 良好、优良、优秀

[1-3b] 很少、一些、很多、大多数、全部

[1-3c] 有时、经常、总是

[1-3d] 温、热、烫

［1-3e］可以、应该、必须

［1-3f］知道、了解、相信

［1-3g］想做、试做、做成

［1-3h］一、二、三……

等级含意指相对低一等级阈值的词含有较高一等级阈值词的否定意义。如"这个学生的成绩优良"的等级含意是"这个学生的成绩**不是**优秀"。又如，说"某人试做某事"的等级含意是"某人还**没**做成某事"；说"某人想做某事"时，其等级含意是"某人还**没有**试做某事"以及"某事还**没**做成"。除了一些具有相对固定阈值的表达，如下例1-4涉及对数量和关系的表达，同样能推导出等级含意，在生活中随处可见：

例1-4

张三跑完一百米用时9.9秒。

根据数量准则，通过例1-4可知，张三百米跑用时9.9秒。可推导出的等级含意是：张三百米跑的速度**不比**9.9秒**快**（如9.8秒、9.7秒甚至更短的时间）。

在论证数量和关系准则之间的交互关系时，考虑到齐普夫的省力原则，霍恩（1984：29）提出"语用精力分配"（Division of Pragmatic Labor）原则，即在人们语用精力有限且要省力的前提下，数量和关系准则哪个更为凸显的问题。霍恩认为在同样的上下文中，语言形式相对固定；有特点的和简洁的表达，倾向于关系准则限制；相反地，针对语言形式不太符合常规、普遍的且比较复杂的表达，更倾向于启动数量准则来推导。试比较下面一组语例：

例1-5

［1-5a］这位是我父亲的妻子。

［1-5b］这位是我的母亲。

当人们使用较为复杂的不太符合常规的语言表达如［1-5a］时，霍恩（1984）认为这违反了数量准则（提供了不必要的多余的信息）。但是，听话人一般不会就此罢休，他会进一步由这种"故意违反"量准则而推断出说话人的等级会话含意为"这位是我的继母"。根据前文所述的等级含意理论，我们认为这一组语例构建出了一组等级阈值，即为<父亲的妻子，母亲>，其中"父亲的妻子"这一表达对于一个孩子的情感联结度而言，所表现出的亲昵度要低于"母亲"这个表述。因此，我们可以推断出在［1-5a］提及的那位是"我父亲的妻子"但却又不是"我的母亲"，是"我的继母"。

然而，运用霍恩的数量准则推导类似上述等级阈值时，遭到了一些质疑。列文森（2000：79—80）认为构成霍恩等级阈值的定义太过宽泛，语义上没有明确的概念边界。就话语表面形式和信息内容而言，这类临时构建的等级阈值不属于同一个语义场。黄衍（Huang，2009：39）认同列文森的观点，认为只有在同一级别的语义关系中，才能提炼出等级阈值；否则，就会产生一个"伪霍恩（数量）等级"。尽管霍恩等级没有得到广泛接受，但不可否认，他的等级含意理论引起了新/后格莱斯主义的进一步探讨；如列文森提出了三原则企图改进格莱斯的话语意义构架。

2.列文森的三原则

格莱斯曾质疑自己提出的量准则的次准则2（不提供当前会话不需要的多余信息）的必要性，因为其推导可以通过相关性准则（多余信息便是无关的）来实现。同时，霍恩（1984）和斯珀伯和威尔逊（Sperber & Wilson，1986）也有将量原则与相关性联系起来的倾向。列文森（1987：401）认为他们的想法都不妥，因为相关性是衡量交际目的有无偏差的标准，而量次准则2是关于信息量的限定。所以，他提出将量次准则2称为"信息原则"（I-principle）而把量次准则1修改为"数量原则"（Q-principle）；同时保留格莱斯的"方式准则"。于是，根据会话含意的理解和推导，列文森（1987：401—402）着重阐述了数量原则和信息原则，并把它们分别区分为"说话人准则"和对应的"接受者推论"。后来于2000年，列文森（2000：31—34）以另一个词（heuristic）命名，更系统地确立他的会话三原则。并分别从说话人和听话人的角度做出了含意推导说明（列文森，2000：35—39）。

（1）"数量原则"：没有说的，就不存在；

说话人：不要说少于要求的话（基于信息量原则）

听话人：（说话人）未说的话都是不相干的话

（2）"信息量原则"：简洁表达的，按常规扩展理解；

说话人：不要说超过要求的话（铭记数量原则）

听话人：通常（说话人）所说的话都是很具体的表述

（3）"方式原则"：以非正常方式说的就是不正常的。

说话人：不要毫无缘由的使用有标记的表达

听话人：（说话人）用一种含有标记的方式说话则应认为是不含标记的

需要指出的是，数量原则可细分为三类：

（1-1）数量——等级含意，源自霍恩等级；

（1-2）数量——句型含意，即语义结构推论；

（1-3）数量——可替换含意，来自非蕴涵语义集，其中"数量—有序—替换"和"数量—无序—替换"可作为其子类型。

由于数量相关的数词或等级词具有固定的逻辑内涵，人们往往根据这种"默认"（default）的特性（列文森，2000：42），从数量相关的词的字面意义上直接理解到会话含意。但是列文森（2000：104）在讨论等级含意、一般会话含意和特殊会话含意时指出，即便是具有等级概念的霍恩等级词，仍然需要考虑语境因素来确定会话含意。而像例1-6的隐喻、例1-7的转喻以及例1-8的重叠式表达，因带有"规约"含意，一般不需要语境信息，就能推导出括号内的意思。

例1-6

春天孩儿面。(变化无常)

例1-7

他这个备胎要转正了。(用车胎的意向指人的非正式男友)

例1-8

规矩就是规矩。(人要遵守规矩,不能轻易破坏规矩)

3. 巴赫的隐意和标准化理论

(1) 隐意

巴赫(1994)指出,格莱斯理论在话语层面对所说的话和所含的意这一二分法并未穷尽所有含意的可能性,因此他基于"隐含的"(implicit)一词提出"隐意"(impliciture)概念。隐意指与所说的话很接近,但又没有明确表达的意义。在人们的日常话语中,随处可见语义不那么完整或信息不那么充足的句子。即便如此,人们也能够成功交流。巴赫把这种现象分为两种产生隐意的方式,分别为"补足"和"扩展":

(a) 语义不足,可以用"补足"的方式推导出隐意(见例1-9至11);

(b) 语义紧缩,可以用"扩展"的方式推导出隐意(见例1-12至14)。

例1-9

小张已经完成了。

<补足隐意:小张已经完成**论文**了。>

例1-10

妈妈回来了。

<补足隐意：妈妈回**家**来了。>

例 1-11

灯很便宜。

<补足隐意：灯**相对于其他灯来讲**很便宜。>

不难看出，对语义不足的句子，读者或听话人可以从所用词的规约含义，或常规知识，或语境（尤其是心理语境）推导出隐意。这种推导的过程就是补足意义的过程。从说话人角度讲，他也是基于对这些因素的认知直觉和母语表达习惯进行谈话的。所以，表达和理解两方面都有默契；表达比比皆是，理解毫无障碍。

下面是语义紧缩的句子：

例 1-12

我没吃晚餐。

<扩展隐意：我**今天**没吃晚餐。>

例 1-13

下雪啦！

<扩展隐意：**这儿**下雪啦！>

例 1-14

老王有三个女儿。

<扩展隐意：老王**至少**有三个女儿。>

语义紧缩的句子的语义相对完整，但还需读者或听话人加以扩展，才能更具体、更准确地理解其未说出的意思。同"补足"方式，"扩展"推断隐意也是基于所用词的规约含义，或常规知识，或语境（尤其是心

理语境）推导出隐意。

上文陈述的两种方式推导出的隐意，似乎区别不大。如果仅从语义信息不足或完整与否为标准来判断，至少对于汉语而言，不是很适合。我们可以加上两个标准以便判断：一是句法结构的完整性。语义信息不足需要"补足"的句子，某个结构需要补充：如例1-9"小张已经完成了"，动词"完成"的结构需要补足；但"扩展"信息的例1-12至1-14的结构是完整的。二是依赖还是不依赖语境。"补足"隐意需要语境才能完成；但"扩展"隐意不需要额外的语境信息，仅依靠话语的规约含意就能推导出来：如例1-12"我没吃晚餐"，无论说话人在何种场景下说这句话，都能理解说话人说的是"**今天**我没吃晚餐"，而不是昨天。

综上所述，通过对那些没有明确讲出来的内容进行完形和扩展，可以推导出完形式和/或扩展式隐意。然而，这种非明确表达的内容很明显并非话语所含的意，也不能划归于所说的话。因此，巴赫将隐意从所说的话的范畴独立出来；相较于所含的意来说，距离所说的话更近（见图1-3）。

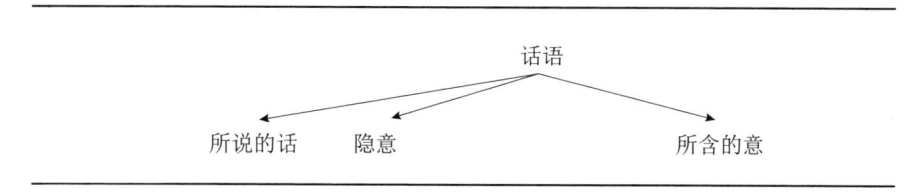

```
              话语
        ↙      ↓      ↘
    所说的话  隐意      所含的意
```

图1-3　新格莱斯主义对话语的划分

（2）标准化理论

关于意义的认知处理机制，巴赫和哈尼希（1979：192—193）提出了"标准化非字面意义推论"。二位学者作为新格莱斯主义的代表人物，从根本上支持格莱斯理论，即承认说话人的话语字面意义与话语含意有区别，但又对格莱斯主义进行了修正和补充。巴赫认为在格莱斯的所说的话和所含的意之间还有一个范畴——隐意，是在形式语义基础上的完形和扩展，并非所说的话以外的含意，受语法结构和语义制约，但比字面意义表达了更多的意思。

标准化理论认为一些话语或短语有标准化了的（或固定了的）并非是该话语字面意义的含意，人们在使用这些话语或短语进行交际时，不会下意识地区别字面意义和隐意，而是在获取交际意图后直接理解说话人的意思。很多话语是人们在日常交际中反复使用，作为一种固定的记忆存储下来，形成了标准化的表达模式，大家都这么说这么理解，非常自然（刘思，2010：153）。而这些话语原本的字面意义已经是省略的形式，成了标准化的意义，人们在认知处理这些话语的字面意义的时间几乎可以忽略不计。人们通过"标准化"的过程来理解会话含意。例如，有人说"你不会死的"，其标准化了的话语含意就是"你（不会因为这个伤口）死的"，人们不会真的理解其原来的字面意义即"长生不老"的意思。另外，巴赫和哈尼希（1979：195—196）还根据会话含意提出了"标准化间接语"，如在"你能把盐递给我吗？"一句中，就其语法形态而言，其字面意义是说话人问听话人有没有能力将盐递给问话者，但是该句在日常交际情境中，听话人不会真的回答"我有能力"或者"我没有能力"把盐递给问话者，而是会直接理解到这是说话人的请求，即请听话人递盐过去。这种默契的表达和理解就是"标准化了的"间接语所表达的固定含意。

巴赫和哈尼希（1979：3—8）直接指出"某人带着一个既定意图诉说某事时，只有当听众了解该意图时，才能成功交流"。因此，所说的话不能完全决定说话人的交际意义，而是在一定程度上取决于对说话人意图的了解（巴赫，2005：19）。此外，"共同语境背景"作为一个显著的语境因素，是除了所说的话（加上隐意）和说话人意图之外，听话人进行话语理解的另一个不可或缺的组成部分，是构建间接施为行为"言语行为图式"的基础。标准化的过程可以作为一种捷径来推断话语含意，即不需要像非标准化形式的话语那样每次都从头开始解读；而"话语和语境激发了说话人和听话人共享的信念，以便他们能够就此合理地做打算，并让对方了解彼此的意图……因此，言语行为图式的中间步骤被忽略了"（巴赫和哈尼希，1979：192—193）。同理，一旦说话人说出一句标准化了的话语，听话人就可以基于共同语境背景，跳过中间的言语行为图式的步骤，而直接理解话语含意。

需要特别说明的是，巴赫和哈尼希（1979：110）也谈到了一种例外，即交际性施为行为的实施须通过识别交际意图来实现，而常规的施为行为则依靠"常规"来实现。巴赫（1995：683）提出"常规化"与标准化不同，认为常规化指的是具有某种特定形式的话语，由于一些普遍的共识，其意义本并非原本的字面意义，而是具有由普遍的共识（常规）所决定的固定意义。然而，标准化会话含意的领会不依赖于常规，而是取决于说话人和听话人的都能领会的交际意图，在这样的情况下，会话双方就可以缩短一些（必需的）含意推理模式的步骤（巴赫，1975：235）。

二 后格莱斯主义

后格莱斯主义企图从根本上否定一般会话含意和特殊会话含意的划分，通过寻求话语意义认知的最大关联对经典格莱斯主义理论进行根本性的修改。

1. 关联理论

后格莱斯主义提出"关联理论"，代表人物有斯珀伯和威尔逊（1986）、卡尔斯登（Carston，1996；2002；2004）以及雷卡纳蒂（Recanati，2004a，2004b）等。斯珀伯和威尔逊（1986：24）认为格莱斯及其经典理论支持者忽视了心理语境的存在，将格莱斯主义引向"编码模式"是偏离常识的。因此，他们从认知和心理的角度，建立起关联理论框架。首先，斯珀伯和威尔逊（1986：174）极力颠覆传统的语言定义。他们断言语言并不是交流必需的媒介，因为"非编码"（非语言）的交流是存在的。语言甚至不一定是一种交流媒介，因为语言的存在并不是为了交流。他们（1986：172）认为语言的根本功能是用于信息处理；人类的大脑中存在一套内生系统，通过内生语言系统进行信息交流。我们通常所说的语言，也即经过编码的语义表征，是一系列心理认知结构的抽象结果；而语言交流是"明示推理交流"，并不是简单的编码和解码的过程；其背后隐藏着复杂的心理认知活动。由于人们脑中有一套这样的认知处理系统，语言交流，实质上是明示刺激、激发听话人的内生语言系统，在内部系统经过认知处理加工完成的。

关联理论包括两大基本原则，第一原则原本只是第二原则的一个前提，斯珀伯和威尔逊（1986：260）最初的设想是只将第二原则作为"关联原则"用来替代格莱斯的"合作原则"。但是随着后格莱斯主义学派对关联理论的不断完善，关联理论的最终版本包含了认知和交际这两条基本原则。

第一原则：基于意义认知的原则，人类认知倾向于适应最大化的相关性。

第二原则：基于交际的原则，每一次明示的交际行为都会传达其自身最佳关联性的假设。

关联理论第一原则（认知）的核心论点是，由一句话所引发的相关期待，应当是足够确切且可预测的，能够指引听话人理解说话人意思（斯珀伯和威尔逊，1986：261）。他们认为认知能力最重要的作用是推导出最相关的语境含意，这一过程是信息输入（声音刺激）和语境共同作用的结果。相同的刺激可能呈现出不同的凸显度，相同的语境信息可能得出不同的推断。因此，基于关联理论，在相同的情况下，处理起来越费力的信息输入，越是与语境和意义不相关；越相关的信息，处理越不费力。

关联理论第二原则（交际）建立在第一原则之上，利用认知规律，说话人可以发出一些让听话人做出最贴合说话人预期的明示刺激，吸引听话人的注意，激发听话人启动认知处理寻找最大关联。斯珀伯和威尔逊（1986：153）认为信息目的和交际目的是会话过程中两类明示推理目的。在理解明示刺激的过程中，虽然解码话语的语言逻辑形式对于听话人来讲是一条线索，然而通过解读话语（未说出）的明示部分来推导话语含意也相当重要，甚至更为关键。

针对上文提到的语境信息，斯珀伯和威尔逊（1986：132—142）指出，语境是在话语理解过程之前确定的，即听话人会将所听到话语和未明说的假设与语境相结合进行判断。他们认为语境的内涵很多，包括百科知识、认知来源（长期和短期记忆、感知）和新观察到的环境信息。卡尔斯登（2002：81）认为语境是一组心理表征，是理解话语的过程，涉及表征和计算的唯我论心理系统。她将语境分为思维语义的内部语境（也指个体）和外部语境（也指个体所在的环境）。后格莱斯主义的核心观点是，当听话人试图理解说话人的意思时，语境信息起着决定性作用。简言之，从说话人角度出发，话语的字面意义仅仅是一种外部刺激，这个刺激本身并没有交际意义；而说话人的意义，最终是由听话人的内部认知环境和外部语境共同决定的。后格莱斯主义认为，关联理论是一个有关认知和心理的理论，同其他心理学理论一样，具有可测试性。

2. 明意

卡尔斯登（2002：182）从三个维度横向对比了纯语义视角、格莱斯主义理论以及语用范畴内对所谓"所说的话"的内涵定义，即命题的完整度、交际意图的嵌入度和语境的影响力。她认为格莱斯主义支持者有两点不足：（1）将"所说的话"独立出来意义不大，且定义范围仍囿于语义学范畴，不在语用学讨论的范围之列；（2）从交际的角度考虑，新格莱斯主义仅强调了说话人提供信息的方式，并没有考虑听话人的接收问题。因此，她（2002：182—183）提出在探讨话语意义的时候有两点区别值得注意：一是听话人具有的可用信息（语言能力competence）与听话人利用信息所实施的行为（语言应用performance）是有区别的。二是听话人可用的信息来源是有区别的：（1）说话人所使用的语言表达，也即"语言内"的编码意义或字面意义；（2）"语言外"的语境信息。据此，她（2000：124）在斯珀伯和威尔逊（1986）的理论基础上，对明意的定义做了进一步完善。她认为围绕说话人交际意图，由话语的编码逻辑形式和句法的逻辑成分所构成的假定（设想）的意义都是明意。明意主要通过五个方面来充实话语意义（雷卡纳蒂，2004a，2004b；卡尔斯登，2002，2004），如下列语例：

（1）消除歧义；[1-15] 她吃了一朵花。
  a. 花＝植物的一部分
  b. 花＝花朵形状的巧克力
  <明意：她吃了一个花朵形状的巧克力。>

（2）确定所指；[1-16] 他正在公园散步。小狗太可爱了。
  <明意：他散步走过的公园里有一只可爱的小狗。>

（3）语义饱和；[1-17] 斯珀伯和威尔逊的解释是不同的。
  <明意：斯珀伯和威尔逊的解释（与格莱斯的解释）不同。>

（4）自由填充；[1-18] 他们全都吃了。
  <明意：他们把所有可食用的食物吃了。>

（5）特设概念构建；[1-19] 冰箱里什么都没有。
  <明意：冰箱里没有可以用来做饭的食材。>

黄衍（2009：189）梳理了后格莱斯主义学派的论述，将明意总结为话语中所包含的不完整概念表达，或逻辑形式的推论性发展，包括所有根据语言逻辑形式和语境推导得出的；是虽未明说但是意义明确的非字面内容。在考虑语境的情况下，除了字面意义之外，话语含意可以由听话人基于语言的最佳相关性推断出来。由于听话人的认知环境可以通过语境进行调整，如果给出一定的语境，格莱斯所谓的一般会话含意可以在很多情况下被转换为特殊会话含意。正因为语境的决定性作用，后格莱斯主义主张没有必要区分一般会话含意和特殊会话含意。下一节我们将从对比的角度对会话含意、明意和隐意进行阐述。

第三节　会话含意、明意和隐意对比

一　基本观点和主要分歧

前文所述各派理论所论及的语言现象及术语多样，各有发展，各派共同将有关语言意义的研究推向高峰；但其实际所指各有联系和区别。在进一步明确会话明意和含意理论各相关术语之间的区别和联系之前，有必要将前文展开讨论的会话含意的基本观点和发展做个简要总结。

1.格莱斯的经典会话含意理论。

会话含意理论概括了一种既普遍又共通的语言现象：一句话可包含说话人的多重意思。也就是说，有些意思无须明说，也可传达说话人意思。格莱斯指出话语中"所说的话"和"所含的意"二者不同，应进行划分。格莱斯认为"所说的话"指的是明确说出的话，与话语形式的规约含意密切相关；"所含的意"是"所说的话"里具有规约含意的词语，或者在语境中所产生的没有明确说出的意思。由规约含意的词语产生的话语含意是"一般会话含意"；在语境中产生的含意是"特殊会话含意"。

2.新格莱斯主义学派

新格莱斯主义认同格莱斯的基本观点，但进行了不同程度的修正和补充。他们的理论与格莱斯理论的根本相同点是同意所说的话和所含的意间的划分，同样认为字面意义的理解不可忽视。不同之处在于：有的学者基本延续了格莱斯的经典会话含意理论，从合作原则的相关准则入手完善会话含意的推导机制；以霍恩二准则和列文森三原则为主要代表。列文森（1983，1987，2000）在多部论述中对一般会话含意进行同义解读，如"不需要特殊语境场景就能推导出来的意义""没有语境冲突信息解读时的优先意义"以及"默认解读"等。他认为语境信息是在字面意思处理完成后才可能产生影响。另一些学者，如哈尼希（1979）和巴赫（1994，1995）为代表，在格莱斯意义划分之外提出隐意，并提出了标准化间接语和标准化非字面意义推论；其突出特点是将说话人意图和共同背景信息纳入意义处理过程。

3.后格莱斯主义（关联理论）学派

后格莱斯主义（关联理论）学派从根本上否定格莱斯理论，拟彻底修改话语意义的二分法，从认知和交际的角度提出关联理论以取而代之；以斯珀伯和威尔逊（1986）及卡尔斯登（1996，2002，2004）为典型代表。他们认为格莱斯对话语意义划分的最大问题所在，是对"所说的话"定义不清，没有意识到话语意义具有不同的显性程度。他们认为在明确交际目的的前提下，语境是决定话语含意的唯一因素。斯珀伯和威尔逊（1986：153）将说出来的话定义为明示刺激；它本身没有任何意义，或者是不明确的、不定的；它的功能仅仅是为了吸引听话人的注意力。他们还认为凡是基于话语逻辑形式所明确传达出来的显性假设都是明意；其他没有明确传达出来的隐性假设意义是含意。

4.会话含意、明意和隐意的意义所指

我们以"下雨了"为例进行分析（见表1-1）。根据格莱斯理论，[a]是说话人"所说的话"，[b]是根据[a]推导出的一般会话含意，[c]是特定语境下根据[b]产生的特殊会话含意；根据新格莱斯主义巴赫、哈尼希的隐意理论，[a]是"所说的话"或（可能的）标准化间接语，[b]是根据[a]通过语义补全得出的隐意或（在标准化后）直接跳过的会话"隐意"，[c]是会话含意；根据关联理论，[a]是明示刺激的语言编码成分；[b]是显性表达的会话"明意"，[c]是隐性表达的会话含意。

表1-1　　　　　　会话含意、明意和隐意的意义所指

		格莱斯	新格莱斯主义（巴赫、哈尼希）	后格莱斯主义（斯珀伯、威尔逊、卡尔斯登）
[a]下雨了。		所说的话（字面意义）	所说的话（标准间接语）	（明示刺激之下）会话明意（显性表达）
[b]<这里>下雨了。	所含的意	一般会话含意（隐性表达）	会话隐意（隐性表达）	
[c]带上伞。		特殊会话含意（隐性表达）	会话含意（隐性表达）	会话含意（隐性表达）

可见，新-后格莱斯主义学派对［c］属于（特殊）会话含意没有太大分歧，但他们对［a］和［b］持有不同意见。两派分歧主要有四个方面值得关注：

（1）"说话人意思"或"会话交际内容"所指不同。

新格莱斯主义认为，说话人意思由所说的话［a］和所含的意［b（c）］两部分构成；而后格莱斯主义将所说的话［a］当作一种明示刺激，是语言形式，不是说话人意思；说话人的意思是或明确或隐含地传达出来的交际意图，即明意［b］或含意［c］，由语境决定。

（2）"所说的话"［a］有无意义。

新格莱斯主义认为，所说的话包含语音、语法和词汇等句子成分，可以进行真值判断，是有意义的。而后格莱斯主义认为，在大多数情况下，语言形式的意义是不定的，确切理解话语明意和含意所需要的是语境（卡尔斯登，2002：6）。她还强调话语的完整意义并不一定是说话人意思，如比喻句"你是我的心头肉"和讽刺句"你挺厉害啊"，说话人意思必须要借助语境才能确定。更严格地讲，完整的话语字面意义不能当成说话人意思，听话人能接受的意义更关键。此外，卡尔斯顿认为在脱离语境和会话双方交际意图的情况下确定一句话本身的意义是徒劳的，因为它不产生实际的交际意义。

（3）话语意义的认知处理机制不同。

新格莱斯主义认为，听话人应首先理解所说的话［a］语言形式的意义，即通过"解码"字面意义的过程理解话语，然后再根据语境理解说话人的交际意图，确定一般会话含意或特殊会话含意。而后格莱斯主义认为，［a］仅仅是"明示刺激"的一种，包含在明意的范畴之内。明示刺激如声音和图像等是可触发人们注意力的成分；可分为三类，如喊叫和门铃声的噪音刺激，如挥手、闪光灯或告示的醒目视觉刺激，以及如刺戳和抓挠等触觉刺激（斯珀伯和威尔逊，1986：153）。这些明示刺激的作用是吸引听话人的注意，让听话人专注于其交际意图。当听话人受到刺激时，将直接理解说话人意图，无须处理说话人话语的字面意义。后格莱斯主义否认在理解交际意图时存在解码过程。实证依据是吉布斯（Gibbs，1990）、诺韦克和波萨达（Noveck & Posada，2003）的心理学实验研究结果；即受试理解间接言语行为比理解直接言语行为快；理解隐喻比明喻快（见第四节）。

（4）解读话语意图的理论起源不同。

新格莱斯主义者如列文森（2000：13）提到，格莱斯认为识别话语意图是研究话语非语言成分的前提，会话双方应了解彼此的话语意图，在合作原则及相关准则的框架内进行交谈。而斯珀伯和威尔逊（1986：163—171）从根本上否定了格莱斯的会话含意理论，从认知的角度将关联理论作为解读说话人交际意图的基础。说话人说出的话，也即明示刺激，是促使听话人获取说话人交际意图的最佳关联，并以最少的努力理解说话人的交际意图。然而，新格莱斯主义两个分支内部亦有分歧，主要体现在于［b］的界定。经典格莱斯主义认为［a］是所说的话，［b（c）］是所含的意；巴赫虽同意所说的话和所含的意这一划分，但他认为格莱斯对所说的话［a］的定义没有穷尽，由于［b］是根据［a］字面意义的规约含意推导而来，将［b］定义为隐意，可以作为独立的一层意义范畴，接近所说的话［a］但不是［a］；［c］则是结合说话人交际意图和共同背景信息领会的会话含意。需要注意的是，由于［a］在日常生活中使用率高并逐渐固定下来成为标准间接语。当说话人说出［a］的时候，听话人将直接理解［c］。

二 焦点问题及解答

根据上述分歧，我们提出四个问题，并尝试给出解答：

（1）人们所说的话仅仅是明示刺激吗？

后格莱斯主义认为，所说的话是一串带有编码性质的语言形式，是一种意义不明的明示刺激。这种刺激须满足两个必要条件：（1）吸引听话人的注意；（2）使其专注于说话人的话语意图。在满足这两个条件的基础上，听话人可根据语境的最大关联理解话语明意和含意。我们对此观点持怀疑态度。举一个反例，如课堂教学。课堂上，老师的讲话一方面吸引学生的注意力（至少大多数学生都专心听课），另一方面让学生了解其意图（让学生听懂并掌握教学内容），这满足了明示刺激两个条件。但这种"明示刺激"往往是抽象知识、复杂数字或外语，相关的语境也是通过老师所说的话描述出来。学生作为听话人，如果不明白老师话语的字面意义，只受到一种"刺激"，是不能理解老师所讲内容的含意并学习到知识的。在外语教学中，如果学生仅仅是受到外语符号的"刺激"，而不处理字面意义，能成功地学习外语吗？此外，我们提到课堂中的语境信息，是需要学生通过理解教师的授课内容获取的。还有一些情景也需要听话人解码说话人所说的话，才能构建相关的语境信息，如听相声和广播剧等，听众能根据表演者的话语构建相关语境，从而获取话语含意。如果听众不去解读字面意义，那么将无法理解演员的表演。由此可见，语言代码存在于各种形式话语的字面意义中，听话人应该首先理解字面意思，才能理解交际意图。

（2）人们在理解交际意义之前，是否要先理解字面意思？

后格莱斯主义将吉布斯（1990）、诺韦克和波萨达（2003）的心理学研究实验结果被当作人们不处理字面意义而直接通达会话含意的证据。如有人说"下雨了"，人们的第一反应可能不是"<这里>下雨了"或"<现在>下雨了"这种字面意义，而是"带上伞"这样的交际意义。我们认为，虽然一些实验研究证明人们最先理解到话语的交际意义，但是对话语字面意义的理解是不可能省略的，只是对字面意义的理解时间或长或短，甚至如标准化理论所解释的那样，人们对一些固定下来的标准化表达的理解时长可能会趋于零。当我们给不懂英语的人讲英语，给小孩子讲高深的学术理论，或者更极端的例子，如"鸡同鸭讲"和"对牛弹琴"，听话人如果不能使用同一套语言符号系统进行字面意义的解码，是不能理解交际意义的。因此，我们认为人们在理解交际意义之前，必须要处理字面意义。

（3）隐意为什么不明说？

巴赫认为隐意是对所说的话进行完形或扩展，不是会话含意，受词义、结构和语义制约，但比字面意义表达了更多的意思。我们认为，隐意之所以不明说，是一种"语用省略"。这种经过语用省略的表达经过人们反复使用，已经形成了标准化的表达模式。如果将已经标准化的隐意明说出来，反而会产生另外的交际意义，试读下面语例中的b句（刘思，2010：153—154）。

例1-20

a.下雨了。

b.<这里>下雨了。

例1-21

a.我吃过早餐了。

b.我<今天>吃过早餐了。

例1-22

a.吴太太有三个孩子。

b.吴太太<至少>有三个孩子。

例1-23

a.你不会死。

b.你不会<因为那个伤>死的。

例1-24

a.这钢不够坚固。

b.这钢<建造一座500层高的建筑>不够坚硬。

例 1-25

a.有些人来了。

b.有些人<不是所有人都>来了。

b 句是隐意的明说,如果读起来感觉不自然,并试图揣测说话人的其他交际意图,那么就可以说明在人们心中是存在这种"标准化"的表达和理解。就此我们可以推测,"标准化"的程度不尽相同,往往越是"标准化"表达的话语含意,字面意义越是固定的。这也进一步解释了上一个问题中,为什么受试在一些实验中的最快反应是交际意义而不是字面意义。研究者通常以受试的母语设计日常生活的简短对话,而受试无须花费太多时间(最终趋近于零而不是零)对那些已经进行语用省略并固定下来的标准化表达进行字面意义解读。虽然人们需要将记忆存储中的意义同在现实语境中听到的话语进行对照处理,但这个过程可以快到无法计算。

(4)隐意与语境是什么关系?

要回答这个问题,需要对语境的所指进行限定。巴赫(2012:4)认为语境有狭义和广义之分。上下文是"狭义语境";而会话双方所处的语言环境,或者现实语境,包括对话的当前状态、说话人身体状况等,以及双方共通的认知环境,如个人知识储备以及基本的概念常识则是"广义语境"。广义语境中的对事物的看法和相关概念是源于"经验"或"过去的语境",也可称为"心理语境"。

隐意是对所说的话的完形(语义层面为主)和扩展(语用层面为主)。听话人根据其对字面意义的解读,结合上下文(狭义语境)往往能够推导出完型式隐意;而对于扩展式隐意,听话人往往要在完型式隐意的基础上结合广义语境信息推导而来。不过,就语境的作用而言,巴赫(2012:14—19)认为尽管某些词语对上下文敏感,由狭义语境决定,但语境不能最终决定说话人的话语含意,起到决定性作用的是话语意图。

第四节 含意、隐意和明意的认知实验研究

通过对含意、隐意和明意相关理论的分析讨论，我们可以感受到话语意义的研究是一项长期且艰巨的任务。随着认知语言学、心理语言学和实验语言学的发展，通过实验手段对不同理论所代表的语言认知机制进行验证的方法，受到越来越多专家和学者的推崇，进一步推动了语言意义认知机制的实验研究。本节将围绕一个研究焦点、两个关注问题和三种处理模式对语用认知机制的研究现状进行简要介绍。

一 一个研究的焦点

"等级含意"是"含意"吗？

在对一般会话含意的研究中，等级会话含意是研究热点，也最受争议。这些理论纷争为探索话语意义的认知处理机制提供了切入点。

在本章第二节我们介绍了新格莱斯主义的等级含意理论；例如当话语中使用任何低于"全部"的等级词（例如"一些"）时，说话人将自动撤销"全部"的意义，得到"不是全部"的等级含意，如［1-26］。简言之，等级含意是由较低等级词触发产生的否定上一级等级词的交际意义。如果采用巴赫的"隐意"理论，通过对"一些"字面的逻辑推理进行语义补全，仍能得到"不是全部"的完型式隐意。虽然新格莱斯主义内部对等级含意的解读存在分歧，但是他们也具有共同点；即使说话人没有明说，听话人根据等级词本身固有的规约等级含意也能理解到：今天**不是全部**同学迟到了。

例 1-26

今天**一些**同学迟到了。

事实 a：全班共 20 名同学，晚于八点半到教室的有 3 人。

<一些（3人）——不是全部（20名）>

然而，根据后格莱斯主义所提出的关联理论，"一些"的字面意义并不重要，它仅仅是被编码的语言成分，即便是说话人说出了"一些"，也"有可能是全部"，根据不同的语境信息和交际意图，听话人会有不同的含意解读；推导需依赖语境。试比较：

例1-26
今天一些同学迟到了。
事实b：全班共20名同学，20名同学晚于八点半到达教室。
＜一些（20人）——是全部（20名）＞

考虑事实b，我们可能解读出的交际意义是老师给学生留面子而进行委婉地批评，本意希望学生以后不要再迟到了。

我们认为如"一些"和"全部"这样逻辑结构相对非常严密的数量词，语境信息对此所产生的影响有限。但是像形容词，虽然也属于霍恩数量等级的一个子类，相对来讲需要更多的语境信息。我们以"热"为例，试读下面的语例。

例1-27
饭是热的。

例1-28
水是热的。

例1-29
孩子的头是热的。

例1-30
昨天天气热。

"热"是描述温度高低程度形容词，也是等级含意词，位于<温、热、烫>这样的等级阈值内。根据等级含意理论，当形容某个事物"热"时，其含意应当是"不烫"。因此，应用新格莱斯主义的等级含意理论推导会话含意时，由上面的例子可以得出：

［1-27-1］饭**不烫**。

［1-28-1］水**不烫**。

［1-29-1］孩子的头**不烫**。

［1-30-1］*昨天天气**不烫**。

很明显，［1-30-1］这样的表达是不恰当的。"热"既可以形容饮食温度，也可以形容气温和体温等程度"高"，但是分属不同语义群的程度形容词所辐射的等级阈值是不同的，这就可能导致当我们需要一个比程度"高"（热）"更高"级别的形容词时，在有些语义范畴内没有很好的对应。显然，形容气温的词，很难找到比天气"热"程度更深的，同形容饮品和食物"烫"一样的形容词，除非加字。我们可以加上"特别""太""极其"等副词，来形容程度比"热"更高的天气温度；但如果按照等级含意理论推导，将［1-30-1］修订为［1-30-2］，就会得到相反的意思：

［1-30-2］昨天天**不特别热**。

所以，例1-30"昨天天气热"这句话似乎无法套用等级含意理论进行理解，需要另行探讨。这也证明了新格莱斯主义所坚持的对"字面意义"或"所说的话"的理解是必要的。（关于汉语程度形容词的字面意义是否具有认知优先处理机制的实验研究可见刘思和杨益［Liu & Yang］，2019［2017］）。

二　两个关注的问题

盖瑞特和哈尼希（2007：74）提出实验语用学领域的两个主要关注的问题：

1."母语受试"区分"所说的话"与"含意"和"隐意"的能力。

2.语言意义的认知处理机制。

在最近的三十年中，涌现了大量的对"一般会话含意"的实验研究，重点关注一般会话含意是否在何种条件下都能从各种实验中推导出来，实验方法分为线上和线下两类。

针对第一个问题，一些最初的实验研究证明，说话人不会主动区分格莱斯的"所说的话"和"所含的意"的概念，并且有意或无意地将此作为支持后格莱斯主义的理论，如吉布斯和莫依斯（Gibbs & Moise，1997）、尼克尔和克拉克（Nicolle & Clark，1999）和贝齐登霍特和卡亭（Bezuidenhout & Cutting，2002），这三个实验设计之间有一定的连续性。吉布斯和莫依斯（1997）是公认的第一个研究说话人能否系统地区分"所说的话"和"所含的意"的实验研究。在实验I中，对于每个刺激项目，都有两种条件——"最简解读"（"所说的话"）和"扩展"（一般会话含意嵌入），以供受试选择。实验II与实验I相同，只是在测试之前需执行一个指令。该指令用例子向受试解释说明了格莱斯对话语含意的划分。

尼克尔和克拉克（1999）重复了吉布斯和莫依斯（1997）的实验，另进行了两处改进。首先，他们设计了三个条件——"说话人所说的话""说话人的话语意思"和"说话人想要传达的内容"供受试选择；其次，在实验II的指导语中，他们虽然给出了"明说"和"含意"的解释，但不要求受试使用这些语言学术语来指导他们的判断，相反，他们允许受试使用自己的术语。贝齐登霍特和卡亭（2002）中的实验I给予参与者与尼克尔和克拉克（1999）相同的条件，但没有指导他们的判断标准。他们发现，在包含特殊会话含意、一般会话含意和最简解读的选择中，特殊会话含意最受青睐，选择最简解读最少。这与尼克尔和克拉克（1999）和吉布斯和莫依斯（1997）的发现一致，表明说话人对格莱斯二分法的主观判断与理论划分不符。

然而，多林等（Doran et al., 2012）的研究指出前三个研究在方法设计上存在一些问题：

1.没有给出一致或连续的标准来引导受试进行判断。虽然都安排了测前指导，但并不要求受试应用理论的划分做出判断。

2.采用的刺激类型过少，无法就核心问题得出全面的结论。

3.将"最简解读"当做"所说的话"，结论似有偏颇。

多林等（2012）为解决上述问题设计出一种新的实验范式。他们从一般会话含意与真值条件之间的关系入手，发现受试能够系统地将一般会话含意同真值条件区分开。从实验收集到的各组数据来看，受试对不同类型的一般会话含意的反应不同。

针对第二个问题——语言意义的认知处理的机制，越来越多的学者们用实验的方法证明各自理论学派的科学性。就最初的实验方法而言，多数研究依赖于真值的对错推断，以及不同语境依赖条件下受试的反应时间。近二十年来，采用心理语言学和认知科学常用的如眼动、事件相关电位、鼠标跟踪、核磁脑成像等先进实验手段进行的语言学实验层出不穷，让我们越来越走近语言认知处理的真相。

三　三种意义认知处理模式

前文曾多次提到，格莱斯的合作原则及其四准则是推导会话含意的基础。他对所说的话和所含的意的划分引发了一场关于语义/语用界面的长期论辩，也是新/后格莱斯主义的主要冲突点，这些理论争端在诉诸实验方法验证时，分别对应三种不同的认知处理模式，主要关注字面意义的认知处理机制以及语境信息的干预阶段。

经典格莱斯学派恪守格莱斯的基本观点，即"所说的话"或"字面意义"必须首先"无条件"地处理，而语境信息在字面意义确定后参与到第二阶段的认知处理过程。当如语境信息与字面意义冲突，则字面意义撤销，产生特殊会话含意；如不冲突，则会话含意确定（刘思等，2012：3—4）。这一观点受到了新/后格莱斯主义的修正和批判，正如新/后格莱斯主义的列文森（2000：186—187）所指出的"格莱斯怪圈"，即将格莱斯的四准则作用于"所说的话"来确定"所含的意"是有问题的。前文提及的研究（贝齐登霍特和卡亭，2002；吉布斯和莫依斯，1997；尼克尔和克拉克，1999）已经对说话人能否系统地区分"所说的话"和"所含的意"的能力进行了实验研究，开启了语言认知处理模式的先河。

新/后格莱斯主义由于其所代表的理论根源不同，提出不同的处理模式，其中三个模式值得注意：语境驱动模式（关联理论）、默认处理模式（默认原则）和标准化处理模式（标准化理论）。语境驱动模式的支持者从根本上否定了"所说的话"的字面意义，认为在说话人参考语境信息之前无法推断出话语含意。默认处理模式的支持者认为，字面意义将首先无条件地处理；在没有突出的语境信息相互矛盾的情况下，语境可能会（或可能不会）干预意义处理的后期阶段。标准化处理模式是一种新颖的概念，该模式的实现需要会话双方意图互认且具有相同的背景信仰。本节将分别介绍三种理论模式及相关实验研究。

1. 两种传统的竞争模式：默认推理模式与语境驱动模式

上述两种模型的针锋相对源于新/后格莱斯理论之争，学者更多通过认知和心理学方法来探索等级含意处理模式，最近十年内的较为突出的是伯特等（Bott et al., 2012）、汤姆林森等（Tomlinson et al., 2013）、波利泽尔等（Politzer-Ahles et al., 2013）以及尚拉和伯特（Chemla & Botts, 2014）的实验研究。麦鲍尔（Meibauer, 2012：769）认为这些研究都基于一个共识，即语用理论应该是经济的，语用认知处理的模式也是同理。

默认推理模式的认知过程是线性的，即有先后顺序，最具代表性的实验研究是克拉克和露西（1975），他们提出话语会话含意理解三步走假设：

第一步，听话人会无条件地首先理解话语字面意义。

第二步，听话人会根据语境判断字面意义是否合适；如果合适，那字面意义就被确定下来，并可推知说话人意图。

第三步，如果字面意义不合适，听话人还会根据合适的会话原则并结合语境推导出话语的非字面意义，进而确定说话人意图。

列文森（2000）认为默认推论是由于较低一等级词的出现而自动生成的。会话含意由默认原则推导得来，除非在下一阶段被语境撤销或阻止，默认处理机制就是一个不考虑语境信息自动处理的即时过程。因此，这种推断的第一步耗时较少，而第二步如果语境信息与第一阶段与所得语用推断相矛盾，那么该推断将被否定和撤销，因此这种处理方式是耗时的；如果第二步语境与推断出的信息不矛盾，那么人们就成功得到句子的会话含意。语言处理的这种"自动性"或"默认性"以及撤销的过程是识别默认推理模式的明显触发因素。而贝齐登霍特和卡亭（2002）的实验验证了三种推导会话含意理论模式，分别是文字—第一序列模式、局部语用处理模式和平行处理模式。该实验基本证明了会话含意处理的模式更倾向于平行处理模式。不过，他们的研究引起了广泛的怀疑。贝齐登霍特和莫里斯（Bezuidenhout & Morris，2004）试图通过眼动实验验证默认模型和未指定模式，实验结果表明后者更合理。贝齐登霍特的这两项研究试图证明字面意义处理优先的默认推理模式更加合理，但两组实验的结果并不十分支持。

语境驱动模式源于后格莱斯主义的关联理论，斯珀伯和威尔逊（2002：132）强调语境的重要性，即"在理解过程之前就已确定"。他们对语境的定义覆盖广泛，包括百科知识、认知来源（长期和短期）记忆、感知力和新观察到的环境信息。卡尔斯登（2002：81）认为语境是思想语义的心理表征。在这种观点中，句子的字面含义变成仅仅是"刺激"而根本没有预先确定的含义。当听话人试图理解说话人的意思时，最佳关联发挥核心作用。因此，语境驱动模式认为，话语的交际意义由语境确定并且在一系列复杂的认知处理之后确定下来。基于关联理论的语用策略,听话人会以最少的努力来处理话语含意,直到得到的解释满足会话的交际意图才会停止。卡尔斯登(2002:379)对语境的相关性进行了定性,"只有那些与其所在语境内的认知效果相符的语境信息才是相关的"。这一定义将语境驱动模式构建为单向语言处理模式,即只有听话人在选取真正"相关"的语境因素后,才能确定交际意义。因此,在语境驱动模式下处理语言意义时,反应时间会增加,而且只有在某些语境情境下才有会话含意。

支持语境驱动模式的经典实验相对较多。根据诺韦克和波萨达(2003)以及伯特和诺韦克(Bott & Noveck,2004)的研究结果显示,含有一般会话含意(或等级含意)的答句比不含一般会话含意的答句需要更多的处理时间,以此表明与语境因素相关的会话需要更多的处理时间。由于时间限制,受试需要对单个量词句进行真值判断,例如"一些大象有鼻子"。在这种情况下,"真"的回答表明一般会话含意不属于"所说的话"的范畴;而"假"的回答表明"所说的话"是包含一般会话含意的。他们的研究证明了处理等级含意需要额外的处理时间,支持语境驱动模式。内斯和山肯(Neys & Schaeken,2007)及谢瓦利尔等(Chevallier et al.,2008)的研究从另一个方面间接证明了语境驱动模式的合理性,当受试由于时间限制其认知空间被高度占用的情况下做出反应时,受试优选更加"逻辑化"的反应。黄和施耐德(Huang & Snedeker,2009)通过眼动仪器采用<无、一些、全部>和<一、二、三>等"等级量词"来构建一个新的视觉范式。他们的研究发现了语义处理和语用处理之间的存在时间差异的证据。他们由此得出结论,等级含意的推断速度很快,但在此之前需要一定程度的语义分析。

布雷赫尼等(Breheney et al.,2006)从不同的语境入手,验证会话含意的认知处理模式。他们将等级含意分别置于上限语境和下限语境的设计中,进行了三次实验测试。在实验I中,他们遵循贝齐登霍特和卡亭(2002)中的实验模式,通过在目标句中设置触发词的语句,让受试进行逐段自控速阅读任务。通过测量反应时间,他们发现在仅上限语境中处理等级含意所需反应时间更长，因此支持了语境驱动模式，这与贝齐登霍特和卡亭（2002）中的结果不同。在实验II中，布雷赫尼等（2006）使用典型的等级词对<一些，全部>，而不是<或，和>，探索如何在中性语境中推导出等级含意。默认推理模式预测等级含意无论在任何情况下，都能根据其默认性来推断；而语境驱动模式预测中性语境里推导不出会话含意。这一实验可以测试出等级含意在实际处理过程中对语境的依赖程度和语义的默认程度。实验II结果表明语境驱动模式更具有解释力。在实验III中，布雷赫尼等（2006）设计了一个"其余部分"的触发点，阻止了句子对等级含意的默认推论。结果表明在下限语境中，等级含意依然可以推导出来，并且处理时间没有滞后。因此布雷赫尼等（2006）的三组实验成为语境驱动模式最有力的支持。

尽管如此，帕尼萨等（Panizza et al., 2009）似乎与布雷赫尼等（2006）的立场相反。他们使用更先进的眼动追踪方法来探索等级含意处理。他们得出结论，最常用的等级量词是<一些，全部>，连词<或，和>，情态动词<可能，必须>，等级形容词<冷，温，热>等等。他们使用数字作为目标材料来测试一般会话含意的认知处理。实验I是一份调查问卷，设计了上限语境和下限语境直接测试会话含意。实验II是一个眼动跟踪，用于研究实验I中句子的使用难度。根据布雷赫尼等（2006）的实验III，他们没有使用<一些，全部>这组等级词，而是采用了数字来测试推断等级含意是否需要花费更多的时间。他们的研究结果倾向于证明等级含意词（如数字）具有标准化的下限解释。但他们的实验仍有一个未解决的问题，即没有解释在上限语境中处理数字，似乎比在下限语境中数字更耗时间。他们认为这个问题可能需要通过更先进的实验方法解决。

作为对布雷赫尼等（2006）中性语境设计的回应，麦鲍尔（2012：772—774）认为没有一个所谓的"中性语境"，因为会话参与者总是试图自己创造语境，"在实验语用学中，没有必要将词汇知识与语境或百科知识严格分开……在没有给出明确的语境的情况下，受试倾向于自主寻求一个适合的语境。即使实验给出了明确的语境，也难以控制受试不参考其他方面的信息参与到话语理解之中"。

可见，默认推理模式与语境驱动模式都承认语境在推导过程中的作用，但对它的依赖性是不同的。根据凯特索斯和卡敏斯（Katsos & Cummins，2010）对默认推理模式的说法，"语境可能会介入第二阶段，但它在一开始就会生效。语境驱动模式认为当语境信息与会话含意不矛盾时，支持该会话含意的语境中耗时更少；但是一旦有含意撤销，那么反应时间将显著变长"。语境驱动模式认为，在支持会话含意的语境中所需的反应时间要比产生阻碍的语境所要的反应时间长；因为推断会话含意需要听话人从说话人的话语中提取可能存在的话语含意，且每当参照语境进行推断时，就需要更多时间来处理（参见伯特和诺韦克，2004）。

2. 标准化处理模式

巴赫和哈尼希（1979）提出"标准化"作为推断意义的"捷径"。共同语境因素为构建间接施为行为"言语行为图式"提供了基础,而这进一步又成为语言处理的"标准化理论"和标准化处理模式的基础。根据巴赫和哈尼希的观点，人们无须每次都从非标准化的形式从头开始推算隐意。对标准化处理模式来说，共同语境因素和说话人的意图是必不可少的（巴赫和哈尼希，1979：193），"［……］话语和语境可以激活说话人和听话人共有的共同信念，以便他们能够合理地对话语的走向进行预测，听话人可以识别出说话人的意图［……］［和］语音行为模式的中间步骤因此被跳过"。

出于同样的原因，我们可以合理地预测，在听到一句标准化了的话语之后，会话双方在相互理解的基础上可跳过标准化的中间步骤。因此，标准化处理模式以言语行为图式的省略为特征，基于说话人和听话人共同语境因素做出标准化的解释。换句话说，在标准化处理模式下，即便语境信息与话语意思产生矛盾，也不会产生语义撤销，因为如果发生这种情况，那么听话人就会认为说话人想要表达的东西可能比话语意思更多，并且听话人可以相应地对那些"矛盾不规范"的字句采取得当的回答。因此，标准化处理模式认为，如果会话双方的交际意图、共同语境因素和完型式隐意都控制得当，那么不论是语境信息支持还是阻碍，推导出会话含意的反应时间都没有显著差异。盖瑞特和哈尼希（Garret & Harnish，2007）的实验比较了标准化处理模式和默认推理模式。为了评估两种模式，他们通过设计支持隐意产生的语境和阻碍隐意产生语境来研究隐意的推导机制。他们发现，在标准化处理模式中，即使在阻碍隐意产生语境中，由于隐意对句型语法的依赖，也能够推导出隐意。相反，默认推理模式则认为隐意（如果有的话）仅在支持的语境中触发，因为默认推断需要支持的语境信息。正如盖瑞特和哈尼希（2007：81）所说，标准化的解释依赖于词句固有的意义，所以即使在语境不支持的情况下，依然可以推导出标准化的话语含意。

我们认为，标准化是一种认知过程，它在语言处理中更容易理解。这一过程所涉及的共同语境因素，包括说话人意图、语言知识、惯例和心理语境、特设语境等将被同时激活，随时做好准备供说话人提取加工。

综上，我们不难发现有关语用认知机制和语用条件的问题仍未得到妥善解决，在相关实验结果中也存在相悖或难以解释的实验现象。我们认为在设计实验之前，应当充分考虑会话含意的分类，认识到下列几点"不同"（刘思，2010：154），尽可能地规避一些设计的缺陷。

1. 认知机制主要包括两个不同的方面：话语意义表达和理解；它们的处理机制是不同的。
2. 同时既表达又理解的认知机制与单纯的表达或理解机制是不同的。
3. 会话双方互相理解与从第三方视角解读一段会话的认知机制不同。
4. 对口头会话和对书面会话的认知机制不同。

第五节　含意、隐意和明意的社会交际功能

格莱斯提出的合作原则是日常会话中一切交际活动的前提。语言交际的成功，是基于交际双方（有意识或者无意识地）遵循合作原则，是宏观层面人际交往规范；具体到操作层面，格莱斯提出了四准则，即"量的准则""质的准则""关联准则"以及"方式准则"。前三项准则针对的是会话的内容，需适量、适度且相关；而方式准则针对的是说话的方式（详见第一节）。

然而，我们经常发现在人们实际交际的过程中，或是在一些影视剧集中，常有人讳莫如深、顾左右而言他、拐弯抹角、言辞闪烁，甚至有的说话人采用这种不明说说话方式的目的，就是为了让人揣测其"弦外之音"。说话人在遵循合作原则的大前提下，采取看似"不合作"的说话方式，"话到嘴边留半句"，婉转迂回不直抒胸臆。采取这种方式表达交际意图的行为，究竟为何？可见，合作原则只是说明了遵循或违反四准则可推导出会话含意，但是这样的解释力远远不够。

鉴于此，利奇（1983）从修辞和语义的角度提出了礼貌原则，对格莱斯的合作原则进行了有益补充，可解释一些格莱斯的合作原则未能解释的语言现象。另外，语言作为人们社会交际的工具，通常是通过各种言语行为来实现的。奥斯汀（1962）和塞尔（1969b）的言语行为理论则奠定了研究语言使用的基础。这些理论将人们从研究话语内部的语义和句法结构转向了话语外部的表意和施为的社会功能。人们在实施不同言语行为时往往采用不同的礼貌策略，其目的是为了做成某件事或达到某种预期的社会交际效果。本节将结合东乡语语例对话语含意的社会交际功能进行简要论述。

一　言语行为理论与话语意图

奥斯汀（1962：151）认为任何话语的产生伴有三种言语行为：说

话行为（说话人所说的实际话语）、施为行为（说话人的意图）和取效行为（话语对听话人的影响）。奥斯汀将言语行为分为五组：判定式、执行式、承诺式、表态式和阐述式。后来，塞尔（1975：21—26）对奥斯汀的划分进行了修订，将言语行为重新划归了五类：阐述类（如陈述、报告），指令类（如请求、命令），承诺类（如承诺、提供），表达类（如感谢、道歉）和宣告类（如宣布、命名）（详见第二章）。"阐述类"是陈述、断言某些客观事物的表述，旨在描述世界的真实状态；表达了说话人对客观现实的某种信念。"指令类"是试图使对方的行为符合话语的意思，即试图让听话人做某事，表达了说话人希望听话人为自己做某事的意图；所以指令类是"利己"的。"承诺类"是说话人自己将参与话语意思所描述行为的表达；也即使客观事物符合话语意思，让说话人为听话人做事；所以承诺类是"利他"的。"表达类"是说话人对客观事物的态度、情感或情绪等心理状态的表达。"宣告类"是改变客观事物使其符合话语意思的表达，不包含心理状态；重点是改变客观事物原有的状态。

言语行为理论将会话双方的语言策略与交际意图结合起来。所谓的会话含意、隐意和明意是通过语言策略传递会话意图的途径。说话人通常期望其交际意图能被听话人识别和配合；在这个过程中，说话人和听话人通常都会依赖语境的帮助。如果将同样的一句话置于不同的场景中，可能会产生不同的言语行为，其相应的会话意思也是动态的。巴赫和哈尼希（1979：12）提出的言语行为图式将听话人对说话人意图的推论模式化。该模式根据合作原则做了如下假设：当说话人向听话人说某些话时，他就是按其话语意思做的；具有可识别的交际意图。事实上，由于合作原则的存在，听话人认为说话人具有某种意图；而话语内容（具有意义的语句）及其语境为听话人提供识别特定意图的基础。巴赫（1987：148）认为，当说话人想交流时，他的目的是使其意图被听话人理解；即将他的话语视作施为行为被进一步解读。与此同时，听话人以预期的方式接受话语，通过分析理解对方意图中的交际行为。言语行为图式可用以解释话语的"言外之力",推断话语表达的意图。当听话人依据合作原则认可说话人交际意图时,说话人被理解为实施话语意图执行者。

刘思(Liu,2011)研究报告包括两项实验研究。实验一表明,汉语受试对言语行为的划分方式与塞尔来自推理分析的划分方式有出入。她的实验旨在发现人们在会话中对言语行为的直觉认知分类。结果发现,汉语受试对言语行为的划分是以"取效行为"为基础,而不是以"施为行为"为基础的划分方式。实验二旨在观察汉语受试对"意图"的认知,参与争论:施为行为,即"意图",是否会被听话人清楚地识别(有的学者认为是,有的认为否)。例如,某人说"今晚到我家来吃晚饭"。在说话人没有用"邀请"这个施为词的情况下,听话人是否在认知机制里识别到了"邀请"这个意图。实验结果表明,汉语受试的认知机制对"意图"是进行了识别的。

二 面子、礼貌与话语意图

美国社会学家高夫曼(Goffman,1955:213)在中国人类学家胡先缙先生(Hu,1944)"面子观"的启示下,提出了"脸面工程"这一概念,认为"面子"是一种个人形象,是他人眼中人们为其本人挣得的积极的社会价值,分为消极面子和积极面子(详见第三章)。人们往往因为其所得到的面子高于预期而感觉良好,因为低于预期而感觉糟糕或受伤。通过一句话,一个人可以为自己"挣得"面子、"维护"自己的面子、"保全"大家的脸面等;同样,也可能因为某些话,有人能"颜面大失"、"毁掉"自己的脸面或者"下"别人的面子等,往往同说话人的言语意图紧密相关。

英国牛津大学的布朗和列文森(Brown & Levinson,1978/87:61—83)对礼貌、面子这一问题进行了系统的探讨。在社会交往中使用礼貌语言,可以为会话双方留面子,实现保持良好的社会关系的交际目的;这一特点跨越不同文化,具有普遍性。为达到交际目的,人们可以针对不同的面子威胁行为采取积极礼貌、消极礼貌和非公开策略，补偿其所带来的后果。积极礼貌策略包括宣称双方共同点，表示双方互相配合，使听话人的想法、希望得以实现，主要以接近对方，缩小心理差距为基础的；消极礼貌策略强调说话人不强迫听话人，道歉，力图将听话人从自责中解脱，不让听话人欠情等，主要采取回避对方的方式来扩大心理差距；非公开策略主要通过违反格莱斯合作原则的四类准则而产生会话含意来，间接地采取面子威胁行为。

布朗和列文森（1978/87）认为有三个影响因素影响礼貌策略的选择，即关系亲疏、权势强弱以及涉及事物的大小。人们为了实现某种交际目的，受相关的影响因素影响，选取不同的礼貌策略。我们以东乡语说话人"邀请"听话人为例：

例 1-31

村民（老年男性）：

东乡语：Ene hon alimala osisanla gansan hin wo, chi toreizhi iyele ire, chiyi xinlaye.

汉　语：今年水果长得都挺好的，请你过来转转，顺便吃点水果。

农业技术员（青年男性）：

东乡语：An, ireye.

汉　语：好的。

（选自马彩霞，2017：34）

在上述对话中，老年男性通过"顺便吃点水果（chiyi xinlaye）"发出了邀请，这一言语行为威胁了听话人消极面子。就年龄的角度看，作为权势高的说话人对权势低的听话人，这样的表述显得不生分，拉近了二人关系；但是就关系亲疏来看，老农和技术员的关系毕竟是疏远的，所以为了弥合前一句的直接面子威胁，老年男村民紧接着对青年男农业技术员说"顺便吃点水果"，以迎合听话人的积极面子，使其受益最大化,最终老年男性成功地实现了话语意图。更多东乡语言语行为实例请见本书第二部分。

三 小结

我国语言学家顾曰国先生(1992:11—14)将礼貌原则"中国化"或者"汉化",提出了(1)体现汉文化谦虚特质的贬己尊人准则;(2)体现汉文化伦常有序的称呼准则;(3)体现君子修养和文化的文雅准则;(4)体现汉文化求同包容的求同准则以及(5)体现君子素养的德、言、行准则。这些标准都反映了中国历代文人士大夫所推崇和向往的"君子"和"贤人"的基本道德准则,中国传统文化深深影响着汉民族的语言和行事风格。由此我们可以大胆推断,不同的民族文化对人们的语言和行为会产生一定的影响,即便话语意图相同,受社会文化因素的制约,人们或将采取不同的语用策略达成交际目的。

我们一贯推崇的观点是,立足于中国本土研究中华民族的语言文化;以语用为观测点,采用汉语语料验证西方的既有理论;不断开发我国少数民族(濒危)语言资源,从而发展适用于我国各民族文化的语用学理论和研究方法。

第二章　言语行为理论

第一节　引言

贯穿20世纪的哲学发展和研究进程中，最突出的代表性特征就是高度重视语言及其研究，各家各派都试图通过对语言的分析和论述来阐明自己的哲学思想观点。哲学家罗蒂（Rorty，1992）指出，20世纪初叶，经过当时在西方，特别是欧洲开始的思想潮流的第三次转向，即"语言转向"，这一时期的哲学研究重心由认识论偏向了语言分析哲学，随之也涌现出了许多杰出的哲学语言学家。20世纪以来的西方普通语言学的研究总体分成了两个大的语言哲学体系，即结构主义思想和功能主义理念。以乔姆斯基（Chomsky）为代表的结构主义对语言本质的基本看法是：人类语言的实质是一种大脑机制；语言是与生俱来的人类本能。这种本能的核心是对语言结构的直觉，因而各种不同的语言具有一个共通框架。语言研究应该着重于心理推测和母语认知机制。系统功能语言学对语言的基本理念则是：语言是一种具有多元选择和多维意指的社会符号系统，该系统又是由一系列子系统构成，把语言现象看作是一种人类活动过程中的社会化现象。语言学的研究发展一直到了20世纪的60年代初期，作为第三次研究转向结果的第三大体系的言语行为理论才得以应用而产生，并有了随后的快速成长和发展。

英国著名的语言学家、分析哲学家奥斯汀（1962）所提出的言语行为理论立刻引起了哲学和语言学两大主流学界的广泛关注和聚焦研究。可以说该理论为研究语言学和哲学研究都提供了一个全新的观察视角，极大地扩展了语言哲学研究的领域，其重要性是毋庸置疑的。言语行为包括说话和行事两个根本要素，这是奥斯汀的言语行为理论的基本前提。"说话即行事"是该理论最为基本的指导思想和实践基础。言语行为理论自从创立之后，美国著名的哲学语言学家塞尔（1968，1969b，1975）在坚持原有理论的基础上研究、批判、改进，提出了间接言语行为，而且在言语交际的规约性方面也贡献良多，巩固和夯实了该理论作为语用学领域研究的核心理论地位，并使之成为语言研究、实践和运用的焦点。当然，塞尔提出的言语行为理论肯定还存在很多方面的问题，但它对语言学发展和哲学研究的巨大贡献是不言而喻的。事实上，言语行为理论是把语言行为看作是一种社会行为现象，属于行为科学的研究范畴。

我们如果对语言本身认知的不同和对其基本内容认识的不一样，就会导致我们对研究对象和研究目标产生不同，甚至对立的理解和加工。严格来说，塞尔的言语行为理论是不关注语言自身的语法结构及其语法意义的，其主要目标在于研究语言受试如何以言做事，进而可能会产生什么样的效果（即语言功能所达到的作用）等。塞尔在20世纪80年代精心设计的宏伟蓝图是他认为言语行为理论最终将会或可以对人类的所有言语行为做出相应的揭示和解读（顾曰国，1994a：1—8）。

奥斯汀和塞尔的言语行为理论为研究语言提供了新的观察视角、分析方法和解释思路。奥斯汀其实是一位地地道道的、典型的语言分析哲学家，我们可以看出其语言哲学思想和其哲学分析研究中找不到现代语言学对他的明显的影响作用。因此，奥斯汀在他提出言语行为理论时，可以说就没有依附于其他任何理论或什么主义，即结构主义语言学和功能主义语言学两大语言学派都没有影响到他的言语行为理论思想，他更没有像索绪尔等语言学家那样将语言与言语作严格的区分和解释。与此相反，他的学生塞尔却与他不同，颇受转换生成语法理论的影响，例如他接受乔姆斯基的语言深层结构与表层结构的区分、句法转换生成规则和次范畴等理论。尽管存在这样的差异，但奥斯汀和塞尔为言语行为理论的提出、探索和发展完善做出了不可磨灭的贡献。言语行为理论研究对现代语用学、认知科学、应用语言学、心理语言学、社会语言学以及母语语言习得和二语语言习得研究等领域都带来了革命性的影响作用。

第二节 奥斯汀言语行为理论

一 理论概述

言语行为理论是语用学研究的重要分支。我们实施言语行为的本质就是交际者借助话语传达交际意图或交际目的。奥斯汀奠定的言语行为理论，将话语句型进行了分类，包括了自然语言的全部句型。这为语用学研究开辟了一个新的领域。言语行为理论最初源于20世纪50年代至60年代，奥斯汀在哈佛大学作的关于《如何以言行事》的系列讲座的讲稿。他在论述中提出将语言使用作为一种行为来看待的观点，从而打破并颠覆了传统的"逻辑—语义的真值条件是语言理解的中心"的思想，进而创立了言语行为理论。该理论的形成发展和成熟完善经历了以下过程：首先，解决了言语行为理论之前的两千多年中，关于命题真假值在西方哲学界从未真正得以解决的难题。其次，开创了西方哲学从抽象命题转向陈述句命题的研究。奥斯汀当时所在的时期，正好是哲学逻辑实证主义的鼎盛时期。那时哲学界的学者们都认为，一个句子，原则上能够被验证是真还是假，才是有意义的。20世纪50年代末，人们的交际行为不仅仅是构词造句，更重要的是利用语言来完成各种各样的"成事行为"，即"说话就是做事"。这也就是说，说话也是一种行为方式，语言不单单是用来描写和陈述我们周围的客观世界，而且还可以用来指示或实施某种行为。奥斯汀用了大量的言语行为实例证明了逻辑实证观点的不正确性和言语行为的事实存在性，其结果是有不少陈述句确无真假值，但确实有意义。

二 施为句和述谓句

奥斯汀（1962：1）试图把句子分为两类，"施为句"和"述谓句"。我们可以从例2-1和2-2中加以理解：

例2-1

我往澡盆里注水。（述谓句）

例2-2

我警告你别用那种眼神看我。（施为句）

奥斯汀（1962：2—3）命名的"述谓句"是可以用于描述人和物；或者用于阐述观点，以及其他功能；还可以用于真伪验证。它与常用的"陈述句"有区别，即它不是仅仅用于"描述"事物，还包含更多的外延意义；如断言、报道、阐述等。"施为句"无关真伪，只有恰当与否之分；施为句就是在做事，即实施行为，所以叫"施为句"。奥斯汀是个严于自我检讨和自我否定的学者。他在之后的讲座中（奥斯汀1962：67）表明：即使把所有可能的标准列出来，也不能把施为句和述谓句区别开来；因为同一个表达法，在不同的情况下，可能用这两种话语来说。例2-3，既可能说成例2-3a，也可能说成例2-3b。

例2-3

我会带你去旅游。

例2-3a

我保证会带你去旅游。（施为句）

例2-3b

我说过会带你去旅游。（述谓句）

例2-3字面意义是个述谓句，但在具体语境中说话人的意图可能是

"承诺",也可能是"保证";也即说它也可能是施为句。奥斯汀(1962:69)把这类施为句叫"基本施为句",把带有施为动词的,叫"显性施为句"。再则,不仅述谓句可能有真伪之分,施为句也有真伪之分。例2-3a里的保证,如果男朋友已经跟女朋友说了几次都没兑现,他一说这话"我保证会带你去旅游",女朋友就知道是假的。同时,不仅施为句可能有恰当与否之分,述谓句也有恰当与否之分。例2-3b中,如果是三岁小孩跟奶奶说"我说过会带你去旅游"很明显不恰当,只能是一个笑话。如果小王当着女朋友的面跟女友说"我说过会带你去旅游"也为不恰当。经过一番检讨以后,奥斯汀(1962:91)申明区分二者的标准是不成立的,有必要重新考虑话语的分类问题。

三 奥斯汀的完整言语行为说和三分法

奥斯汀(1962:92—94)没有对"完整言语行为"下明确的定义,但从他的分析中,我们可以明白他的完整言语行为的理论基础,确定了我们所研究的言语行为是人们在一个真实且完整的言语交际环境中,所实施的全部行为。奥斯汀所谓的一个完整的言语行为并不仅仅指一个说话人在一个言语交际环境中所说话语的全部叠加,而是指构成和理解一个言语行为所有要用到的必要因素。一个完整的言语交际环境,当然也必须是让一个完整言语行为存在且依赖的全部相关和必备的语境要素。

奥斯汀虽然没有明确界定何种言语行为是所谓的完整的言语行为,但他(奥斯汀1962:94—97)采用抽象法,指出"说话行为"包含"发声行为""发音行为"和"表意行为"等三种行为。发声行为指发出声音;发音行为指发出某种语言的词汇和符合该语言语法结构的句子;表意行为则是在语境中发出的有意思有所指的话语。然后,奥斯汀(1962:98—108)又从"说话行为"出发,论述了"说话"作为"行事",会产生的另两种行为:"施为行为"和"取效行为"。前三种和后三种分类都是他"完整的言语行为"的内容。值得指出的是,奥斯汀的抽象法并非把完整的言语行为分割成明确、独立的三个部分，然后把其中一部分再分成三类；而是依据话语层次或交际语境的不同，整体地观察、分析和表达某一事物和其相关现象；再则，被抽象出来的各个行为之间的关系不是组合关系，而是蕴含关系。

奥斯汀的完整言语行为理论还强调，在某一个完整的言语行为中，说话人一般不会仅简单地表达某个语言单位的静态语言意义；而听话人要通过一系列的理解、选择，最终推断说话人的实际意图及其真正实施某一言语行为所要达到的结果。仅单一理解话语的语音、词汇和语法，或话语的字面意思，是不能实施和完成一个完整的言语行为的。

关于三分法中的取效行为，研究者们关注较少；但有不少学者在概念上颇有偏差。一是把三种行为翻译为"说话行为""言外行为"和"言后行为"；由此把最后产生效果的行为看做了"言后"发生的行为。但其实三个行为是一个完整的言语行为，是同时发生的。奥斯汀（1962：108）指出：说话人通过说话行为实施施为行为，也由此而实施另外一种行为（取效行为）；说话，常常会，甚至通常都会产生某种效果。由此，不难理解，说话行为产生施为行为和取效行为；也就是说，话说完了，三种行为同时都完成了。有人解释三种行为："请把门打开"是说话行为；说话人"请求"听话人把门打开，是言外行为；听话人去把门打开了，是言后行为。这是误导。

另有一种说法，取效行为是会话双方"合为"完成的，笔者恐怕难以苟同。如上述，在说话完成后，三种行为就完成了；所以取效行为是说话人一人完成的，不涉及听话人。奥斯汀（1962：104—106）强调三种行为具有"企图"（attempt）与"达成"（achievement）的区别性特点，而取效行为尤其突出。他指出，在很多会话中，说话人"企图"对听话人实施某种效果，但不一定能达到那个效果；"企图"和"达成"是不同可能性的两个方面。取效行为不能确定结果是什么；结果可能仅仅是一个企图，也可能达成了某个效果。所以，听话人在听完话以后采取什么行动不是取效行为本身的行为。

由于两分法（述谓句和施为句）的不可能性，导致奥斯汀（1962：94）重新考虑言语行为的分类。他用了一整章（奥斯汀，1962：101—108）的篇幅，集中论述了言语行为三分法；把言语行为分为"说话行为""施为行为"和"取效行为"。说话行为指说话人在特定的交际语境中说出的语音正确且有意义有所指的话语；施为行为是实施"语力"，表达说话人交际意图（如命令、警告、请求等）；取效行为指通过前两种行为对听话人产生结果、影响或变化。

根据奥斯汀的言语行为观点，实施说话行为，同时也在实施施为行为，并产生影响或结果。如何根据说话行为来确定施为行为，最终达到或实现取效行为呢？在言语行为的实施过程中，说话人常常要靠具体的交际语境（比如话语时间、话语地点、话语对象、谈论话题等）来确定三种言语行为的关系及其效果。也就是说，在言语交际中说话人的意思是通过直接的言语行为方式还是间接的言语行为方式来表达或实施的，听话人需要根据对方发话的动态的交际语境才能真正判断，并最终做出有可能得体的决定或准确的选择。

日常交际中，说话行为和取效行为是比较显而易见的，而最难理解的并能体现语言复杂性的便是施为行为。在奥斯汀的三种言语行为里面，他其实最重视的还是施为行为。在其关于言语行为论述之中，他也多偏向于论述和强化施为行为。

第三节 塞尔言语行为理论

一 理论概述

塞尔（1969a）的《言语行为：语言哲学论》是其早期的一部被语用研究者们看作最重要的语言哲学经典著作，该书完整、详细地阐述了他的言语行为理论及其思想观点；同时，也基于言语行为现象，阐明了话语意义和语言指称在语言哲学研究中始终处于中心地位的根本立场，奠定了其在语言哲学领域的核心地位。

塞尔的言语行为理论全方位地继承和发展了奥斯汀的语言哲学观点。他们师徒二人都认为，任何一个言语行为至少包括以下三个基本构成要素：第一是要用语言说出一些词语或句子，也就是首先要实现"说话行为"；第二是必须对人、地点、时间、事情和事物进行指称和界定，也就是要完成或实现"命题行为"；第三是要用陈述来表达意图、用问句提出相关的问题、用祈使句来发出命令等，也就是最终要实现"以言行事"，进而落实完成"以言成事"的交际目的。

按照塞尔所阐述的言语行为哲学观点，人们语言交流所依赖的最小单位是被实施并完成了的某种言语行为，并非某种语言符号单位。而那些言语行为中随之而生的符号、词语或语句则是伴随语言行为的完成而产生的。

二 塞尔言语行为分类

塞尔（1969a）对言语行为进行了深入探讨，重点论述了言语行为的分类。塞尔与奥斯汀思想的主要相同之处在于，他们都认为话语具有某种"语力"，这是施为行为的功能。例如，"我承诺我会表态"这句话，包括了"我承诺"这一"以言行事"的话语功能，具有"语力"。用以体现以言行事的手段还包括语调、语序、重音、标点符号，以及语气等超语言因素。同时，塞尔还认为要实施施为行为应该具备以下四个基本的恰当条件，即准备、诚意、命题和根本条件。准备条件指说话人和听话人的身份、地位、能力等可以确保对话得以顺利进行。诚意条件指说话人是真心实意地想要执行这一言语行为，表里如一而非言不由衷；否则说话人的言语就没有信服力，不利于施为行为的完成。命题内容条件指说话人打算做某件事情而不是已经做过某件事；而根本条件指说话人抱有实施言语行为的目的。在这四个条件中，根本条件决定其他三个条件的实施。

依据这些条件，塞尔把言语行为中的施为行为划分为五个大类，即（1）阐述类，描述客观事物状况的表达（陈述、断言、宣称）；（2）承诺类，说话人承诺做某事的表达（如承诺、保证、给予等）；（3）指令类，使听话人做某事的表达（如要求、请求、命令等）；（4）表达类，说话人对某事物的态度、情感等的表达（如感谢、道歉、祝贺等）；（5）宣告类，引起客观事物变化的表达（如宣告、宣判、命名等）。

这五个大类的划分都是基于意向心态，研究者们发现该分类过于抽象简单，无法用以解释所有话语。如顾曰国（1994a）就曾提出批评意见，他认为塞尔的这个言语行为分类基本没有考虑到言语行为的赖以生存的社会因素和交际语境。事实上，塞尔在接受各方面的批评的同时，解释到，他的言语行为分类不是没有考虑到言语行为本身的交际复杂性，以及其涉及的各种各样的社会交际因素；而是一种言语行为理论不可能解决所有的语言哲学问题，只能为解决各种问题提供言语行为加工理解的一些基本"框架"；具体交际语境中的言语行为是有血有肉的活的语言现象，而理论必须由这些现象加以验证。真实语言环境中所涉及的各类因素太多太复杂，确实很难有一个分类可以保证所有的言语行为都一一对号入座。尽管有反对和批评的声音，在有更合理的分类出现之前，塞尔的这五个分类仍具有其科学性和指导意义。塞尔认为每一类交际行为在具体的交际语境中都有各自的话语目的，而即便是有同样交际目的的施为行为也可能具有不同程度或不同内涵的言外之力。同样的施为行为在不同的说话人和听话人之间所产生的效果也是不一样的；而效果的产生往往受到塞尔提出的完成施为行为的四个恰当条件以及言语所依赖的社会环境等因素的影响。

三 塞尔间接言语行为理论

塞尔在言语行为理论发展上的巨大成就之一便是提出并深入地分析、讨论了间接言语行为的实施机制，如"请你下次准时到会"即是以请求的形式来表达命令行为。间接言语行为究竟该怎么来理解和定义？根据塞尔自己对言语行为理论的阐释，间接言语行为指一种间接地完成另外一种施为行为的施为行为。也就是说，话语交际者在实施间接言语行为时往往不会直截了当地说出交际者自己的意图,而一般都会凭借另外一种言语行为来间接表达其真正想要表达的用意。在间接言语行为中,说话人依赖自己和听话人所共有的背景知识或共享信息,包括语言的和非语言的背景知识或信息,向听话人传递他的意图。

间接言语行为又进一步分为规约性和非规约性。我们从以下例句加以说明:

例2-4
你能把电视关小声一点儿吗?(规约性间接言语行为)

例2-5
你为什么不和他去看电影呀?(非规约性间接言语行为)

例2-4很明显是通过"疑问"间接地表达一个"请求",而不是问听话人是否有关电视机声音的能力。人们这么推断,主要是基于约定俗成的常识,也即是"规约";与语境关系不大。例2-5的交际意图没有语境就难以推断。假设,王姐的朋友告诉她,自己的男朋友约她周六晚上出去吃晚餐然后去看电影;并说她不愿意去。王姐对朋友说:"你为什么不和他去看电影呀?"那就是通过"疑问"实施一个"建议"。假如上周朋友的男朋友约她周六去看电影,朋友没去,王姐说:"你为什么不和他去看电影呀?"就是直接提出"疑问",也就不是间接言语行为了。因此,我们把当说话人的话语意图必须依靠语境进行推断的间接言语行为称为非规约性间接言语行为。塞尔将例2-4和例2-5中的说话人意图"请求"和"建议"行为叫"主施为行为"。字面的"疑问"行为叫"次施为行为"。

在人们日常的言语交际中会使用大量的间接言语行为,而要成功地表达和理解间接言语行为,就必须先弄清楚话语的字面意义,然后再由字面意义去推知说话人的真实意图，即话语间接行为所传达的"言外之意"。

第四节 言语行为理论评论

语言学家们对言语行为理论的批评、修正、发展和质疑从未停歇过。里查德（Richard，2013）曾指出，言语行为理论的确存在许多不足的地方和值得商榷的问题。塞尔（1969a）有关言语行为理论的早期著作基本上都是关于语言与行为、语言与社会关系的论述。塞尔（1968）认为，语言交流的目的是为了实施某种言语行为；语言交流也可能会对听话人、说话人，乃至整个社会产生实质的影响。后来的著作（塞尔，1991a，1991b）关注言语行为理论与大脑处理机制的关系。他认为处理自然语言的过程实质上是理解言语行为的过程；提出研究语言处理机制可以从言语行为角度出发，从语用方面进行突破。

塞尔对奥斯汀言语行为理论进行过批判；顾曰国（1994a）曾撰文对奥斯汀和塞尔的言语行为理论进行过评价。

一 塞尔对奥斯汀言语行为理论的批评

塞尔对他的先师奥斯汀的言语行为理论进行了多次修正、补充、发展；并提出了间接言语行为理论。塞尔言语行为理论的突出贡献在于他建成了一套完整的言语行为理论；尤其对施为行为的分类更加完善和合理；言语行为理论也因此得到更深入的丰富和完善。塞尔（1968）认为奥斯汀在抽象切分出表意行为的同时也切分出了施为行为。奥斯汀进一步将施为行为分为了五类（评判、施权、承诺、表态、论证）；塞尔保留了五类，但修改为：阐述、指令、承诺、表达和宣告类；得到语用学界更多的认可。在深一层次上，塞尔和奥斯汀也存在分歧。具体表现在他们各自对句义与语力关系的认识上存在差异。奥斯汀认为句子意义或语言的字面意义与语力之间存在着根本性的区别，而塞尔则认为具体的交际语境"不存在不带语力特征的句子",而且"每一句字面意包含确定语力的某些因素"(塞尔,1968)。塞尔(1979)还强调研究字面意义和言语行为是从两个不同的视角所做的同一类型的研究。即,在我们的话语中,存在隐藏的思维,当我们的话语还没有说出来的时候,我们的大脑已经帮助我们依据在某种可能的潜在的社会关系交往中会出现的语境,为交际者规定了想表达的意图。再则,塞尔(1968)舍去奥斯汀的"表意行为"和"说话行为"而代之以"命题行为",即表达一个意思的行为(含有具体的指称,某人某物或预测某事)。他同时还指出,在个别情况下,存在施为句却不包含命题的内容。塞尔还指出奥斯汀划分的言语行为的三种行为重叠过多,而且其内部太过庞杂混乱。当然,塞尔对言语行为理论的最大贡献还是间接性言语行为理论〔见本节三〕。

二 顾曰国对言语行为论的批评

1.对奥斯汀言语行为论的批评

首先,顾曰国(1989)指出了奥斯汀表意行为、说话行为和施为行为的划分问题。在奥斯汀提出的抽象切分的方法中,他先是把一个完整言语行为划分为三种话语行为(发声、发音、表意行为),而后他又把其中的表意行为分为"说话""施事"和"取效"三类行为。顾曰国(1989:32)指出奥斯汀的这种抽象分类法实质上是从不同角度,不同层次来审视言语行为,这种抽象出来的行为之间是一种蕴含关系。他还指出,奥斯汀的抽象切分工作起初就是从"说些什么"的具体分析和研究切入的。然而仅仅发出语音、词语来"说些什么"还远远不能够实施一个完整的言语行为,必须要有与之相关的所指和交际意思,这应该就是表意行为。"说话行为"也是说出语音语法正确的有所指的存在交际意思的句子。那么,二者的区别是什么呢?奥斯汀没有说明。由此,顾曰国(1989:34)首先质疑区分这两类话语句的意义。其次,顾曰国(1989:36)认为说话行为所使用的字面意思与施为行为的"语力"是重叠的。当施为句是显性时,尤为明显;如"我拒绝回答你的问题"。说话行为含有"拒绝"的字面意思,"拒绝"又是施为行为中的"语力",两者岂不没有区别?所以顾认为说话行为与施为行为的划分有很大缺陷。再则,尽管顾对奥斯汀的施为行为及其"语力"加以肯定,认为它们是对言语行为理论的有价值的贡献;同时,批评奥斯汀对施为行为本质的认识及其分类远不如人意。顾曰国(1989:36)先从认识角度讲,顾认为奥斯汀把语力的"规约性"视为施为行为的特征。"规约性"就是某个行为能按约定俗成的表达方式"说"出来。顾批评奥斯汀衡量规约性的标准就是"说"是不是等于"做";这种认识是有漏洞的。顾认为在程式化的语境中实施施为行为,便有规约可循;但这样的语境是极少的。很多语境中的表达方式很大程度上取决于说话人的态度或情绪,不定因素很多。例如,"让一让"所实施的"语力",可能是"请求",也可能是"命令"(顾曰国,1989:37)。再从分类角度讲,顾批评奥斯汀把施为动词与施为行为等同起来分类,这是不符合语言使用事实的,因为很多施为行为并不用施为动词。并且,顾还认为奥斯汀施为行为的分类很繁杂;在某一个大类里,包含了繁多的言语行为;他列举了"表态"类,包含了感谢、吊唁、憎恶、抱怨、告别、诅咒等13种。这的确是一个庞大的杂烩分类。

2.对塞尔言语行为论的评价

关于塞尔的言语行为理论,顾曰国(1994b:15)提出了两条基本的评价意见。首先,顾指出研究者们必须注意到塞尔言语行为理论的心智哲学对语言学和哲学研究的负面影响效果。进入20世纪80年代之后,塞尔(1984)的哲学语言学研究转向心智哲学。他强调言语行为的本质及其分类基础的最终解释必须依靠大脑的意向工作机制。塞尔后期的研究说明他想把言语行为理论根植到他热衷的心智哲学上。在英国的BBC里思(Reith)讲座上,他在分析一般的行为时指出:交际言语行为包括:生理和心理两个基本成分。而顾曰国(1994b:11)认为这样的推理和结论至少是不完善的。塞尔的这种二元分析原理应该是成立的,但他的这个二元论却没有注意到交际言语行为是不同于一般人类行为的一个重要特征，即它的社会性本质。而实际上人们的言语行为是一个由个人行为和社会行为构成的共同连续体。正如奥斯汀反复强调，施为行为必定是一种具有很强社会属性的行为。其次，顾曰国（1994b：15）认为奥斯汀和塞尔着重分析观察施为行为，忽视取效行为。他指出，在实施一个完整的言语行为时，取效行为是必不可少的成分，但没有得到应有的重视。有的语言学家对取效行为不感兴趣，是因为它涉及许多超语言因素。取效行为的研究一直停留在简单的因果关系上，这种结果导致了言语行为理论无法应用到会话分析及其研究中。顾曰国指出，取效行为是说话人的意向还是语言本身会产生的实际效果？解决这一问题，还需要加深对言语行为理论更深一步的理解。顾曰国（1994b：15）也注意到以往的取效行为研究主要问题是太偏重理论方面的研究，而大大地忽视了实际语言素材、语料样本的询查和分析探究，究其原因，主要可能是研究者们对语言实际的关注不够以及对言语行为的语言交际语境的复杂性和动态性估计不足。

三 其他学者对言语行为论的评价

奥斯汀和塞尔提出的言语行为说，在其发展过程中的确暴露出了自身的诸多不足和缺陷。许多语用学研究者对言语行为理论提出各自的不同评价和看法，譬如认知和关联语用学理论家斯珀伯和威尔逊（1986）就对言语行为理论有无存在的必要性提出质疑；而列文森（1983）的常规关系语用含义的观点认为，"言语行为与语用含义中的前提和蕴涵含意一样，是任何其他普通语用学理论也必须解释清楚的主要的语言现象"，列文森同时还批评并指出，言语行为理论家们所关注的大量的言语现象对语用学来说没有特殊兴趣。梅伊（Mey，1993）在对言语行为理论中的制约性条件进行评论时指出，我们在理解和加工语言单位时，有必要把言语行为活动本身与话语交际者的言语行为所处的社会动态语境结合起来。同时，他还郑重地提出了从社会背景和语言环境两个角度来考察和研究"语用行为"这样一个普遍性概念。如果从社会语境的视角来看，言语行为本身必然会受到某种社会条件，或环境因素，或交际人背景信息等因素的制约。也就是说，言语行为应符合社会大背景，其实我们也可以把这样的社会背景、教育、年龄、性别、职业，这些社会因素看作一种"特殊的语境"；而言语行为要适合这些社会因素，或者也可以说，这二者需要具备双向的适从性。梅伊（1993）还认为，在社会文化因素的制约方面，言语行为理论可以用于解释理论语言学的句法学和真实条件语义等各种各样的语言交际现象。在此之后，列文森（1983）还指出，塞尔自己对言语行为的划分本来就存在缺乏基本原则和根本基础的问题，而且与其提出并倡导的所谓依据言语交际行为成功的条件而建立的言语行为划分系统存在着矛盾和对立。

布克哈特（Burkhardt，1990）等学者也认为，塞尔言语行为的构成性规则不只是语义层面的语言运用规则，而是语义层面的和语用层面的规则兼而有之。塞尔在许多场合的论述中都涉及了"基本条件"这样一个关键概念，但他的个别条件又缺乏代表性，缺乏解释力。语言学家普遍认为，言语行为交际取得成功的首要且必要条件其实极其复杂；而塞尔对其研究基本上还是只局限于某一语言交际行为实际案例（如承诺），而对言语行为真正的研究的拓展维度是远远不够的。从顺应论语用家维索尔伦（Verschueren，1999）的研究看来，塞尔倡导的间接言语行为其实就是语言在交际语境中动态的顺应性问题；间接言语行为的选择本身就是对语言现实某种语用顺应，既是对社会规约条件的各种顺应，也是对心理动机或意图的各种顺应。塞尔的言语行为其实就是人们语用交际行为的重要组成部分，对其理解和加工往往需要依靠交际语境条件和交际目的等要素的支撑。因而，语用交际行为必然会受交际语境条件的制约和调节，是与各种言语行为作出顺应的人类活动行为。

第五节 言语行为与语言交际

一 言语行为和交际语境性

从交际语境的角度来说,研究者必须考虑言语行为与语境之间的关系。言语交际行为的语境化是为了实现或达到说话人的交际意图。奥斯汀(1962)认为,说话人的"言有所述"和"言有所为"是由一系列的言语交际行为构成的。他探讨并指出,说话的意义或意图就是以言行事,并提出人们说话的"言事—行事—成事"的模式。明确了这三种截然不同、又相互关联的基本意义的言语交际行为的运行范式,也就是人们在交际时,就同时发出三种话语交际行为:言事、施事和成事。奥斯汀(1962)特别指出,话语的生态环境是能够帮助交际者判断言语行为之语力的重要参照。梅伊(1993)也认为有效的言语行为是存在于一定交际语境中的,言语行为的研究离不开对语境的探讨;塞尔和范德瓦肯(Searle & Vanderveken, 1985)也将交际者实施施为行为的真实语言环境称为"话语语境";而且还强调指出,话语在不同的语言交际语境中会产生各不相同的言外施事行为效果;因此,语言交际语境是决定说话人的施为行为的重要元素。而莱文(Levin, 2014)、麦卡利斯特(McAllister, 2015)、鲁赫里曼和艾默(Rühlemann & Aijmer, 2015)等学者则通过语料库的数据来研究证实,语言交际中的情景类型在确定交际者的言语行为类型中发挥关键作用;但这些研究仍然只是将语言使用的问题过滤为单纯的信息交流的问题。事实上,交际话语所发生的真实社会场景不应该被看成人们在传统意义上所依赖的语言交际语境,用以分析研究言语行为;而应该将其看作语言交际中最高层次的分析研究目标。

随着认知语言学的发展,传统意义的交际语境观发展为认知语境观,将语用学的问题与认知语言学相结合,取得了许多成果。维索尔伦(1999)和斯比萨(Sbisà, 2002)提出的语境关系顺应理论,是用来探讨人们在语言使用的过程中对言语行为所做的选择并调整为与交际语境关联或顺应的状况。维索尔伦其实对语言交际行为的描述和解释分别从四个维度上进行；即语境关系和结构关系的顺应以及动态顺应性和顺应过程中交际者理解和加工话语的意识程度。事实上，维索尔伦和斯比萨所阐述的交际者必须要顺应或选择的语言交际语境，必然包括语言交际者本身、话语交际所处的心理世界和社会物理环境等基本因素。只有这样，语言受试才能在具体的交际语境中充分发挥语言的交际功能，最终完成不同的言语行为。当然，这里的语言受试并不仅仅局限于谈话双方，还应该包括与所谈内容直接和间接相关的所有其他人员，因此提出"参加"的概念，便于观察听话人离话语中心的远近和参与的程度。

  为了达到顺应的目的，人们往往会赋予旧词以新意或者创造新词。例如现在流行的"炒鱿鱼、奇葩、吃货、月光族"等词或词组。维索尔伦（1999）在阐述解释其语境顺应理论时指出：顺应语言交际语境选择的社会因素很多，没有确定的原则上的界限；绝大多数与社会交际情景或社会规约条件等有关。一般情况下，会话双方无法脱离双方社会地位、教育背景、家庭背景等因素的"制约"或者"先决条件"；因为正是这些因素，决定了交际活动正常与否，呈现出会话双方对这些因素的顺应状态。如果会话双方无法根据情况即时调整顺应，那就只会发生语用失误，甚至失败的交际结果。维索尔伦（1999）除了提出交际语境之外，还有语言语境，主要包括篇内衔接、篇际制约和线性序列三个基本的大的方面。这里的语言语境也是需要参与交际的人做出相应的选择或顺应，即交际双方都应该在实施言语行为时要注意选择得体的话语、语篇的逻辑—语义关系，按话轮、时间次序对话语做出先后规划安排的语言语境的选择或顺应。维索尔伦还同时指出，无论是交际语境还是语言语境，任何一种语境并不是在语言交际行为发生之前就已经给定的，而是交际双方在实施或使用语言的行为过程中与时俱进地动态生成并动态调整，语境会随交际过程的发展而不断地顺应发展和选择变更。

  梅伊（1993）曾经讨论日常交际言语所涉及的一些重要的语用学问

题。他强调,交际语境是一个动态的概念,交际者必须在这样的环境里进行言谈交际,方可对交际言语的语境化加工理解。言语行为是规约性的,对此也有学者持反对意见。语言是在社会语境中形成的。言语行为者运用的是具有社会规约的语言表达或发话模式,交际语境和语言语境共同决定着言语行为的顺应性的运用和选择,交际双方必须在不同的交际语境和语言语境下为实现交际目的而倾向性地选择不同的语言表达范式。梅伊(1993)认为,会话含意是隐含在会话里的意思。语用学之所以对含意研究有兴趣,那是因为这种语言现象是根据语境变化的,也是句法或语义的"规则"所无法应付的,因而专门要由言语行为或语用原则来解释。梅伊(1993)认为言语行为的实施和会话含意的推导或加工分析都必须依赖动态的交际语境,而语言语境的规约含意的推导或加工分析则不必非要依赖某个独特的语境。另外,言语行为的语境也包括非语言语境。奥斯汀(1962)曾明确指出,他自己所提及的非语言动作包括所有"副语言"(paralanguage);如眨眼、面部表情、眼色指点、耸肩和皱眉等。同时,语言交际语境中的言语细节;如语气、语调、节奏、重音以及伴随的姿态等都是实现施为行为,最终实现以言成事行为的替代或选择手段(奥斯汀,1964,1979)。

二 言语行为和交际动态性

言语行为永远发生在交际环境的动态和调整当中。换言之,言语行为始终处在一个不断变化的、须随时顺应的外在环境之中,这种外在的动态环境才能保证交际参与者的言语交际行为的实施过程得以顺利落实或称得以"以言成事"。语言本身及其运用永远处于动态调整之中,社群语言和个体言语层面的行为活动总是在不停地演化。交际语境依据一系列因素而变化,语言受试的言语交际行为往往就是蕴涵在这种情景里面,并和语言本身及语言语境相互作用的动态调整过程之中。本节旨在讨论言语行为交际中的语境动态性及其在语用方面的应用。言语行为的成功实施离不开交际语境,而交际语境又根本不可能是一个静态不变的、凝固僵滞的概念术语，而它完全是一个动态调整的、发展变化的言语行为所赖以发生的生机勃勃的土壤或温床。言语交际行为是一个只有依赖现实交际语境的动态交互行为。传统上对言语行为的语境的研究是静态的，并不能解释动态的交际过程。动态语境观认为交际语境是交际过程生成的产物，言语行为者可以在互明的基础上主动操纵和选择交际语境来表达和理解语言的意义。不同学者对语境持有不同的观点，马林诺夫斯基（Malinowski）、弗斯（Firth）和韩礼德（Halliday）等一直坚持静态的语境观，而斯珀伯和威尔逊（1986）在关联理论中批判地继承和发展了之前学者们的语境理论，并提出了自己的认知语境理论。关联语境观认为交际中的语境是动态的，人类交际的目的是改变对方的认知。随着交际不断发展，交际双方的认知环境也在不断发生变化，可见语境是在交际中不断选择、调整和顺应的结果。语用学家还从语用角度探讨交际语境的作用和重要性，并强调其动态性的本质。顺应论与关联理论构成了支持语境动态研究的两大理论支柱。根据维索尔伦（1999）和斯比萨（2009）对语境的分类，交际过程中语境的动态特征首先是说话人对语境操纵意识，操纵语境从而创造一个有利于自己的语境来实现自己的交际目的。其次是听话人对语境选择。根本条件是，当语言受试意识到语境的动态特征时才能有效理解话语意思。依据动态语境理论，在语言交际过程中，话语语境是由交际者顺应语境而随时随地构建的。语用能力即语言受试不仅有能力主动操纵语境的各个要素以创造一个有利于自己的语境从而达到自己的交际目的，而且有能力选择合适的语境从而达到有效的理解，这是话语能否成功表达和理解交际意图的关键所在，事实是言语行为交际本身就是一个动态过程。

在实施言语行为的交际过程中，交际语境会随之顺应调整或与之改变。语用学研究发展进入20世纪90年代之后，随着言语行为理论之交际语境的研究深入，学者们便引入了"动态"的这一概念，言语行为之语境的动态性研究也逐渐开始成为语言学家们研究的焦点和热点领域。交际语境是间接的动态言语行为，只有在具体的话语实施语境中言语的交际意义和作用才具有可释性。人们实施的言语行为，作为言语交际的基本功能单位，任何一个言语行为都必须置于整个活动情境中加以考察研究，必须将说话人意图和听话人意图同时进行加工而最终达到理解（也有可能误解或不解）的过程。梅伊（1993）的观点也是，言语行为离开社会交际语境是无法存在的，它的存在基础和本质肯定是"情境化的言语行为"。梅伊认为语用行为分为行为者的行为和言语行为的行为。一般情况是言语行为须借助即时即地的外在的关联语境，使某一具体语言行为的选择合理化、顺应化，于是语言的调适性便应运而生。在此更新、调整与调适的过程中产生意义，完成语用行为。其次言语行为可以被有意识地改变和构建有利于交际目的的情景。事实上，言语交际行为的更替过程也是使其语境发生着隐性的调整与调适。

三　言语行为和交际意图与意向性

1.言语行为的意图和意向性

奥斯汀的"言语行为理论"为语言哲学研究提供了新视角，他认为说话是一种带有目的或意图的语言使用活动或行为，人们总是在说话（事），总是在以言行（做）事。如此说来，诸如请求、命令、道歉、陈述和祝贺等言语行为才是人们交往的基本单位，也就顺理成章地成为哲学家、语言学家关注的焦点。克兰（Crane，1998）、图奥梅拉（Tuomela，2013）和许布纳（Huebner，2014）等学者也指出，人类的精神和意识的意向性都是言语行为产生的基础，说话人的意向性决定了其实施言语行为的种类，而言语行为又成为实现说话人意向性的表达方式和传递手段。

顾曰国（2017）在聚焦牛津日常语言哲学家的研究基础上，围绕意向性、意识、意图、目的和言语行为五个概念，全面、详细地研究讨论了它们之间的相互关系和互相影响，并且科学、系统地阐述了它们对两个棘手哲学问题的论述，即语言音串和写字的墨迹这些物质的东西是怎么会产生精神上的意义？语言受试怎么借助这些物质的东西传达自己的用意？英文"intentionality"一词有"指向性"的意思，其哲学意义最先是传播和运用于经院哲学之中的，而且只有当作术语才用于指称概念的。梅伊（1993）认为，奥斯汀与塞尔师徒两人都坚持并倡导言语行为具有规约性或惯用性，但是，塞尔同时还强调了言语行为的意向性这一本质特征。塞尔进一步发展奥斯汀的"言语行为理论"，也是唯一最早把"意向性、意识、意图"和"目的"这样四个概念作为一组术语跟言语行为紧密结合在一起的语言哲学家。塞尔在自己的意向性观点中明确指出，言语交际行为的意向性是心理状态的固有性质（塞尔，1983：27），不能还原，且具有生物特性。塞尔（1983：264）把这种思想称为"生物自然主义"。话语本质上是没有意义的，那它如何表达不同的命题内容？即通过意向状态。换言之，塞萨（Sbisà，2009，2013）认为塞尔的言语行为理论框架特别强调交际双方的个体意识的表达和理解，忽略交际语境的社会文化规约程度对言语行为的约束。另外，塞尔的言语行为理论还强调指出，人类交际意图和意向性的基本单位（或最小单位）是言语行为。卡尔佩珀和霍夫（Culpeper & Haugh，2014）等人也同意并支持塞尔将言语行为定义为"言语交际的基本或最小单位"的论说。

例如人们在熟睡时不再意识到外部的变化，但却并没有失去意向性这个特质。那么，心理状态与语言表达行为之间是何关系？塞尔认为人的言语行为的意向性必须通过其心理状态过滤才具有意向性，并把所表达心理状态的满足条件有意地赋予外部的物理实体（塞尔，1983：27），这也可以说是塞尔超越前人而对言语行为理论所做出的特殊贡献，也是其言语行为论的独到的过人之处。

塞尔早期继承和发展了奥斯汀的言语行为理论，同时在修订完善的基础上吸收了格莱斯的会话含义理论。塞尔中期主攻言语行为的意向性研究，并且把意向性作为言语行为的心智哲学基础，塞尔中期把意图和意义跟交际分开，走上了跟格莱斯会话含义理论不同的道路。塞尔在晚期主要致力于把语言作为人类特有生物遗传的延续或延伸来进行研究。

塞尔（1979）在其《表达和意义：言语行为研究》等许多论著中，修改并完善了奥斯汀对言语行为的分类方法，并且提出了十二条基本标准。他认为任何一个言语行为都必须是由一系列规则来对其规定和制约，这些制约性的规则既规定了实施言语行为的条件，也规定了这个言语行为意味着什么。实施一个言语行为意味着使听话人知道、理解某些规定的事态，从而达到在听话人身上产生某种以言行事的行为效果。塞尔还强调，听话人对说话人的理解是通过协商其言语行为的意图来实现的。顾曰国（2017）划分了空意识和实意识的区别。他强调指出，所谓实意识其实是哲学研究领域的另一个说法，就是言语行为的意向性。有些哲学家则认为没有必要区分二者。顾曰国认为有意向性不代表有意识，空意识缺乏意向性。塞尔（1969b）认为，一般所有的语言意识状态的特质都具有交际的意向性，但我们必须清楚地知道意识和意向性是两种相互独立又相互关联的语言现象或言语表征。塞尔（1969b）还指出，我们的心理感知和言语行为大部分是有意识的，至少具有内在的意向性。有些哲学家则认为没有必要这样区分此二者。顾曰国认为有意向性不代表有意识，空意识缺乏意向性。塞尔认为，我们的心理感知和言语行为大部分是有意识的，至少具有内在的意向性。人们如果有意识地去感知（认知）外部世界肯定就是人的一种心理活动，甚至可能是一种言语行为。塞尔因此把这种"心理活动"分为感知和行为两种。这也是让以笛卡尔为代表的二元论者感觉最头痛的问题，因为塞尔本人并不接受二元论的阐述。塞尔认为我们的大脑或心智存在着潜在的意向性。当然，我们可以看出，塞尔的意向性与意识之间是存在很大的区别的，他认为言语行为的意向性并不是孤立存在的，而是心智构成要素的一部分，实际上意向性结构也是塞尔言语行为理论的内核部分。我们其实也很清楚，塞尔是从以下方面来概括他的意向性理论的，即意向心态、契合指向、意满条件和因果型自指，意向性是一种言语行为的表征方式。塞尔（1991a）晚期的言语行为观认为语言意向性是先语言意向性的延伸。塞尔曾经把言语行为的这种意向性称为"先语言意向性"，也就是从言语行为意向性的最原始形态，延伸到了先语言的意向性，再到语言行为的意向性，再到某一社团群体共有的意向性，直至人类社会一切交际活动或行为共同的意向性，这就到达了意向性延续的顶端位置（顾曰国，2017；塞尔，1990；图奥梅拉，2013；许布纳，2014）。可以这样说，意向性是始终统领和贯穿塞尔一生的对言语行为、心智哲学的意识和意向性的语言哲学研究，以及其对人类生物遗传延续的自然语言研究的中轴线。实际上，顾曰国（2017）指出，塞尔的意向性理论是自然语言作为人类言语行为的一个重要组成部分，而在其意向性理论中它则是作为人类独享的生物现象，其实二者是对自然语言本质的两种解释，而且它们互存互补。

2. 言语行为意图和意向性的理论争端

在修正和完善奥斯汀言语行为理论之基础上，塞尔中后期的语言哲学研究始终致力于把言语行为理论根植于心智哲学之中加以研究，其语言研究的取向也从行为科学走向了生物科学（顾曰国，1994a，2017）。顾曰国（2017）的最新研究成果在这些方面作出创造性的、启迪性的理论研究和实践贡献。相反，塞尔的专著《意向性》并没有对前人研究做很好的、专门的评述和评判，而是只述己见和直抒己见。正如顾曰国（2017）所说，这种只述己见和直抒己见的优点是《意向性》里只有塞尔本人的思路和观点，不受其他学者的影响。而其缺点则是《意向性》的阅读者需要努力掌握意向性理论研究的整体历史脉络，需要自己去发现和对比出塞尔和他人的不同之处和过人之处。当然，塞尔（1983）也同时汲取了前人奥斯汀和格莱斯等学者的"意图论"的营养。温仁百（2002：33—39）依据前人的研究基础，他分析发现在一个具体特定的言语行为交际语境中，交际双方若想成功实施一个以言行事行为，必须遵循理解、接受和愿意执行三个要素，这是一个不可颠倒的等级层次结构。而哈尼希（1991）、巴赫和哈尼希（1979；1992：93—110）等学者的研究又从言语行为听话人一方的视角出发，详细地描述了言语交际行为的听话人对说话人话语信息的推导模式，即"言语行为图式"，其中就涉及所谓的"语境互相知信",也即"共同语境信息",并视其为一个不可或缺的推导参数。而塞尔在他所谓的说话人要满足理解、接受和愿意执行条件的阐述中主要是在描述言语者和听话人对许诺等行为意图的必需的共同知识。根据斯珀伯和威尔逊(1986,2002)的关联认知语用理论,言语行为的说话人的意图或言外之力不仅要"言事",而且还必须成为话语加工理解关联性认知导向。这样就可以在言语行为的言语者和听话人之间架起所谓知信关联之桥。显而易见的是,斯珀伯和威尔逊(1986)也进一步分析指出,言语交际行为的再现事态总是先于交际本身,而再现意图也总会先于交际意图而存在。所以,言语行为的意义其实是独立于交际意图而存在的语言现象。

在塞尔修正过的语言意义理论里,再现了语言交际的主要研究内容。塞尔提出的五大类施为行为正是言语行为再现事态的五种基本表征方式,言语行为能再现事态的直接原因,归根结底还是因为大脑潜在的"意向性"功能。塞尔提出的"意向性"不是直接指意图或目的,而是指言语行为实施的过程中对大脑所具有的信念、愿望和五官感受等心理活动加工能力的综合概括(塞尔,1983)。塞尔同时承认大脑的主观心理活动和大脑的客观有机体两大特质的存在,他认为自然界的任何客观的有机体都具有主观的心理活动,这也正是人类大脑工作机制和心理活动过程所具有的共同特性,而西方哲学史上的"脑体二元说"(即脑与体、主观与客观的对立)是由于未能认识到大脑的本质而产生的理论,该理论认为大脑通过"意向"功能与客观世界进行连通。根据塞尔对意向性理论的发展和研究表明,意向性是人类大脑的具有的根本属性。而意图只是一种人类心理活动状态,与其具体体现的行为密不可分(顾曰国,1994a,2017)。

塞尔有关意向性的概念,容易在实际操作中引起研究者的误解,人们经常有他把意向性和言语行为互相循环论证的错误感觉。塞尔(1983)中期的意向性理论研究是把意图和意义跟交际分开进行的。言语行为就是要通过交际活动在听话人身上产生某种效果。正如塞尔所说的那样，感知意向性涉及人脑通过感官系统与客观世界互动。很显然的一点就是，塞尔通过研究言语行为理论的方法来研究意向性，有力地推动了语用学领域在最近几十年中的巨大发展，也为语言哲学的发展提供了一个新的方向。

第六节　言语行为理论的转向与发展

　　言语行为理论自英国哲学家奥斯汀于20世纪50年代末60年代初提出以来，历代学者对其长时间的研究、实践和应用，使得言语行为研究取得了丰硕的成果。言语行为理论的发展主要历经三个主要阶段：第一阶段是言语行为理论研究的基本框架的确立，对分析哲学家们所做的早期研究之阐释和分析；第二阶段是理论语言学家们加入了言语行为的哲学语言学分析研究之行列；第三阶段是进入一个崭新的语用学的基于语料库的言语行为研究。

　　当时在欧洲有很长的一段时间里，言语行为研究中显现出来的哲学意味十分的强烈和浓厚，哲学元素多的原因在于两次大的研究"转向"。第一次"转向"发生在20世纪初，此时西方传统的哲学研究开始向语言学研究转向，从而使得语言的哲学研究倾向成为焦点和热潮。众所周知，言语行为研究的理论基础是伟大的维特根斯坦的语言哲学观。而形成于20世纪70年代的语用学转向，其代表人物是奥斯汀、塞尔等语言哲学家。这些学者立足于当时的语用学研究成果，并为进行哲学对话研究构筑了新的理论平台，最终萌生出了语用哲学这个新型学科领域。奥斯汀的言语行为理论研究是衍生于维特根斯坦的语言哲学观；而塞尔在奥斯汀的言语行为理论的基础上，批判性地重新划分了施为行为，并提出了间接言语行为理论，从而是言语行为理论再次进入了飞跃式的新发展和成熟完善，直到20世纪中期，言语行为理论及其研究都是西方最有影响力的语言哲学理论和研究对象。

　　与此同时，国内外的相关研究层出不穷。有的学者多关注语用逻辑及形式化方法，如蔡曙山（1998）在《言语行为和语用逻辑》一书中，构造了命题语用逻辑，量化语用逻辑以及模态语用逻辑的自然推理系统与形式公理推理系统及其各自的语义模型，探讨并证明了元逻辑问题；有的学者多聚焦施为行为分类和施事动词的分析研究，如语境顺应论理论家维索尔伦（1999）在其论著中对言语行为中的施为性动词作了大量详细的解释和分析研究，并且区分出了一般的言语行为动词和具有施为作用的言语行为动词两个大类；有的学者多以自然语言本身的词汇和句法作为分析研究的切入点，如威尔兹比卡（Wierzbicka，1987）对英语言语行为动词的语义专门进行了研究。

有关言语行为理论的新实践和应用研究值得进一步关注。

（一）多模态语料库语用学，即基于语料或多模态语料库的语用学研究，已成为语用研究学者们关注的新的增长点或新领域（奈特和阿道夫斯［Knight & Adolphs］，2008；罗梅罗-特里洛［Romero-Trillo］，2008：135；钱永红、陈新仁，2014）。鲁赫里曼（Rühlemann，2010）指出，基于多模态语料库的新型语用研究即将成为未来语料库语用学研究的潮流和主流。通过在大型语料库的支撑，结合概率统计方法，卡廷（Cutting，2001）研究了自然会话中说话人的不同态度影响言语行为的实施规律；麦卡利斯特（McAllister，2015）等研究了基于语料库的言语行为语用应用问题。基于多模态语料，引入多模态分析，极大地丰富了语用分析有效性和客观性，增强语用学解释力。

（二）约翰逊（Johnson，1987）根据物体运动的作用力之间相互作用的方式概括出"力图式理论"，该理论能从认知角度解释不同类型拒绝言语行为的产生和运行的表征方式和内在机制；同时，也可丰富和拓宽文本的解读方式，还能帮助分析人物的言语行为特点、心理活动和性格特征等深层次的内涵和内容。

（三）潘瑟和索恩伯格（Panther & Thornburg，1998，2009）的"言语行为转喻理论"为间接言语行为的范式构建和语用推理开辟了新途径。转喻作为一种语言现象具有普遍性，包括了语言的所有层面：语素、词汇、短语、句子、语篇等（莱可夫和约翰逊[Lakoff & Johnson]，1980），被认为是一种语用认知模式和语义转移的思维方式，是言语行为含意获取的推理范式。转喻连接力度的强弱导致会话者对言语行为不同程度的加工理解，即完全理解、部分理解，甚至误解，也有可能是不解（李宗宏，2006）。斯珀伯和奥里吉（Sperber & Origgi，2012：331—338）认为在某些交际语境（比如交际双方存在信息差）中，如果转喻的连接力度太小或关联性太弱，误解或不解的可能性就会大幅度上升，最终有可能导致交际失败。

（四）文化语用学立足言语行为，关注文化要素对交际语境与言语行为的参与或介入。梅伊（1993）认为言语行为是语言交际化、情景化和社会化的行为。大石（Oishi，2011）立足于社会文化语境中来探讨其对实施言语行为的解释力和规约力，实现了从交际语境的言语行为研究到社会语境的文化行为研究的范式转变，强调了通过语言运用所能表征出来的特定的文化价值观念体系。

（五）汉语特色的言语行为的研究起始于顾曰国（1992）。顾曰国（1994a，1994b）对50余个汉语施事动词进行了初步观察，认为自英语为语料发展而来的言语行为理论，也基本适用于汉语的语用研究，尽管某些抽象结果不完全吻合。顾曰国（1994b：14—16）指出，塞尔有关完整言语环境的观点，以及其关于言语行为分析的12个区分面，都能成为研究汉语的有益范式。于国栋和吴亚欣（Yu & Wu，2018）认为言语行为理论是把语言和行为、语言和社会融为一体的理论，它自然对汉语言语行为的深入研究和分析有直接或间接的指导作用和应有的参考价值。

第七节　小结

布克哈特（Burkhardt，1990）和史密斯（Smith，1990：29—61）认为，言语行为研究可追溯到德国的现象哲学，但言语行为研究真正引起哲学家的重视还得从奥斯汀（1962）算起，至今已有近60年的历史。奥斯汀"说话就是做事"的重要理念一直贯穿于其论述的始终。塞尔于1975年提出间接言语行为理论，是对奥斯汀言语行为理论的批判和发展。塞尔不能完全接受西方哲学史上的"脑体二元说"，他认为人的大脑要从事思维活动，实施、完成心理表征现象，正是人类大脑的脑力活动（心理活动）才使得人的言语行为的实施有其生物基础，并使言语行为成为现实，进而产生交际意义。人们是通过言语行为的实施来"再现"社会现实或客观世界的，所以，人们的言语行为是对其大脑活动的进一步的"延伸"行为或活动。维特克（Witek，2013，2015）指出，语用学的言语行为理论是关于语言交际化和语言社会化的理论，而西方的心智哲学则应该是言语行为理论之理论，是言语行为理论的元理论或它的哲学基础。后来的众多语言学家又从合作原则、礼貌原则和面子理论等各种不同的角度对言语行为的问题进行了诠释和拓展研究。本书将根据布鲁姆-库尔卡等（1989）的研究范式，对比考察东乡语和汉语方言本族语者实施言语行为策略的异同，丰富跨文化语用研究。

第三章 礼貌理论

礼貌是人们建立和维持人际和谐关系的重要手段。礼貌理论是将礼貌研究置于学科范围内的系统研究。现代"礼貌"语用学研究始于莱可夫（Lakoff，1973），他从实用主义观点出发，吸收了格莱斯会话合作原则理论的观点，提出三大礼貌原则："不强加、任选择、友好相待"；顾曰国（Gu，1990：35）基于汉语语言与文化，提出了三个礼貌准则："距离、尊重和友情"，并指出这些准则在不同的文化环境中存在差异。之后，利奇（1983）、布朗和列文森（1978/87）在补充合作原则不足的基础上，提出了礼貌原则，试图为礼貌研究建立新的理论模式。他们的观点受到来自东方文化学者的批评；批评他们对礼貌的认识带有明显的民族中心主义和西方文化中心主义倾向（顾曰国，1990；毛［Mao］，1992；井手町［Ide］，1989）。因此东方学者又提出了具有东方文化特征的礼貌理论；如顾曰国（1990）的汉语礼貌原则、井手町（1989）的日语礼貌准则等。接着，布拉姆-库尔卡等学者（1982，1984，1985，1989）从跨文化跨语言研究角度对言语行为进行调查研究，主张进行主要言语行为和次要言语行为分类研究，并提出了具体的分类方法。他们的研究模式极大地推动了言语行为的实证研究。随后，不同角度的礼貌研究更加深入发展；如从会话契约论角度（法拉塞尔和诺棱［Fraser & Nolen］，1981）、从人际关系管理角度（斯宾塞-奥特（［Spencer-Oatey］，2000）、从话语霸权角度（瓦茨［Watts］，2003）等进行了研究。利奇（2014）综合上述各派各家的观点,又提出了修正后的宏观礼貌策略原则及其准则。

第一节 各种礼貌理论的观点

一 会话准则型礼貌理论

在交际过程中,说话人和听话人都遵循合作原则(格莱斯,1975)。遵循合作原则是成功会话的前提;在此前提之下,双方可能遵循或故意违反四准则,产生会话含意。说话人为什么有时候不直截了当地告诉听话人他/她的意思,而是含糊其辞、模棱两可地表达自己的观点,而听话人需要经过语用推理才能明白听话人的话语意义?格莱斯没有回答这个问题,利奇(1983)用礼貌原则回答了这个问题。他认为说话人为了维护双方的良好关系和平等地位,遵循"礼貌原则"。说话人称赞他人贬低自己被认为是礼貌的;相反,说话人称赞自己贬低别人被认为是不礼貌的。见下例:

例3-1

你的手机外观很时尚!
*我的手机外观很时尚!

例3-2

我的手机外观很糟糕!
*你的手机外观很糟糕!

利奇(1983)认为有些言语行为本身就是维护双方礼貌的友好型言语行为;如和谐类(邀请、祝贺、致谢等)和合作类(报告、宣布、传递等)。这些言语行为不需要说话人使用过多的礼貌词语就能实现交际目的;然而竞争类(乞求、命令、请求等)和冲突类(谩骂、批评、吓唬等)言语行为本身是说话人要求听话人按照自己的意愿做事;为了避免听话人拒绝,说话人必须注意礼貌地使用语言以减少言语行为本身的非礼性和不尊重程度。利奇从"自身"与"他人"之间的关系、"惠"与"损"的关系中提出六项礼貌准则:

(1) 得体准则:让他人受损最小;让他人受惠最大。
(2) 宽宏准则:让自己受惠最小;让自己受损最大。
(3) 赞誉准则:极少贬损他人;极力赞扬他人。
(4) 谦虚准则:极少赞扬自己;极力贬低自己。
(5) 一致准则:最大限度缩小与他人的分歧;
　　　　　　最大限度扩大与他人的一致。
(6) 同情准则:极力减低自己对他人的冷漠;
　　　　　　极力扩大自己对他人的同情。

(译自利奇,1983)

在利奇的礼貌准则中,"惠与损、自身与他人、最小限度与最大限度"是关键概念。"惠与损"概念类似于好处与坏处的关系。对一个人来讲,多得"好处"就少得"坏处",一个人多得"惠"就少得"损",多得"损"就少得"惠"。一个人不可能同时得到"多惠多损"或"少惠少损",因为惠与损处于对立统一之中。(3)—(6)准则中,说话人分别从赞誉、谦虚、一致、同情角度将"惠"赐予听话人,将"损"留给自己,目的是用礼貌手段维系双方的友好关系。在"自己与他人"概念中,"自己"是说话人自己,"他人"是听话人或在场(或不在场)的第三方。当说话人将"他人"视作行为"对象"时,便采用不同的策略极力满足这个"对象"的需求。这个"对象"需要赞誉,说话人就尽可能地最大化地赞扬他,满足对方对赞誉的需求;同时最小化赞扬自己或干脆不提自己。但当说话人将自己视作行为"对象"时,则采用宽宏准则,让自己受惠最小,受损最大。当与他人处在某种关系中;如"意见一致与分歧,同情与不同情"时,说话人还须将"惠"留给"对象"

而不是自己。在"最小限度与最大限度"概念中,说话人也是将最大"惠"留给礼貌"对象",将最大的"损"留给自己。

但从概念上讲,"最大限度""最小限度"存在不足之处;因为忽略了礼貌的中间状态。利奇以指令类言语行为说明"惠、损"与"礼貌、不礼貌"之间的关系。见图3-1(利奇1983:107)。

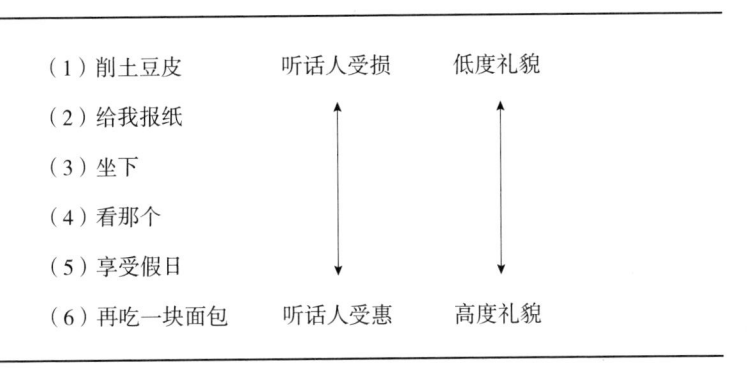

```
(1)削土豆皮      听话人受损    低度礼貌
                      ↑           ↑
(2)给我报纸           |           |
(3)坐下               |           |
(4)看那个             |           |
(5)享受假日           |           |
                      ↓           ↓
(6)再吃一块面包  听话人受惠    高度礼貌
```

图3-1　惠—损与礼貌程度

二　面子挽救型礼貌理论

"面子观"是布朗和列文森(1978/87)理论的基石。说话人为了满足听话人的"面子"需求采取各种礼貌手段来保全对方和自己的"面子"。"面子"也就是保全个人在公开场合的"个人尊严"或"正面形象"。面子挽救型理论研究说话人用哪些策略和手段来减轻对对方"面子"的威胁。下面以说话人请求听话人"回家"为例,说明布朗和列文森(1978/87:94-227)阐述的五类策略。

(1)公开策略:回家。

　　(说话人直接要求听话人回家。)

(2)积极礼貌策略:请回家。

　　(说话人使用敬词"请"以保全听话人的面子。)

(3)消极礼貌策略:你能回家吗?

　　(说话人用询问语气让听话人回家,给对方留出选择的余地。)

（4）不公开实施面子威胁策略：家里有事情。

（说话人暗示听话人回家。）

（5）无：无话。

（说话人什么都不说。）

五类礼貌策略的关系用如下的树形图3-2（布朗和列文森，1978/87：60）所示。

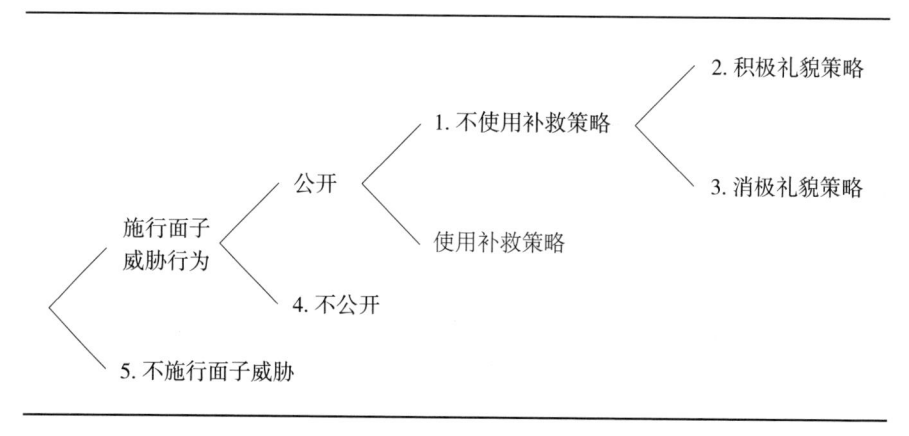

```
                                    ┌── 2. 积极礼貌策略
                    ┌── 1. 不使用补救策略
              公开 ──┤                └── 3. 消极礼貌策略
              │     └── 使用补救策略
施行面子  ────┤
威胁行为      │
              └── 4. 不公开

5. 不施行面子威胁
```

图3-2　布朗和列文森提出的避免面子威胁行为的策略

在图3-2中，积极礼貌策略、消极礼貌策略和不公开策略，都可以细分出若干次策略。积极礼貌策略包括15种次策略；如注意听话人兴趣、需求和愿望；提高对听话人的兴趣、夸大同情和赞成；使用朋友称呼；增强一致；回避不一致；建立/夯实/维护共同基础；开玩笑；推测对方的知识水平，尽力满足其需要；向对方提供、许诺事物；表现乐观情绪；双方共同参与一项活动；提供或询问理由；创建或允诺互惠；给予对方礼物、同情、理解和合作，等等。消极礼貌策略包括10种次策略：间接；含糊其辞；表现悲观；减少对方压力；表示尊重；道歉；低调表达；谨慎实施面子威胁行为；表达客观；不让听话人有负债感，等等。不公开策略包括15种次策略：暗示；提供相关线索；假设；低估；高估；同义反复；矛盾表达；反讽；比喻；使用修辞；含糊；模糊；泛化；不提听话人；缩略、省略。

布朗和列文森（1978/87）还提出评估面子威胁行为的三种因素；即权势、关系亲疏和涉及事物大小。他们还提出以下公式以测算这三种因素对面子威胁行为影响的大小：

Wx=D（S,H）+P（H,S）+Rx

Wx：面子威胁行为的大小；

D（S，H）：说话人和听话人之间的关系亲疏；

P（H，S）：听话人相对于说话人所拥有的权势强弱；

Rx：在一种文化中面子威胁行为的强弱或涉及事物大小。

布朗和列文森（1978/87：250）根据社会关系亲疏和社会权势高低，讨论了会话双方关系中的策略分布模式，如图3-3所示。

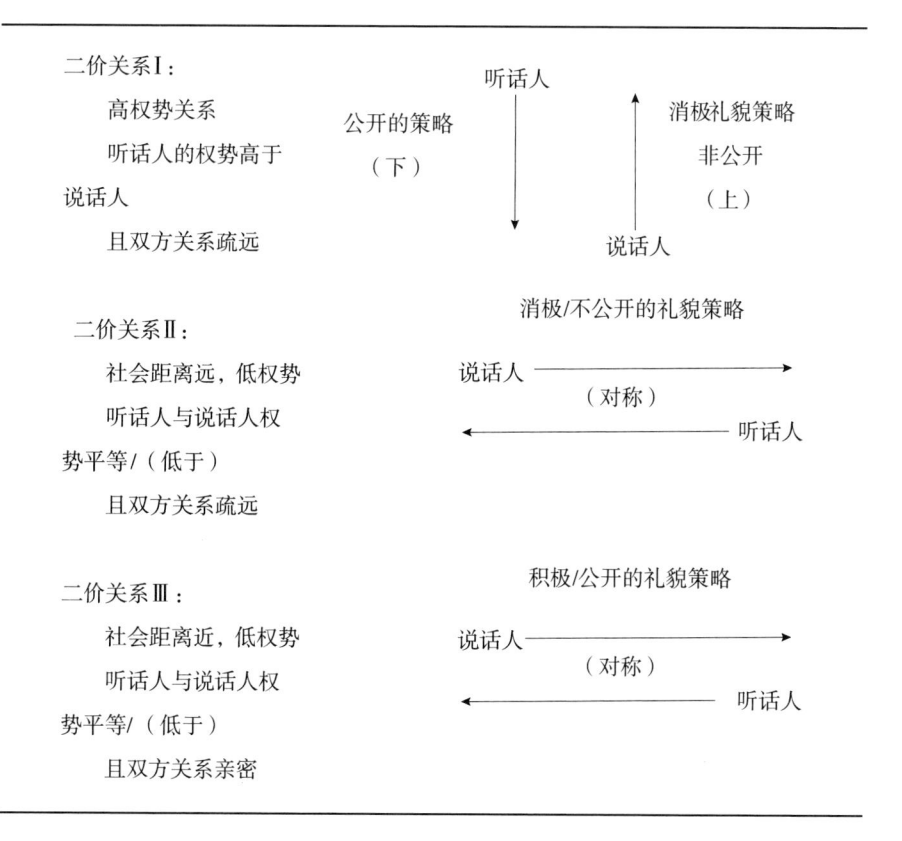

二价关系Ⅰ：
　　高权势关系
　　听话人的权势高于说话人
　　且双方关系疏远

　　　　公开的策略（下）　↓　听话人
　　　　　　　　　　　　　　消极礼貌策略 非公开（上）　↑　说话人

二价关系Ⅱ：
　　社会距离远，低权势
　　听话人与说话人权势平等/（低于）
　　且双方关系疏远

　　　　消极/不公开的礼貌策略
　　　　说话人 ────→
　　　　　　（对称）
　　　　　　　←──── 听话人

二价关系Ⅲ：
　　社会距离近，低权势
　　听话人与说话人权势平等/（低于）
　　且双方关系亲密

　　　　积极/公开的礼貌策略
　　　　说话人 ────→
　　　　　　（对称）
　　　　　　　←──── 听话人

图3-3　权势和关系亲疏中的策略分布模式

从图 3-3 中可知，权势关系是垂直距离，而关系亲疏是水平距离；这个观点在利奇（2014：103）的礼貌适切程度评价的社会语用学标准里得到继承和发展，下文我们将详述这个观点。例如，在二价关系I中，东乡族雇员与老板，即下级与上级谈话中，雇员面对权势强的老板，经常采用消极礼貌策略和非公开策略；权势强的听话人（老板）常用公开的面子威胁策略。在二价关系II中，东乡族顾客与服务员交谈，双方权势平等，关系疏远，双方都常用消极礼貌策略或非公开策略。在二价关系III中，东乡族男人与男人之间谈话，女人与女人之间谈话，双方关系疏远或亲密，权势平等，双方都会用公开策略或积极礼貌策略。下文是两个东乡语会话。

例 3-3

［语境］东乡族村民家里举行婚礼，邀请跟自己关系很好的村长参加。

男老村民：

东乡语：Ai cunzhang, gou wo nu? Ghuaridu beise kande bierei agine, **chi xinlaye**.

汉　语：哎，村长，你好吗？过两天给我儿子娶媳妇，**邀请您参加**！

男青村长：

东乡语：An, ireye.

汉　语：好的，我会来的。

例 3-4

［语境］农民工将摆酒席庆祝乔迁新居，邀请不熟悉的老板参加。

男老村民：

东乡语：Ene ghuaridu gongdila dere man gou wo la?

汉　语：这几天工地上好吗？

女青老板：

东乡语：Gou wo.

汉　语：好啊。

男老村民：

东乡语：Bi gete nie ge banjizhi nie zhochin **xinlazho**, chiyi nie xinlaye.

汉　语：这几天我搬家请客，我邀请一下你。

女青老板：

东乡语：An olune.

汉　语：嗯，好呵。

根据布朗和列文森（1978/87）的观点，例3-3中，由于双方关系亲密，尽管对方权势较高，说话人也遵循积极性礼貌策略，但采用了直接礼貌策略，"chixinlaye（邀请您参加）"。在例3-4中，由于双方关系疏远，虽男老村民仍然遵循积极礼貌策略"我请一下你（xinlazho）"来我家做客，但采用了较为间接的策略。

瓦茨（2003）评论布朗和列文森的礼貌理论；认为他们不应该将礼貌和"面子"混为一谈，应该分别研究；因为面子不完全等同于礼貌，礼貌也不等同于面子。尽管两者之间有一定的联系，但两者都有各自的问题领域。利奇（2014：14—15）评论：布朗和列文森提出的"面子"和理性的"模范人"不能全部由礼貌来解释，因为过于抽象和理想化。他认为礼貌理论应该提高礼貌对社会文化的解释力度。

三　汉语礼貌理论

顾曰国（1992：11）结合格莱斯、布朗和列文森、利奇等人有关礼貌的理论观点，探究中国人的礼貌特色，提出了具有中国文化解释力的礼貌准则："贬己尊人准则、称呼准则、文雅准则、求同准则和德、言、行准则"；建立了供人们效仿的行为规范，旨在维持社会平衡，促进人际间的融洽与和谐关系，平息冲突和矛盾，增强合作互利。顾曰国

（1992）还提出"平衡原则"；主张相互礼貌，共享利益。之后，他又进行了目标发展、会话交流发展和人际管理等三个语言活动过程的分析。其中，人际管理分析不仅包括礼貌，还包括各类"关系管理"（斯宾塞-奥特，2008，2000），如友情（莱可夫，1990）和玩笑（利奇，1983：144—145）。顾曰国认为，儒家传统文化是中国人重视"面子"的文化根源，不是个人的心理动机特征（参见布朗和列文森，1978/87：238—253），而是一种社会现象。汉文化中的礼貌指向理想的社会同一性，弘扬集体主义精神；而西方礼貌指向理想的个人自主性和独立性，弘扬个人主义精神。

下面是利奇的礼貌准则与顾曰国的礼貌准则的对照。不难看出，其中有些准则存在共同之处；如"赞扬准则""一致准则"和"求同准则"较为一致；"得体准则"和"文雅准则"有相似之处；"谦虚准则""贬己尊人"和"称呼准则"有些相似。但总体来讲，东西方文化中的礼貌标准之间存在较大差异。

表 3-1　　　　　　　　利奇准则与顾曰国准则的比较

利奇准则	顾曰国准则
策略	文雅
慷慨	
赞扬	求同
一致	
谦虚	贬己尊人、称呼
同情	德、言、行

利奇（1983）；顾曰国（1992）

四 日语的礼貌观点

井手町（1982，1989，1993）结合日本的社会文化，研究适用于日本人群体的礼貌研究。她批判布朗和列文森及利奇的礼貌理论带有西方主观色彩。她将日语中的礼貌动机分为两种，"判断力（volition）"和

"识别力(discernment)",其中"识别力"尤其与日本文化相关联。所谓"判断力"礼貌动机是以个人需求为出发点;而"识别力"侧重于个体对作为等级社会中紧密联系的团体里自己角色和义务的认识和辨别能力,也就是个体觉察和感知自己在团体中所担任的角色和义务。这一区分同固有的以东方社会为代表的集体主义与以西方社会为主体的个人主义形成对比。井手町和其他语言学家对日语"敬语"做了大量研究,例如日语中的"邀请"往往使用丰富的语法标记体系来体现说话人和其他人之间的关系亲疏;如局内人、局外人、长辈、晚辈、男性、女性、尊重、谦虚、礼让、和谐等。再例如面试时,当面试者听到面试官"どうぞ"(请进房间面试)时,要回答"失礼します(打扰了)"。面试者自我介绍姓名后,常说"本日はどうぞ宜しくお願いいたします(今天拜托各位了)"。"どうぞ"和"お"都是敬词,这些敬词表达了面试者对面试官的尊敬。"失礼します"是道歉,面试者用道歉表达对面试官的尊重,这种言语行为模式不同与中国文化和西方文化。中国面试者或西方面试者一般会用问候语打招呼说"你好"或"先生好/女士好"。

井手町的研究对于礼貌语言行为的文化差异有重大贡献。布朗和列文森、利奇重视西方礼貌现象,忽视东方礼貌现象的研究。井手町和顾曰国针对东方文化中的礼貌现象提出自己文化礼貌的独特性,为礼貌的文化差异研究做出了贡献。东、西方礼貌行为既有相通之处,也有不通之处。我们不仅要重视礼貌共性的研究,而且也要重视礼貌差异的研究,这样才能实现礼貌的根本目标;即维护社会和谐,维护世界和平。

五 言语行为实施模式的跨文化研究

"跨文化言语行为实施模式研究"是布拉姆-库尔卡等(1982,1984,1989)完成一个跨国大项目。这个项目在言语行为研究和礼貌理论研究领域都很有影响力。该项目的研究者提出的言语行为研究方法也具有深远影响,尤其在跨文化研究方面贡献突出。该项目重点研究了请求和道歉，采用"会话完型测试"收集七种语料，进行横向比较。他们的语料分析方法是将言语行为策略分为三个部分：实施言语行为主策略、称呼，和前/后附加语策略。每一个策略又包含很多分策略。

从该项目的研究中，我们认识到，言语行为是多种话语形式的综合；综合了主要言语行为和次要言语行为；"礼貌"表现在实施言语行为主策略、称呼，和前/后附加策略等各个环节。例如，实施道歉：（1）主策略"对不起"；（2）称呼"王老师"；（3a）附加策略："解释"冒犯的原因，"我起晚了迟到了"；（3b）附加策略："承诺"和"我下次再不迟到了"；（3c）附加策略："提供补偿"和"我以后要早早到校"；（3d）附加策略："请求"原谅，"请原谅一次"。

六　人际关系管理理论

斯宾塞-奥特（2000）认为对面子的需要和社会权利的提倡是面子管理礼貌理论的核心。"面子"的定义起源于高夫曼（1972：5）的面子观，即"一个人在交往中对自己所确立的正面的社会价值。"在《跨文化交际：跨文化交际中的人际关系管理》一书中，斯宾塞-奥特（2000）从提出将礼貌研究领域延伸到人际关系管理，并建立了以社会语用学为理论基础的礼貌分析框架。人际关系管理分为两个主要部分："面子"管理和"社会权利"管理。她认为布朗和列文森的积极礼貌与消极礼貌具有很大差异。积极礼貌是保全双方的面子和正面形象，体现对认可的要求；而消极礼貌关注个人权利不受干扰，体现对自主权的要求。她还区分了素质面子（quality face）和社交身份面子（identity face），以及公平权和交际权（见表3-2），体现出个人在社会关系管理中的期望："（1）素质面子指人们在外表、品格、能力等个人素质方面希望得到的正面肯定或评价，与自尊心密切相关。（2）社交身份面子指人们在社会中担任的角色；如领导、客户、贵宾或家长等所希望得到的认可或尊重。（3）公平权指人们有权得到他人的关注，受到他人的公平待遇。（4）交际权指人们有权与他人进行交际；包括'适当'的友谊、联系或重视"(斯宾塞-奥特,2000:14—15)。

表 3-2　　　　　　　　　　面子管理理论要素

面子管理（自我/社会价值）	
1. 素质面子（参见布朗和列文森［1978/87：101］的积极面子）	个人角度
2. 社交身份面子（同上）	社会角度
社会关系管理（个人/社会权利）	
3. 公平权（参见布朗和列文森［1978/87：129］的消极面子）	个人角度
4. 交际权（同上）	社会角度

(Spencer-Oatey［斯宾塞-奥特］,2000:15)

素质面子和社交身份面子与布朗和列文森(1978/87)的积极面子有相似之处；公平权和交际权与布朗和列文森的消极面子有相似之处。斯宾塞-奥特(2000)还认为素质面子和社交身份面子存在一定联系，如"我""是张三"，"我"是一个真实的个体，从关系层面讲，我还是"一班的英语老师，B的同事，C的妈妈，等等"，从群体层面，我是"某大学的老师，某协会的成员，中国人"。每一层特征都与"我"特定的面子敏感度相关联。他人可以提升"我"的面子，也可以威胁我的面子如某人说"你不是一位国家级名师"，他试图贬低并威胁"我"的职业面子，也可以说"你桃李满天下"来抬高"我"的职业面子。

斯宾塞-奥特(2000)将面子和权利联系在一起，而且权利仅限于公平权和交际权，不同于布朗和列文森所言的个人自由免遭干预的权利。但是在人与人的交际过程中，除了上述两个权利外，还有自由谈话权、信息传递权、情感交流权、告知与被告知权，等等。说话人想要维持与听话人的友好关系，做到礼貌交际，就必须照顾到听话人语境中的各种各样的权利需求，不能仅仅考虑公平权和交际权。尊重听话人的权利需求，应该是交际中必须遵守的人际交往规则。斯宾塞-奥特(2000)还提出关系提升、关系维持、关系疏忽和关系挑战（或威胁）地位相当。也就是说，正面关系和负面关系对礼貌行为都是同等重要的，说话人不能只维持正面关系而忽视负面关系的维护。

七 话语霸权的礼貌观

瓦茨（1992）、奥诺尼（Ononye，2020）等人对礼貌行为进行了分类；区分了"一级礼貌"（first-order politeness）（也叫礼貌一）和"二级礼貌"（second-order politeness）（也叫礼貌二）。一级礼貌指社会群体日常感知和谈论礼貌行为的各种方式；二级礼貌指社会行为和语言使用"理论"使用的概念和术语（瓦茨，1992：3）。依楞（Eelen，2001）发展了两种礼貌行为分类；详细地诠释一级礼貌的概念。按照依楞的解释，一级礼貌包括两种类型：一是行动中的礼貌行为；即在交际行为中表现的礼貌方式；二是作为一个概念（关乎文化活动的语用礼貌一），涉及"礼貌常识……一种被当作理念的方式，也即礼貌是什么的观念"（依楞，2001：32）。依楞似乎没有对二级礼貌做更多有影响的诠释。实际上，莱可夫、利奇、布朗和列文森的礼貌理论、概念、术语都属于二级礼貌。

瓦茨（2003）的另一成就是把行为区分为"礼貌行为"（polite behaviour）和"谨慎行为"（politic behaviour）。瓦茨（2003：19）把"谨慎行为"看做"在会话中遵循社会约束的恰当语言行为"。"礼貌行为"的另一个极端是"不礼貌行为"。他实际上就把礼貌和不礼貌行为看做常规"礼貌线谱"的正负两个端点，而把"谨慎行为"看做不偏不倚的中点。所以他定义："谨慎行为"是"无标记"行为，"礼貌行为"是"标记"行为。

八 其他礼貌观点

"会话契约论"是法拉塞尔和诺棱（1981：233）提出的礼貌观点。该观点认为，会话双方都有必须承担的权利和义务。"契约"由上下文的动态协商而形成；礼貌的交谈应遵循契约条件。他们认为，礼貌与否取决于说话人而非话语，而最终判决权在听话人。

情感礼貌观来自昂特和简妮（Arndt & Janney，1983）、简妮和昂特

（Janney & Arndt，1992），反对法拉塞尔和诺棱（1981）的得体性规则，强调个人的整体性行为和反应；提出礼貌的关键在于维持人际关系。除了语言之外，礼貌还体现在副语言和声势语特征中；如声音质量、语调、姿态、眼神接触等。

采用"框架"这一概念研究礼貌语言行为得到众多学者的支持和应用。艾米尔（Aijmer，1996）和特尔扩拉菲（Terkourafi，2001，2005）将文化比作一种特定的框架模式（特尔扩拉菲，1999：107）。菲尔莫（Fillmore，1976，1977）的"框架语义学"及相关研究；如探能（Tannen，1993）表明，话语框架理论可用于解释各种文化内部以及跨文化话用现象。人们通过与其所在的环境（尤指社会环境）的不断互动，进而对固有的知识片段巩固或更新认识。当触发某种情势特点时，人们通常自动地以大脑容易检索的方式储存起来。

传统的礼貌行为可以借助框架模式来分析，例如"感谢"言语行为元素框架：张三（感谢者）感谢（言语行为事件）李四（被感谢者）帮他提交了论文（感谢的内容）。在"感谢"发生时，这些元素或多或少，或显著或隐晦地出现在话语中。作为一项言语活动，感谢的本质取决于这些元素之间的关系：例如，感谢者有多诚恳？感谢者与被感谢者之间有什么关系？感谢内容的大与小等。这一框架就是基于说话人对其所在语境的常规性假设，通常已经在长期记忆中储存下来。

框架的观点常用在人工智能领域，更准确地说是一个"记忆框架"，包含地方、人物、功能等方面的固有知识。人们对感谢、道歉，如同人们通过认识某一物体形成的框架概念类似，都有相应的框架组织结构。

但人类的话语交流仍不同于人工智能的产物，或者说人工智能恐怕永远无法代替人类的思维活动，起码在现阶段的运算水平上，还远远不足。人们有时表现得"礼貌"，是人们根据具体语境进行灵活研判而做出的得体的表现，不单单靠记忆框架来重复反应，或使用一些套话。否则，会让对方感觉说话人没有诚意，没有真实地表达自己的想法，反而可能引起对方反感甚至厌恶。框架不能完全代替语用推理和礼貌得体性表达。

第二节　争论

一　礼貌研究的同一性和自主性的争论

从莱可夫到后现代语用学者，都试图扩展现代礼貌研究的广度和深度。虽然研究范围扩展了，但都离不开两个共同的特征：礼貌社会的同一性和个人自主性特点。从莱可夫、利奇的理论到汉语礼貌、日语礼貌理论，都侧重研究礼貌的社会同一性，而从布朗和列文森的理论到人际关系管理理论、话语霸权理论和会话契约论，都侧重研究礼貌的个人自主性特点。

莱可夫从"距离、尊重和友情"三个层面提出了礼貌原则，强调的是礼貌的社会同一性。利奇则从礼貌程度与惠—损、最大化—最小化、自己—他人两者的关系中提出了礼貌原则和六条礼貌准则；将礼貌研究指向社会同一性和认可性。汉语和日语的语用学者如顾曰国、井手町等人延续了利奇的礼貌研究方向，将礼貌的社会同一性扩展至东方的礼貌原则和准则，提出了不同于西方文化的求同原则；如中国的贬己尊人、称呼准则、求同准则和德言行一致准则；判断力和识别力准则。"跨文化言语行为实施模式研究"虽未提出新的理论，但该项目研究用实证研究方法表明了礼貌具有跨语言的同一性和差异性。布朗和列文森（1978/87）从积极面子、消极面子及威胁面子的补救策略层面研究礼貌，还具体讨论了社会权势、关系亲疏和涉及事物大小因素的变化对面子威胁的程度。他的5个补救面子威胁的策略（积极策略、消极策略、公开策略、非公开策略和无策略）充分说明他的礼貌理论指向个人自主性，希望个人自由不受到他人的干扰，追求个人主义和个人目标。人际关系管理理论、话语霸权理论和会话契约论是把布朗和列文森理论中的"社会权利"从社会地位权势扩展至公平权、交际权、责任与义务权及政治话语权。这是社会权利在不同领域的不断延伸。这些理论也十分强调个人自由在礼貌中的重要作用，强调礼貌的个人自主性。情感礼貌观和框架礼貌观考虑到语言外的其他因素如副语言、声势语特征和记忆框架因素等。

二 东、西方礼貌的共性和差异性的争论

很多东方学者如顾曰国、井手町批评布朗和列文森、利奇的礼貌原则以西方文化为基础，缺乏东方文化元素，以欧洲文化为基础，缺少其他各洲文化元素。他们所谓的礼貌共性不具有普遍性。不可否认，文化差异是影响礼貌的普遍性的关键因素，如东方文化中的"贬己尊人"和"识别力"就是汉语和日语独特的礼貌特征；西方文化中的"消极礼貌"策略体现的是个人自主性和个体主义；东方文化中的"贬己尊人"策略准则体现的是社会的认同性和集体主义精神等。这些争论和讨论对后续的研究产生了重要影响。利奇（2014）对礼貌理论的修正增加了"局内人""局外人"的礼貌影响因素，增加了人际关系管理理论、话语霸权理论和会话契约论阐述的"权利和义务"礼貌影响因素。

关于积极面子、消极面子与正面子、负面子问题，不同文化也存在差异。东方文化重视提升对方的面子，通过降低自己面子而抬高对方面子；重视对对方积极面子和正面子的接纳、肯定和认可。而西方文化重视消极面子与负面子，重视个人自由不受对方干扰和约束。这种倾向在人际关系管理礼貌理论、话语霸权礼貌理论和会话契约礼貌论中尤为突出，强调个人的"权利"不受干预。例如中国文化习惯拒绝赞美和恭维从而遵循谦虚准则；而西方文化则喜欢用"谢谢"接受赞美。中国文化重视维护积极面子而不是消极面子；突出表现在邀请和送礼方面，喜欢再三邀请以表诚意；同样，送礼也较为珍贵以表慷慨。在日本文化中，有时候人们极为重视消极礼貌意义。水谷和水谷（Mizutani & Mizutani, 1987: 38）提供的语料：当和房东说再见的时候，日本客人不仅要感谢他们，还会使用像"对不起，打扰您了"或者"我很抱歉，我花了你的时间"这样的表达方式，凸显出日本人在互动中所表现出的对于道歉的重视。

从社会权势、关系亲疏和涉及事物大小三个变量的层面看，东方文化重视"社会权势"对说话人礼貌策略的影响。相比之下，关系亲疏和

涉及事物大小的影响小于社会权势的影响。权势高低不同的说话人对听话人使用的称呼语和敬语存在明显差异，这种差异反映出社会的等差梯度。在西方文化中，社会权势的影响较小，关系亲疏因素较为凸显。例如在西方文化中，对不熟悉的人最好谈论天气和交通状况，不能谈论年龄、婚姻、家庭等个人话题。可是这些话题在东方文化里人们可以和陌生人谈论，有时候人们认为谈论这些话题还能够增进亲密关系，提高彼此的认同感。

三 礼貌因素的共性和差异性争论

自从布朗和列文森和利奇提出礼貌理论后，学者们纷纷从事礼貌的理论研究和实证研究；如顾曰国、井手町、布拉姆-库尔卡等人。这些研究的出发点和理论依据之间差异显著，所以其理论观点和礼貌因素之间的可比性很低。布朗和列文森从面子威胁的角度提出礼貌原则及其准则，而利奇是从会话交际准则的角度提出的观点。这两个理论的出发点不同，可比性相对很低。下面分别用布朗和列文森、利奇、顾曰国、井手町、人际关系管理理论、话语霸权理论和会话契约论观点分析语境同学A请求关系好的同学B帮着交作业行为中的礼貌策略。同学A说"你帮我交作业"：

（1）布朗和列文森的社会权势、关系亲疏和事物大小

说话人与听话人在权势平等、关系亲密的情况请求一件小事。说话人用"公开的不使用附加策略"。

（2）利奇准则

说话人遵从"得体"礼貌准则，使他人受损最小。因为双方关系密切，所以说话人就用祈使句向好朋友直接请求。

（3）顾曰国准则

说话人遵从"文雅"礼貌准则，用祈使句向好朋友直接请求，符合双方同学的身份和地位。

（4）井手町准则

说话人遵从"识别力"礼貌准则。说话人识别出彼此的社会关系即好同学关系，用祈使句直接请求。

（5）人际关系管理理论

说话人的社会面子是好朋友，好朋友享有平等的公平权和交际权。

（6）话语霸权理论

说话人以自我为中心，要求对方，凸显自己对他人的支配权。

（7）会话契约论观点

说话人与听话人协商交作业的事情。

从上述的分析可以看出，每一种理论侧重点不同，分析的结果完全不同。话语霸权理论将普通的请求帮助交作业变成了话语支配权的解释，会话契约论将请求言语行为变成了契约行为，其社会目标不是实现社会和谐目标，而是通过礼貌言语行为实现个人的社会目标。礼貌的和谐社会目标逐渐演变成社会权利的争斗目标。

四 礼貌存在于说话人还是听话人心中，还是两者心中？

依椤（2001：96—98）认为礼貌语用研究者往往从说话人的角度进行分析；而相反地，米尔斯（Mills，2003）和瓦茨（2003）认为礼貌与否，关键在于听话人或会话观察者；礼貌与否是主观判断问题。利奇认为礼貌会话是说话人和听话人双方共同构建的（利奇，2014：51）。说话人用语用意义传递出交际意图，而听话人重建说话人的交际意图，这两个意图都通过合作原则（格莱斯，1975）顺利取得一致；那么，说话人和听话人就实现了成功交际。如果不匹配，就可能会出现交际失败。如果交际失败，说话人和听话人还会采取话语调整策略以挽回失败。下文例3-5，听话人乙拒绝说话人甲的礼貌请求，但通过甲的解释，乙又接受了甲的礼貌请求。

例3-5

甲：请给我一支烟。

乙：你已经戒烟了。

甲：我心情不好。

乙：好吧，这次就破例吧。

上述例子也表明，礼貌先通过说话人的话语用词汇表现出来如"请"。听话人解读出说话人的礼貌请求后，没有直接拒绝，而是通过陈述事实"你已经戒烟了"间接拒绝。说话人运用推理从陈述的事实中推知乙的拒绝含意，因此进行了必要的解释。利奇认为礼貌不应该被标记为"以说话人为导向"或"以听话人为导向"。作为语言分析者，如何推知说话人和听话人的礼貌含意？他认为语用分析者经过下面的三个步骤得知礼貌含意（利奇，2014：82）。

表 3-3　　　　　　　　如何分析出礼貌语用含意

说话人	听话人
（a）说了什么	（c）怎样回应（言语或非言语表明理解或误解说话人的意图）。
（b）依靠语境中帮助理解的因素	理解说话人意思，包括双方已知的关系。
常见的假设：（1）听话人听到并解码说话人的话；（2）双方共享某些语境信息；（3）听话人采取启发式阐释策略，包括逆向推理等来推断说话人的意图。	

因此，话语观察者可通过上下文和礼貌的相关原则来评价某种行为是否礼貌。但是无论观察者如何熟练运用自身掌握的语言知识、语境知识、合作原则、礼貌原则，以及认真细致的观察和理性思维，都只能做到尽可能的揣测说话人或听话人的话语意图。

第三节　修正

一　宏观礼貌策略

利奇（2014：90）对自己的礼貌准则（1983）进行了修正，即对他原来提出的六条准则进行修正。他指出原六准则包含以下的因素：

1. 指影响说话人交际行为的限制因素。
2. 限制因素旨在完成一个特殊目标。
3. 特殊目标或多或少与正极和负极有关。
4. 准则在语境中发生冲突或彼此竞争。

（利奇，2014：90）

他的修正方案，首先提出了一个超限制因素；这个因素涵盖十个准则，即宏观礼貌策略：为表示礼貌，说话人表达或暗示欣赏他人，不欣赏说话人自己。（他人＝听话人，在场或不在场的第三方听话人；说话人＝自身，或说话人）

通过宏观礼貌策略，说话人想要确保避免冒犯，因为双方参与者都试图通过"靠后"避免不和谐，通过语言达到个人的目的。同时，他们也"前倾"以讨好他人。需要注意的是，人们之所以表现出礼貌，很可能是为了实现自己的私心，这与心理因素有关。语用学更多关注交际行为及其目的；即传递意图，不重点关注心理活动（瓦茨，2003）。以下是利奇（2014：91）提出的宏观礼貌策略准则（见表3-4）：

表 3-4　　　　　　　　　　宏观礼貌策略准则

准则（祈使句）	相关准则	准则标记	典型言语事件类型
（M1）重视/高估他人的需求	慷慨、得体	慷慨	承诺
（M2）轻视/低估说话人的需求		得体	指令
（M3）认同/高估他人素质	赞扬、谦虚	赞扬	恭维
（M4）不认同/低估说话人素质		谦虚	自我贬低
（M5）认同/高估说话人对他人的责任	责任（他人对说话人）	责任（说话人对他人）	道歉
			感谢
（M6）不认同/低估听话人对说话人的责任		责任（他人对说话人）	感谢和道歉回应

续表

准则（祈使句）	相关准则	准则标记	典型言语事件类型
（M7）认同/高估听话人的观点	观点	一致	一致、不一致
（M8）不认同/低估说话人的观点		观点、无语	给出观点
（M9）认同/高估听话人的情感	情感	同情	祝贺，同情怜悯
（M10）不认同/低估说话人的情感		情感、沉默	压抑情感

（利奇，2014：91；武娟娟，2019）

利奇将原来的六项准则变成了十项，用"高估"和"低估"的对称性表达说话人和他人的需求；取消了以前准则中的"最大化"和"最小化"表述。"责任""观点"是新增加的内容；原来的"同情"变为"情感"。本研究结合东乡语邀请语料，讨论利奇的上述准则。

1. 重视他人的需求

例3-6

［语境］男老村民家里举行婚礼，邀请跟自己关系很好的村长参加。

男老：

东乡语：Chi khalase irewo ya? Bi chiyi xinlaye. Bi nie oqin dafalane.

汉　语：你从哪儿来了呀？我要嫁闺女，我请你参加。

女青：

东乡语：An, shijie bise ireye.

汉　语：嗯，有时间我就来。

男老：

东乡语：An, jinliang ire an.

汉　语：好的，尽量来呀。

男老邀请女青后，女青答应说"有时间我就来"。表现得重视对方的需求，表现出较强的礼貌意识，同时使对方觉得亲切，心里舒服。

2. 轻视说话人的需求

例 3-7

［语境］男青村民邀请女老板做客吃满月酒席。

男青：

东乡语：Laoban ene ghuaridu gou wo bai?

汉　语：老板，这几天都好吗？

女老板：

东乡语：Gou wo, chi yan gezho?

汉　语：好，你在干嘛？

男青：

东乡语：Yama uye ma, ene ghuaridu shi kon bierei sara duzho ma, chi hoxide nie ire ma.

汉　语：没干嘛，过几天我孙子满月，你来贺个喜嘛！

女老板问男青最近干什么？男青说"Yama uye ma（没干嘛）"，轻视自己的需求。实际上他非常忙，家里添了小孩，还为孩子办满月酒席，邀请亲朋好友来家做客。他试图用轻视自己需求而关注对方的行为，其言词极为礼貌。

3. 认同/高估他人素质

例 3-8

［语境］男老村民邀请女青大夫来家坐坐。

男老：

东乡语：Aiya, daifu chi gou wo nu?

汉　语：大夫，你好吗？

女青：

东乡语：Gou wo.

汉　语：还好。

男老：

东乡语：Miyi ene gen gouda wo, chiyi nie xinlaye gete nie toreile you.

汉　语：太谢谢你治好我的病，我想请你到我家坐坐。

男老说话人说"Miyi ene gen gouda wo, chiyi nie xinlaye"表达对听话人医术素质的高度肯定和赞扬。医生治疗好病人，是医生的职责，但在说话人"男老"眼里，治好病是大夫个人能力的杰出表现，因此他用礼貌语言高度赞扬大夫的个人素质。作为回报大夫的医术水平，他还邀请大夫到家里吃饭。

4. 不认同 / 低估说话人素质

例3-9

［语境］男老村民今年喜获丰收，邀请女青村民来家品尝丰收的果子。

男老：

东乡语：Ene honni alimala osisan gansan no wo, chi ali udu toreizhi iyele ire ya!

汉　语：今年水果挺好的，有时间了，就过来吃。

女青：

东乡语：An, manun uzheye ma, shijie bise ireye.

汉　语：好的，看情况，有时间了过来。

男老说"Ene honni alimala osisan gansan no wo"，实际上他喜获大丰收，但他仍把"大丰收"较为平淡地叙述成"水果挺好的"，显然是给自己一年的辛勤劳动能力以较低的评价，贬低自己的能力和成绩。这是说话人为了自我谦虚而采用的礼貌表达方式，并不是说就没有能力获得丰收。我们知道再好的自然条件，也需要人们辛勤地劳动才能获得丰收。

5.认同/高估说话人对他人的责任

例3-10

［语境］女青村民今年喜获丰收，邀请男老村民来家品尝丰收的果子。

女青：

东乡语：Ene ghuarudu alimala osisan gou wo, chi nie ijiele ire.

汉　语：这几天果子长得都不错，你来吃吧！

男老：

东乡语：Bi uzheye, ene ghuarudu shijiela jinzhang no wo, bi uzheye shijie waine shi ireye.

汉　语：我看看，这几天时间很紧张，如果有时间我尽量来。

男老面对女青的邀请，他想直接拒绝，但碍于面子，借口说时间紧张、有时间尽量来之类的话，这说明男老对女青的邀请，尽管想找借口，还是极为重视，赋予比较高的价值，尊重对方的热情邀请，尽可能满足对方的邀请。

6.低估听话人对说话人的责任

例3-11

［语境］女青邀请女老村民参观新开张的饭馆。

女青：

东乡语：Bi nie gonzi kaiyizho, chi nie canjia giele irese?

汉　语：我开了一家饭馆，你来看看。

女老：

东乡语：Enedu ulie irene, puse lalagvanse ireye.

汉　语：今天不来了，以后再来。

女青：

东乡语：En, na chi uzhezhi ire.

汉　语：那你方便的时候来。

女青面对女老对邀请的拒绝，她试图最小化女老的拒绝，体谅她人的难处，让对方选择合适的时间再来，没有任何强加之意。她说"En, na chi uzhezhi ire.（那你方便的时候来）"，忽视听话人的责任，降低听话人的责任和义务强度，淡化对方"拒绝"的不礼貌态度。

7. 认同 / 高估听话人的观点

例3-12

［语境］男老村民邀请女青老板看自己的新房子。

男老：

东乡语：Laoban, gelade matei gezho?

汉　语：老板，家里都好吗？

女青：

东乡语：Gou wo, chi gou wo nu?

汉　语：好啊，你也好吧？

男老：

东乡语：An, gou wo. Bijien nie ge agi wo, chi huoxi ire!

汉　语：嗯，挺好的！我们买了套房，过来我们热闹热闹。

女青：

东乡语：An, ire shidase ireye, jinliangdi ireye.

汉　语：好的，如果能来尽量来。

男老发出到新房热闹一下的邀请，女青回应有时间尽量过去。女青在回应男老时，与对方的观点保持一致，表现出礼貌态度。

第三章 礼貌理论

8. 不认同/低估说话人的观点

例3-13

［语境］男老邀请男青吃丰收的水果。

男老：

东乡语：Ene hon alimala osisanla gansan hin wo, chi toreizhi iyele ire, chiyi xinlaye, ire.

汉　语：今年水果长得都挺好的，你过来转转，顺便吃点水果。

男青：

东乡语：An, ireye.

汉　语：好的，我会来的。

男老邀请男青吃丰收的水果，但是却最小化自己的建议，让对方"顺便"来吃，显然是给予自己的邀请观点以轻描淡写的表达，减轻对方对自己邀请的负担，更多地为对方考虑。

9. 认同/高估听话人的情感

例3-14

［语境］男青搬新房子，邀请男老来家做客。

男青：

东乡语：Laoban ene ghuaridu ene shini ge banjizho ma, tayi man nie xinlase!

汉　语：这几天我们搬新房子我邀请您来做客！

男老：

东乡语：Bi uzheye ma, ene ghuaridu chighara ire dane ba.

汉　语：我看吧，这两天忙可能来不了。

男青：

东乡语：Ire dase chi jiepune uzhe bai, ire kugvan shi irema!

汉　语：你看情况，能来的话就尽量来！

男老：

东乡语：Ire dase chi bu ho ku a!

汉　语：如果来不了你就别生气啊！

男老非常重视男青的情感需求。他告诉男青如果他不能接受邀请，请求男青不要生气。这体现了说话人高度重视（高估）对方的情感需求，直接宽慰对方，显得很礼貌。

10. 不认同／低估说话人的情感

例 3-15

［语境］女老邀请女青校长来学校参加开学典礼。

女老：

东乡语：Ene ghuaridu matei gezho?

汉　语：这几天怎么样啊？

女青：

东乡语：Gou wo, hhechezhi alane ma.

汉　语：好着呢，就是太累了。

女青情绪低落，对参加开学典礼一事主动性不高；但在回应女老说话人的问候时，说自己累，对自己的情绪以较低的评价。

二　宏观礼貌策略的新观点

1."正—礼貌"与积极礼貌的区别

利奇（2014）区分了自己的正—礼貌与布朗和列文森（1978/87）的积极礼貌之间的不同之处。布朗和列文森的积极礼貌立足于共同的认同、接纳和保持一致，而利奇的正—礼貌立足于和谐和热诚。进一层讲，两者的不同之处在于：前者说话人认同听话人且双方关系密切，这意味着彼此之间礼貌没有必要。而后者则排除了认同策略或者友情策略（莱可夫，1990：38）。也就是说正—礼貌比积极礼貌策略范围更窄些，它不包括认同和友情策略。

然而，正—礼貌的作用比积极礼貌策略更大。积极礼貌策略是面子威胁行为的补救策略，它遵从消极的回避原则。可是正—礼貌旨在提升面子。通过对听话人给予高度评价，如给予、恭维或同情，说话人实施面子提升行为而不是补救面子威胁行为。在表达礼貌时，说话人和听话人之间表现出不对称性。礼貌话语隐含"礼貌信念"即对听话人（他人）受惠的策略，对说话人则受损。如果不利于说话人则为负—礼貌，如果利于听话人则为正—礼貌策略。另外，利奇的礼貌观点是不对称的礼貌观，对听话人表达的礼貌信念，对说话人必然是不礼貌信念。

2.礼貌适切程度

从社会语用学角度看，礼貌本身是一种程度问题；根据礼貌程度的不同决定礼貌的适切程度。包括会话双方之间的：

（1）垂直距离（如地位、权力、角色、年纪等）

（2）水平距离（亲密、熟悉、熟知、陌生等）

（3）惠/损：惠、损、利益、责任等真实的社会认定的价值

（4）社会权利和义务强度：如主人对客人的责任义务、服务者对客户或消费者的责任义务、老师对学生的责任义务。

（5）"自我—领地"和"他人—领地"（圈内成员与圈外成员）

"自我—领地"的圈内成员与"他人－领地"的圈外成员不同。在汉语中，这个用法也极为突出。例如兰州市榆中县农村妇女叫丈夫买戒指；老年妇女与中年妇女说话就不同：

女老（对她丈夫）：**掌柜的**，那新流行的戒指，我也想买一个。

女中（对她丈夫）：**老公**，我看那别人带的黄黄的戒指嘛，也想买一个。

农村老年妇女把自己的丈夫看成是家里的支柱，挣钱的人和做主的人，因此称呼他为"掌柜的"。这种称呼在兰州市周边农村夫妻间还常

用，城市夫妻间已经不用这个称呼了。"老公"是中、青年妇女常用的称呼语，用于夫妻也用于外人之间的谈话中，如"你老公最近忙吗？"兰州市周边农村也很少有人说"你掌柜的最近忙吗？"从这两个不同的称呼，可以看出，两位说话人将自己的丈夫的社会地位放在不同的水平上。老年女性把自己老公的地位抬得很高，一家之主的地位。相对而言，中年女性则将老公放在与自己平等的社会地位上。不同的称呼反映了说话人对听话人社会地位的尊重程度。由此说明，礼貌策略"内外有别""圈内圈外有别"。

三 宏观不礼貌策略原则

利奇（2014：221）还提出了"宏观不礼貌策略原则"；即违背宏观礼貌策略准则。目的是表明礼貌准则违背后产生的话语效果。

表 3-5　　　　　　　　违背礼貌准则

违背准则（祈使句）	相关准则	违反相关准则的标记	典型言语行为类型
（M1）忽视他人（听话人）需求	慷慨/得体	慷慨	拒绝、威胁
（M2）满足说话人自己的需求		得体	命令、要求
（M3）不认同他人（听话人）素质	赞许/谦虚	赞许	侮辱、抱怨、斥责
（M4）认同/高估说话人自己的素质		谦虚	自夸、沾沾自喜
（M5）不认同/低估说话人对他人（听话人）的责任	责任	对他人（听话人）责任	抑制感谢或道歉
（M6）认同/高估他人（听话人）对说话人的责任		对说话人责任	要求感谢或道歉
（M7）不认同/低估他人（听话人）的观点	观点	一致	不一致，相互矛盾
（M8）认同/高估说话人自己的观点		观点、沉默	自以为是，固执己见

续表

违背准则（祈使句）	相关准则	违反相关准则的标记	典型言语行为类型
（M9）不认同/低估他人（听话人）的情感	情感	同情	对他人（听话人）表达反感
（M10）认同/高估说话人自己的情感		情感、沉默	抱怨、发牢骚

（利奇，2014：221；武娟娟，2019）

根据表3-5，我们对汉语和东乡语非自然会话进行了一定简化和微调，选取合适的语例，逐条分析违背宏观礼貌准则的会话。

1.忽视他人（听话人）需求

例3-16

[语境]女青村民想借用男青村民家的拖拉机。

女青：你家拖拉机借我用一下吧。

男青：不行，我今天要用。

女青村民想借用男青村民家的拖拉机，提出了自己的请求，但是男青村民直接拒绝了女青村民的请求，忽视了他人的需求。

2.满足说话人需求

例3-17

[语境]一个男青村民病了，他的邻居是位行走不十分方便的老人。男青年要求老人帮他买些药。

男青：哎，我感冒了；你去帮我买些药吧。

男老：药店也不远，你不会自己去买。

面对行走不便的老人，男青村民竟不得体地要求对方去帮他买药，语言十分不礼貌。

3. 不认同他人（听话人）素质

例3-18

［语境］女青村民和男青村民在街上买了鸡蛋后一起回家，男青村民不小心把鸡蛋打碎了。

男青：哎呀，我没拿好。

女青：你看看你，笨手笨脚的！

男青村民由于失误打碎了鸡蛋，女青村民严厉地斥责了他，言辞不礼貌得体。

4. 认同/高估说话人自己的素质

例3-19

［语境］富有的男青和贫穷的女老村民谈论大丰收。

男青：

东乡语：Chi ene ghuaridu yama ese gezho shi gete alimala gou wo, toreizhi iyele ire ma.

汉　语：你这几天有空的话，我家丰收，果子很好，你来吃吧。

女老：

东乡语：An, uzheye ma, ire shidase ireye, jinliang ireye.

汉　语：看嘛，有空的话我就来，尽量来。

显然，富有的男青在自我夸耀自家果子好，意图在女老面前显示自己有能力获得大丰收。"高估"自己的个人能力，不礼貌。

5. 不认同/低估说话人对他人（听话人）的责任

例3-20

［语境］男老村民打碎了男青村民的杯子。

男青：这是我托人从北京买的，昨天才收到。

男老：不就是一个杯子嘛！

男老村民打碎了别人刚买的杯子，本应该道歉，但是他没有意识到事情的严重性，只是轻描淡写地说了一句"不就是一个杯子嘛"，回应十分不礼貌。

6.认同/高估他人（听话人）对说话人的责任

例3-21

[语境]两位一般关系的女村民到集市买衣服偶遇。女青甲给女青乙推荐了一条裙子；女青乙试穿，站在镜子前面，看起来不错。

女青乙：我穿这条裙子还可以哈？

女青甲：当然了！我给你挑的没错。你怎么谢我呀？

女青甲抬高自己给对方的价值，高估女青乙对她的责任，要求对方感谢她，话语和行为都显得不礼貌。

7.不认同/低估他人（听话人）的观点

例3-22

[语境]村长孩子考上大学了，请求关系很好的村民帮他送孩子到大学去。

男老：

东乡语：Miyi nie kan daxue kouyizho ma, chi nie khugvozhi ogi bai.

汉　语：我的儿子考上大学了，你帮我送一下，可以吗？

女青：

东乡语：En, ali hudu shijian bise uzheye.

汉　语：有时间了再说。

男老：

东乡语：Chi nie khuogvzhi ogi an.
汉　语：你帮我送一下啊。

男老显然不满意女青的间接拒绝"Ali hudu shijian bise uzheye（有时间了再说）"。他坚持让她去送孩子"Chi nie khuogvzhi ogi an（你帮我送一下啊）"。两个人的观点相互冲突，不一致。男老不同意女青的观点；即看低听话人的观点，直接强求，显得很不礼貌。

8.认同／高估说话人自己的观点

例3-23

［语境］村长劝告村民不要在田里喷洒除草剂，否则粮食的农残检测超标卖不出好价钱。

村长：不要再喷了，不达标卖不了钱啊。
村民：那这么大一片地，就靠我自己，我就得喷啊。

村长为了让粮食卖出好的价钱，劝说村民停止喷洒除草剂。但村民向村长解释说劳动力不足，必须要喷除草剂，坚持己见，"高估"自己的观点，不礼貌。

9.不认同／低估他人（听话人）的情感

例3-24

［语境］村民老孙向老魏借钱购买春耕用的种子。

老孙：借给我3000块嘛，我正凑钱买种子。
老魏：我又没钱，找别人去。

老魏对老孙借钱的请求表现出反感，"低估"了老孙的情感，拒绝得很不礼貌。

10. 认同/高估说话人自己的情感

例 3-25
［语境］男青和男老看见地里庄稼枯黄。
男老：地里的玉米咋都黄了？
男青：干嘛问我，又不是我的事儿。

男青自以为男老的话是在责备他没有好好浇地，觉得对方伤了自己的情感；这便是"高估"了自己的情感，并根据自己的评估表示出不满，回应得很不礼貌。

第四节　小结

礼貌受多种因素的影响，学者们从不同视角和不同文化领域出发，开展了礼貌的多方位研究。布朗和列文森（1978/87）认为礼貌受社会权势、距离和涉及事物大小因素的影响，因此说话人为了避免面子威胁，常采取面子补救策略。从说话人处理"自身"与"他人"之间的关系、"惠"与"损"的关系中提出礼貌原则和六条礼貌准则。顾曰国和井手町从东方文化的角度提出了不同于西方文化的东方文化礼貌准则。言语行为实现模式的跨文化研究学者从言语行为量化角度提出了言语行为量化分析指标，使得言语行为的研究更具可操作性和可验证性。人际关系管理理论和话语霸权学者及其他学者从不同的角度提出了不同的礼貌准则。利奇综合了上述各个学派的观点，最新提出了"宏观礼貌策略原则"及其准则，较为全面地总结了近年来学者们对礼貌的研究成果。他还对违背宏观礼貌策略的行为进行了总结，提出了"宏观不礼貌策略原则"，值得我们深入探讨、研究。

第四章　社会和个体因素对语用的影响

第一节　性别对语用的影响

一　语言性别差异的起源与发展

人类的性别可分为生理性别和社会性别。使用语言的性别差异一直是语言学、社会学等研究领域关注的课题，研究重点在于探讨性别与语言使用之间的关系。语言的性别差异现象由来已久，据相关文献记载，西方早在16、17世纪就已有研究发现少数民族部落的语言存在语音等方面的性别差异；如罗宾·福特（Robin Fort）于1665年所写《历史、自然、道德、安地列斯群岛》(Histories Nature Morale Desiles Antilles)记载了小安地列斯群岛的加勒比印第安人男性和女性使用不同语言的情况。中国湖南省永州市江永县上江圩镇存在着目前世界上唯一的女性文字"江永女书"。这一湖南江永女性专用的汉语方言音节表音文字的起源，最早可以追溯到汉朝，被国内外学者叹为"中国文字史上的奇迹"。丹麦语言学家叶斯帕森（Jespersen，1922）出版专著《语言论：语言的本质、发展和起源》用整整一章阐述了女性语言的特征，真正拉开了语言性别研究的序幕。

1.莱可夫的性别差异假设及其争论

早期的语言性别差异研究一直呈零散状态，直至20世纪60年代，随着西方女权运动的蓬勃发展，反对性别歧视，鼓励女性争取应有的社会地位和权利以实现两性平等的思潮席卷西方社会；同时社会语言学作为社会学和语言学的交叉学科在西方兴起，语言与性别的关系得到社会语言学家们的积极关注，涌现了一大批论文和专著，对语言性别差异这一课题进行了广泛而系统的研究。其中最为经典的是莱可夫（1975）的《语言和女性的地位》，她在该书中对女性语言语音、词汇、句法、话语风格等方面进行了详尽的描述，并第一次用语言学的专业术语对语言的性别差异提出了一系列内省式的假设："男性话语风格坚强有力、直截了当、自信果断、具有支配性，而女性话语风格温和无力、迂回间接、自我否定、具有从属性"；她指出男女性别在语言使用上的差别体现了男女社会地位的不平等。

莱可夫这一系列内省式的论断引起了社会语用学界的强烈反响和激烈争论，自此许多社会语言学家对她的观点展开了验证性的研究，支持者有之，反对者有之，两派形成了语言性别差异成因的二元论和多元论之争。支持二元论的研究多为西方早期关于两性语言的语音语调、词汇选择、句式结构方面的静态研究，理论包括女性缺陷论、男性支配、差异论、"性别原型概念"等。二元论认为男性语言与女性语言就如同男女两性的关系一样是截然对立的，即存在完全理想化的男性或女性语言。男女语言差异反映了男女性别的本质差异，同时也是男女社会角色和地位差异的体现。这种性别决定两性角色和行为差异的"本质主义"性别语言观在20世纪90年代中后期受到了学术界越来越多的批判。受到"社会建构主义"的影响，90年代中后期的西方语言性别差异研究开始呈现多元化、动态化、微观化的发展趋势，语言性别的研究重点开始转为不同社会背景下两性在言语交际中的话题、话语量、打断、沉默、交际策略、话语风格等动态的语言现象；从此以建构论为主导的多元论观点应运而生并成为主流。建构论极力反对本质主义的二元论性别语言观点；认为个体的性别身份不是以生理差异为基础而确定不变的，也不是男女两性绝对对立的，而是个体在一定社会、文化语境中通过特定的言语实践建构出来的，因此语言差异是性别差异的表征。

2. 我国语言性别差异研究

国内对语言性别差异的研究始于20世纪70年代末，起步较晚。初期相关内容主要出现在一些社会语言学专著的零星章节中，主要描述两性语言的形式结构差异及其所暗含的性别歧视性质；同时，国外研究语言性别差异的理论也被引进国内，相关译著也在国内传播开来，推动了国内语言性别差异研究领域的发展壮大。但到目前为止，国内并未能像国外那样对语言性别差异的成因提出系统、成熟的学说或理论。近年来，随着哲学、人类学、社会学、心理学、语用学、跨文化交际学、功能语言学等理论和研究方法被陆续应用于语言性别差异探索，逐渐出现了从合作原则、礼貌原则、言语行为、面子理论、性度与性差交际等角度，探讨两性在进行言语交际时的话题、话题量、重复、沉默、委婉语、话轮控制等话语方式和交际策略差异的定性分析或实证研究；与此同时，国内语言性别差异研究的本土化特征亦愈来愈显著。周薇和周明权（2017）认为，中国语言学界对国内语言性别研究应立足于本土化已达成共识，借助西方的语言性别差异相关理论，利用国内的本土化语言资源的同时应更加注重中西方文化差异、思维方式、价值取向、道德观念、言语风格、语用特点等诸多因素。他们还强调生搬硬套而不顾及中国本土的民族特点则难以拓展本土化研究。因而，研究江永"女书"、汉语、中国地方方言以及少数民族语言的使用特征与性别之间的关系已成为国内语言性别研究的一大趋势。

二 性别与语言使用差异

1. 不同性别语言使用形式结构差异

受早期二元论导向的语言性别差异观的影响，不管是国外还是国内，语言性别差异的研究总是从调查并描述两性语言在形式结构上的差异；主要包括语音、语调、词汇和句法的静态层面。诚然，由于男性和女性本身在生理上的固有差异，如两性发音器官上的差别导致男性音域更宽，声音粗犷；女性音调偏高，嗓音温柔，等等。但社会语言学家们所关注的主要还是由于社会、心理等因素导致的两性语言上的差异。

（1）语音、音调

国内外学者研究发现，与男性相比，女性在语音语调上更倾向于使用标准、规范、权威的语音发音，如特鲁吉尔（Trudgill，1974）和费希尔（Fischer，1958）等人的研究发现：对于英语现在分词词尾-ing，男性经常发成[in]，而女性更经常发成标准的[iŋ]。女性在元音后的r的发音频数更高，社会心理学家指出这是由于标准发音是上层社会的一个标志，相较于男性，社会地位本已处于劣势的女性更渴望进入上层阶级或获得上层人士的认可，因而更加偏爱受社会广泛认可的、标准、规范的发音；同时女性对语音的使用更倾向于极端，高元音舌位更高，前元音舌位更前等；如胡明扬（1988）对北京话中的"女国音"调查中发现的"尖音现象"（将j、q、x发成z、c、s）；女性更常用逆序重音和升调，整体语调模式显得软弱、犹豫，但富有表现力；而男性则常用降调，语气平缓变化少，显得严肃、平淡。

（2）句法

在句法上，女性比男性更在意语法的正确性，这与女性更偏爱标准发音的社会心理相同；女性倾向于使用非直接的、迂回的情态结构、疑问句尤其是反义疑问句表达缓和的语气和礼貌的试探。"么""呢""吧""吗"等语气词的使用频数远高于男性（博林格[Bolinger]，1980；曹志耘，1987）；而男性则常用直接、简洁的陈述和祈使句型表达看法或给出建议或命令。

2.不同性别语言交际策略和风格差异

随着国内外语言性别差异研究的趋势向探究多元因素的方向发展，社会语言学家逐渐将研究重点转移到两性语言的语用特点、交际策略和话语风格的差别问题上。

（1）话题

男女话题选择上的不同是一个不争的事实。许多研究者观察发现：

男性谈论的话题多为政治、经济、法律、体育等，谈话内容多涉及工作、运动和休闲娱乐；而女性的话题则与她们担任的妻子、母亲的角色有关，多围绕个人生活经历和情感的抒发，包括社交和家庭生活中夫妻关系、子女发展、起居、物价、饮食、健康等。社会上存在认为男性话题重要严肃，而女性话题多琐碎无聊的看法，部分语言学家对此进行了严厉的批判，认为应当平等看待男女话题选择的差异（克佩尔［Kipers］，1987；沃德豪［Wardhaugh］，1996；王烈琴，2005）。

（2）话题量

在传统观念中，尤其是男性觉得女性总是唠唠叨叨，话多成了女性语言的特征。但很多学者发现，事实并非如此。不管是在实验室还是在自然环境中，男性的话语量都比女性大。在很多场合中，尤其是男女性都在场的公共或正式场合时，交谈的情况多为男性侃侃而谈发表见解，并长时掌握甚至抢夺话语权；而女性则通常静静倾听，较少积极参与谈话（司瓦克尔［Swacker］，1976；斯彭德［Spender］，1992）。但也有学者提出不同的观点，认为女性在非正式场合或与同性交际中偏爱用闲聊的方式与他人构建和谐关系，话题量更大；而男性在这种场合中缺乏表现自己的动力，自然话题量就较小。因此场合是决定男女两性话题量相对大小的重要因素（史耕山和张尚莲，2004）。

（3）最少反应

最少反应指的是人们通过发出"yes""oh""是的""我明白""好的""嗯"等话语来表示自己在认真倾听，表示赞同与合作，并鼓励对方继续说下去的言语行为，通常还有附带有点头、微笑等肢体语言（菲什曼［Fishman］，1983）。这也是话语重叠（两个人以上同时发话）的一种方式，对会话的顺利进行起积极作用。研究表明这一类反应通常发生在女性身上，尽管男性也会有最少反应的话语，但本质和目的却截然不同。男性的最少反应经常发生延迟现象，并通常出现在男女异性交际的谈话结尾。表现的是男性对话题不感兴趣，注意力不集中，敷衍了事，想尽快结束对话的心理（科茨［Coates］，1993）。王烈琴（2005）

认为,这可能便是造成女性话题匮乏、谈话量少的主要原因。

(4)打断对方谈话或沉默不语

话语重叠的另一种形式是抢夺话语权、打断或干扰对方。齐默曼和韦斯特(Zimmerman & West,1996)研究打断沉默在男女交际方式和风格上的差异。他们的实验发现男性打断女性的比率高达96%;同性间会话的平均沉默时间约为1.35秒,而异性间会话的平均沉默时间约为3.21秒。在交际中,男性很少保持沉默,常常牢牢把握话语权,在不满意话题、反对他人意见或女性参与会话时,常强行打断别人来岔开话题;抢夺话语权甚至结束对话,以沉默结束会话的行为也很常见。男性这类"非合作"性质的言语行为被认为是异性间会话障碍的一大原因(王烈琴,2005)。而女性则注重和谐、合作的谈话,很少打断别人。在话轮转换或会话陷入沉默时,通常会加入"嗯嗯""呃"等给出话轮请求的提示,自然地接过话轮;在被打断时,很少与对方发生冲突,经常很轻易地放弃自己的话语权,沉默地倾听直到会话结束或等待对方表达完自己的观点后再继续自己的话轮。

三 语言性别差异的语用解释和分析

随着语言学理论研究的不断深入发展和男女语言差异研究重点逐渐转移到男女两性在社会交际中的话语风格和策略,许多社会语言学家开始采用合作原则及其准则、礼貌原则、面子理论、言语行为理论、语境概念等语用学经典理论来阐释两性语言使用各个层面上的差异,探索男女两性在现实交际中所遵循的原则和所体现的言语行为特征。

1. 从合作原则看性别语用差异

格莱斯(1975)认为正常的会话有赖于会话双方共同遵循合作原则及四准则(数量准则、质量准则、关系准则和方式准则)。男性与女性相比,女性更倾向于遵循合作原则,主要体现在女性在会话交流中会尽量详尽地提供信息并经常使用最少反应来促进会话的进行。而男性尤其在跨性别交流时多表现出与女性对话的不耐心,简短的答语、延迟应答、打断、岔开话题等都是男性"非合作性"（但也遵循了合作原则，相关论述请见第一章）交流的特征。但同时，男女性会因不同的原因违反合作原则下的四准则，如女性模糊语、夸张修饰语的使用，男性"夸夸其谈"的行为等会不同程度地违反数量和质量准则；而关系和方式准则的违反主要出于礼貌和维护会话双方面子的原因，因此，男女在此两点的语用差异会结合利奇礼貌原则和布朗和列文森的面子理论进行阐述。

2. 从礼貌原则看性别语用差异

利奇（1983）的礼貌原则强调礼貌的社会调节功能，是合作原则的补充，意在维护社会交际中会话双方的友好、和谐关系。布朗和列文森（1978/87）则提出社会交际中的各种言语行为本质上是威胁面子的，每个人都具有希望获得他人赞同的积极面子需求和避免受到他人阻碍的消极面子需求。任何具有面子需求的人都倾向于采取一些礼貌策略避免"面子威胁行为"，或尽量减少冒犯他人面子的威胁程度。霍尔姆斯（Holmes，1995）对新西兰白人男女性的礼貌策略进行了研究，他发现男性和女性分别更注重话语的指示功能和社会功能；因而女性比男性使用更多的礼貌策略。另外，男女性语言使用的形式结构差异一定程度上能够揭示两性对礼貌的态度：女性对于上升语调、间接性强的疑问句式以及委婉语、模糊限制语、带有夸张修饰成分的恭维语的偏爱，恰当的最少反应以及沉默，皆反映了女性多合作、赞同、自贬而少冲突的交际特点，尽量维护他人的积极面子和消极面子，建立和谐、平等、友爱的社交关系和交际环境的求同心理。而男性则多以自我为中心，倾向于用更加直接的表达方式和语调如祈使句、降调来表达观点或获取信息，以打断对方获取话语权等方式建立威信，使用诅咒语来表达情感态度，很少使用礼貌策略以顾及会话中对方的面子需求。

3. 从言语行为理论看性别语用差异

从言语行为的角度来看两性语言使用的差异，相关研究多注重男女在不同的、具体的言语行为上的使用频数和方式差异。在白解红

（2000）关于男女恭维、道歉、邀请、请求等言语行为差异的阐述中，指出男女性在恭维的句式结构、恭维话题、恭维回应上皆有差别；女性更乐于发出或接受道歉，男性则恰恰相反；男性发出邀请少但内容具体，女性发出邀请多但内容含糊；男性多使用祈使句发出请求，而女性则更加委婉间接，发出请求时多使用疑问句来征求对方意见。刘丽姝（2013）关于东乡语与汉语在道歉言语行为上语用对比研究发现，性别因素会影响东乡语青年组道歉策略的实施，东乡族男青年多使用"给予"策略，而东乡族女青年则使用"解释"策略更加频繁。吉晓彤（2016）在研究东乡语拒绝言语行为时指出，东乡族男青年更倾向于使用"直接拒绝"策略，而东乡族女青年则更偏爱"间接拒绝策略"，在实施拒绝言语行为时的附加部分，男青年更多使用"提出条件"策略，而女青年则更频繁使用"提供其他办法"策略。

白解红（2000）还提出男女之间不存在相互完全对立的言语差异，性别语言的"性度"大小主要由语境因素来决定，她主张父母的言语性度、兄弟姐妹中男女的数量、幼儿园和小学男女教师的数量、年龄和文化层次、身份作用或职业角色以及会话双方相对权势的大小影响并决定了会话中两性语言性度的偏向。相似地，史耕山（2008）在研究汉语称赞语使用的性别异同之时也强调观察语言与性别之间的共变一定要结合宏观社会因素和微观情境因素的共同影响，性别差异是动态、相对的，男性与女性话语风格存在差异的同时也会受这两种语境的影响发生趋同现象。他们的观点反映了社会构建论下的语言性别观，动态、科学地阐述了语言特征与性别的关系。

四 性别差异的成因与相关理论

迄今为止，关于上述两性在语言的静态和动态方面的差异的形成机制众说纷纭，社会语言学家和心理语言学家们从宏观和微观层面，从种族、地域、社会、历史、文化、生理、心理、职业、教育背景、交际场合、角色地位等角度，提出了各种各样的学说和理论。其中，比较系统且在语言性别差异研究历史的不同阶段较为学界所接受的主要有女性缺陷论、男性支配论、性别原型说、文化差异论、社会建构论等，这一系列关于语言性别差异成因的学说和理论体现了语言与性别关系的研究经历从二元到多元，从绝对到相对，从静态到动态的发展趋势和研究历程。

1. 缺陷论、支配论和性别原型论

由于女权运动的兴起与发展，早期两性语言风格差异的研究总是从女权主义的视角围绕并强调在社会生活和语言表现中男性的优势地位和女性的劣势地位，反映一直以来女性受压迫的情状，女性缺陷论及以此为基础发展而来的男性支配论便由此出现并长期盛行，两者都认为女性是男权或父权社会的受害者，对女性的语言风格持负面的评价。莱可夫（1975）是女性缺陷论的首要代表人物，她在《语言和女性的地位》中总结了女性语言的特点；如频繁或过度使用模糊语、反义疑问句、"空洞"的形容词以及礼貌用语，语法和语音过分正确，陈述句带声调，弱化或避免咒骂语等。她认为男性语体是标准规范的，而与男性的"权势语言风格"相比，柔弱的女性语体不如男性语体优越，是一种缺陷的语言，而男女语言特点上的差异是社会化的结果，反映了两性在社会地位和权势上的不平等；而正是由于这样的弱势地位以及迫于"女性应该使用的语言"的压力，女性才发展出了"偏离规范的"和"有缺陷的"语言特点。她的观点对两性语言差异研究影响巨大，但也由于缺少对真实语料的量化论证而受到广泛质疑，许多学者对真实语料的分析与结论都证明莱可夫对性别与语言特点之间关系的论断太过简单粗暴。之后，菲什曼（1983）、齐默曼和韦斯特（1975）和索恩和亨利（Thorne & Henley, 1975）等人通过两性遭受打断、发起谈话等方面的研究提出了男性支配论；认为男女交际话语中存在性别分工，男性在交谈中占据主动地位，打断、结束会话和发起谈话的成功率很高，而女性则多居于被动，常表现出服从性的姿态、使用附和性质的话语，因此两性不同的话语风格是女性屈于男性支配的结果，不管是在政治、经济、文化还是语言上，男性强势的支配地位导致了两性各方面的差异，而这样的差异又反过来巩固了男权的统治地位。特鲁吉尔（1983）等人进一步提出了"性别原型论"，认为不论在哪种社会文化下，人们对两性的适切行为有不同的社会期望，对不同的性别角色的要求逐渐构成了相对固定的"性别原型"。在人们的期望中，男性注重行为，应勇敢、果断、自信、好胜，而女性更注重情感与关系，应柔弱、温顺、被动、尽量避免与人发生冲突，在传统社会期望的压力下，两性不得不按照"性别原型"来塑造和规范自身行为，也就形成了男女语言使用上的差异，如宋海燕（1998）指出女性既定性别原型使得人们认为在公共场合抢风头去说而不是积极去听的女性缺乏"女人味儿"，而相对地，男性既定性别原型则使人产生不积极争取话语权的男性缺少"男子汉气概"的印象。不难看出，这三个学说都以男性为中心，把男性语言作为标准与规范，同时将"权势"与"性别"混为一谈，视"权势"作为影响语言特点的唯一因素，认为社会规约下男性必为优势，女性必为劣势，而忽略了年龄、职业、教育背景、种族、交际场合、双方关系、心理等因素对语言使用的影响，未将社会地位高的女性和社会地位低的男性的语言特点考虑在内，也否定了女性反抗不公、自由选择语言的主观能动性。因此，在不断高涨的女权运动下，这三个理论都受到了广泛批驳。

2.文化差异论

与缺陷论、支配论和性别原型论褒扬男性而贬低女性语言风格不同，80年代提出的"文化差异论"摒弃了对女性语言的成见，对男女两性的语言风格持中立的态度，表达了女权运动后期对女性文化获得重新认可的要求，认为语言性别差异是两性在不同的"亚文化"下经历有差别的"早期社会化进程"而造成的，因而语言性别差异实际上是一种文化差异。差异论的主要代表学者（莫尔茨和博克［Maltz & Borker］，1982）发现，由于成长于不同的亚文化背景下，遵循着不同的交际理念和规则；男性形成了以竞争获取支配地位的交际模式，而女性则形成了以创造和谐亲密的合作关系为主的交际模式。探能（1990）在《你就是不懂》一书中总结到：两性语言风格的差异实际上就是争取地位与给予支持，提供建议与给予理解，传达信息与表达情感，命令与提议，独立与亲密的差异，女性的谈话模式是"亲密式"，男性谈话模式则为"汇报式"。就如同我们常话所说的"男人来自金星，女人来自火星"一般，男女之间的交际实际上便如同"跨文化"交际一样，因而差异论能较为合理地解释异性间的交际障碍与冲突误解。但差异论也有令人诟病之处，它的"亚文化"是一个过于理想化的同性交际的概念，而现实生活中男性与女性的交际模式并非完全隔离的，而是能够互相了解、接触和相容的，因此跨性别交际并非真正意义上的"跨文化"（内田 [Uchida]，1992）；同时，差异论也完全忽略了权势、社会地位、年龄、职业、具体交际情境、交际心理等其他宏观和微观因素对两性话语风格和交际策略的影响。尽管差异论与支配论等理论看似观点相左，互相批驳，但这几个理论实质上都属于本质主义的语言性别观，这种观念认为人的社会性别与生理性别一样，是绝对固定的二元对立面，性别的不同决定了接受不同社会化培养，两性分别形成有差别的自身内在本质，同时也构成了截然不同、稳定的社会性别特征，而两性语言使用上的差异仅仅是男女本质差异的结果和表现。本质主义观点下的语言性别差异研究皆是仅仅关注"男女语言差异的有哪些"，而在探究"是何因素导致了这些语言性别差异"的问题时，认为人的社会性别或社会性别所影射的权势与社会地位是唯一的影响因素，而将人的其他社会、文化等背景因素和交际时所涉及的诸多动态因素排除在外，但这样近乎"真空"的交际语境在现实生活中是完全不合理，也完全不可能存在的。因此，片面、孤立、静止地看待语言性别差异的本质主义观念愈来愈受到学术界的批判。

3. 社会建构论

到了90年代中后期，受社会建构主义的影响，语言性别差异的社会建构论应时而生。建构论反对二元论的性别观，认为人类的社会性别不是由生理性别或早期社会化过程而预先决定的、静态的、本质的个人内在特征。它强调性别身份的异质性和动态性,提出人的性别身份是在言语交际中建构出来的(埃克特和麦康奈尔-吉内[Eckert & McConnell-Ginet], 2003)。埃克特和麦康奈尔-吉内(1992)在构建论框架下曾提出的"活动社团"概念得到了普遍认可。活动社团不同于语言学常说的"言语社团",指的是共同从事某一活动而聚集在一起的群体。在一个活动社团里,个体更多地使用某一语言变体,不是因为他/她属于某一性别范畴,而是希望通过反复使用与某一性别气质相适应的语言变体来构建所期望的社会性别身份;并且,个体性别身份具有动态性,会依据活动社团或语境的不同而相应做出改变。因此,语言不是性别差异的表现,而是社会性别的表征形式。在建构论的概念里,不存在绝对的男性和女性的身份范畴的区别,只有对言语行为所显示出的"男性化气质"和"女性化气质"的程度(即性度)的动态描述(威瑟尔[Weatherall], 2002)。例如,从事法官、警察等职业的女性,言语行为更显理性、冷静、果断、严肃的"男性化气质";而从事医护等服务行业的男性则更多具有感性、温和、耐心、关怀的"女性化"特质,所以实际上是话语构建出了职业人员的性别身份(霍尔姆斯,1992;豪尔[Hall], 1995)。因此,社会构建论提倡语言性别差异研究应当将性别与地位、职业、年龄、文化背景、交际语境、交际意图等现实因素结合起来讨论,全面地、多元地、动态地去看待语言使用特征与性别的关系,从讨论男女性别差异的具体表现转向探索人们通过何种特定的言语行为构建相应的性别身份的方式及根源。尽管社会构建论仍有一定的缺陷,如没有一个固定的标准来衡量言语行为所反映的性别气质,若某些交际场合下的性别气质偏向不明显,则很难去判断或定义其性别身份等,但不可否认的是,从本质主义转向社会建构主义的语言性别观是一个积极的转变,相比之下,社会构建论指导下的语言性别差异研究方法更加科学,内容更加广泛,思路更加开阔,因素更加多元而细致,对语言性别差异研究的发展有着深远的影响。

第二节 年龄对语用的影响

年龄作为一个重要的社会变量，越来越引起学界重视，但是关于年龄对于语言的运用和影响仍有待系统阐述。

一 年龄对言语行为的影响

1. 年龄对说话的直接程度影响

以"请求"言语行为为例，早在1976年，埃尔文-特里普（Ervin-Tripp，1976）在研究美式英语中的请求时，发现年龄以较为间接的方式影响请求的表达。到后来，学者们越来越确定听话人和说话人的年龄直接影响请求策略的实施（例如，布拉姆-库尔卡等，1985；张和王 [Zhang & Wang]，1997；李-王 [Lee-Wong]，2000）。当说话人的年龄大于听话人的时候，说话人通常会使用更为直接的请求策略；而说话人年龄小于听话人的时候，则会采取更为间接的请求策略。在亲属之间的交流中，当听话人年龄较大时，说话人通常会使用亲属称谓来代替全名或姓，与听话人进行交流。

2. 年龄对修饰语的选择影响

说话人的年龄，是影响闪避词、附加疑问句、缩略语等礼貌形式使用的决定性因素（布劳沃 [Brouwer]，1982）。说话人通常使用礼貌标记语来减少面子威胁以及对听话人示以尊重。言语行为（如请求）表达和相关礼貌语言策略取决于会话双方的性别与年龄因素（布劳沃，1982）。语用策略的使用受到年龄因素的影响较大，尤其在"请求"行为方面影响显著。以购买车票事件为例：当今现实情况是，中青年外出单独旅行比老年人多，老年人单独出行的情况不多，一般用手机查信息的能力较差；所以购票时常需要向保安或售票员询问相关信息，即常求人，因而老年人在询问中，多采用礼貌策略，显得比较礼貌和客气，目的是得到关于旅行的准确信息。然而，在出售车票这一方，年轻售票员和老年组售票员又有不同的表现。年纪较大的售票员觉得自己年纪大，晋升无望，干脆消极怠工，情绪低落；上班时，即使顾客表现得很有礼貌，也很难激起他们的服务热情和礼貌态度。反之，很多刚参加工作不久的年轻售票员，工作很有热情，表现非常积极，对顾客尽量使用礼貌用语，同时也用礼貌语言回复顾客，以期得到顾客较好的反馈。不同年龄段的售票员和购票者的不同反应，虽然包含了"有求于人"所体现出来的另一个社会语用学影响因素——由于工作性质导致一定程度的"权势"区别，但是却深刻表现出不同年龄层次在工作话语交际中明显的语用差异。再者，在实施请求言语行为时，因为"请求"是有求于人的容易伤面子的行为；而缩略语是在随意谈话中使用的话语形式，直率不加修饰，容易被认为随便、不礼貌，所以容易造成伤害人际关系的后果。研究发现年龄也是使用缩略语的相关因素：青年组使用频数较高，老年组频数较低。青年购票者用手机查询信息能力较强，购票行为也是习以为常之事，购票时使用大量的非庄重性的言语形式也很自然。而中老年顾客掌握信息量少，这就构成更强的"有求于人"的心理阴影，所以使用缩略语少，礼貌用语较多。

二 年龄对方言使用的影响

新兴的社会语言学研究的热点是城市语言研究。20世纪下半叶中国经历了工业化浪潮；传统农业社会转向现代工业社会。随之而来的生活水平和语言状态（普通话和方言的使用分布）都发生了巨大变化。在这个大背景下，方言的使用引起学者们的兴趣，那么年龄对方言使用是否产生影响？如果产生了影响，是怎样的影响呢？

变异语言学研究表明，年龄是语言变化最主要的社会因素（徐大明，2006：150）。调查发现，"年龄"对农民工在京时的语言使用有不同程度的影响（夏历，2007）。第一，就年龄与方言使用频数关系来看，年龄越大，普通话使用频数越低；年龄越小，普通话使用频数越高。年龄越大，家乡话使用频数越高；年龄越小，家乡话使用频数越低。通过对南京市中小学生语言生活状况的大规模调查（俞玮奇，2012），发现城市本地青少年的语言使用状况存在着明显的年龄变化。第二，就年龄变化伴随的语言态度与语言认同变化来看，本地青少年在成长中，对南京话的认同感不断增强，对普通话的使用与认同却随之下降。这属于年龄级差现象；是语言受试本地意识增强、语言社会化及语言生活环境变化等多种因素影响的结果。常用普通话的青少年对普通话认同度更高。同理，常说南京话的则更认同南京话。这符合"认同行为"（Acts of Identity）理论（徐大明，2006：226—238）。第三，就年龄和方言选择来看，新的话语方式往往更多见于最年轻一代的话语（钱贝斯等，Chambers et al.，2003：274），表现在语音上。

通过调研（夏历，2007；俞玮奇，2012）发现：年龄对方言使用截然相反的影响。从社会语言学层面来说，考虑到"在京农民工"和"南京市中小学生"两种不同的社会阶层，普通话与农民工方言、普通话与南京市城市方言存在不同的权势关系，"社会影响"反映的是语言的社会声望与地位。农民工在京时的语言使用在不同年龄段上表现出的差异，表明我国的推普工作随着时间的推移越来越深入民心。年轻的农民工在京使用普通话的频数较高引发了另外一个问题——传承方言问题（夏历，2007）。但游汝杰（2006，2010）认为，南京青少年的语言使用状况说明城市方言在现实中不存在使用危机，且青少年的使用方言的频率和运用能力会随着年龄的增长逐步提高。争论的焦点在于如何正确看待城市青少年使用语言的问题。多说普通话还是南京方言，不完全是一个年龄问题，还有对南京方言和普通话的认识问题。对普通话和南京方言的社会评价和认识，南京青少年随其年龄的增长会不断地调整、提高，趋于正常化。随着与本地社会接触的增多、社会阅历的增加，对自己家乡话的认可度越来越高，结果应该不会影响南京方言的传承。

从语用学的角度讲，"有用"程度是考量语言的实用价值高低。在调研在京农民工和南京青少年使用普通话的结果中发现：在京农民工明白普通话在工作交往中更为"有用"，但是却由于年龄和文化水平等的限制，客观上无法使用普通话进行交流。然而，随着年龄的增长，南京本地青少年认为南京话越来越"有用",而对普通话"有用度"的评价却有相反的趋势。我们分析这可能是因为青少年与南京话社区成员的接触不断增多,使他们意识到方言所具有的实用价值。

除了与普通话、城市方言千丝万缕的联系,"年龄"因素对少数民族语言使用也有一定程度影响,尤其对语言使用及转用的影响比较大。在比较偏远的少数民族地区,坚持使用母语的老年人多;而年轻人转用其他语言的较多。对我国云南省境内阿昌语、哈尼语、基诺语等语言使用现状的调研表明:年龄是本民族语言使用频数的影响因素之一。在东乡语系列研究中,马彩霞(2017)观察到东乡族的邀请策略受年龄差异的影响:虽然在选择直接或间接邀请策略时,老年组和青年组选择直接邀请都较多,没有显著性差异;但在词汇修饰策略(如主观看法表达、轻描淡写表达、征求意见表达、礼貌词等)方面,老年使用礼貌词比青年多;在称呼方面,老年比青年使用职业称呼较多;在使用附加策略(如提供选择、解释说明、询问原因等)方面,老年更多使用解释说明和询问策略,而青年更倾向于使用提供选择策略。焦梅(2016)调研了东乡族实施问候和告别的策略,结果发现年龄也是主要的影响因素,不同年龄采用的策略存在异同,表现在各种方式的问候和告别中:如寒暄式、称赞式、关心式问候,以及因由式、直陈式、建议式告别。东乡语老年组倾向于表示在意和关心,故多用关心式问候;而青年喜欢表示随意和亲近,所以多用寒暄式问候。

无论对于言语行为还是对于方言使用,"年龄"这一重要的社会变量在探索语用研究和语言使用发展中起决定性作用。唯有深刻认识到"年龄"与语用的关系,才能够更好、更全面地指导研究。

第三节 权势对语用的影响

在言语交际中,说话人与听话人之间的社会地位权势可以用强、弱、等同,这样的术语来衡量。布朗和吉尔曼(Brown & Gilman,1960)

最早提出此权势概念。后来布朗和吉尔曼（1960）提出，"权势关系"和"同等关系"是制约人们使用称呼语的两种因素。所谓权势关系是指：具有较强势的人能控制另一个较弱势人的行为（布朗和吉尔曼，1960）。在这种关系中，说话人和听话人之间存在不同等的权势关系。权势关系可能表现在诸多方面：社会地位不等、资历不等、辈分不等等；如果交际一方在这几种，以及年龄、财富、力量等方面优于另一方，就较之另一方有较强权势。

权势的类型按社会地位、家族地位、年龄及宗教信仰来划分。称谓中所蕴含的权势可分为：社会地位权势，如以职务头衔为称呼的，李市长、韩局长、刘书记、张处长等官位称谓，就体现了社会地位权势；宗族权势，如老爷、太太、叔父、兄长、大姐等；年龄权势，如对年长者的尊称，如爷爷、奶奶、叔叔、阿姨、伯父、伯母等。根据交际参与者之间权势的不对等是团体互动最显著的特征之一。

但是权势关系不是固定不变的，在会话互动中会话双方会在互动中不断竞争，做局部微调和重新换位（索恩博罗［Thornborrow］，2002：134）。语言交流是说话者之间权力关系的相互比较、调整和竞争。具体如何调整、竞争，这是学界关注的关键点。

一 权势在语用中的构建和调整

权势的构建可通过选择话语范围、语类或方式。权势主要通过语言来建构；话语建构策略包括：重复、提问/质疑、停顿、打断、话题控制、幽默、沉默、模糊限制语、演绎和归纳修辞策略等（帕拉马思凡［Paramasivam］，2007）。权势研究涉及言语行为较多，如"表达异议"（博兰德［Bolander］，2013；洛克［Locher］，2004）、"冲突"（鲍斯菲而德［Bousfield］，2008；龚双萍，2011；韩艳梅，2013）、"恭维"（刘思、钟航，2014）等。

总的来说，权势有强弱之分。在权势不对等的交际中，权势强者更多采用不礼貌的策略如威胁、警告、指责等，最先放弃维护对方的面子而以更直接的方式表达反对。权势弱者的言语行为具有更强的语用策略依赖性；他们倾向于采用辩解、重述规定、提出缘由或强调职责等手段；有时他们又使用委婉语或模糊语使话语显得委婉不露锋芒，以尊重对方的权势优势、减少双方的反感、增加双方的感情、尽可能减少交际冲突以及对强势方面子威胁；使用附加言语行为以增强拒绝言语行为的客观性和委婉性；使用称呼辅助可以表示对强势方的尊重，维系会话双方的友好关系，顾全因拒绝对权势较弱方的面子伤害。构建施为行为和取效行为之间的平衡可以弱化权势差，增加权势弱方拒绝言语行为被接受的机会，旨在维护双方和谐的人际关系。

对于机构性话语来说，权势差异在交际中体现得更为明显。所谓机构性话语，是指会话参与者以在某种机构从事工作的身份所进行的会话；如学术对话、医患对话、军人工作会话等都是机构性话语。卡尔佩珀（Culpeper，2008）认为，会话中，权势强的说话人享有更多使用不礼貌言语的自由；而权势相等时，说话双方，倾向于采用进攻性回应策略，如讽刺、负面评价等。龚双萍（2011）发现：如军人工作会话这样的机构性会话中，权势关系是制约双方选择冲突性话语策略的重要语境因素；其中的权势关系则呈动态趋势，同时不难看出冲突性回应策略是顺应权势关系的。权势弱者采取防御性回应策略，以维护自己的面子。权势强者则利用军队赋予自己的权势，采取攻击性的策略，如宣称权势、威胁等，以达到限制对方的"言语自由"、毁损对方面子的目的。然而，正如索恩博罗（2002）的观点，双方的权势强弱是动态的，它会随着双方的磨合而变化。韩艳梅（2013）通过研究医患对话发现会话中权势与会话后权势呈现非对称现象。在应对潜在冲突时，医生更多使用间接的防御性冲突回应方式；而患者及其家属主要使用直接的攻击性冲突回应方式，患者一方比医生表现得更不礼貌，以此争夺会话中权势，维护自己的利益。尽管医生语篇后的权势大于患者和患者家属，但在医患冲突语篇中，医生比患者和患者家属表现得更为礼貌，因此医患之间的冲突回应与双方权势关系之间呈现大量非对应现象。

从半机构权势关系来看话语回应，就显得相对均衡。张颖（2017）以嘲弄话语回应为研究对象，发现嘲弄会话中的半机构权势关系是相对的、动态的，其变化发展与嘲弄回应者的策略选择和节目语篇的互动构建之间相互制约；非目标回应者（旁听者）是嘲弄会话的重要组成部分，其行为对目标回应者（被嘲弄者）的策略实施和半机构权势的协商更替有着不可忽视的影响；嘲弄回应者的行为决策与权势把控体现自我意图和听话人关注，是其交互主观性在动态会话语境中的语用反映。

中国—澳大利亚语用策略对比研究（王绍斌和李玮，2007）发现：实施拒绝言语行为时，两者对社会权势反应存在显著性差异，中国受试比澳大利亚受试敏感。中国受试面对权势高者比面对权势低使用"道歉"策略多；而社会权势基本不影响澳大利亚受试的"道歉"策略。再则，"自我介绍"策略明显地反映中国受试对权势反应敏感；如面对比自己权势高的拒绝者，中国受试多使用"老板""经理""先生"等正式头衔称呼对方，以示尊重；而澳大利亚受试不用这种策略。研究者还发现，来自澳大利亚受试比中国受试使用直接拒绝策略的频数较高。直接拒绝策略中国受试很少使用，尤其当被拒绝者权势高时。

研究东乡语"恭维"言语行为的语用特点（刘思和钟航，2014）发现：权势强弱对恭维句式的选择有影响。权势强的说话人倾向于使用陈述句句式，权势弱则更多使用感叹句。其原因可能是权势强的说话人自认为社会地位高，对自己的言谈举止更加注重；而选用陈述句式显得稳重、缓和；他们也不用夸张的方式说话，以期达到融洽的会话气氛。权势弱的说话人可能觉得应该用带有热情，甚至夸张情感的感叹句式表达恭维，也许更能讨得对方欢心，拉近与对方的距离。对附加策略"承诺""感谢""解释"的选择更能反映权势因素对恭维策略的影响：权势强的恭维者使用较多承诺策略；而弱者使用很少。再则，女性中权势弱的使用感谢和解释策略的频数较高；而权势强的女性几乎不用感谢策略，解释策略也用得很少。研究者这样结论：东乡习俗认为人是有等级贵贱之分的；与权势强（地位高、身份贵）的人说话要有礼貌，不能冒犯；话语要体现尊重，应尽量沉稳、委婉。因此权势强的女性很少使用感叹句实施恭维。此外，权势强的人除偏爱用直接恭维外，使用较多承诺策略。究其原因，权势强的恭维者具有较强的自信心和威望感，"承诺"更能显示这种气势。

无论是从一般性、机构性或者半机构性话语，还是从跨民族角度对比语用策略进行分析，不难看出：在交际中，权势作为重要的语境因素，在语用中起至关重要的作用。在会话中，权势并非完全是静止不变的，而是动态发展和可竞争的；交际者的话语策略随着权势关系的动态变化而发生变化。

二 权势的理论由来和实况解析

从布朗和吉尔曼在1960年最早提出权势，到布朗和列文森（1978/87）提出的权势强弱、关系亲疏和涉事事物大小等三大语境因素，权势作为重要的语境因素，在交际的各个方面都起至关重要的作用。维索尔伦（Verschueren，1999）在专著《语用学新解》中提出了"语言顺应理论"。他指出语言具有三种属性：顺应性、变异性和商讨性。使用语言的过程便是选择语言的过程；语言使用要根据不同的语言结构、不同的语境等动态地做出某些顺应（维索尔伦，1999：66）。龚双萍（2011）的研究结果表明，权势的动态变化可以通过语言顺应论加以阐释。语言顺应论提出除了语言具有以上提及的三个特征，权势也同样具有这三个特征。会话双方为满足交际需要，两者的权势关系可适应不同语境的变化，灵活调整交际原则和策略，满足交际需要。在选择语用策略时，语言交际者实际上是在顺应不同的交际情景，其最终目的就是为自己的交际意图服务；而说话人对语用策略的选择，也即是对权势强弱关系和等同关系反复选择、不断淘汰的结果。

基于以上针对权势和语用的关系的研究可以看出，就中国人这一群体而言，由于几千年来深受儒家文化熏陶的等级森严的封建社会影响，人们在日常生活中的话语使用，往往体现出较为明显的尊卑贵贱等社会权势影响。尤其是在等级明确的上下级之间，从称呼语到主要语言成分，无一不显示出这一特点。针对"道歉"的言语行为，上位者很少向下位者道歉，而下位者向上位者道歉较多；针对"邀请"的言语行为，下位者往往不能或者不易拒绝，但相对上位者来讲，拒绝下属的邀请相对比较自然。还有一个比较特殊的称谓的现象，人们为了展示自己的礼貌，对等级相当甚至略低的人，或者是陌生人，往往使用敬称等抬高对方身份的称呼，如老板、经理、主任、老师等。上位者为了展现自己的大度、仁慈和对下级的关心，往往对下位者采用亲昵的称呼，如在姓氏前加"小"，如小张、小李；或者忽略姓氏，直接称对方的"名"。另外，中国人崇尚集体主义的利他文化，且注重亲情、友情等社会关系。如在实施"拒绝"言语行为时，更多地使用间接拒绝策略以保全对方的面子。在传统的汉语文化中，权势关系的可逆度极低，因为上下有序，君臣关系不可逆，官民关系也不可逆；在很多民族文化中，权势的拥有是动态的；具体语境中的权势，可能会因对话双方的知识、经验、身份等的变化而变化。这就是说，会话双方之间的权势强弱具有较大的可变度。人们往往可能通过会话的不断互动，获得权势优势，以实现理想的言语行为意图。随着时代的发展以及不同国家文化、不同民族、不同行业的交流，权势和语用的关系可能会发生一系列变化。我们的研究所发现的东乡语语用特点呈现出"权势"因素对实施拒绝等言语行为的复杂影响；也表现出东乡与汉语之间不同民族间不同的权势关系。立足当下，放眼跨语言、跨文化多民族间的差异，兴许还会有不同的新发现。

第四节　关系亲疏对语用的影响

韩礼德（1994）运用功能语法解释语言的功能，他指出语言具有三种元功能：语篇元功能、概念元功能和人际元功能。从社会功能的角度讲，人际功能是三者中最重要的功能。它关注的是说话人和听话人在语境中的动态关系；包括说话双方进入语境的形式，在会话中表现出的语气、情态、语调等，人们依靠它传达对话双方的人际关系信息以建立或维持说话人和听话人的社会关系与地位。关系亲疏是最为重要的人际关系信息之一，正确恰当地把握好会话双方的亲疏程度，根据语境准确定位自身与对方的身份关系是顺利地完成交际的必要条件。

关系亲疏指的是人际间的关系亲近还是疏远，是感知自我和他人亲近程度的心理距离特征，社会背景、社会经历、社会特质（如宗教、性别、年龄、地域、职业、兴趣等）的相似程度；亲密程度等决定人际关系亲疏。人际关系与亲疏关系虽然相似，但仍有细微的不同：人际关系通常由社会因素决定，较为恒定；而亲疏关系在语言使用中则会伴随着整个交际语境包括交际心理和交际目的的变化而动态调整。早期传统社会语言学对于关系亲疏的看法偏向静止、固定不变的概念，但后来逐渐转向了更加动态也更加科学、真实的概念，这种转变部分要归功于社会语言学与社会心理学的交叉研究，这在后面会详细提及。

有关关系亲疏的经典理论阐述之一是布朗和吉尔曼（1960）在考察法语、德语、意大利语和西班牙语等欧洲主要语言第二人称代词的使用规律时提出的权势和同等两种对立的语义关系概念：权势关系指的是交际中一方具有凌驾于另一方的优势地位，因而能支配另一方的行为，它是一种不对称关系；同等关系指的是交际双方关系的亲疏、亲密程度，是一种对称关系，并且存在于所有包括含有权势关系的社会关系中。他们使用T（tu"你"）和V（vous"您"）称呼对方；前者是表示亲近随和的通称形式；后者是表示礼貌客气的尊称形式。他们还指出权势和同等关系是影响T和V称谓形式选用的主要因素，其中，关系亲密的人之间会互称T，而关系疏远的会互称V。布朗和列文森（1978/87）的"面子保全理论"则提出将相对权势、关系亲疏和言语行为的强加程度作为某具体言语行为的面子威胁程度的衡量指标，并总结分类了减轻面子威胁程度的礼貌策略。随后，关于关系亲疏的语用研究极大部分延续着这样的研究趋势，即探究关系亲疏对指示语、称谓语，以及基于奥斯汀

（1962）的言语行为理论框架下的各种言语行为的影响；但与此同时，也不乏部分研究从语言相似性、多种语言对比、语言习得等角度，或从顺应论、交际调节理论等语言学、社会心理学角度考察与探讨关系亲疏与语用之间的关联。

一　关系亲疏影响语用策略

关系亲疏影响会话双方的语言使用已是不可争议的事实，绝大部分相关研究都是围绕关系亲疏如何左右语言形式和语用策略的选择而进行的。

观察关系亲疏对指示语和称谓语选择的影响是这一研究领域最早和比较主要的研究方向。余维（1998）为汉语人称指示，尤其是第二人称提出了一个亲疏尊轻的理论框架，他认为尊敬程度的递增关系的人称形式由非敬称（包括爱称、小名、"你"等，）向敬称（"您"，含身份的称呼语等）转变；递增的亲密程度称呼形式则由含身份的称呼语向直称姓名或名转变。日语的敬语是最典型的体现人际关系的语言形式，肖旭月（2003）则根据称呼语的礼貌内涵对英语称呼语进行了礼貌级次（郑重、礼貌、亲昵、命令、贬蔑）和类别（积极、中性、消极呼语）上的定性分类，并从面子保全理论的角度指出关系亲密的交际圈一般会互称中性呼语（亲昵）来认同相互间的亲近关系。在这种情况下，使用积极称呼语反而会拉大心理距离显得疏远，而关系疏远的交际者则通常为保全对方面子并显示郑重与礼貌而使用积极呼语。

除此之外，自奥斯汀（1962）的言语行为理论以及布朗和列文森（1978/87）针对面子威胁行为的"面子保全理论"和礼貌观提出以来，考察包括关系亲疏的各类社会、人际因素对各种交际目的的引导下各类言语行为的实施策略的影响逐渐成为语用学研究的一大热点，聚焦关系亲疏对言语行为实施策略以及相对应的回应策略的影响的相关研究已涉及请求、拒绝、建议、感谢、道歉、不同意、劝慰、抱怨、批评、恭维、维护等言语行为，并已发展了言语行为相关的跨文化、跨语言语用对比研究，最经典的莫过于布拉姆-库尔卡等（1989）的"跨文化言语行为实施模式研究"针对请求和道歉言语行为的大规模探索，比较了希伯来语、法语、西班牙语、英语、德语等不同语言言语行为表现方式的异同，并观察了包含权势、关系亲疏、言语行为强加程度的语境内因素和文化因素。他们的研究发现，仅根据所研究的五种语言文化来看，在语境内因素程度相同的情况下，不同语言实现请求和道歉言语行为的模式都是极其相似的，不同仅在于各策略的使用频数的差异。这些研究涉及的言语行为序列形式、实施策略、影响因素的分类，为今后国内外学者对各种情景下各类言语行为的研究，提供了重要的参考与方向。沃尔夫森（Wolfson，1989）研究英语中的恭维言语行为时，发现英美人对最亲密者和陌生人的恭维策略呈现出极端相似的、相对来说较为单一简单的模式，而对普通同事、相识者这样处于关系亲疏一般的交际者的恭维策略则更加复杂多样，呈明显的膨胀状态，与前者形成鲜明的对立。沃尔夫森因此提出了"社交膨胀理论"，即位于社交距离两端交际者间的某一言语行为的实施模式、出现频数等特征极为相似，但位于社交距离中部的则互相之间区别显著。

近年来，国内不乏对汉语言语行为实现形式的研究，如汉文化中实施请求的研究（李军，2001；校玉萍，2011）都得出了关系亲疏、熟悉程度是使令言语行为实施策略选择的重要影响因素之一；关系越亲密，越倾向于使用直陈式策略，关系越疏远，越倾向于礼貌的间接策略如征询等策略。运用面子理论对这种语用现象进行剖析的同时，也从汉语角度证实了请求言语序列在各种语言中存在普遍性。张璐璐等（2015）也指出了关系亲疏是影响说话人在实施劝说行为时视点选择的重要语用参数之一；关系亲疏是影响话语形式和内容的重要变量；并且对汉语语用的理解和表达有直接的影响，但对于不同的言语行为而言"这种影响是有差异的"。另外，言语行为实施策略相关的研究大部分都不可避免地与礼貌相关联。国内对言语行为的跨语言、跨文化研究趋势也愈加明显，主要聚焦于汉语与英语言语行为的使用中的异同，如张璐璐等

（2015）的研究发现由于西方国家的文化注重自由、平等、直接的情感表达，因而在劝说行为的人称视点中经常直呼对方名字或昵称；而汉文化则较为含蓄，在劝说时更多使用第一人称或第二人称复数来缩小双方的距离，拉近关系。除了研究中外言语行为使用差异外，国内也出现了大规模的实证研究分析关系亲疏在汉语或地方方言与少数民族语言实施言语行为的表现与策略选择中的作用异同。如吉晓彤（2016）发现，东乡语受试和汉语受试在拒绝关系较亲或关系较疏的说话人选择的策略存在差异；无论关系亲疏，东乡语受试选择"直接拒绝"策略都比汉语受试选择的频数高。但相比较而言，东乡语受试在拒绝关系较疏的说话人时会使用更多的"直接拒绝"策略，也就是说，相对地，他们拒绝关系较亲的人方式更间接，而拒绝关系较疏的人却更直接。同样地，马彩霞（2017）的研究发现，无论亲疏如何，在实施邀请时，东乡语受试比汉语受试使用更多直接邀请的策略、更少的礼貌词和亲戚称呼；在邀请者与被邀请者关系较疏远时，这种情况更甚。这两项研究的结论与布朗和列文森（1978/87）的"关系越疏远，话语越委婉礼貌；关系越亲近，话语越直接、不礼貌"的理论相悖，说明不同的文化差异影响下，关系亲疏对语用策略选择的影响可能不同，不能一概而论。

此外，少部分研究者还从语言相似性的角度讨论关系亲疏对语用的影响，其中最典型的便是语言的距离相似性。距离相似性（海曼[Haiman]，1985）指语言句法上的形式距离与人类认知上的概念距离相对应的关系。杜文礼（1996）从"客气意味着距离"这一条语用规则出发，指出交际双方说话关系越疏远，说话越客气，附加的语言单位就越多，信息也就越多，词或句子就越长，比如尤其是在英语中，委婉语的长度一般就比它相对应的直接用语要长。张凤（2003）通过分析俄语的口头语料，得出结论：除去运用话语重复来表达强调的用意或强烈的情感的情况，话语长度与交际双方的关系亲疏呈正比。尽管语言相似性对语用现象的分析研究并不是很多，但仍然是一个值得积极探索的方向。

二 语用调节关系亲疏

许多考察和讨论关系亲疏与语言使用之间规律的研究都有一个普遍的弊病，那就是将关系亲疏对语言使用的影响绝对化，认为关系亲疏作为一个静态的社会因素支配着语言的使用模式和特点，但事实并非如此。汉语实施建议言语行为与交际者的身份、权势、关系亲疏很微妙。但很多研究者将会话参与者的身份作为事先选定的自变量加以观察、分析，而往往忽略参与者怎样通过话语来体现身份（任育新，2014：50）。这样的研究不但忽视身份建构的动态性，而且也忽视言语行为与交际者身份建构之间的互动关系。人与人之间的关系亲疏并非一成不变，而是会随着交际语境、交际双方的交际心理或动机而动态变化。语言的使用更是传达和调节交际者间关系亲疏信息的重要媒介，因而关系亲疏与语用之间的关联不是单向、静态的，而是双向、互动的。语用策略可以调节关系亲疏甚至可以说是这两者之间更加重要的一层关系，能够更加全面、真实地描绘现实生活中人们的交际情况。

假设一对夫妻与朋友闲谈的场景，从通过称谓的改变传递关系亲疏来看，妻子对邻居说："我们儿子这次期末考试得了一百分！下午我们要一起去学校开家长会。"与妻子指着丈夫对邻居说："他儿子又在学校里闯了祸！我可不要跟你们去开家长会。"相比，前者所表现的母亲与丈夫、儿子的心理距离要比后者更近一些，后者母亲通过改变称谓疏远与丈夫、儿子的距离来表现她内心的不满与抱怨。这便是很典型的语用调节关系亲疏的例子。贾尔斯和泊斯兰德（Giles & Powesland，1997），库普兰（Coupland，1995）等人提出的社会心理学理论"交际适应论"以及维索尔伦（1999）的语言使用顺应论对解释这样的语用现象有着重要的启示作用。

"交际适应理论"（库普兰，1995；贾尔斯和泊斯兰德，1997）则为预测、剖析和阐释交际主体通过言语调节（扩大、维持或缩小）关系亲疏的行为提供了更全面、广泛的理论框架。交际适应理论最初完全属于社会心理学范畴，它认为交际的目的之一便是表明交际个体对双方的态度，以社会心理学中的相似吸引原则、社会交换原则、归因原则和群体特征原则为理论基石。相似吸引原则是交际适应理论的实质，指的是说话人的话语与听话人的话语越相似，就越能吸引听话人，使话语能为听话人理解和接纳，也即交际适应的过程实质上是交际主体渴望获得认可的心理反映。言语适应理论在社会语言学中主要应用于解释说话人言语风格变化中的言语趋同、言语趋异和言语保持等交际策略背后的心理动机和认知过程，以及听话人对说话人言语的评估，也就是会话双方交际时的心理机制。言语趋同指说话人不断调整并使自己原本的言语交际习惯包括语言（如语速、口音）、副语言（如停顿、话语长度）以及非语言（微笑、注视）习惯等不断接近听话人的言语习惯或语体，以期赢得听话人的支持与接纳，获得与听话人同等的较亲密的关系；反之，言语趋异则是说话人刻意使自己言语或语体与听话人不同，拉开说话双方的距离，意欲显示双方的差异或自身的优越性；言语保持则指语言形式未发生任何改变，既不趋同也不趋异（贾尔斯和奥盖 [Giles & Ogay]，2007）。王德春（2004：260）提出了相同的观点，关系亲疏和情感维度可分为：亲近相互关系、疏远相互关系、维持原来关系等三种信息要求。

维索尔伦（1999）的顺应论是将交际适应理论与语用学做交叉研究后的一个成功的尝试，其基本观点是认为语言具有可变、商讨性和顺应性，从语用功能的角度强调语言使用中语言形式、语用原则和策略选择服从于语境和交际目的而变化的灵活性与顺应性，并且语境与语言之间的顺应是双向动态的，交际主体的心理动机和情感因素是影响语言使用的重要因变量。冉永平（2007）在顺应论和交际适应理论框架下讨论指示语的人称视点时，提出了缩小或拉大双方心理距离的"语用移情"和"语用离情"的概念。相比布朗和吉尔曼（1960）的"权势""同等"关系概念以及布朗和列文森（1978/87）有关关系亲疏的论述，顺应论与交际适应理论的一大优点便是它们强调言语适应的主观性更甚于言语受固定的身份、地位等静态因素限制的客观性，传统的社会语言学研究常囿于会话主体的言语受社会规则、规范支配的观点，而对人们交际中的心理、动机、情感的社会心理因素视而不见。何雅媚（2009）也肯定了交际者的心理机制在社会交往中所起到的决定性作用。

在讨论布朗和列文森（1978/87）的"社会距离（本文用关系亲疏）"概念时，王建华（2001：26）提出"语用距离"；用以指"交际双方在特定的交际环境中所感知和确认的彼此之间的关系密切程度，可用语用亲密度来描述"。语用距离还受社会因素和交际心理的制约，可分为"初始"和"交际"两种。初始语用距离的起点在言语交际之前，受交际双方对自身以及对方身份、地位、熟悉度等的感知来决定，因此初始语用距离相对固定，与布朗和列文森的"社会距离"这一概念相似；交际语用距离则受会话双方在交际过程中的交际目的、心理动机等因素的影响，依靠交际双方在交际中对这些因素的感知来推定，因而交际语用距离具有可洽商性与可变性。王建华（2001）认为任何礼貌的言语行为都是交际双方就双方语用距离共同洽商的结果，礼貌程度的改变可以导致语用距离的改变，并提出了"礼貌的语用距离原则"。王建华（2001）的"语用距离"理论兼容并包，更贴切、更真实地还原了现实生活中交际主体间关系亲疏的动态变化与弹性调整的过程。总而言之，在真实交际中，交际双方不仅仅会通过既定的关系亲疏来选择合适的话语形式或交际策略来进行交流，还会在交际过程中运用不同的言语特征来"试探"、协商和确定彼此间的关系亲疏，以达到会话双方各自的交际目的，使得交际得以顺利进行。

传统的从称谓语、言语行为维度研究关系亲疏影响语用的研究已趋近成熟，相关的跨文化研究在部分支持传统经典理论观点的同时，也提出了文化不同，关系亲疏对语用的影响模式不同的异议。此后，"语用距离""顺应论"以及"交际适应理论"的出现为社会语言学关于关系亲疏与语用之间相互作用的研究注入了新的力量，提供了新的方向，有着很大的启迪作用，可能正因为人类交际心理动机和交际情感的复杂性与动态性，使得目前甚少有实证的调查研究挖掘各类言语行为实施中，语言形式、语用策略和关系亲疏的互动作用模式。今后关于关系亲疏的社会语言学研究可以在传统的言语行为或指示语、称呼语的研究基础上，结合这三种理论，发展关系亲疏与语用动态变化的实证研究，这对于揭示社会言语交际中真正的人际关系情况来说，不失为一种有意义的尝试。

第五节 小结

在人们的日常交际行为中，语言是交流的重要手段。在相对变化的动态语境中，语用习惯受如性别、年龄、权势和亲疏关系等个体因素和社会因素的影响。研究不同民族的跨文化语用特点，需通过观察以上因素，同时考虑职业、教育背景、文化习俗、交际语境、交际意图等交互信息，全面地、多元地、动态地去分析语言使用特征，探究各民族使用语言的社会属性和民族个性。

第五章 跨文化语用学

第一节 跨文化语用学概述

一 研究背景

1983年，利奇在其《语用学原则》一书的序言中将语用学定义为研究"话语"（utterance）如何在不同语境产生意义的学科。也就是说，语用学以具体语境中的话语的产出和理解的研究为己任，可见语境在语用学研究的重要地位。语境影响话语产出和理解的选择。交际双方在不同的语境会选择不同的话语来实施某个言语行为。比如在英国留学的中国学生学者可能会比在国内更多地使用问句的形式来实施请求言语行为。相反，同样的话语表达和理解在不同的语境中可能会产生迥异的语用效果。比如在主人家里做客时，客人对主人示意多吃的行为会说"谢谢，我吃饱了"，东西文化背景的主人可能会有截然不同的反应。可见，语用学旨在探寻具体语境中的话语表达和理解。语境是由不同语言和文化构成的，不同的文化环境孕育出多样的语言形式和语用习惯。换言之，任何言语行为都具有深刻的文化烙印。在一种跨文化语境中，交际双方的言语表达和理解都会受到各自文化的影响。有些在某一种文化当中习以为常的表述可能会被另一种文化视为难以接受。而跨文化语境下的语用研究，更需关注不同的文化对于话语选择和理解的影响，以及文化差异是否挑战了语用原则普遍性。

再者，利奇（1983）还认为语用学要回答说话人通过某种话语要表达什么样的实际意思。在这样的一个交际过程中，交际双方——说话人和听话人都是某种文化的载体，因此其话语表达和理解均会受到其所具有的文化背景的影响。研究关于同一文化中话语在不同语境中的意义是语用学的研究范畴；而跨文化语用学扩充了语用学研究的范畴，旨在研究话语在不同文化背景的语境中表达和理解的差异对比，成为语用学研究的重要分支之一。跨文化语用学是跨文化交际实践和语用学发展的必然结果。随着经济全球化驱动下的社会交往日益紧密，不同文化社团和个人之间交往的愈加频繁，跨文化交际中的语用问题引起越来越大的关注，跨文化语用学成为"顺应语言学全球化语境下横向拓展与纵向深化趋势的产物"（朱武汉，2016）。国际上，美国学者凯克斯（Kecskes）于2004年创办了学术期刊《跨文化语用学》，使得跨文化语用研究有了分享前沿成果的学术平台，一大批高质量研究成果得以面世。国内也有越来越多与跨文化语用相关的研究成果紧随其后，且发文量呈现增长趋势。不仅如此，近年来，依托我国多民族多语言文化的国情，国内一些学者如刘思等（2015）开始将目光投向我国的少数民族的语言和文化，尤其是一些濒危少数民族，如东乡族，将具有其独特民族特色的语用特征与汉语语用特征相对比，发表出一系列具有理论价值和实践意义的学术成果，凸显出语用学理论研究日益呈现的跨学科结合性的特点。

二 定义

要进行跨文化语用学研究，有必要了解语用学者们是如何对其进行界定的。跨文化语用研究兴起于20世纪80年代，学者们试图对不同语言中的语用现象进行对比研究。布拉姆-库尔卡等（Blum-Kulka et al.，1989）开展的"跨文化言语行为实施模式研究"（Cross-Cultural Speech Act Realization Patterns，CCSARP）无疑最负盛名。项目组成员对"请求"和"道歉"这两个与礼貌现象密切相关的言语行为进行了包括英语、德语、希伯来语、丹麦语等多门语言以及语言变体之间的对比。他们虽然没有对跨文化语用学给出定义，但是其研究表明他们主要关注的是不同语言中某一言语行为实施策略的对比。威尔兹比卡（1991）在其《跨文化语用学——人类互动的语义学》著作中，也没有给出定义，但试图挑战格莱斯、布朗和列文森的研究范式，认为跨文化语用学研究应该避免过多的"盎格鲁中心主义"的影响，而具有一种超脱具体文化的规则来概论跨文化语用交际。

一些学者试图从各自的角度对跨文化语用学进行界定，因此给出了不尽相同的定义：尤尔（Yule，1996：50—51）指出，跨文化语用学研究不同文化社团对意义构建的不同期盼，这种期盼是由人们的不同的"文化图示"（cultural schemata）引起的，而这种文化图示实际上是人们在一定条件下的背景知识结构。何自然（1997：11）从二语教学的角度，提出母语的文化特征会对会话双方使用非母语进行的交际产生影响，这个过程中出现的语用问题就是跨文化语用学的研究对象。何兆熊（2000：245）虽未明确给出跨文化语用学的定义，但是将跨文化语用学分为：跨文化语用学研究、跨文化社会语用学研究和语际语用学研究。凯克斯（2014：14）认为："跨文化语用学关注人们的语言系统在不同的交际情境中的使用方式。而参与交际的人通常是代表不同文化的不同母语的人使用同一门语言进行交际的"。文化因素成为跨文化语言学研究的基本要素。

通过上述一些定义，我们可以大致概括出与跨文化语用学定义相关的一些关键要点，并试图对其进行阐述：

1. 不同文化。我们知道，文化的外延可以特别宽泛。我们说的"跨文化"从广义上来讲，不仅包括不同国家、不同语言之间的对比，也包括跨不同种族、民族的对比，甚至包括同一背景下不同性别、阶层、年龄的对比，属于变异语用学的研究视角。在这样的视角下，我们可以研究不同国家或者同一国家的不同族群语言之间的语用对比或人际互动。例如英语、汉语之间在实施请求言语行为策略上的差异、汉语和东乡语在实施建议言语行为策略上的差异等。

2.第二语言交际。跨文化语用学除了进行语际语的语言形式和社会文化交际规则对比之外,另外一个重要的目的是研究用二语进行交际的一方或者双方的语用问题,例如移民美国的华人与当地人用英语进行交际或者国际会议上不同国家的人用英语进行交际。从二语习得这一学科体系来看,跨文化语用学也会关注母语或者一语对讲二语者的语言使用的迁移或者影响,甚至会关注二语者的语用习得问题,这都可划归于语际语用学的研究范畴。随着全球跨文化交往的日益频密,不同母语背景的人使用"通用语"(Lingua Franca),如英语,进行交际时的语用规则如何建立等问题也引起学者的重视(冉永平、杨青,2015)。

3."跨文化"是"cross-cultural"还是"inter-cultural"?这两个英文术语在不同学者的论述里都被译作"跨文化"。大体上,早期的学者如尤尔、布拉姆-库尔卡、威尔兹比卡均采用了"cross-cultural",而凯克斯则采用"inter-cultural"。何兆熊(2000)对二者区别有所论述,认为语言学家多使用"cross-cultural",而人类学或者文化学者则偏爱"inter-cultural",这是和他们各自的关注点相关的。语言学家注重对不同的语言进行跨文化对比,具有"对比语言学"的传统,例如对"感谢"言语行为的实施进行不同语言之间的差异对比,因此其落脚点是语言。而人类学或者文化学者偏爱研究不同文化个体之间的交际;他们不仅关注文化载体的语言,还重点关注非语言的文化因素。从这个角度来看,"inter-cultural"涵盖更广的内容,包括了"cross-cultural"。虽然何兆熊(2000:245)认为区分这两个表述在语言学界不太重要,但在语用学研究中更倾向于选择"cross-cultural"而非"inter-cultural"。凯克斯(2014:17)认为跨文化语用学应秉持"入乡随俗"的信条开展研究,其研究方法也具有明显的对比性的特征。到了21世纪,有关第二语言交际互动的研究越来越多,对中介语的跨文化语用研究也更加重视。目前,跨文化语用学研究不仅局限于对不同语言进行关注,语言背后的文化因素常常成为我们找寻语用差异背后的真因。当我们跳出语言学的局限而将目光投向社会的和文化的差异时,我们实际上是进行一种包括了文化和语言因素的全方位的关注，因此，我们认为"inter-cultural"的表述更符合当今跨文化语用学的研究现状。

三 研究层面

跨文化语用学是在跨文化语境中开展的语用现象的研究，表现形式多种多样，但是万变不离其宗，我们可以把跨文化语用学的研究层面自语用学的研究层面开始划分。利奇（1983）将语用学分为关注具体语言形式的"语用语言学"和关注具体文化和交际规则的"社会语用学"。语用语言学指传递交际行为、关系和人际意义的资源。这些资源包括直接和间接的语用策略、惯例以及形式多样的用来加强或者软化交际行为的语言形式。而另一方面，利奇（1983：10）将社会语用学定义为"语用学的社会学接口"。他指的是对于说话人们对其交际行为的理解和行事的社会观察。可见，前者关注语言形式本身，后者关注社会交往。后来的跨文化语用学的研究层面大致由此发展而来。

布拉姆-库尔卡等（1989）将跨文化语用学研究分为四个相互影响的层面：

1.言语行为语用研究，研究二语学习者在跨文化交际中能否正确表达和理解目标语的言语行为。

2.社会—文化语用研究，侧重研究跨文化交际过程中产生的社交语用现象。

3.对比语用研究，对比研究不同语言的语用策略、交际功能以及文化内涵，寻求异同。

4.语际语或中介语语用学，研究二语语用行为及其与母语之间的影响关系。

何兆熊（2000）认为上面第三点"对比语用研究"本质上属于对比语言学，属于跨文化语用学的一种普遍采用的研究方法，不应该被置于某一研究层面。他（何兆熊，2000：249）把跨文化语用学概括为：跨文化语用语言学、跨文化社会语用学和语际语语用学三个研究领域。

李捷、何自然、霍永寿（2011）直接将跨文化语用学研究分为两类：

1.讨论文化因素在语用学主要课题中的体现，主要课题应包括言语行为、合作原则和礼貌原则等具有超越具体文化的普遍性的理论。

2.探讨某个特有文化现象在交际中的规律，侧重更具系统性和概括性的社交规则的概括，如顾曰国提出的针对中国文化的"礼貌原则"。

凯克斯（2014：14）则将跨文化语用学的视角更多地放在了社会和认知视角。我们认为，虽然跨文化语用学的研究层面近年来已经扩展到与社会学、认知科学和二语习得等学科领域，其传统和基础依然是基于语言形式和互动语用规则的研究，这一点是必须肯定的。不管是两分法、三分法还是四分法，其重要的组成部分依然是跨文化在语用学各个关注问题的体现。另外需要说明的是，因本书重点讨论不同语言文化之间对实施某一种或几种言语行为的策略对比，具体为东乡语和汉语的言语行为实施策略进行对比研究，故不占用更多篇幅来介绍中介语语用研究，而本章重点介绍跨文化语用语言学、跨文化语用学和跨文化社会语用学及其研究方法。

第二节　跨文化语用语言学

一　对语言形式的关注

对语用的语言形式进行跨文化考察，就是跨文化语用语言学。何兆熊（2000）认为跨文化语用语言学应关注语言形式及其语用功能之间的关系，二者并非是一一对应的关系。相同的语言形式由于所处文化的不同，可能会有不同的语用功能，我们需要透过人们对语言形式的理解和使用，比较研究实施言语行为的异同。下文探讨语言形式的研究。

1.语音。

不同语言的语音差异，如声调、语调不同，会导致语言的功能差异。汉语属于汉藏语系的声调语言，发音相同但声调不同可能意味着截然不同的字词；而英语、法语等印欧语系语言因为没有声调系统，即便使用不同的声调来读同一个词，其词义也不会发生变化。印欧语往往从词的重音方面来改变词义或词性，比如"record"这个词的重音可以区分这个词的名词和动词词性；而汉语则没有这个现象。两种语系也有相近之处，印欧语的语调往往会在传达不同的交际意图上发挥作用，如当老师说"She is a good student"时，使用升、降调会表达出相反的意义，汉语也是如此。

2. 词汇。

词汇层面的差异更加显著。因为每个词汇都有其产生的特定背景和使用的语域，一些语义看似相同的词在不同语言文化中实则差异巨大。英语的"Professor"这个词虽然来自法语词"Professeur"，但是其含义已经窄化，通常指高等教育机构中最高职称的教师，但是在法语中却可以泛指所有教师。再比如，在国内，我们常常把受过较高教育的知识分子译为"intellectual"，但是这个词英语中的含义是"花费大量时间研究和进行复杂思考的人"，与汉语其实在语义上相差很大。由此可见，不同文化背景的交际者在交际时受制于自身语言文化的限制，很可能产生跨文化交际失误。

称呼语是词汇在英汉语用差异方面一个尤其突出的方面。在中国文化背景下，人们往往采用非对等式称呼，叫上别人的头衔、职称、职务等表示尊重，比如：张警官、李大夫、王教授、赵处长等。而西方文化则偏爱对等式称呼，学校里学生对老师、家里孩子对长辈常常会直呼其名，或者在正式社交场合仅使用"Mr""Sir"等词以示尊敬，较少称呼对方的头衔。

二 研究重点

跨文化语用语言学主要对比不同语言中实施某个言语行为的策略，是语用学的经典话题。奥斯汀（1962）认为话语具有行事的作用。学者们试图对不同语言的言语行为进行对比。从20世纪70年代跨语言的对比研究就已经开始,到了80年代,如布拉姆-库尔卡(1989)等学者开展的跨文化言语行为实施模式研究项目,对"请求"和"道歉"这两个与礼貌现象密切相关的言语行为进行了包括英语、德语、希伯来语、丹麦语等多门语言以及语言变体之间的对比。该项目对后续跨文化语用研究产生了重要的影响。后来国内外众多研究者都借鉴了他们的研究范式,对不同言语行为进行了量化和质化研究。结果大都表明,使用不同语言的群体,在实施言语行为中存在文化差异,但实施"请求"言语行为的基本结构相似。类似的研究还有洪(Hong,1998)对比了德语和汉语中的"请求"言语行为;福岛(Fukushima,2002)对比了日本和英国大学生的"请求"言语行为实施策略。可见,以上研究以具体的某个或几个言语行为入手,进行跨文化、跨语言的对比分析,并试图对异同进行解释。

何兆熊关注到言语行为研究中可能存在的差异,包括:

1.不同文化实施同一言语行为采用的语言形式的差异;

2.不同文化中用于实现同一言语行为的最常用语言形式的差异;

3.经常与实现某一些言语行为配合使用的言语策略的差异;

4.同一言语行为在不同文化中适用范围及频数的差异;

5.不同文化对言语行为理解的差异。

(何兆熊,2000:252)

我们可以从以上找到跨文化语用语言学的一些特点,即以语言形式为研究对象,关注差异,可进行量化对比(如频数)。

黄衍(2007:119—122)认为文化因素对言语行为的影响有三个:

1.同一个言语行为在不同的文化中会通过不同的方式来传达。例如,在实施"告别"言语行为时,除了常用的一些表达如"再见"之外,英汉语均会采用其他一些间接策略,但表现出了明显的文化差异。如汉语会说"慢走"或"下次再来"等,而英语会说"祝您今天过得愉快(Have a good day)"或"见到您很高兴(Nice meeting you)"等。

以"感谢"言语行为为例,刘思等(2015:134—162)研究发现东乡语没有直接表达"谢谢"这个概念的对等词汇,东乡族较多采用间接策略来表达感谢,如说"那就麻烦你了"或者"让你破费了"等。而汉族人在致谢时使用直接策略明显多于东乡族,如"谢谢了"和"太感谢了"等。"问候"言语行为也体现出较明显的文化差异。英语中常用"你好(Hello)"和"你好吗(How are you)?"等表达来打招呼,而汉语会用"早""你吃了吗?"或者"去哪呢?"等,可以看出英汉两种语言在问候时都兼有问候型和询问性的表达。但从另一方面来看,如果直接将汉语问候语译成英文,比如"去哪呢?""这么晚还有事?"等则可能会被理解为对对方隐私的打探和干涉,造成语用交际失误。

2.对某个特定的话语环境,不同的文化中会实施不同的言语行为。例如在课堂上,老师对学生表现进行评价时,中国老师倾向于实施"命令"的言语行为,如说"你们一定要遵守学术规范和道德"。但是在英语国家,老师常常会更多使用"建议"言语行为,如"Can you obey the academic ethics?"尽管是"can"引导的问句,但是在英语中语气较强。

3.同一言语行为,在不同的文化中会得到不同的回应。例如在英语为本族语的国家,一般人会对于别人对自己的赞美或肯定,如客人夸奖主人厨艺高超等表示感谢,即实施感谢言语行为。但是在中国文化中,被夸奖者受人夸奖或者完成本职工作时,往往会下意识说出"一般吧""过奖了"或"应该的"等这样自贬等言语行为。

三 研究实例

刘思等(2015)参考跨文化言语行为实施模式研究的"会话完型测试"(Discourse Completion Tasks,DCTs)等方法,对甘肃省独有的少数民族方言东乡语和汉语"请求""致谢""询问""道歉"和"恭维"等五种言语行为进行了大规模的跨文化对比研究。该研究随机选取年龄、性别和身份相仿的东乡县农民和兰州市周边农民为受试,通过角色扮演的方法收集语料,并据此设计会话完型测试后进行大样本调查,再进行定性和定量的分析。该研究根据权势强弱、涉及事物大小、关系亲疏三个变量设计出18个分为较低压力和较高压力的语境。研究结果表明,以实施"请求"言语行为策略为例,东乡语与汉语在称呼语、请求角度和句法策略上区别显著:在较高压力下,东乡语受试更多采用祈使句,而汉语受试多用疑问句;在较低压力下,东乡语受试会直呼其名,而汉语受试则使用姓名称呼和综合称呼,如职务、亲戚等提示语。这些差异是两个民族文化差异的反映:东乡族所信奉的伊斯兰教与汉族所遵从的儒家文化在人际关系理念上的差异。这样的研究对于丰富同一国家内不同语言间的跨文化语用语言学研究,保护濒危语言以及了解汉族文化自身都具有重要的学术价值和意义。

第三节　跨文化社会语用学

一　语言形式背后的社会文化因素

跨文化社会语用学将视角跳出具体的语言形式,着眼于不同社会文化因素间的差异上,类似于社会语言学。与语用语言学相比,社会语用学关注语言表现形式背后的社会交际规则。利奇(1983:10)认为"社会语用学是语用学研究的社会学侧面"。当研究者关注不同语言在交际规则或规范的异同时,便产生了跨文化社会语用学。何兆熊(2000:253)认为跨文化社会语用学是"对影响人们语言使用的社会文化因素进行研究的一门学问"。

布拉姆-库尔卡等(1989:3)认为受试的关系亲疏和权势高低是造成言语行为实施策略差异的重要因素,并举例说2岁的儿童就已经开始对交际双方的权势高低变得敏感。美国的儿童对母亲比对父亲使用更多的命令言语行为,而以色列儿童和成人相比,对处于权势强的地位的听话人会使用较少直接请求言语行为。布朗和列文森(1978)认为权势高低、关系亲疏、涉及事物大小等参数会决定言语的选择。权势主要是考虑交际一方对另一方的权威，如领导和下属，导师与学生等。关系亲疏指交际双方的关系亲近或疏远。如父子关系属于亲近关系。涉及事物大小考虑交际一方在完成某件事情上所花费的时间或付出的代价，如向对方借钱买房与向对方借钱买书，前者涉及事物远比后者大。以语用学的间接言语行为研究为例，不同的语用参数会影响人们对使用间接言语行为的选择。塞尔（1975）提出的间接言语行为指的是通过实施某一种言语行为，从而间接地实施了另一言语行为。例如老师上课说"今天教室很安静啊"，可能的意图是对今昔上课环境的对比的感慨，也可能是暗示今天课堂气氛过于沉闷。不同的文化使得语用参数也不尽相同。例如，当在东乡族社会中，妻子在表达个人意愿时，会不自觉使用间接言语行为，例如用"掌柜的，我想做个金戒指"这样的陈述句。这很可能因为当地明显的男权思想所引起的。而在汉族地区，妻子可能会采用祈使句，说出"你给我买个金戒指吧"，显示出当代社会中女性在家庭中的重要地位，是权势高低在不同语言中的体现。再比如，关系亲疏在不同文化中的差异也会影响人们选择言语行为的策略。中国文化中朋友关系可以是很亲近的距离，所以朋友之间大多采用直接言语行为；而英国朋友之间也可能保持着一定距离，依然会选择使用间接言语行为。语用参数如"涉及事物大小"在不同文化中差别有时很大。在西方国家，人力成本高昂，请朋友帮忙搬东西或修理物品可能是一件大事，所以可能会采用间接言语行为，如"I am afraid that I have to ask you to do me a favor"。但是在中国朋友之间相互出力不算是太难办的事，更有可能采取直接言语行为，如"有空给我看下电脑吧"。

当然，不同学者对语用参数也有不同的划分方式。比如何兆熊（2000）则将影响因素概括为（1）权力关系、（2）关系亲疏、（3）要求大小、（4）权利与义务。我们认为这一分类大体与上述布朗和列文森（1978/87）类似，因为权利与义务其实也可以属于事无大小这一类。

二 语用原则的普遍性与相对性之争

跨文化语用语言学的另一个重要的研究领域就是试图回答诸如合作原则、礼貌原则和面子理论等这些社会语用和社交原则是否具有适用于所有语言的普遍性，以及如果具有普遍性那么具有怎样的普遍性。这是语用学界颇有争议的一个领域。

关于社会语用原则的普遍性与相对性之争随着跨文化语用学研究的不断扩展而产生。上文提到的语用学经典的一些理论，在被引介和传播到不同国家和文化中并解释不同的语言现象时，争论便会产生。不认可普遍性的学者以非英美学者居多，例如欧陆女学者、波兰语用学家威尔兹比卡（1991）旗帜鲜明地否认普遍性，认为每一种文化都有其各自独特的会话原则和礼貌原则，而经典的语用学理论因其具有浓厚的安格鲁中心主义的味道而不具备普遍性。她认为应该另有一套规则来解释和分析不同社会交际活动，并提出了"自然语义元理论"（Natural Semantic Metalanguage Theory）。在我国，顾曰国（1992）也认为礼貌原则并不具有足够的概括力，进而提出了适用于中国文化的礼貌原则，其中的"贬己尊人"具有浓郁中国文化特色。当然，利奇（2007）曾经对学界的礼貌原则的挑战进行过回应，依然坚持存在普遍的礼貌原则，认为不同文化中共有的特性会决定礼貌原则的普遍性，只是决定文化因素的程度不同，他以东西方文化为例，认为两者并不存在绝对的差异，只是某一文化因素的"值"（value）不同，如在个人或集体价值方面等，东西方并不存在绝对的个人主义和集体主义。类似地，李捷、何自然和霍永寿（2011）也支持存在普遍性的观点，认为普遍性原则在不同文化中有不同的体现形式。我们也支持这一观点，认为基于人类在社会文化方面的共性，比如社会交往的本能，决定了应该具有普遍解释力的语用或交际规则。不同的文化虽然表象具有差异，但是只是普遍原则在各文化和语言中的正常的参数调节。这个类似于乔姆斯基的认为人类均具有语言习得机制，也就是人类先天具有一些构造语言规则的原则机制，只是在不同的语言中进行不同的参数设定一样。下面我们再选取合作原则和面子保全理论为例来说明。

合作原则由格莱斯提出（详见第一章）。他认为所有的语言交际中，说话人与听话人秉持一种默契精神，使会话双方在整个交谈过程中所说的话实现谈话的目的，包含数量准则、质量准则、关联准则和方式准则。四准则对人类的人际交往进行了高度概括，具有相当的普遍性。但是，我们尚需看到其在不同文化中的差异，以有助于跨文化交际的顺利进行。例如，在数量准则中，中国文化比较喜欢隐含和意会的表达，常常不满足量的要求，而需要依赖语境来判断。如学生请老师评价自己的表现，老师不满意可能会说"你自己想吧"；西方文化中老师往往会直接具体的评价，满足量的准则。在质的准则上，中国文化中说话人为了维护和谐的交际氛围而倾向于违反质量准则，比如说教师对学生不良的表现可能不会直接说出来，而是说"还可以吧"或者"不错"；西方文化中通常会实事求是地表达。在关联准则上，中国文化常常会答非所问来避免一些尴尬的场面，比如约会的一方可能会通过沉默或者转而顾左右而言他来拒绝对方的邀约；而西方文化通常会开门见山。在方式准则上，中国文化倾向于表达晦涩复杂的话来违反这一准则；西方文化中说话人常常会遵守。我们看到，似乎中国文化的言语交际情形不能用合作原则来解释，但其实，合作原则是双方都有合作的意愿，这一点上述例子都没有违背，只不过是合作原则与某个具体文化进行互动产生的结果。尽管在实际交际中，人们往往会用更为间接、合作、友好、委婉的方式进行交往，但合作原则仍具有普遍性，只是这些准则在不同的文化中具有不同的表现而已。

社会交际中的"面子"也生动地体现了交际中的文化差异。布朗和列文森（1978/87）提出"面子保全理论"（Face-saving Theory），用来解释人际交往中的礼貌现象，并归纳出其普遍性（详见第三章）。布朗和列文森（1978/87：61—62）认为面子是一种个人形象的自尊；交际双方都拥有积极面子和消极面子。在会话中，双方都可能遭遇伤害面子的威胁；而他们便会努力去维护自己和对方的积极面子和消极面子。他们认为其核心概念"面子"具有普遍性，但是希望这一理论在更多具体文化中得以证实。也就是说，这一概念还受到各种具体文化规则的影响，诸如哪种言语行为威胁面子、哪种人在维护面子上有特权或哪类个人风格令人欣赏等（布朗和列文森，1978/87：13）。以中西文化为例，给人提供便利或物品在中国文化中是司空见惯的事情，比如给对方打伞、吃饭时主动给对方夹菜、消费时给同伴买单或者帮别人提行李，甚至为对方介绍男女朋友等行为在中国文化中体现了对他人的关心，能够增进人与人之间的情谊。但是在西方文化传统中，个体对个人意志和自由较为尊崇，上述的一些行为在英美国家可能被视作是对个人隐私的侵犯，是一种不尊重对方面子的行为。因此，这就不难理解布朗和列文森将主动给人提供便利或物品视作是威胁面子的言语行为了。另外，中国文化中的"面子"更多地接近于上文提到的积极面子，也就是听话人更看重自己受到的喜爱，褒扬和尊敬，看重一种公众和群体的整体认可，体现在称呼语上，处于权势较低的一方往往会使用"头衔+姓氏"的方式让对方的积极面子得以维护，如学校中学生往往会用"某某老师"和"您"来称呼老师。在英美文化中，老师会让学生称呼自己的"名（first name）"，体现出教育教学中一种平等的师生关系。为了建构融洽自然的人际关系，人们有时会用表示血亲关系的称谓来称呼非亲缘关系的人，如称呼年龄相近的人"哥""姐"等，让听话人的积极面子得以满足；而在西方文化中，人们通常会直呼其名或者礼貌性地用一些通用表达如"先生（sir）"或"女士（madam）"等，试图与对方保持一种距离，也就是更倾向于保护对方的消极面子。以汉语和东乡语"询问"言语行为（刘思等，2015：193）为例，东乡族比汉族人更倾向于选择无称呼词策略，即不使用称呼语就开始说话，而这样可能威胁到听话人的面子。这一现象也体现了东乡语这一濒危语言无法满足更为复杂的社会交往的现实。

第四节 跨文化语用学研究方法及"对等"问题

在回顾了跨文化语用学的产生发展的背景和一些经典的研究层面后，本节将重点介绍跨文化语用学的研究中一些重要的研究方法。

学术领域需要采取有效统一的研究范式和方法来科学合理地设计和实施某项研究，以便在该领域的学术共同体中分享学术成果，并且可以经过不断重复和改进，逐步推动科学研究水平的提升。跨文化语用学研究要对比不同文化下交际双方语言使用的异同，就需要有科学有效的方法收集口语或书面语篇的数据（本书所述研究仅关注口语）。姜占好（2013）认为，国内外学者采集语篇数据的方法主要是口语语篇，包括真实语篇、引出会话和角色扮演、问卷调查（会话完型测试、多项选择和等级量表）以及自我报告（采访、日记和会谈纪要）等。限于篇幅原因，本节将不详尽罗列所有定性定量的社会研究方法，而是重点介绍与本书所关注的东乡语语用研究密切相关的方法，如会话完型调研，以及跨文化对比研究中的"对等"问题。

一 角色扮演

"角色扮演"（role play）是一种社会或人类行为，参与者在特定的社会框架或场景中扮演特定的角色（姜占好，2013），是一种被广泛使用的数据收集方法。在很难直接观察或者参与到自然环境中的会话的情况下，角色扮演具有几项独特的优势：（1）语篇完整，有始有终；（2）研究过程可控；（3）受试语言符合要求；（4）语境对等，数据利用率高（刘思等，2015）。可以说，经过研究者精心设计并严格实施的角色扮演，在收集语料的质量方面要优于自然语境下的真实语篇。

根据受试在会话中互动的程度，角色扮演可以分为开放式和封闭式两类。相对来讲，开放式角色扮演因为受试发挥的余地更大，能够收集到更多接近于自然语境的语料，但是语料的质量可能会受到影响，后期需要研究者付出更多的精力来提炼有价值的数据。相应地，封闭式角色扮演因为有更为具体的描述和限制，受试只是严格按照指令来完成某个言语行为或某个话轮，收集到的语料相对有限，但效度高，便于后期转写和分析。当然，选取哪一种方式要视具体的研究目的而定。

在本书中提到的东乡语和汉语的"建议"和"抱怨"等言语行为对比研究中，研究者考虑到了在乡村和民族地区收集自然语境语料和后期进行语料对比的诸多实际困难以及角色扮演的优势而最终采用了此方法。在调研地甘肃省东乡族自治县大板镇和甘肃省榆中县夏官营镇根据相同的条件随机选择"扮演者"，让其根据其年龄和身份等限制条件进行开放式角色扮演，与另一扮演者进行对话，并对对话过程进行录像。以"建议"言语行为的语用策略差异研究为例，该研究从影响会话策略的三大因素：权势、关系亲疏、涉及事物大小入手，结合了解到的东乡族和汉族的日常生活习俗，设计出村民实施建议的16个语境。考虑到年龄和性别差异的影响，将"扮演者"分为青年组（18—30岁）和老年组（55岁以上）两个年龄段（性别控制为男性），按照4种组合（男老—男老、男老—男青、男青—男老、男青—男青）来进行角色扮演。在进行角色扮演前，研究者会告诉受试具体的语境，如："你和村长（老年男性）关系较疏远。村长想集资建一条路，你同意修，会怎么说？"在东乡族地区，研究者则在翻译的帮助下来让村民了解语境的要求。

设计角色扮演的语境和指令时要特别注意几个方面：首先，所有语境都要反映出受试的真实生活，这样收集到的数据才有意义，而且受试"扮演"起来才会接近真实。如在东乡族自治县所在的山区，交通工具主要为摩托车等机动车，所以在设计语境时也要选择符合当地实际的情形。其次，如果研究者无法用受试的语言进行交流，研究者需要与翻译进行反复的沟通，以确保扮演指令能够准确地传递给受试。再次，在执行角色扮演时，还要让各组扮演者之间避免相互沟通扮演内容，以影响角色扮演的真实程度。虽然角色扮演在采集语料中发挥了重要作用，但是不可否认，这种通过设计"扮演"而产生的语料是否可以等同于自然语料依然有待考察，因为受试在真实语境下的表现可能还受制于多种因素的影响，且每个语境对每个受试而言，熟悉程度也有差异。而居于"扮演者"角色的受试其主观乐意程度都会影响其语料产生的质量，因此使用此法时还是要仔细设计和实施。

二　会话完型测试

会话完型测试被跨文化语用学研究广泛使用，一般通过调查问卷的形式呈现，用作收集数据的工具。20世纪80年代，在布拉姆-库尔卡等（1989）学者进行的著名跨文化言语行为实施模式研究中，就采用了此法对西方七种语言进行"请求"和"道歉"言语行为进行对比分析。这样的方法也成为后来国内外跨文化语用研究、变异语用学研究所采用的主要方法。会话完型测试之所以受到该领域研究者青睐，是因为其具有以下优点：（1）便于数据的大量采集；（2）便于有效的控制语境；（3）便于比较同一言语行为在不同语言文化中的实施策略。本研究会话完型测试题目来自真实的东乡族会话情景，如下：

例5-1

［语境］村民病人在路上遇到看过病的大夫，他们平时很少接触。村民邀请大夫来家聊聊天。

男老村民：

东乡语：Aiya, daifu chi gou wo nu?

汉　语：大夫，你好吗？

女青大夫：

东乡语：Gou wo.

汉　语：还好。

男老村民：

东乡语：Miyi ene gen gouda wo, chiyi nie xinlaye gete nie toreile you.

汉　语：太谢谢你治好我的病，我想请你到我家坐坐。

女青大夫：

东乡语：Ireku gongfu bise ireye sha.

汉　语：有时间了过来。

男老村民：

东乡语：An, torei youye.

汉　语：嗯，有时间了过来。

女青大夫：

东乡语：An.

汉　语：好的。

根据上面的真实会话情景，我们会做出相应的修改和缩减，做成填空的形式，如下例：

例5-2

［语境］村民病人在路上遇到看过病的大夫，他们平时很少接触。村民邀请大夫来家聊聊天。

男老村民：

东乡语：Aiya, miyi ene gen goudawok, chiyi nie xinlaye gete nie toreile you.

汉　语：大夫，太谢谢你治好我的病，我想请你到我家坐坐。

女青大夫：

东乡语：_____.

汉　语：_____。

男老村民：

东乡语：An, torei youye.

汉　语：嗯，有时间了过来。

女青大夫：

东乡语：An.

汉　语：好的。

上例可见会话完型测试包括情景描述、简短对话呈现和空白填充等内容。具体的语境、对话者的关系、言语行为的种类等均通过情景描述来实现。

由于数据采集目的和条件的差异，会话完型测试还有其他的一些形式，例如"多项选择型会话完型测试"（multiple-choice DCTs，MDCTs）和"口头会话完型测试"（oral DCTs，ODCTs）。前一种给受试提供选项，便于实施操作和后期的定量分析；后一种由受试口头说出，提高了语料的真实程度。

我们仍然以本书中的东乡语和汉语的"建议"和"抱怨"等言语行为对比研究为例。为了对东乡语和汉语进行某一言语行为的语用策略的量化对比分析，研究者将角色扮演所收集的数据设计出多项选择型会话完型测试，形成调查问卷。问卷中每道题有5个选项，选项的设计来自角色扮演的语料或者当地人提供的真实说法，使得每个选项都是可能出现在受试生活中的实际语料。例如这一针对东乡族的问题：

例5-3

［语境］你是阿訇，与教民（一位老年男性）关系疏远。因为要开会，你请这位教民写一发言稿，明天就得要。但他明天不空，要去买东西。你"建议"他暂不去买东西，先完成稿子。你怎么说？

［对话］教民（老年男性）说：我计划好明天要去买东西，你要我写稿子。我该怎么办？

你建议说：

A. 我看你先写稿子吧，然后再去买东西。

B. 咱先把卧尔兹写出来，这个紧张些。

C. 卧尔兹要得紧张些。

D. 你先写卧尔兹！

E. 其他

（语例选自梁潇洁，2018）

会话完型测试的设计通过最初的预测环节，将问卷初稿在随机选择的少量受试（如汉族和东乡语受试各25人）中进行测试，并对受试进行访谈，了解受试对问卷的评价和建议，然后修改完善后完成最终的版本。正式问卷将在更大范围内进行（如汉族和东乡族各240人）。为了保证问卷的完成质量，研究者须向受试清楚地说明问卷指令，并对答卷过程中出现的问题予以及时的解答。由于东乡语为口授语言并无文字，完成问卷时由翻译读出选项后由东乡语受试选择，翻译还会随时解答受试的疑问。通过会话完型测试这样的语料采集方式，研究者便可以获得大量的研究数据。

当然，没有一种研究方法是完美的，会话完型测试也不例外。首先，结合洪岗（2005）的观点，我们认为书写填充型的问卷因为空间所限，答案长度会受到影响，语言表达的语体和词汇的选择也会出现问题。而多项选择型的问卷虽然易于操作，但是可能无法穷尽所有的选择，给出的选项也可能会与受试的实际表达有所偏差，表述本身也可能带来误导。因此，会话完型测试的使用要求研究者进行精心和科学的设计，要有前测或者预测环节来保证，正式实施问卷调查时也必须严格按照要求进行。

三 "对等"问题

虽然跨文化语用学研究方兴未艾，但因其涉及不同社会文化背景下的语用对比，很多研究者往往忽视了言语行为、语境、语料收集工具、概念以及调查样本等在不同文化间的对等问题（洪岗，2001），一定程度上降低了这类研究的科学性。而建立一种"对等"观，对跨文化研究至关重要，这使得不同的文化站在一个共同的体系下进行对比。他进而对进行跨文化语用分析要达到对等的方面进行了归纳：（1）言语行为对等、（2）语境因素对等、（3）概念对等和（4）语料收集工具对等。下面以本书所报告的东乡语和汉语"建议"言语行为对比研究为例进行说明。

1.言语行为对等。言语行为对等必须满足两个条件：（1）两种语言中的两个言语行为表达的事实行为相同;(2)这两种言语行为具有相同的一套恰当条件。"建议"言语行为是汉语和东乡语文化中均存在的常见言语行为,在本研究中均选择相似的语境和实施条件。

2.语境因素对等。本书所报告研究的受试为东乡族自治县操纯正东乡语村民,可代表东乡语的目前最真实的使用状况。为在对比研究中保持受试的一致性,汉语受试来自兰州市周边村民,其语言相对比较纯正,未受到外来语言的影响。

3.概念对等。通过现场调查,研究者了解到因为两个地方的文化习俗、生活习惯等差异,采用完全一样的问卷其实是不"对等"的。所以在开发设计问卷时也相应地注意到了概念的对等。比如在兰州市周边的受试问卷设计语境时就用日常会用到的自行车,而在沟壑纵横的东乡县,设计成摩托车才符合实际,才能在概念上真正对等。

4.语料收集工具对等。两地的研究均采用相同的研究方法,即角色扮演和会话完型测试。研究者在访谈和角色扮演前对受试进行了同样形式的培训和说明,并且有研究者全程参与完成。研究过程均全程录音录像。为了解决研究者不懂东乡语的问题,研究者特别邀请东乡语专家和学生在数据转写和研究实施过程中把关和现场翻译,保证了数据采集上的对等。

第五节 小结

本章以上各节系统地梳理了跨文化语用学产生的背景、定义、主要研究领域和研究方法等该学科的核心内容,并结合丰富的实例,尤其是东乡语与汉语的跨文化言语行为实施策略对比研究等来说明阐释。我们认为,在全球交往日益频密的今天,伴随着不同文化愈加频繁的交流和碰撞,语言的使用效果在这样的跨文化交流中发挥着至关重要的作用,以不同语言使用研究为对象的跨文化语用学已日益成为语用学越来越重要的分支。其在探索普遍的语用规则,对比不同文化具体言语行为的差异以便让人们了解文化并消除跨文化交际中的隔阂方面发挥着不可低估的作用。因此，我们认为未来的跨文化语用学的研究要更好地发展，应该注意以下几点：

一　努力探索更具普遍性的交际语用规则

如前文所说，语用学到目前的经典课题和理论多基于英语的语言形式与英语背后的西方文化。不论是从合作原则、言语行为理论、面子理论以及礼貌原则，都是由来自英语文化国家的学者基于英语语言的形式所创立，具有浓厚的盎格鲁萨克斯中心主义的味道。虽然这些规则试图解释人类所有语言文化语境中的具体交际问题，我们也认为其在解释不同语言时具有一定的解释力，但是在世界各国文化不断相互影响，英语日益成为世界通用语这一现实背景下，不同受试在使用英语或者另一门语言进行跨文化交际时，我们需要一套具有更具普遍性的适用于通用语，比如英语的交际语用规则，从而更好地实现跨文化交际。

二　语际语用学将具有更加广阔的现实意义

语际语用学由二语习得领域中的核心术语语际语而来，即中介语语用学的研究。它不单单关注语用现象，而且还关注以语用为研究对象的二语者的中介语发展系统，因此又属于二语习得的一个分支。相应地，语际语用学会关注与二语习得相关的语用理解、语用表达、语用迁移和语用失误等问题，以及语用能力和语用教学等方面。二语或外语学习者的语用意识和语用能力发展已经变得越来越重要，它已成为今天中国英语学习者的一项能力培养指标。在2015年教育部颁布的《大学英语教学指南》中有关"课程性质"和"教学目标"的内容里，明确提到"跨文化交际能力"等关键词（王守仁，2016）。"课程性质"中提到"大学英语课程重要任务之一是进行跨文化教育"。语言是文化的载体，同时也是文化的组成部分。大学英语的教学目标之一是增强学生的跨文化交际和能力意识，期望学生在未来的工作中，能够有效地使用英语，满足国家、社会、学校和个人发展的需要。教育部《大学英语教学指南》明确地指出跨文化交际能力和英语语用能力在第二语言学习中日益重要的地位，凸显了英语语用教学和跨文化交际教学的重要性，而这正是中国乃至国际传统英语教学所忽视的。语际语言学在这方面无疑将发挥着越来越重要的作用。

三　努力探索和更新研究论题、范式和方法

传统的跨文化语用学大多沿袭相对固定的研究论题和领域：跨文化语用语言学、跨文化社会语用学和语际语用学等，比如布拉姆-库尔卡等（1989）的研究角度。朱武汉（2016）认为这样的分类被认为有交叉，并没有分清层级。他又重新确立了"对比语用学"和"中介语语用学"的二分法，并试图用"和谐管理模式"（rapport-management model）作为跨文化语用学研究的新的范式。这不失为对跨文化语用学已有研究的一种大胆的思辨和挑战。

另外，从语料分析方法来看，传统的语用学包括跨文化语用学，采集的语料往往都是由研究者转写出的文字，属于单一模态的数据。但不可否认的是，语言形式的表现是一种多模态的综合系统。交际过程中的图像、声音或颜色等模态信息也一定会反映出更多的文化差异，并综合而复杂地影响交际结果。同样的一句话，用不同的声音呈现，其对听话人的影响也不同，这在跨文化交际中更为明显。因此，引入多模态分析法就会更加全面完整地分析交际现象。陈新仁、钱永红（2011：89）指出将多模态分析法应用到语用学的分析与研究中去，可以为语用分析提供多维证据。然而，由于多模态分析方法超越了单一的语言符号系统，具体如何应用到跨文化语用学领域还需要更多大量的理论和研究探索，这方面可能会对语言学乃至语用学的研究方法产生巨大的变革，值得未来更多语用学者的关注。

虽然跨文化语用学经过二、三十年，有了前所未有的发展，但是随着语用学理论的不断拓展以及全球不同国家和地区、同一国家各个民族之间的语言和文化互动的不断增加，我们认为其在很多领域可以大有可为，其未来丰富的学术成果是可期的。

第二部分

东乡语语用特点研究报告

第二部分展示了课题组自2014年10月开始，历时5年多，以甘肃临夏州东乡族自治县的原生态东乡语为研究对象，从社会语用学角度，对东乡语进行的实证研究。本课题组采用独具特色的一套研究方法从半自然语用状态中观察、研究濒危语言的语用特点，并与兰州汉语方言（下文简称"汉语"）进行对比研究。本专著共收录实地调查研究报告5篇。

5篇研究报告分为5章，分别报告东乡语实施问候和告别、邀请、建议、拒绝以及抱怨等五个言语行为的语用特点，及与汉语语用特点和文化内涵进行对比研究的结果。旨在帮助记录和传承濒危东乡语；更深入了解东乡族与汉族之间语用特点及所反映的文化异同；促进社会语用、生态语用、生态文化的研究和发展。

东乡语语用研究综述

一　东乡族和东乡语

东乡族是我国55个少数民族之一，90%以上分布在甘肃省境内，主要居住在甘肃省临夏回族自治区东乡族自治县。在1950年之前，其名称"东乡"只有地理意义，东乡族人民自称"撒尔塔"；这一名称源于伊斯兰经名（马虎成，1992）。临夏地区过去叫做河州，分为东、南、西、北乡村四片区域："东乡"这一名称寓意为东部乡村；东乡族人民便居住在河州的东部，即东乡。在历史上东乡不被认为是一个民族，而是穆斯林的一部分。直到1949年，东乡才获得了其民族地位。1950年，东乡自治区域成立，并于1955年更名为东乡族自治县。

东乡语系属阿尔泰语系蒙古语族东蒙古语支，其口语基本统一，存在三种语言变体，分别是锁南坝土语、四甲集土语和汪家集土语。这三种土语语言互通，仅在发音和借词方面存在微小差异，普遍认为锁南坝是标准的东乡语（马国良和刘照雄，1988）。目前，绝大部分介绍东乡族和东乡语的文章、专著及县志等资料都认为东乡语只有其本民族的语言（口语），而没有民族文字（书面语），只能通过口耳相传得以传承。但是，阿·伊布拉黑麦·陈元龙（2015）明确提出由于东乡族和回族之间密切的关系，东乡族民族文字就是回族人民创制并使用的阿拉伯字母拼音文字"消经"。"消经"（又做"小经""小儿锦"）本义是将阿拉伯、波斯语经文翻译成汉语加以理解、消化（阿·伊布拉黑麦，1992：

25）。基于东乡族"小经"与回族"小经"的诸多共同点，阿·伊布拉黑麦·陈元龙（2015：62）依据三条证据推断东乡族"小经"是其民族文字，受到了回族"小经"文字的影响和启发。他还指出，东乡族"小经"的使用受众主要是会用阿拉伯文对口语进行拼读的一般群众，用于记录民间文学、一般宗教知识、作札记和通信；由于人口和社会发展的限制，目前东乡族"小经"均为手写资料，未见出版物。然而，姚桂林（2020）于2017年8月底至9月初在东乡族自治县汪集乡从东乡语语言使用功能和语言本体功能两个方面对东乡语语言活力及濒危现状进行了实地调查；认为东乡语语言活力降低、渐露濒危特征，主要表现在东乡语使用人口数量减少、使用域相对局限、不同年龄段人群使用母语情况差异较大等方面。

二　东乡语语音、词汇、语法研究

关于东乡语的研究最早可以追溯到20世纪50年代末，目前可查的文献资料有桑波斯特（Sunburst，1959）撰写的一篇名为"东乡族语言概要"的文章，以及苏联学者托达叶娃（Tor Da Leva，1961）发表的关于东乡族少数民族语言的专著。直到20世纪80年代末，较为系统研究东乡语的语音和语法特征的描述性和对比性研究陆续出现。1981年，刘照雄编写了第一部记录和分析东乡语语音和语法特征的专著《东乡语简志》。布合（1983，1986，1987）对东乡语进行了全面系统地研究，相继出版了《东乡语词汇》《东乡语和蒙古语》《东乡语话语材料》等专著。马国良和刘照雄（1988）介绍了东乡语的语音、词汇、词类及其功能和区别性特征。蒙古族研究学者栗林均（Kuribayashi，1989）对比了东乡语和与其他五种少数民族语言的基本词汇，研究了蒙古书面语词中的东乡语词汇。奥利弗（Oliver，1996）对东乡语的语音和语法进行了描述性研究，从文化角度做了相关评论。肯尼思（Kenneth，1997）研究了东乡族语言的语音和词汇，指出东乡语在发展过程中经历了两次巨大的语言变革，后期才形成了它特有的东乡语语法体系。

21世纪初期，有关东乡语语音和语义层面的研究日渐深入，马国忠和陈元龙（2001）编纂了第一部记录东乡族少数民族语言的词典——《东乡语汉语词典》，共收录10840个东乡语词条，包含了大量固定词组和引申义词，并详细介绍了借词的词源。这部以汉语拼音字母为基础的词典，对东乡族少数民族语音符号的使用方案进行了规划，并对东乡族语言标出很多注解，为东乡语研究做出了巨大贡献。陈文祥（2007）勾勒出东乡族语言的研究状况和未来研究的发展方向。金双龙（2013）描述和研究了东乡语的语音分布、语法结构和混合词，认为和蒙古语的发展不同，东乡语的发展具有复杂性和多面性。近十年来，从语言接触视角对东乡语进行了相关研究值得关注。如包萨仁（2006）从语言接触的角度研究了东乡语和临夏语的语序变化。包萨仁（2011）考察了东乡语和汉语的接触模式，发现复杂的历史和社会背景下长期的语言接触使东乡语受到汉语的很大影响。敏春芳（2012）调查了东乡语中的汉语借词；发现在复杂的历史和社会背景下，东乡语同汉语的长期语言接触使东乡语词汇不断丰富和发展。

三 东乡语语用研究

综上所述，有关东乡语的研究一直都集中在非语用层面，包括语音、词汇和语法；基于语用视角的东乡语研究成果到2015年才出现。每种语言都蕴含着相应民族的独特文化智慧，随着越来越多的语言在消失，语言学家开始关注这一现象，并且指出了语言多样性中隐藏的生态语言危机。要保证语言的生态平衡，保护濒危语势在必行，而濒危语言的语用研究是很重要而又被忽略的研究领域。

兰州大学外国语言学及应用语言学研究所的研究团队在生态语言学背景下率先对东乡语进行了语用研究。刘思教授指导的科研团队，申报并完成了国家后期项目；课题组考察了不同因素（如：性别、年龄、社会权势、关系亲疏、涉及事物大小等）对东乡语言语行为的影响，并将东乡语与汉语进行对比研究课题组出版了专著《生态语言学背景下的东乡语语用研究》(刘思等,2015)。该专著从第六章至第十章呈现了该团队对东乡语与汉语请求、询问、道歉、恭维和致谢等言语行为语用特点的研究报告。(见表1)。

表1　　　　　　　　　东乡语和汉语的对比研究

言语行为	数据获取方式	影响因素
请求	角色扮演问卷调查	(权势)压力
致谢		血缘、婚姻关系
询问		社会权势、涉事大小
道歉		性别、冒犯程度
恭维		社会权势、年龄

对东乡语和汉语实施"请求"言语行为策略进行对比研究,结果发现权势压力会影响东乡语受试选择称呼语的方式,且东乡语与汉语受试在请求策略、称呼语和附加部分策略选择的频数不同;研究还发现文化和宗教信仰的不同是导致这一差异的关键因素。

基于血缘关系和婚姻关系的家庭语境,对东乡语和汉语受试"致谢"策略的对比研究,发现一个有趣的现象:东乡语中没有直接致谢的词语如汉语的"谢谢"。东乡语受试认为对其提供帮助的人说"谢谢"显得不够真诚,所以都是采用间接的方式致谢。研究结果表明,性别、家庭观念、关系(包括亲戚关系、婚姻关系)亲疏,以及宗教信仰都是导致东乡语受试采用不同语用策略的因素。

通过对比东乡语和汉语受试实施"询问"言语行为策略的异同,发现社会权势和涉事大小是两个影响因素;并发现东乡语受试受社会权势因素影响较小、采取的语用策略种类较少;而社会权势和涉事大小对汉语受试影响较大。这种不同是由于文化差异导致的。

从对比分析东乡语和汉语受试在不同语境中使用"道歉"策略中发

现：性别差异和冒犯程度大小对东乡语受试道歉策略的选择有显著影响。结果表明东乡语和汉语受试都倾向于使用间接策略致歉，但是东乡语青年女性组多选用解释策略致歉，而汉语青年女性组则多选用给予策略；这似乎说明汉语青年组女性较为大方、自信。据此推测历史、社会和文化的影响是导致这些差异的原因。

观察对比东乡语青年女性组和汉语青年女性组实施"恭维"策略（参见刘思、钟航，2014），结果发现：年龄因素和权势因素影响东乡语女性受试恭维策略的选择，显示了东乡族的社会文化价值观。她们认为东乡族女性具有较保守、内向、拘谨、恭顺的群体性格特点。

通过对东乡族实施请求、致谢、询问、道歉和恭维言语行为研究发现，东乡族总体具有鲜明的社会文化底蕴、保守的社会特征和真诚的民族性格。不同的语言、宗教、传统、文化和本土人的生活环境都会对东乡语和汉语受试在实施言语行为中产生差异性影响。因此，我们从社会语用学视角继续完善东乡语语用研究；将从问候和告别（第六章）、拒绝（第七章）、邀请（第八章）、建议（第九章）以及抱怨（第十章）等五个言语行为着手并与之同汉语进行对比研究。

四 兰州方言相关研究

兰州（汉语）方言是我国北方话的次方言，也是西北方言的重要代表之一。随着我国社会经济的发展、人员流动的加速以及普通话的推广，兰州方言在不断变化。20世纪20年代，兰州方言的研究开始出现。起初的研究主要关注语音、形态、词汇和句法层面。瑞典汉学家高本汉（1926）调查了包括兰州方言在内的33种方言的语音体系，首次使用音标转写了兰州方言的声母和单韵母及复韵母。到20世纪60年代，兰州大学中文系（1963，1964）在现代语言理论和方法的指导下对兰州方言的发音、语法和词汇进行了系统描述。

自20世纪80年代以来，兰州方言研究取得了进一步发展。高葆泰（1985）比较了兰州方言和普通话的语音特征。张盛裕（1986）通过实地调研描述和总结了兰州方言的语音系统。何天祥（1986）研究了兰州方言中的第三人称代词在不同语境中的功能，又在1987年对兰州方言的基本词汇"上"和"下"及其语音特征和用法进行了研究。张淑敏（1997）调查了兰州方言中的限定词的用法。张文轩和莫超（2009）出版了《兰州方言词典》。

可见，对兰州方言的研究也仍主要集中在语音、语义和语法方面，忽视其语用；因而对兰州方言的语用研究显得很必要。通过对东乡语和兰州方言的对比研究，将同时加深我们对这两种西北地区语言的认识，增进东乡和汉民族之间的了解，有益于两个民族间的和谐和团结。

第六章 问候和告别

第一节 引言

　　符合礼仪规范的问候和告别分别意味着人际交往的开始和终止，是建立和维持社会联系的一种有效途径（高夫曼，1971：79）。符合礼貌规范的问候和告别能够帮助人们维系情感、加强理解。作为日常生活中频繁使用的言语行为，问候和告别在社会语言交际中起着重要作用。人们经常使用不同的问候语和告别语用策略来表达尊重、友好和亲善的态度。问候和告别广泛地存在于不同文化族群的社会交际行为中。很多情况下，来自不同文化背景的人可能会由于没有充分考虑对方的文化习俗导致语用失误，甚至造成误解。以聚会的告别场景为例。为做到礼貌地告别，西方人大约更乐于采用开放和喜悦的方式，在聚会结束时可能会说："这是一个很棒的聚会，我今晚非常开心，但我现在必须走了"或"今晚见到你们真高兴，期待我们下一次再见"；而中国人可能会用"实在不好意思，让你花了这么多心思来准备，打扰了"或者说："今晚给你添麻烦了"等带有歉意色彩的话语。因此，我们在分析问候语和告别语时，应该充分考虑到会话双方的社会文化习俗。

　　布朗和列文森（1978/87）提出礼貌原则，认为礼貌存在于所有的语言中。顾曰国（1992）认为不同文化背景下存在不同的礼貌原则，提出了适用于汉文化的五条礼貌准则。东乡语作为我国少数民族东乡族特有的语言,承载着该民族的历史和文化,是国内公布的濒危语之一。我们推断,在汉文化和东乡族文化这两种不同的文化背景下,分别使用汉语方言和东乡语方言两个族群的言语行为也将有所不同。本研究采用定性和定量结合的研究方法,参考布拉姆-库尔卡(1984)等的"跨文化言语行为实施模式",对东乡语和汉语的问候语和告别语用策略作对比,并且探讨年龄和权势对东乡语中问候语和告别语语用策略的影响,以及东乡语和汉语问候和告别的语用策略使用的异同。本项针对两个族群的"问候和告别"言语行为的跨文化语用研究,最终证明了这一推断,即在对比东乡语和汉语后发现,问候语和告别语中各项策略的使用存在差异。

将少数民族语言(东乡语)与汉族方言(兰州方言)进行语用对比研究,对东乡语问候语和告别言语行为进行分析和归纳,总结出其语用特点,在一定程度上支持了我国濒危语言的保护工作,为濒危语言的保护工作提供了一种新的手段。通过对比东乡语和汉语的问候和告别语,可以了解同处西北的少数民族东乡族和汉族在语言和文化上的异同,有利于民族间的和谐交流。

第二节 理论背景

本节将回顾有关问候和告别言语行为分类、定义以及国内外相关研究。

问候语和告别语普遍存在于日常的社交情景中,然而无论国外还是国内,这方面的研究相对较少。纵观所有研究,大多是汉语和外国语的对比研究,汉语方言和少数民族语言的对比研究甚少。之前刘思等(2015)从生态语言学角度研究了东乡语请求、致谢、询问、道歉和恭维的言语行为,本研究将从社会语用学的角度对"问候和告别"言语行为开展对比研究。

一　问候语和告别语作为会话成分

问候语和告别语是会话结构的两个组成部分。根据克拉克（1985）的研究，有两个或两个以上的人进行的对话通常包括三个部分：

1. 开场白；

2. 会话主体；

3. 结束语。

克拉克为问候语和告别语下了一组简单的定义：前者是会话之中出现在开始接触和打开话题之前的话语，后者是会话之中出现在终止话题和终止接触之间的话语。请看下面这一组对话：

开始接触　甲：小明，你好！

乙：你好！

问候

乙：最近怎么样？

甲：还行吧，你呢？

乙：就那样吧。

打开话题1　甲：你写完作业啦？

乙：对啊，你写完没？

甲：哎，我刚好想问你这个问题怎么解答。

乙：没问题，这道题……

终止话题1　甲：我明白了，谢谢你！

乙：不客气。

打开话题2　甲：嗯，那你知道昨天的英语作业是什么吗？

乙：抱歉，我不知道，要不你问问小丽吧。

终止话题2　甲：好的。已经十二点了，该吃午饭了。

告别　　　甲：那我先走了，明天见！

乙：再见！

终止接触

在上述会话中,问候语和告别语很容易识别,但有时候在许多场合里,问候语和告别语是免去的。如下例,两个陌生人之间的对话在结构上往往简化了很多。

甲:阿姨,你好!

乙:有事吗?

甲:请问附近有没有菜市场?

问候和告别是一种复杂的会话活动。英语和汉语的问候活动通常是先通过呼唤或眼神接触,然后开始互相客套表示欢迎或乐意会面,再作寒暄。因此,问候语的结构包含下列组成部分(其数目和顺序在会话中可能有所变化):

1.招呼(或呼唤)

2.问候

3.欢迎词

4.表示高兴

5.寒暄

告别通常是告辞的人首先招呼对方,请求允许离开,表示与对方相会很开心,感谢对方的款待,希望以后再见到对方,最后致告别惯用语。因此,告别语的结构就包含下列组成部分(其数目和顺序在会话中可能有所变化):

1.招呼(或呼唤)

2.告辞

3.表示愉快和谢意

4.希望再见面

5.致告别语

二 问候语和告别语作为施为行为

奥斯汀（1962）的基本观点是"言有所为"。在他看来，话语是说话人达成目的的手段，以产生预期的影响，并非目的本身。根据克拉克（1985）的分析，施为行为有六种：

1.断言行为，用于表达看法；

2.指令行为，用于使听话人做某事；

3.承担行为，用于使自己做某事；

4.表述行为，用于向听话人表达某种感情，如感谢、道歉、祝贺、问候、告别等；

5.致效行为，用于改变事态；

6.裁决行为，用于判定事态。

问候语和告别语属于表述类行为，不能按照字面意义理解。例如，在英语会话环境中，当有人问你"最近怎么样"或"工作怎么样"时，他并不一定关心或担心你的身体或工作。在汉语会话中，当有人问"你吃饭了吗"，这并非是在意你是饱是饿，而是表达关心和体贴。

三 问候语和告别语作为常规礼貌用语

弗斯（1972）提出问候语和告别语不应视为人们相聚或分离时出现的即兴情感反应，而是高度约定俗成的行为，有据可循。拉弗（Laver，1981）赞成弗斯的观点，他认为常规行为是礼貌行为。问候语和告别语作为会话常规用语，是礼貌语汇的一部分，是一种礼貌行为工具，其使用受到礼貌规范的影响。根据这一假定，他使用布朗和列文森的礼貌语言理论解释了问候语和告别语及有关常规用语的功能和应用。

正如拉弗（1981）所述，布朗和列文森（1978/87）在其礼貌语言理论模式中使用的中心概念是"面子"概念。在有关消极礼仪和积极礼仪的区分影响下，他们区分了两种面子成分：消极面子（即希望自己的行动不受他人左右）和积极面子（即自己的愿望至少得到某些人的欢迎）。说话人为了实现其言语行为的目的，就会使用各种语言策略来增强听话人的积极面子或维护其消极面子。在问候和告别的过程中，面子问题必须予以关注。

拉弗发现，社交介绍活动是一种复杂的社交磋商活动，通过由彼此陌生的人所熟悉的第三方进行斡旋。介绍者确认双方彼此结识是值得的。他巧妙地照顾自己正在介绍的双方人士的积极面子。在介绍过程中，他对被介绍者的消极面子也加以考虑——他的开场白通常是提出礼貌的请求，如"请允许我介绍……"这就最大程度减小了对听话人施加的"言外之力"，维护了他的消极面子。对于听话人来说，他在对介绍相识做出反应时也必须考虑到被介绍者和介绍者的面子。如果对得体的引见加以拒绝或者应答不当，就会对介绍者和被介绍者双方的面子造成威胁。人们必须根据参与者们的地位及社交场合使用"您好"和"很高兴见到您"这类常规用语。

第三节　文献综述

一　问候语和告别语的定义

在西方语言学界，有关问候的研究硕果颇丰，大都基于马林诺夫斯基（1923）有关应酬交际的理论，具有如下特点：

1. 显示出交际人的友善态度；

2. 具有一定的程式化设定；

3. 语义含量相对较低。

鲍威尔和马丁（Bowe & Martin，2007）认为问候语和告别语是日常会话的一部分，在建立和维持日常社交关系中举足轻重。高夫曼（1971：79—80）认为"问候语和告别语给大量的共同活动提供了礼仪之柱"。高夫曼给问候语和告别语下了定义，即问候语意味着一段会话的开始而告别语意味着它的结束（高夫曼，1971；弗斯，1972；优素福等［Youssouf et al.］，1976；舍格洛夫和萨克斯［Schegloff & Sacks］，1973；希夫林［Schiffrin］，1977；霍尔姆斯，1992；迪朗蒂［Duranti］，1997）。

问候语和告别语作为常规用语，是礼貌语言的组成部分（高夫曼，1971）。几乎任何的语言在交际情境中都有问候语和告别语，可用于恰当地开始和结束谈话，为建立、维持和商定社会关系提供手段（舍格洛夫和萨克斯，1973）。拉弗（1981：304）指出，问候语和告别语是常规礼貌用语，往往受年龄、亲缘关系、熟知程度、社会地位和交际场合等社会因素的制约。可见，礼貌且得体的问候语和告别语不仅有社会交际行为，还可作为用于权衡社会身份和社会关系的沟通策略。

迪朗蒂（1997：67）认为，尽管存在文化差异，所有的问候行为具有共性，问候具有边界标记性，即宣告会话的开始，标志着会话双方已互相认可，开始进入共同视角和时空单元共享信息。由于问候的主要交际目的是为了释放善意，其语义内容往往不是主要关注信息，相对比较容易预测。克拉克（1985）分析了整个会话结构，指出告别语标志着会话中终止话题和接触的话语。

布朗和列文森（1978/87）、拉弗（1981）相继对问候语和告别语在交际中的重要性进行了阐释。虽然问候语和告别语为所有语言共有，但是不同语言之间仍有差异，因此在跨文化交际时必须要认识到两种语言的语用差异，才能避免语用失误。

西方学者对问候语和告别语的研究起步较早，我国学者多在西方语用学理论的基础上对汉语进行系统分析，常见采用英汉对比研究，大多认为英汉问候语和告别语存在语用差异，社会文化的不同是主要原因。陈松岑（1988）指出，问候语是交际双方对交际关系的认定，其内容和结构与社会大环境密切相关，从功能角度可分为交谈型、问候型、称谓型和伴随语言型四类。曲卫国和陈流芳（2001）指出受中国社会文化的影响，汉语问候语的话题广，可较随意进行转换，且句式灵活多样。

钱厚生（1996）基于语言事实，使用微观语言分析法进行对比研究，发现了采用西方权威礼貌理论在解释汉语问候语和告别语方面的不足。胡明扬（1987）认为礼貌原则制约了问候语的使用。他将问候语分为三类：家常语体、社交语体和典雅语体。进行英汉跨文化对比时，英语语言国家的人们尊重私人空间,保护个人隐私,英语问候语仅限于表达相逢的喜悦;然而中国人的问候语除了表示礼貌和尊重外,还可以通过聊工作、学习、生活各个方面来表达关怀,对个体的保护意识较弱。李田新(2006)也发现了问候语在英汉两种文化中的使用差异,英语多以平等和亲切的方式表达;汉语问候语则更直接。这些研究都指明了做英汉对比研究,可以促进跨文化语言交际的认识。

二 问候语和告别语的分类

在上述理论的基础上,国内外学者对问候语和告别语就不同的侧重点进行了分类。

1.问候语

文图拉(Ventola,1979)将问候语分为简短问候、延长问候、时点相关问候、社交距离依存问候。陈松岑(1991)将中文环境下的问候语分为相互交流、问候别人、称谓和副语言四类。鲍跃华(2014)将问候语定位于中文的日常生活会话背景,从问候语的功能性角度将问候语分为以下四类:

(1)祝愿式问候语:较为常用,表达说话人的美好祝愿,在东乡语中会说"古尔邦节快乐!"

(2)称赞式问候语:随处可用,国外人更擅长夸赞,如去别人家做客,夸赞其把房子收拾得干净整洁。熟人之间也会称赞,如老师对学生说:"这么早来上学,是个好学生",或称赞女性服饰和气色等。如"你的气色真不错"、"你的衣服真好看"。

(3)关心式问候语:表现人与人之间的一种相互关怀的友好态度,可询问对方身体、工作和生活等方面的关心。如"去哪儿?""最近忙不忙?"

(4)寒暄式问候语:是一种礼节,看到对方的不幸,避免加重对方的负面情绪如看到别人在修车,说一句"车坏了啊?"以示同情、亲近。这类问候是以对方正在做的事情为话题,通过提问的方式来进行的,这类问候在汉语中最为普遍,如"去上集了吗?""你也来参加婚礼了?"。可见,问候语铺垫话题,表明立场,帮助对方调节心情,亲近,彰显涵养和素质。问候语不需要具体回答,可视情况选择合适的问候语。

2.告别语

告别语属于表述类行为,施为目的是为了表达说话人告别时的某种心理状态。告别行为是交际场合中的客体向主体告退辞行的一种言语行为,如"村长,那先这样,我先走了"。从会话结构来看,包括中心行为语("我先走了")、醒示语("村长")以及辅助语("先这样");后两者是选择成分,可出现也可不出现,位置可前可后,中心行为语界定了这句话属于告别语。汉语的告别语是一种复杂的会话活动。李丽娜(2003)对告别语的策略类型进行了概括:

(1)因由式:说明告别的理由,解释停止话语交流的必要性和合理性,以期得到对方的许可或赞同,缓和气氛。如"我得走了,家里还有点事呢"。

(2)直陈式:直接使用常规告别语或告别语加醒示语,不加任何辅助修饰语。东乡语中出现频数较高的为"那就这样,我走了"、"走了啊"、"明天见!"。

(3)建议式:基本语言表现形式为说话人站在听话人立场建议对方做某事,然后示意自己要离开。如"你忙吧,我不打扰了。"

(4)嘱咐式:说话人希望听话人遵照其叮嘱做事,如"回去按时吃药,好好休息"。

(5)致谢式:以致谢的表现形式为基础,常用于受惠于人之后。如"谢谢你把我的病看好了。"

第四节 研究方法

一 研究问题

本研究重点分析年龄和权势对东乡语问候和告别策略使用的影响,

并将其与汉语的问候和告别策略进行对比分析。因此，本研究主要考察以下四个具体问题：

问题一：用东乡语和汉语进行问候和告别时，主要使用的语用策略分别有哪些？

问题二：东乡语受试在实施问候和告别语用策略时是否受年龄影响？如是，是何影响？

问题三：东乡语受试在实施问候和告别语用策略时是否受权势影响？如是，是何影响？

问题四：就年龄和权势两个自变量而言，东乡语和汉语在实施问候和告别时，语用策略有何异同？（对比老年组—青年组，权势强组—势弱者组）

二 受试

本研究的目的之一是分析比较东乡语和汉语受试实施问候和告别策略的异同。东乡语受试来自甘肃省东乡自治县（下文简称"东乡县"）汪集乡。为了保证收集到反映目前东乡语真实状况的语料，我们选择了离城镇较远的偏远村庄的东乡语受试，其中绝大多数人不会说汉语，有部分人甚至不懂汉语。为了保证跨文化语用学对比研究中的"对等"原则，汉语受试也来自兰州市榆中县高崖镇的偏远乡村，因此可以代表目前汉语受试实施问候语和告别语所采用的语用策略。

1.参与角色扮演的共16名受试，东乡语和汉语受试各占一半，分别分为老年组（55—70岁）和青年组（16—34岁），且不同组的男性和女性比例为1∶1。这些语料是设计调查问卷的主要依据。在录音过程中，所有受试按照他们自己的性别和年龄来进行不同语境下不同角色的扮演。因为大多数东乡族不懂汉语，研究人员请来自东乡族的大学生进行翻译和解释，以确保所有受试能完全理解我们的语境和问题，并做出相应的角色扮演。

2.参与问卷调查的受试随机选出，东乡语受试330名，男女比例

1∶1，分为老年、中年和青年三组；汉族受试的选择同东乡族受试。所有受试的年龄均在16到70岁之间，来自医院、街道、集市等人口密集的地方，所有受试者也有足够的时间来完成问卷以保证问卷的可靠性。

三　研究设计

1.变量

在本研究中，年龄因素和权势因素设为自变量，性别和关系亲疏为干扰变量，即需要控制的变量。说话人使用的语用策略设为因变量。具体如表6-1。在研究中为了控制变量，男性和女性的受试数量相同，老年、中年和青年组的受试数量相同。

表6-1　　　　　　　　　变量设计

自变量	因变量	干扰变量
年龄	问候语和告别语用策略	性别、权势强弱、关系亲疏
权势	问候语和告别语用策略	性别、年龄、关系亲疏

（焦梅，2016：34）

2.角色扮演语境设计

影响说话人语言选择的三大因素是权势、关系亲疏以及涉及事物大小（布朗和列文森，1978/87），因此角色扮演语境结合这三种因素进行设计，但是在问候语和告别语中不涉及事物的大小，所以形成6种组合。本研究中要考察问候语和告别语两种言语行为，所以在语境中的每个问题都包含两个部分，一部分涉及问候语，另一部分涉及告别语。最终共有24个语境，所有语境都是基于东乡族和汉族的日常生活习俗、当地语言和文化习惯来设计的。受试为老年组和青年组两组。老年组为55至70岁，青年组为16至34岁。语境设计如表6-2所示。

组合一：权势强—关系疏

组合二：权势强—关系亲

组合三：权势弱—关系疏

组合四：权势弱—关系亲

组合五：权势平等—关系疏

组合六：权势平等—关系亲

表 6-2　　　　　　　　　　角色扮演语境设计

权势 说话人比听话人	关系亲疏	语境
弱	疏	1.老师遇到校长
		2.村民遇到村长
弱	亲	3.开斋节，村民在路上遇到村长
		4.老师在集市上遇到领导.
平等	疏	5.村民在路上遇见其他村的村民
		6.病人去看医生
平等	亲	7.店铺老板和其他店的老板一起进货
		8.村民去他的亲戚家吃饭
强	疏	9.老板在饭店遇到员工
		10.村民去其他村民家打听事情
强	亲	11.村民在上地干活时碰到其他人
		12.校长在路上遇到老师

（焦梅，2016：35）

3.预测

根据角色扮演的视频转写后收集到的语料，我们对其中的各项语用策略按照出现的频数进行了排序并用于设计选项。问卷中的每个问题包括五个选项，第一项为语料中出现频数最高的，第二项为语料中出现频数次高的，第三项为出现频数最低的，第四项为另一个语言中出现频数较高的（例如东乡语中的这一选项为汉语出现频数较高的，旨在区分两者对于不同语用策略的使用频数是否有差异），最后一项为"其他"选项（旨在让受试填写选项中没有设计到的他们用来表达问候和告别的话语）。对于告别语部分的问卷设计，因为在视频转写的过程中发现有些人直接用手势语代替话语来告别，因此增加了一个选项（为手势语选项）。最终所有的选项被打乱顺序用于测试，这样以确保问卷中的选项没有规律可循。预测卷总共包括24个问题，其中问候语12个，告别语12个。设计完成后，我们去东乡县和兰州市周边乡村分别随机选择40个当地村民进行测试，通过预测结果的分析，将发现的一些问题进行修改，并用于设计最终的问卷调查。

4.问卷调查

根据预测结果，对问卷的设计进行再次修改和完善，例如，基于东乡族的文化，他们在开斋节问候时都会先说"色兰"，然后进行下一步的交流，所以将其中的有关选项修改为"色兰，开斋节开的好着呢？"最终的问卷设计包括两部分，一部分用于问候语，另一部分用于告别语。在东乡族翻译和高崖镇向导的帮助下，我们在两个地方进行了大规模问卷调查。随机选择了330名东乡族和330名汉族受试；其中东乡族男性老、中、青年各55人，女性老、中、青年各55人。汉族受试人数相同。最后收集到有效问卷东乡族300份，汉族312份。为了保证两组平衡比较，本研究任意选择汉语问卷300份进行数据对比。

四 研究步骤

1.准备

首先，因为大多数东乡语受试都不会说汉语，我们联系了东乡族大学生作我们的翻译，负责联系和沟通东乡语受试。其次，为了确保我们研究的真实性和有效性，我们在角色扮演时选择了东乡县汪集乡的一个偏远村庄的村民家，随机找到村民们来完成我们的角色扮演和视频录制。在问卷调查时，我们选择人口较为密集的养老院、医院、集市和街道进行问卷的调查。而且，在每次出发调研或发放问卷之前，我们都要准备好相关的设备（录像机、手机）和问卷，以保证在调研地高效地完成调研。

2. 角色扮演

角色扮演中的所有东乡语和汉语受试均为随机选择的。不同的年龄和性别，就会有不同的言语行为，为了确保研究的真实有效，所有受试都是按照自己的实际性别和年龄来进行不同语境中的角色扮演。他们被分为四组：男性老年组、男性青年组、女性老年组和女性青年组。具体分类如表6-3。每一组按照设计好的语境进行扮演，所有的扮演都进行录像。在东乡县实地调研时，翻译会把每一个语境及其需要注意到的关键因素（即权势高低、关系亲疏）认真地给每一组受试讲解。以确保所有人都充分理解语境并进行了有效地角色扮演。

表6-3　　　　　　　　东乡语和汉语受试分组

	东乡语受试		汉语受试
组1	男性青年—男性老年	组A	男性青年—男性老年
组2	男性青年—女性老年	组B	男性青年—女性老年
组3	男性老年—男性青年	组C	男性老年—男性青年
组4	男性老年—女性青年	组D	男性老年—女性青年
组5	女性青年—男性老年	组E	女性青年—男性老年
组6	女性青年—女性老年	组F	女性青年—女性老年
组7	女性老年—男性青年	组G	女性老年—男性青年
组8	女性老年—女性青年	组H	女性老年—女性青年

（焦梅，2016：40）

3. 视频转写

最后，总共收集到了东乡语的视频167个，汉语的视频170个，其中有效视频为东乡语148个，汉语152个。所有的东乡录像资料由受过专家培训的东乡族大学生依据《东乡语汉语词典》中的注音符号进行转写，并翻译成汉语，然后请东乡族语言专家——陈元龙先生（《东乡语汉语词典》的作者）进行审核校对。

4.语料分类

语料分类参考布拉姆-库尔卡等人在"跨文化言语行为实施模式研究"中的分类,分为"称呼语"部分,"实施问候和告别"部分,"附加策略"部分。考虑到问候语和告别语中的具体语用策略,参照鲍月华(2014)对问候语的分类和李丽娜(2003)对告别语的分类,对有些部分进行了修改和调整。因此本研究中,称呼语部分包括有称呼,无称呼;实施问候和告别部分包括直接问候、告别,间接问候、告别;附加策略部分,问候语有四种,告别语有五种,具体见表6-4。

表6-4 问候和告别与语用策略分类

	问候语	告别语
称呼	无称呼	无称呼
	有称呼	有称呼
实施问候和告别	直接问候	直接告别
	间接问候	间接告别
附加策略	寒暄	因由
	称赞	直陈
	关心	建议
	祝愿	嘱咐
		致谢

(焦梅,2016:41)

5.数据收集

本研究通过角色扮演和问卷调查的方法收集数据。根据语料,对称呼语、实施问候和告别言语行为以及附加策略进行分析,具体如表6-5和表6-6所示。基于收集到的语料,考察对结果影响最为明显的年龄和权势因素,对其他因素进行控制。运用SPSS(16.0)卡方检验得到量化性研究结果,分析异同的原因。

表 6-5　　　　　　　　　问候语分类及策略编码

分类	策略	例子
称呼	无称呼	无称呼。
	有称呼	小李！校长好！
实施问候	直接问候	你好。
	间接问候	你吃过了吗？
附加策略	寒暄	去上集了吗？
	称赞	你的衣服真好看。
	关心	你去哪呢？
	祝愿	开斋节快乐。

（焦梅，2016：42）

表 6-6　　　　　　　　　告别语分类及策略编码

分类	策略	例子
称呼	无称呼	无称呼。
	有称呼	村长拜拜！小李再见！
实施告别	直接告别	再见。
	间接告别	你忙，我不打扰了。
附加策略	因由	我得走了，家里还有事。
	直陈	我走了。
	建议	你先忙你的，我过会儿来找你。
	嘱咐	回去按时吃药，很快就好了。
	致谢	谢谢你的招待，我们下次再聚。

（焦梅，2016：42）

第五节　研究结果

一　东乡语和汉语问候和告别言语行为主要语用策略

问题一旨在总结东乡语和汉语主要使用的语用策略并做简要的介绍。根据收集到的语料，表6-7和6-8中显示了各项策略的频数和百分比。

表 6-7　　　东乡语问候和告别语用策略使用的整体分布

分类	言语行为	策略	人数（老中青）	频数	百分比
称呼	问候	无称呼	300	408	46.7%
	告别	有称呼	300	465	53.3%
	问候	无称呼	300	270	42.1%
	告别	有称呼	300	371	57.9%
主言语行为	问候	直接问候	300	600	25.6%
	告别	间接问候	300	1740	74.4%
	问候	直接告别	300	594	27.3%
	告别	间接告别	300	1584	72.7%
附加策略	问候	寒暄	300	576	42.9%
		称赞	300	249	18.5%
		关心	300	255	19.0%
		祝愿	300	264	19.6%
	告别	因由	300	543	25.0%
		直陈	300	618	28.5%
		建议	300	492	22.7%
		嘱咐	300	396	18.2%
		致谢	300	123	5.7%

（数据来源于焦梅，2016：44）

表 6-8　　　汉语问候和告别语用策略使用的整体分布

分类	言语行为	策略	人数（老中青）	频数	百分比
称呼	问候	无称呼	300	498	47.3%
	告别	有称呼	300	555	52.7%
	问候	无称呼	300	429	50.5%
	告别	有称呼	300	420	49.5%
主言语行为	问候	直接问候	300	1005	35.0%
	告别	间接问候	300	1866	65.0%
	问候	直接告别	300	741	32.7%
	告别	间接告别	300	1524	67.3%

续表

分类	言语行为	策略	人数（老中青）	频数	百分比
附加策略	问候	寒暄	300	756	40.5%
		称赞	300	300	16.1%
		关心	300	720	38.6%
		祝愿	300	90	4.8%
	告别	因由	300	333	14.7%
		直陈	300	735	32.5%
		建议	300	474	20.9%
		嘱咐	300	507	22.4%
		致谢	300	216	9.5%

（数据来源于焦梅，2016：45）

根据表6-7和表6-8中的数据可知，东乡语和汉语的问候语和告别语中的称呼语使用百分比相当接近，都在百分之五十左右。但是东乡语有称呼的使用次数要略高于无称呼的使用次数。两地受试都更倾向于使用间接问候和间接告别，百分比高于直接问候和直接告别。就附加策略而言，可以看出，寒暄式问候是两者都较常使用的问候方式，但是关心式问候的使用在汉语占38.6%，在东乡语仅有19.0%，其中汉语受试比较喜欢使用关心策略来打招呼。东乡语中，称赞式问候和祝愿式问候的百分比分别为18.5%和19.6%，但汉语依次为16.1%和4.8%，因此东乡语受试更频繁地使用这两种策略。东乡语和汉语直陈式告别策略是两者都使用最多的，分别占28.5%和32.5%。但是东乡语因由式告别占25.0%比汉语使用更频繁。对于建议式告别，二者百分比相差较小。所以两种语言各项语用策略均有使用但各有异同，在不同的情境下，面对不同的人，受试都会选择使用不同的策略，而且很多时候为了表达得更加礼貌，受试经常结合使用好几种策略而不是单独使用其中一种。

二 年龄对东乡语问候和告别语用策略的影响

1. 年龄对东乡族问候语用策略的影响

本研究主要对比老年组和青年组。由表6-9可知，东乡语老年组和青年组在问候时，有称呼（p=0.013<0.05）和无称呼（p=0.000<0.05）策略的使用均有显著性差异。间接问候差异显著（p=0.024<0.05），但直接问候差异不显著（p=0.359>0.05）。

表6-9　年龄对东乡语受试问候语用策略影响对比卡方检验结果

分类	策略	分组	人数	频数	百分比	卡方值	显著性
称呼	无称呼	老年	100	106	37.1%	74.487[a]	0.000
		青年	100	112	32.8%		
	有称呼	老年	100	180	62.9%	6.163[a]	0.013
		青年	100	229	67.2%		
实施问候	直接问候	老年	100	310	37.2%	0.841[a]	0.359
		青年	100	251	28.3%		
	间接问候	老年	100	524	62.8%	5.107[a]	0.024
		青年	100	635	71.7%		
附加策略	寒暄	老年	100	168	33.1%	5.944[a]	0.015
		青年	100	248	39.1%		
	称赞	老年	100	77	15.2%	8.029[a]	0.005
		青年	100	101	15.9%		
	关心	老年	100	198	38.9%	0.740[a]	0.000
		青年	100	237	37.4%		
	祝愿	老年	100	65	12.8%	27.022[a]	0.390
		青年	100	48	7.6%		

（数据来源于焦梅，2016：47）

附加策略中，只用祝愿策略的使用无明显差异，其他三种策略均有明显差异。

第六章 问候和告别

（1）寒暄策略

这是问候时较为方便的一种策略，说话人是就目前正在做的或所处的境况打开话题进行问候的。青年组使用的频数高于老年组，且二者之间有明显的差异（$p=0.015<0.05$），例如：

例6-1

东乡语：Chi agvinde toreile ire u?

汉　语：你来村庄逛来了吗？

（语例引自焦梅，2016：47）

（2）称赞策略

说话人见面后以称赞对方打开话题。老年组使用该策略的频数低于青年组，二者表现出显著性差异（$p=0.005<0.05$），例如：

例6-2

东乡语：Irewo, chini ene jien saigvan no wo.

汉　语：来了，你的衣服真好看。

（语例引自焦梅，2016：48）

（3）关心策略

这是一种说话人向听话人表示关心和熟悉的一种策略，是以询问对方现在的生活、工作、身体状况打开话题。青年组更倾向于使用这一策略，且与老年组表现出了差异（$p=0.000<0.05$），例如：

例6-3

东乡语：Gielade gao wo la?

汉　语：家里都好吗？

（语例引自焦梅，2016：48）

（4）祝愿策略

主要用来表达对听话人的美好祝愿和节日祝福，在表中可知，受试对该策略的使用频数均较低，老年组和青年组之间也没有明显差异（p=0.390>0.05），例如：

例6-4

东乡语：Ghadane kheise xiaoxin gie ma, baer ezigve zhinjile echi.

汉　语：去外面打工小心点，希望你多挣点钱。

（语例引自焦梅，2016：48）

2.年龄对东乡语受试告别语用策略的影响

由表6-10可知，称呼语中，老年组和青年组在无称呼的使用方面没有表现出差异（p=0.537>0.05），但是有称呼的告别语却存在显著性差异（p=0.001<0.05），老年组和青年组在间接告别时存在明显差异（p=0.000<0.05），直接告别却没有差异。可以看出两组受试最常使用的都是直陈策略，但老年组对使用因由策略比青年组多，青年组更喜欢简单直接的方式来结束话题，老年组倾向于更委婉含蓄的告别。

表6-10　　　年龄对东乡语受试告别语用策略影响对比卡方检验结果

分类	策略	分组	人数	频数	百分比	卡方值	显著性
称呼	无称呼	老年	100	109	37.8%	0.381[a]	0.537
		青年	100	101	28.9%		
	有称呼	老年	100	179	62.2%	11.317[a]	0.001
		青年	100	249	71.1%		
实施告别	直接告别	老年	100	200	27.2%	1.229[a]	0.268
		青年	100	196	27.4%		
	间接告别	老年	100	536	72.8%	21.588[a]	0.000
		青年	100	519	72.6%		

续表

分类	策略	分组	人数	频数	百分比	卡方值	显著性
附加策略	因由	老年	100	193	26.6%	5.181^a	0.023
		青年	100	169	23.8%		
	直陈	老年	100	200	27.5%	19.198^a	0.000
		青年	100	217	30.6%		
	建议	老年	100	165	22.7%	9.205^a	0.002
		青年	100	135	19.1%		
	嘱咐	老年	100	129	17.8%	2.268^a	0.132
		青年	100	125	17.6%		
	致谢	老年	100	39	5.4%	0.331^a	0.565
		青年	100	63	8.9%		

（数据来源于焦梅，2016：49）

（1）因由策略

通过表达离开的缘由来委婉地结束话题，老年组和青年组对该策略的使用有明显差异（p=0.023<0.05），老年组使用的频数高于青年组，例如：

例6-5

东乡语：Xiaozhang, hui keyi baluwo, ede bi yaolawo chi beizhi ma.

汉　语：校长，会开完了，你在，我先回了。

（语例引自焦梅，2016：50）

（2）直陈策略

这是最为普遍使用和直接的一种告别方式，也是两组受试使用最频繁的一种策略，两组受试有显著性差异（p=0.000<0.05），例如：

例 6-6

东乡语：An, qinse jiu in gie.

汉　语：嗯，那就这样。

（语例引自焦梅，2016：50）

（3）建议策略

该策略是比较礼貌和含蓄的一种告别方式，它通过给对方提出建议来结束谈话，两组受试之间存在显著差异（p=0.002<0.05），例如：

例 6-7

东乡语：Qinse chi yao dei, chi yan wilie bise giele echi ma.

汉　语：那你先去，有事忙自己的事去吧。

（语例引自焦梅，2016：50）

（4）嘱咐策略

这一策略常常用于特定场合，比如医生和病人的对话，老师和学生的谈话，长辈对晚辈的嘱托等。该策略的使用频数相对于前三个策略较低，且两组受试之间没有明显差异（p=0.132>0.05），例如：

例 6-8

东乡语：Na bi gouji ye keiye ma, chi echide ijie, ulie ijie kuni bu ijie ma.

汉　语：我给你开点药，你回去服用吧，不该吃的尽量别吃。

（语例引自焦梅，2016：51）

（5）致谢策略

该策略是东乡语受试使用频数最少告别方式，且青年组使用得较为频繁，但两组受试之间并无明显差异（p=0.565>0.05），例如：

例6-9

东乡语：Na chiyi xiexie giewo.

汉　语：那就谢谢你了。

（语例引自焦梅，2016：51）

三　权势对东乡语问候和告别语用策略的影响

在表6-11和表6-12中可以看出，权势是显著影响因素，即权势强组和权势弱组之间有较大差异。总体来说，称呼语中，只有告别语无称呼策略没有明显差异（p=0.412>0.05），其他称呼语都有显著性差异。而两组受试在使用直接和间接问候语和告别语时，都有显著性差异（每项的p值均为0.000<0.05）。

表6-11　权势对东乡语受试问候语用策略影响对比卡方检验结果

分类	策略	分组	人数	频数	百分比	卡方值	显著性
称呼	无称呼	权势弱	300	138	27.2%	39.760[a]	0.000
		权势强	300	270	73.8%		
	有称呼	权势弱	300	369	72.8%	91.746[a]	0.000
		权势强	300	96	26.2%		
问候	直接问候	权势弱	300	372	53.2%	64.381[a]	0.000
		权势强	300	72	9.1%		
	间接问候	权势弱	300	327	46.8%		
		权势强	300	717	90.9%		
附加策略	寒暄	权势弱	300	18	5.5%	3.1402[a]	0.000
		权势强	300	282	39.5%		
	称赞	权势弱	300	45	13.8%	27.256[a]	0.000
		权势强	300	102	14.3%		
	关心	权势弱	300	99	30.3%	86.644[a]	0.000
		权势强	300	270	37.8%		
	祝愿	权势弱	300	165	50.4%	75.442[a]	0.000
		权势强	300	60	8.4%		

（数据来源于焦梅，2016：52）

在问候语中,首先,寒暄策略是百分比差异最明显的,权势强组占39.5%,权势弱组仅占5.5%,二者存在显著性差异(p=0.000<0.05)。权势强组使用最多的也是这一策略,但权势弱组最常使用的为祝愿策略。其次,关心策略使用次之,且权势强组使用频数高于权势弱组,两组之间也表现出了差异(p=0.000<0.05)。再次,受试在使用称赞策略和祝愿策略时,也都存在显著差异。这就证明了权势强组和权势弱组在问候时语用策略的选择使用有较大差异。

表 6-12 权势对东乡语受试告别语用策略影响对比卡方检验结果

分类	策略	分组	人数	频数	百分比	卡方值	显著性
称呼	无称呼	权势弱	300	147	30.4%	0.673^a	0.412
		权势强	300	174	46.8%		
	有称呼	权势弱	300	336	69.6%	21.363^a	0.000
		权势强	300	198	53.2%		
实施告别	直接告别	权势弱	300	51	9.0%	12.935^a	0.000
		权势强	300	315	45.9%		
	间接告别	权势弱	300	516	91.0%		
		权势强	300	372	54.1%		
附加策略	因由	权势弱	300	186	32.8%	23.396^a	0.000
		权势强	300	162	20.9%		
	直陈	权势弱	300	51	9.0%	2.3612^a	0.000
		权势强	300	315	40.7%		
	建议	权势弱	300	144	25.4%	0.983^a	0.321
		权势强	300	132	17.1%		
	嘱咐	权势弱	300	66	11.6%	35.619^a	0.000
		权势强	300	135	17.4%		
	致谢	权势弱	300	120	21.2%	82.860^a	0.000
		权势强	300	30	3.9%		

(数据来源于焦梅,2016:53)

在告别语中,由表 6-13 可知,第一,直陈策略是权势强组使用频数最高的告别策略但却是权势弱组使用最少的,两组受试存在显著性差异（p=0.000<0.05）。第二，权势弱组使用频数最高的策略为因由策略，相比而言，权势强组使用的较少，两者亦表现出了明显差异（p=0.000<0.05）。第三，两组受试在使用嘱咐策略和致谢策略时，也均有显著性差异（每项策略p值为0.000<0.05），仅对于建议策略的使用却没有表现出明显差异（p=0.321>0.05）。

四 年龄和权势对东乡语和汉语问候和告别语用策略的影响

本研究从四个角度来分析说明这一问题，包括东乡语和汉语老年组、青年组以及权势强组、权势弱组的对比分析。

1. 东乡语和汉语老年组问候和告别语用策略对比

从表6-13中可以看出，称呼语中，有称呼策略显示出明显差异，无称呼策略则无明显差异；在实施问候和告别部分，直接和间接策略存在显著性差异，东乡语老年组比汉语老年组更倾向于使用间接策略。附加策略部分，问候语和告别语中共八种策略的使用表现出了明显差异，分别为寒暄、称赞、关心、祝愿、因由、直陈、嘱咐策略和致谢策略，只有建议策略的使用无显著性差异（p=0.323>0.05）。

表6-13 东乡语和汉语老年组问候和告别语用策略对比卡方检验结果

分类	策略	分组	人数	频数	百分比	卡方值	显著性
问候语称呼	无称呼	东乡语	100	106	37.1%	2.658^a	0.103
		汉语	100	340	85.9%		
	有称呼	东乡语	100	180	62.9%	5.357^a	0.021
		汉语	100	56	14.1%		
告别语称呼	无称呼	东乡语	100	109	37.8%	1.846^a	0.174
		汉语	100	328	70.7%		
	有称呼	东乡语	100	179	62.2%	9.350^a	0.002
		汉语	100	136	29.3%		

续表

分类	策略	分组	人数	频数	百分比	卡方值	显著性
实施问候和告别	直接问候	东乡语	100	172	24.7%	5.980[a]	0.014
		汉语	100	340	34.5%		
	间接问候	东乡语	100	524	75.3%	6.818[a]	0.009
		汉语	100	645	65.5%		
	直接告别	东乡语	100	200	27.2%	11.317[a]	0.001
		汉语	100	261	33.9%		
	间接告别	东乡语	100	536	72.8%	9.524[a]	0.002
		汉语	100	508	66.1%		
问候语附加策略	寒暄	东乡语	100	184	35.1%	9.634[a]	0.002
		汉语	100	252	39.1%		
	称赞	东乡语	100	77	14.7%	4.253[a]	0.039
		汉语	100	103	16.0%		
	关心	东乡语	100	198	37.8%	7.354[a]	0.007
		汉语	100	268	41.6%		
	祝愿	东乡语	100	65	12.4%	19.305[a]	0.000
		汉语	100	22	3.4%		
告别语附加策略	因由	东乡语	100	193	26.2%	1.656[a]	0.001
		汉语	100	129	16.8%		
	直陈	东乡语	100	200	27.2%	19.198[a]	0.000
		汉语	100	261	33.9%		
	建议	东乡语	100	165	22.4%	0.977[a]	0.323
		汉语	100	151	19.6%		
	嘱咐	东乡语	100	139	18.9%	5.207[a]	0.022
		汉语	100	157	20.4%		
	致谢	东乡语	100	39	5.3%	5.138[a]	0.023
		汉语	100	71	9.2%		

（数据来源于焦梅，2016：57）

2. 东乡语和汉语青年组问候和告别语用策略对比

由表6-14可知，东乡语和汉语青年组在使用称呼语时，有称呼和无称呼策略均存在差异。但在实施问候和告别部分，间接问候和直接告别都没有明显差异，两组受试直接问候和间接告别时有差异（每项的p值<0.05）。附加策略部分，问候语中寒暄策略（p=0.015<0.05）和祝愿策略的使用有显著差异（p=0.000<0.05），其他两项问候语策略没有表现出差异，告别语中因由、建议和嘱咐策略的使用也存在明显差异。

表6-14　东乡语和汉语青年组问候和告别语用策略对比卡方检验结果

分类	策略	分组（青年）	人数	频数	百分比	卡方值	显著性
问候语称呼	无称呼	东乡语	100	112	32.8%	6.816[a]	0.009
		汉语	100	119	28.4%		
	有称呼	东乡语	100	229	67.2%	1.2852[a]	0.000
		汉语	100	300	71.6%		
告别语称呼	无称呼	东乡语	100	101	28.9%	5.227[a]	0.022
		汉语	100	102	27.6%		
	有称呼	东乡语	100	249	71.1%	1.0722[a]	0.000
		汉语	100	267	72.4%		
实施问候和告别	直接问候	东乡语	100	229	26.5%	5.181[a]	0.023
		汉语	100	326	35.3%		
	间接问候	东乡语	100	635	73.5%	2.240[a]	0.134
		汉语	100	597	64.7%		
	直接告别	东乡语	100	196	27.4%	0.649[a]	0.421
		汉语	100	229	30.9%		
	间接告别	东乡语	100	519	72.6%	16.477[a]	0.000
		汉语	100	511	69.1%		
问候语附加策略	寒暄	东乡语	100	199	29.4%	5.944[a]	0.015
		汉语	100	255	42.5%		
	称赞	东乡语	100	104	15.3%	3.366[a]	0.067
		汉语	100	96	16.0%		

续表

分类	策略	分组（青年）	人数	频数	百分比	卡方值	显著性
问候语附加策略	关心	东乡语	100	265	39.1%	0.072^a	0.788
		汉语	100	212	35.3%		
	祝愿	东乡语	100	110	16.2%	50.702^a	0.000
		汉语	100	37	6.2%		
告别语附加策略	因由	东乡语	100	169	23.7%	14.587^a	0.000
		汉语	100	93	12.6%		
	直陈	东乡语	100	211	29.6%	4.711^a	0.330
		汉语	100	229	30.9%		
	建议	东乡语	100	164	23.0%	5.853^a	0.016
		汉语	100	165	22.3%		
	嘱咐	东乡语	100	125	17.6%	11.317^a	0.001
		汉语	100	181	24.5%		
	致谢	东乡语	100	43	6.0%	2.422^a	0.120
		汉语	100	72	9.7%		

（数据来源于焦梅，2016：58）

3. 东乡语和汉语权势弱组问候和告别语用策略对比

如表6-15所示，东乡语和汉语权势弱组对称呼语的受试，仅有问候语有称呼策略没有显著性差异（p=0.675>0.05），其他称呼语的使用，两组均表现出差异。在实施问候和告别部分，除了间接告别的使用无明显差异，其他均存在显著性差异（每项策略的p值均为0.000<0.05）。就附加策略而言，东乡语和汉语权势弱组在选择使用问候语和告别语用策略时，仅关心策略没有明显差异（p=0.143>0.05），其余八项策略的使用均表现出明显的差异。这就可以看出两组受试在选择使用问候语和告别语用策略时差异比较明显。

表 6-15　东乡语和汉语权势弱组问候和告别语用策略对比卡方检验结果

分类	策略	分组	人数	频数	百分比	卡方值	显著性
问候语称呼	无称呼	东乡语	300	138	27.2%	10.690ª	0.001
		汉语	300	192	25.1%		
	有称呼	东乡语	300	369	72.8%	0.176ª	0.675
		汉语	300	573	74.9%		
告别语称呼	无称呼	东乡语	300	147	30.4%	21.730ª	0.000
		汉语	300	249	28.4%		
	有称呼	东乡语	300	336	69.6%	6.063ª	0.014
		汉语	300	627	71.6%		
实施问候和告别	直接问候	东乡语	300	372	53.2%	50.678ª	0.000
		汉语	300	552	54.8%		
	间接问候	东乡语	300	327	46.8%	31.302ª	0.000
		汉语	300	456	45.2%		
	直接告别	东乡语	300	51	9.0%	2.2132ª	0.000
		汉语	300	399	44.5%		
	间接告别	东乡语	300	516	91.0%	0.039ª	0.844
		汉语	300	498	55.5%		
问候语附加策略	寒暄	东乡语	300	18	5.5%	4.5072ª	0.000
		汉语	300	174	33.3%		
	称赞	东乡语	300	45	13.8%	7.131ª	0.008
		汉语	300	165	31.5%		
	关心	东乡语	300	99	30.3%	2.141ª	0.143
		汉语	300	117	22.4%		
	祝愿	东乡语	300	165	50.5%	31.385ª	0.000
		汉语	300	67	12.8%		
告别语附加策略	因由	东乡语	300	186	32.8%	83.093ª	0.000
		汉语	300	99	10.5%		
	直陈	东乡语	300	51	9.0%	2.2892ª	0.000
		汉语	300	399	42.3%		
	建议	东乡语	300	144	25.4%	26.613ª	0.000
		汉语	300	237	25.1%		
	嘱咐	东乡语	300	66	11.6%	1.4292ª	0.006
		汉语	300	53	5.6%		
	致谢	东乡语	300	120	21.2%	1.1182ª	0.000
		汉语	300	156	16.5%		

（数据来源于焦梅，2016：59）

4. 东乡语和汉语权势强组问候和告别语用策略对比

如表6-16所示,东乡语和汉语权势强组在问候和告别称呼语的使用上都表现出了显著差异(每项策略的p值都<0.05),但是在间接问候和直接告别的选择上,两组受试没有表现出明显差异。就附加策略而言,问候语部分只有关心策略的使用两组受试没有表现出差异($p=0.432>0.05$),其他三项问候策略的选择均有差异,告别语部分也是仅有一项策略即直陈策略的使用没有明显差异,其他四项告别策略也表现出了显著差异。

表6-16　东乡语和汉语权势强组问候和告别语用策略对比卡方检验结果

分类	策略	分组	人数	频数	百分比	卡方值	显著性
问候语称呼	无称呼	东乡语	300	270	78.9%	85.012^a	0.000
		汉语	300	549	62.2%		
	有称呼	东乡语	300	72	21.1%	1.7712^a	0.000
		汉语	300	333	37.8%		
告别语称呼	无称呼	东乡语	300	174	46.8%	74.960^a	0.000
		汉语	300	579	69.9%		
	有称呼	东乡语	300	198	53.2%	7.459^a	0.006
		汉语	300	249	30.1%		
实施问候和告别	直接问候	东乡语	300	72	9.1%	3.0542^a	0.000
		汉语	300	192	19.4%		
	间接问候	东乡语	300	717	90.9%	0.708^a	0.400
		汉语	300	798	80.6%		
	直接告别	东乡语	300	315	45.9%	2.850^a	0.091
		汉语	300	285	42.8%		
	间接告别	东乡语	300	372	54.1%	17.105^a	0.000
		汉语	300	381	57.2%		

续表

分类	策略	分组	人数	频数	百分比	卡方值	显著性
问候语附加策略	寒暄	东乡语	300	282	39.5%	6.743ª	0.000
		汉语	300	408	51.1%		
	称赞	东乡语	300	102	14.3%	43.156ª	0.009
		汉语	300	72	9.1%		
	关心	东乡语	300	270	37.8%	0.619ª	0.432
		汉语	300	222	27.8%		
	祝愿	东乡语	300	60	8.4%	43.730ª	0.000
		汉语	300	96	12.0%		
告别语附加策略	因由	东乡语	300	102	14.5%	5.237ª	0.022
		汉语	300	63	6.6%		
	直陈	东乡语	300	315	44.7%	2.487ª	0.115
		汉语	300	285	29.9%		
	建议	东乡语	300	132	18.7%	26.467ª	0.00
		汉语	300	72	7.5%		
	嘱咐	东乡语	300	135	19.1%	1.3632ª	0.000
		汉语	300	246	25.8%		
	致谢	东乡语	300	21	3.0%	89.691ª	0.000
		汉语	300	288	30.2%		

（数据来源于焦梅，2016：60）

第六节　分析与讨论

称呼是问候和告别常用的一种方式，它可以分为有称呼和无称呼两种形式。称呼是最简洁的问候方式，省略了正式内容，仅用特定方式称呼对方，一般由姓氏加通称构成，受会话双方权势高低不同影响，可对不同的会话对象表达不同的情感，如对上级叫"张校长"以示尊敬，对下级叫"小刘"以示亲切。

一 东乡语和汉语问候和告别言语行为语用策略分析

由研究问题一可知，所有策略东乡语和汉语受试均有使用。就问候语中的称呼语而言，两组受试有称呼使用的百分比大于无称呼的百分比；实施问候和告别的部分，可以看出间接问候、告别的使用百分比也明显的大于直接问候、告别。在中国，社会交际的模式都是更倾向于使用间接的方式，这样可以保护和维持说话人的面子。再者，附加策略中的每一项策略的百分比也有异同。

问候语中，寒暄策略是东乡语和汉语受试使用频数最高的。东乡语中其他三种问候策略的频数按从高到低依次为祝愿、关心和称赞策略，而且各项策略的百分比相当接近。但汉语则依次为关心、称赞和祝愿策略。因此，在不同的环境，面对不同的对象时，人们选择使用的策略也有差异。告别语中，两组受试最常用的告别策略为直陈。这就表明，无论在任何情境下，说话人倾向于使用简洁的方式来告别，而且，直陈策略经常和其他策略共同配合使用，而不仅仅是单一的使用。总之，所有的其他策略均被受试选择使用，但东乡语和汉语具体的使用情况各不相同。例如：除了两者使用频数都直陈策略最高外，汉语使用频数次高的为嘱咐策略，而东乡语中则为因由策略。在角色扮演收集到的语料中也发现东乡语受试喜欢使用因由策略，如："我要回家做饭呢，先走了"。

二 年龄对东乡语问候和告别语用策略的影响分析

研究结果表明：年龄对东乡语老年组和青年组实施问候和告别语用策略有影响。首先，在日常交际中，问候语和告别语都有着举足轻重的作用，它们建立起了人际交往的桥梁。无论各阶层，各群体，合适的问候可以营造一个轻松和谐的会话氛围，提供一个好机会来开始会话。告别的方式反映出一个人的性格特征和礼貌程度，当会话结束时，说话人的告别方式会给其他人留下不同的印象，因此，老年组和青年组都会使用不同问候和告别的语用策略。

其次，东乡语老年组和青年组都倾向于使用称呼语来进行问候和告别，这是最为直接和简洁的一种策略。顾曰国（1990）指出现代的礼貌特性仍有"上下有义，贵贱有分，长幼有等"。称呼语是见面打招呼的关键内容，是讲礼貌的重要体现，反映出会话双方的人际关系。东乡语中，青年组问候老年时，通常用"老+姓"或者"姓+叔/婶"；而老年组问候青年时，则为"小+姓"等；所以称呼语的使用频数较高。问候语和告别语往往根据不同交际场景和言语行为产生变化。在中国的传统中，尊老爱幼是一种美德，因此，老年组和青年组使用问候和告别的语用策略也有所不同，东乡语老年组倾向于使用关心策略，而青年组则更喜欢使用寒暄策略，这就说明了老年组喜欢询问和关心他人的工作生活近况，但青年组一般就当下正在做的事情或所处的环境进行发问并打开话题，如"你去哪儿呢？"。

这些观察"年龄"因素的结果佐证了钱厚生（1992）的结论：不同身份、地位、年龄的人们会使用不同的策略进行问候和告别，这样才符合礼貌行为。同时，也支持布拉姆-库尔卡等（1985）的研究结果：会话双方的年龄"直接"影响，而不是"间接"影响言语行为策略。

三 权势对东乡语问候和告别语用策略的影响分析

研究结果表明，权势因素对东乡语受试问候和告别言语行为的语用策略有影响。问候语被看作是一种积极礼貌行为，而告别语则被看作是消极礼貌行为。布朗和列文森（1978/87）认为礼貌可以减轻有些言语行为带来的面子威胁，既要尊重对方的积极面子，又要照顾到对方的消极面子。研究结果显示，在问候和告别时，除了建议策略，权势对其他策略均有显著的影响，如果在交际过程中，说话人的权势高于听话人，他就不担心会威胁或损害听话人的面子，而且他的面子也不会轻易被损害。

曲卫国和陈流芳（2001）认为制约汉语问候使用的主要因素是礼貌原则。这种制约赋予中国的问候以下几个特征：

1.打招呼的热情程度和双方对相互关系的认可成正比；

2.位于年龄和社会关系坐标低位方通常先打招呼；

3.交际双方关系越是亲近，打招呼所涉及的话题也就越多，越涉及对象的私人区域。

这一观点也证明了权势因素对语用策略的影响。就称呼语的使用而言，两组受试弱权势者使用称呼语的频数明显高于强权势者，而且强权势者直陈策略的使用最为频繁，但是弱权势者该策略的使用频数最低。因由策略是弱权势者使用最多的告别策略，通过说明不得不离开的理由来表示自己告别时的情非得已并且保护了听话人的面子。

四 年龄和权势对东乡语和汉语问候和告别语用策略的影响

东乡族和汉语受试在实施问候和告别时，既存在相同之处也存在不同之处。

相同之处及原因：两组受试在会话中都会更多地使用间接问候和间接告别，这样会使说话人更加礼貌，而听话人更加舒服。问候部分中，寒暄策略是两组受试均使用最多的问候策略，而告别部分中，直陈、建议和嘱咐策略都是两组受试使用频数最高的三种策略。究其原因，从宗教思想方面来说，东乡族民信仰伊斯兰教，诵读《古兰经》，其中也是强调要团结和行善，在社会交际中人们应该处理好与他人的关系，保持与他人的融洽和谐。而汉族人们受到儒家传统思想的影响较大，儒家思想强调以和为贵。总之，和谐是二者都强调和推崇的，因此在这一点上，为了保证和谐友善的人际交往，人们都会使用适当的语用策略来保证会话的顺利进行，来保护和维持对方的面子。

不同之处及原因：问候语和告别语作为会话中必须的部分，在每一种语言中都非常的丰富多样，使用情况也各不相同。在东乡语和汉语受试对各项策略的使用情况表现出的差异就说明了他们各自不同的社会环境和语用习惯。当东乡族们碰面时，他们会说"色兰"来表示问候和祝愿。但汉族人们习惯说"吃了吗？"来打招呼并不是真正的在乎你吃饭没有或者饿不饿。在具体的实施问候和告别以及附加策略的使用方面，东乡族和汉族受试存在差别。

首先，问候部分中，汉语称呼语的使用频数高于东乡语中的，兰州汉族人，通常会将称呼语和其他策略结合使用来问候或告别，如："马叔，你去哪呢？"东乡语中祝愿策略的使用频数比汉语的高，因为在春节来临时，汉族受试会使用"过年好"来表示问候，也会说"你年货办得怎么样了"或者"过年了，到我们家逛来"这种非祝愿策略来问候。但是在东乡语中，所有受试在开斋节到来时，都会现使用"色兰，开斋节开得好着呢吧！"然后再开始其他的话题，因此，祝愿策略的使用频数较高。

其次，对告别部分来说，可以看出直陈策略是二者都常常使用的告别策略，但是接下来东乡语中使用频数较高的为因由策略，但汉语为嘱咐策略，而且汉语致谢策略的使用频数明显高于东乡语的。从收集到的语料中可以看出，在谈话结束时，东乡语受试使用较多的为"我还有事，先走了！"；汉语受试使用较多的为"谢谢啊，先走了"以及"打扰你了，谢谢了。"在交际过程中，交际双方都会根据不同的情况、对象和情境来选择使用不同的语用策略手段，以期达到交际目的，满足面子需求。因此，不同语言中，有不同的礼貌方式和手段来表示各自较为习惯的礼貌行为。

第七节　结论

一　主要发现

首先，问候和告别言语行为存在于任何语言中，东乡语也不例外。问候打开了交谈者之间的话题并且可以营造一个轻松的会话氛围。而礼貌的告别则意味着会话的结束。称呼是问候语和告别语中都不可缺少的一个重要部分；它是一种比较直接和简单的问候、告别方式。合适的称呼就可以保护和维持谈话者的面子。

其次，研究发现年龄因素影响着东乡语受试问候和告别语用策略。基于中国的社会习惯，人们应该尊老爱幼，因此，老年组和青年组在实施问候语和告别语用策略时，有明显的差异。例如，东乡语中，老年组倾向于使用关心策略而青年组则倾向于使用寒暄策略。这就说明老年组喜欢询问和关心他人的生活工作情况，但是青年组更喜欢就目前正在做的事情或所处的情境来进行发问和交谈。

再次，权势因素对东乡语受试实施问候和告别语用策略有影响。在所使用的语用策略中，权势强和权势弱者只有一项语用策略没有显著性差异，其余都表现出了显著性差异。因为如果说话人的权势高于听话人，他们就不用担心会威胁到听话人的面子，反之则会更多地顾及听话人的面子；所以权势强组倾向于使用更直接的方式去问候或者告别。

最后，东乡语和汉语受试的问候和告别言语行为的语用策略的使用既存在相同点，又存在不同点。虽然每种语言中的礼貌准则各不相同，但礼貌都是用来维护对方的面子。所以在交际中，人们普遍要遵循礼貌原则。正如拉弗（1981）指出的，语用策略的使用情况因为社会因素的差异而不同，所以对于不同人不同语言，问候语和告别语用策略也会有所不同。

二 局限性和建议

1.局限性

第一，本研究在收集的语料中获得了大量可靠的原始数据，在角色扮演中收集到的为半自然语料，所有受试都是按照自己的性别和年龄进行每一个语境的角色扮演，但这可能会与真实生活中的完全自然的会话有所不同。因此，研究中收集的语料有一定的局限性。

第二，研究对象的数量有一定的局限，每一个受试要扮演不同语境的不同角色，因此，有些表达可能会受到一定的影响，存在不能完全代表他们在自然情况下人际交流的真实情况的可能性。

第三，本研究根据角色扮演设计了问卷调查，但问卷中的选项有限,尽管在问卷中设计了"其他"选项,但只有个别受试选择填写。由于时间和人力的限制,本研究只分析了年龄和权势因素对实施问候和告别言语行为的影响,其他因素(如性别、关系亲疏)有待继续研究。

2.建议

首先,东乡语作为一种濒危语言,汉化的程度也在逐渐加重,所以本研究对东乡语乃至濒危语言的语用方面的研究提供了一种新的手段,希望可以有更多的相关政策和措施来记录和传承濒危语,不让它们消失甚至于灭绝。

其次,在调研过程中,我们发现大部分的东乡语受试不会说汉语,甚至有人不懂汉语,而且有很多人不认识汉字。这大大地阻碍了东乡族的发展。所以我们呼吁东乡族可以加强教育,保证教育的平衡性,让更多的人了解更多的文化和知识,保证各民族共同和谐发展。

第七章 邀请

第一节 引言

为了维持良好的人际关系，邀请是日常生活中常常发生的言语行为。一方面，邀请言语行为的模式会随着不同的社会文化规约而产生变化，而在另一方面，言语行为的呈现模式在某种程度上来说也在反映着社会和民族的特点。言语行为语用策略的选择也会受到社会和文化价值观的影响。从社会语用的角度来讲，邀请言语行为的实现要受到各种社会因素，诸如年龄、性别、权势、关系亲疏以及教育程度的影响（布朗和列文森，1978/87：74—83）。

东乡语的传承仅靠口耳相传，是否存在其本民族书面语尚有一定的争议（详见第二部分东乡语语用研究综述）。东乡族在教学中使用大量的外来借词，很少采用东乡语，使用东乡语的地区日渐减少，这些现状使得东乡语处于濒临灭绝的境地（马永峰、陈玉梅，2015）。近年来，关于东乡语言语行为的研究主要有请求、道歉、恭维、感谢、拒绝、问候和告别。然而，邀请言语行为在东乡语研究中尚未涉及。鉴于此，本研究对东乡语的邀请语用策略进行研究，并将它与汉语做出对比分析。然后，重点观察年龄和关系亲疏这两个社会因素对于东乡语邀请语用策略的影响。最后，本研究还将对东乡语和汉语的邀请进行对比分析，以此来探究文化和社会特征对于两种语言礼貌的影响。

本研究的理论意义在于提供一种从社会语用角度来对比分析两种语言的研究方法。对于可能产生影响的社会变量的定量分析来衡量礼貌的适切程度（布朗和列文森，1978/87）。除了理论意义，本研究还在言语行为研究的数据收集方法上采用了角色扮演和问卷调查相结合的有效方法。本研究的实际意义在于提供了大量的半自然东乡语和汉语语料，这有助于语言保存和保护。此外，本研究所呈现的对于东乡语和汉语的对比分析的邀请策略，将有助于两族人民的跨文化交流。

第二节　理论背景

本节将就有关邀请言语行为所涉及的分类、定义以及国内外相关研究进行理论综述。

一　邀请言语行为的定义

塞尔（1975，1979）将邀请言语行为归为指令类言语行为。范德韦肯（Vanderveken，1990：191）认为指令类是邀请言语行为的前提条件，并进一步定义邀请是能让听话人高兴并认为是对他有益的行为，所以邀请通常是在肯定被邀请人的积极面子。邀请也是礼貌的社会行为，在社会生活中具有基本的社会交际功能。以往对各种礼貌的研究表明，社会规范因文化而异。因此，在一种文化中被视为礼貌的行为，在另一种文化中有可能是被认为是不礼貌的行为。然而，在所有的语言群体中，邀请可以看作是一种可接受的人道主义礼貌行为。哈提卜（2006）定义的邀请作为交际行为和说话人的面子需求，旨在提高并加强说话人和听话人之间良好的关系。在本研究中的邀请言语行为都是口头邀请，发生在东乡县和兰州市周边可能的所有的社交场合，如聚会和聚餐等；书面邀请不属于本研究的范围。

二 邀请言语行为策略的分类

语用策略是指交际者解决不同的矛盾，实现交际目的，促进和谐互动所采取的语言措施（卡斯帕和达尔［Kasper & Dahl］，1991）。邀请言语行为的实现涉及各种礼貌策略。许多学者对跨语言和文化的实施邀请言语行为进行了研究，其中一些研究提供了邀请策略的分类方案，如铃木（Suzuki，2007）、贝拉（Bella，2009，2011）和盖尔西亚（Garcia，2008）。本研究重点参照盖尔西亚（2008）对邀请言语行为策略的分类，包括主言语行为、直接邀请和间接邀请，以及附加策略（见表7-1），并根据实际情况对分类做了一些改动（详见第四节）。

表7-1　　　　　　　　　邀请言语行为策略分类

主言语行为			附加策略
直接邀请	间接邀请		
	规约性间接邀请	非规约性间接邀请	
（1.1）语态推导	（2.1）建议	（3.1）强暗示	（1）预设
（1.2）清晰表达	（2.2）询问	（3.2）补偿说话人	（2）提供信息
（1.3）强制表达		（3.3）表达遗憾	（3）解释说明
（1.4）命令			（4）刻意弱化事物
（1.5）语义推导			（5）减轻失望
（1.6）愿望表达			

第三节　文献综述

一　国外邀请言语行为相关研究

哈提卜（Al-Khatib，2006）从语用学角度探究了约旦社会发出邀请，接受邀请和拒绝邀请的特点。研究结果表明关系亲疏、性别和年龄是决定在邀请过程中策略选择的主要因素。约旦阿拉伯人有其特定的邀请模式，而这种模式只有在他们自己的社会文化中才能被理解和认同。

盖尔西亚（2007）对于委内瑞拉讲西班牙语的男女所采用的礼貌策略

进行了实证研究。她将邀请的对话设计在两个角色扮演的语境中：邀请和回应邀请。结果分析表明受试倾向于使用赞同一致的礼貌策略，而非顺从尊重的礼貌策略。同时结果还表明男女受试在执行邀请和邀请回应时策略选择存在着显著差异。女性较男性而言在邀请时更加的委婉和尊敬。

盖尔西亚（2008）研究了委内瑞拉和阿根廷讲西班牙语的人在邀请对方参加生日聚会时的邀请言语行为，通过角色扮演的方法进行了对比分析。结果表明在阿根廷讲西班牙语的人在邀请时会采用威胁到自己和听话人的面子的行为，然而在委内瑞拉讲西班牙语的人倾向于采用威胁到自己的面子而不威胁听话人面子的策略，依此看来，阿根廷人似乎比委内瑞拉人更加保护他们的积极面子。委内瑞拉和阿根廷的受试大多在邀请时表现出赞同一致而非委婉尊敬。

贝拉（2009）调查了希腊人在发出邀请和拒绝邀请时的礼貌状况。对受试角色扮演和访谈收集的数据进行分析后发现，年龄是影响邀请和拒绝邀请时的礼貌策略选择的决定性因素。青年组认为邀请是一种巩固面子的行为，所以他们较多地采用积极礼貌策略；然而年长的认为邀请是一种威胁面子的行为，所以他们似乎更加坚持消极礼貌策略。

铃木（2009）研究了美国人的邀请言语行为。通过对美国大学生的问卷调查结果分析，他探究了美国人在回应邀请时的语用策略。结果表明积极礼貌和消极礼貌在美国人的邀请言语行为中是普遍共存的。

米萨依和伊斯拉米（Mirzaei & Eslami，2013）研究了伊朗婚礼邀请的语用策略。他们将邀请这一言语行为的研究视角扩展到了婚礼邀请和非西方语言的领域。这一研究探究了邀请问题的语篇和影响措辞的社会变量。研究结果表明，除了宗教，其他的社会变量比如受教育程度、女权主义、社会经济地位、职业以及年龄对于年轻夫妇的语言选择都有很大的影响。这一研究结果也显示社会文化影响着伊朗年轻人的交际行为。

奈斯尔（Nazari，2014）对于英语和波斯语的真实邀请和虚假邀请做了对比分析。结果表明，波斯语虚假邀请的话语结构要比英语更加复杂。研究结果也证实了波斯人在日常生活会使用非常可观的虚假邀请作为一种客套礼貌策略。这一研究也证实了虚假邀请是维护说话人和听话人面子的行为。

二 国内邀请言语行为相关研究

国内关于邀请言语行为的研究主要集中在汉语的邀请策略和邀请模式、汉语与其他外语的邀请对比、社会因素对邀请策略选择的影响以及邀请在二语习得和教学等方面的研究。

凌来芳（2004）对比分析了中国和美国大学生的邀请言语行为。研究结果表明中国大学生的邀请大多数是用餐邀请，而美国大学生最多的是聚会邀请。他还区分了直接邀请和间接邀请，讨论了陈述句和命令句属于直接邀请策略，而疑问句和设问句属于间接邀请。研究分析证实了中美两国之间的文化、社会、思维模式以及对礼貌的理解是导致邀请策略差异的原因。

曹钦明（2005）论述了汉语的邀请话轮模式。他认为邀请话轮模式可以分为前序、主体和后序。邀请的步骤有发出邀请、接受邀请或拒绝邀请以及附加策略。分析结果表明关系亲疏、权势和熟悉度是影响邀请策略选择的主要因素。

张蕊（2013）对汉语和英语的商务邀请函进行了语用对比分析。结果表明中国人在邀请时多用醒示语以及承诺回报的策略，而西方人则多用表达愿望的附加策略。

第四节 研究方法

本节将主要叙述本研究的研究问题和研究步骤，研究步骤主要包括受试、研究工具、实验设计、数据收集和分析。

一 研究问题

本研究旨在考察年龄和关系亲疏两个社会因素对东乡语和汉语受试

邀请策略选择产生的影响。通过定性与定量分析，本研究将回答以下四个问题：

问题一：东乡语和汉语受试分别是如何实施邀请这一言语行为的？
问题二：年龄对东乡语受试的邀请策略有怎样影响？
问题三：关系亲疏对东乡语受试的邀请策略有怎样的影响？
问题四：东乡语和汉语受试的邀请策略有何异同？

二 受试

本研究是基于在东乡语和汉语受试在实施邀请时存在明显差异的假设来展开的研究。为验证这一假设，本研究所有的受试均来自东乡县和兰州市周边的本地农村。为确保语言的纯正，东乡的受试均来自东乡县偏远山村。在跨文化语用研究中，本研究必须考虑受试的对等，所以同样，汉语受试也是来自于兰州市周边不发达的偏远山村。本研究涉及有效受试总人数是696人。

1.角色扮演共有16名受试参与。其中，8名东乡语受试（4男，4女）随机选自东乡县汪集镇的山村，8名汉语受试（4男，4女）也从兰州市榆中县高崖村随机选出。根据受试的真实年龄，本研究将受试分为老年组（55—70岁）和青年组（16—35岁）。

2.预测问卷共80名受试参与。其中，40名东乡语有效受试来自东乡锁南坝，40名汉语有效受试来自兰州榆中县高崖村。受试根据他们的年龄平均地分为老年组（55—70岁）和青年组（16—35岁）。

3.正式问卷调查共600名受试参与。其中，300名东乡语受试和300名汉语受试随机选自东乡县和兰州市周边农村的市场、街道、学校和村落。受试的年龄分布在16—70岁之间。根据他们的真实年龄，分为老年组（55—70岁）和青年组（16—35岁）。采用大规模问卷调查的原因在于确保研究具有代表性的同时，也符合了会话完型问卷调查在跨文化言语行为研究中所要求的标准。最后，本研究收集到300份东乡语有效问卷和300份汉语有效问卷。

三 研究工具

卡斯帕和达尔（1991）建议在跨文化语言研究中试着采用多种数据收集方法相结合的方法来确保语言研究的有效性。因此，在本研究对于邀请言语行为的研究采用了角色扮演和会话完型问卷调查的方法来收集数据。

尽管为了观察在特定的语言和文化中受试是如何实施某种言语行为的，尽量保证语言的纯正地道，在语言研究中提倡尽可能地自然对话（布拉姆-库尔卡和奥尔什坦［Blum-Kulka & Olshtain］，1984），但是自然语言的收集并没有考虑如何去控制各种干扰变量，比如说年龄和性别。此外，自然对话很难在短时间内收集到足够的自然语料用以语言对比研究。为了解决这一问题，盖斯和豪克（Gass & Houck，1999）建议采用开放式角色扮演，在角色扮演中口头对话接近于真实自然交流，是最接近真实自然语言的方法。因此，在本研究中采用了开放式角色扮演，用这种方法能有效控制变量以及收集到充足可信的数据运用于邀请言语行为研究。在每一个角色扮演中，受试都要根据设计好的语境提示来表演他的角色，整个角色扮演过程都要录音录像。

除了开放式角色扮演，本研究还采用了会话完型问卷调查来收集研究数据。会话完型测试问卷是包含了若干个对于语境的描述（比如，邀请邻居来参加婚礼），然后在每一个语境下有五个选项，受试需要在这样的特定语境设定下选择他们认为恰当的表达（布拉姆-库尔卡等，1989）。这种问卷形式能有效控制各项变量并且能够在短时间内收集到大量的数据（比伯和卡明斯［Beebe & Cummings］，1996）。会话完型测试问卷应用于本研究是为了对比分析东乡语和汉语的邀请策略，将问卷中的相同语境应用于不同的语言环境中来考察受试的邀请策略选择。

本研究采用会话完型问卷的原因是它是在言语行为的语用策略研究中非常有效的工具，并且会话完型测试问卷也易于获取受试的社会和文化信息，便于研究者在研究邀请言语行为的时候有效控制各项变量。此外，从数据收集的结果来看，它要比问题回答式的问卷更能反映口语表达的真实性（卡斯帕和达尔，1991）。

1. 角色扮演设计

除了受试的年龄和性别，布朗和列文森（1978/87）提出关系亲疏、权势强弱和涉及事物大小是言语行为研究的三大社会变量。在本研究中要考察的是年龄和关系亲疏对于邀请言语行为的影响。其他干扰变量诸如性别、权势和涉及事物大小都需要在试验设计中控制。性别变量的控制方法是把相同人数的男性受试和女性受试平均地分为老年组和青年组。权势和涉及事物大小这两个变量是在设计语境中实现的，权势高低是被设计在说话人和听话人的角色身份中（比如：老板和员工），而涉及事物大小则根据言语行为中的事情的严重程度来设计（比如：婚礼邀请或者邀请喝茶）区分它们是大事还是小事。

在角色扮演语境设计的时候，本研究特别注意避免设计不符合东乡族的文化、宗教信仰和社会习俗的语境。比如说像葬礼，失去亲人这样的语境角色扮演就属于不恰当的语境，应当避免。因为所有受试都来自偏远山村，所以语境的设计也要尽可能地贴近农村的生活现实场景，并且必须是相同的语境应用于东乡语和汉语受试以作对比分析。

考虑到这三种社会变量，当关系亲时，权势和涉及事物大小可以形成6种组合；在社会关系疏远的前提下，权势和涉及事物大小两个因素又形成6种组合。然后，针对每种组合设计了两个语境来获取充足的语料。所以在角色扮演中总共有24个语境并且每个语境下根据不同的性别年龄组合又各有8组对话。性别年龄组合如下：男性青年—男性老年、男性青年—女性老年、女性青年—男性老年、女性青年—女性老年、男性老年—男性青年、男性老年—女性青年、女性老年—男性青年、女性老年—女性青年。在每组对话中受试都要根据语境扮演他们的角色来实施邀请。

2. 问卷设计

角色扮演收集到的语料转写后参照布鲁姆-库尔卡等（1989）提出的言语行为解码分析方案来分析。此外，本研究还结合了盖尔西亚

（1999，2007，2008）关于邀请言语行为研究中的邀请策略的分类方法。

根据对角色扮演的语料分析，本研究设计了会话完型测试问卷来进行下一步的定量分析。问卷中每个语境问题有五个选项，每一个问题的选项是基于之前在角色扮演中收集的语料中，不同语用策略的出现频数进行设计和排序：使用频数最高的邀请策略、使用频数次高的邀请策略、最不常使用的邀请策略、由东乡语和汉语受试分别提供的言语策略以及一个空白选项以便受试提供其他不同的邀请策略。为了使两种语言能够进行对比分析，东乡语和汉语问卷的语境是一样的，但是每个语境的选项会根据东乡语和汉语的方言各自受试的语用策略不同而有所变化。

根据预测的结果分析，本研究对最终要使用的问卷做了修改，形成了最终要使用的会话完型测试问卷。做了修改的地方包括将语境减少到了12个，但是社会变量的12种组合保持不变。也就是将原来设计的每种组合下的两个语境减少到一个，而删减的根据就是结合了受试在预测时的建议以及预测后对他们的访谈意见。所以，有效地控制了社会变量同时也保证了问卷的信度和效度。问卷的语境设计如表7-2所示。

表7-2　　　　　　　　　　邀请问卷语境设计

关系亲疏	权势 说话人比听话人	涉及事物大小	语境
亲	弱	大	1.婚礼
亲	弱	小	2.吃水果
疏	弱	大	3.学校典礼
疏	弱	小	4.喝茶
亲	强	大	5.家庭聚会
亲	强	小	6.看戏
疏	强	大	7.家长会
疏	强	小	8.看花
亲	平等	大	9.生日聚会
亲	平等	小	10.购物
疏	平等	大	11.医疗大会
疏	平等	小	12.闲聊

（马彩霞，2017：27）

四 数据收集

1. 角色扮演

2014年1月22—23日，在东乡县汪集乡进行了东乡语的角色扮演数据收集。2014年4月24—25日，在兰州市榆中县的高崖镇进行了汉语的角色扮演数据收集。东乡族翻译给受试村民解说每一个语境，解说内容包括受试要扮演的角色和两个受试说话人和听话人之间的关系亲疏。然后这两个受试会根据设计好的语境实施邀请。整个角色扮演过程都要进行录音录像，而每一个视频在录制的时候只允许两个进行角色扮演的受试出现。这样做的目的是避免干扰其他受试的思维以及为了录音更加顺利和清晰。最后，排除不完整或是不清晰的视频，在东乡县获得192个有效视频，同样在兰州市周边也得到192个有效视频。

为了对已经获得的半自然语料进行进一步的分析，本研究请东乡族的大学生把角色扮演的视频转写成东乡语记音符号和与之对应的汉语翻译。东乡语的角色扮演视频最后根据马国忠和陈元龙编纂的《东乡语汉语词典》转写成东乡语的记音符号。192个东乡语角色扮演视频被转写成注音符号和与之对应的汉语。本研究将汉语的192个角色扮演视频转写成汉语文字，转写期间咨询了兰州当地的朋友，得到他们的许多建议和帮助。

2. 预测

2015年6月27日在东乡的锁南坝进行了东乡语的预测问卷调查。预测问卷是在锁南坝的南街和市场进行的。2015年6月26日在兰州市榆中县高崖村进行了汉语的预测问卷调查。东乡族大学生翻译先向受试解说每一个语境和选项，然后受试填写问卷。最终，去除漏填误填的问卷，此次预测总共收集到东乡语有效问卷40份，汉语问卷40份。

预测问卷的结果分析证实了所设计问卷的效度和这种问卷形式的可行性。同时预测试验结果也证明能够有效收集东乡语和汉语的邀请策略数据。

3. 正式问卷调查

2015年9月28—29日，在东乡多个地方进行了东乡语的大规模问卷调查，这些地方包括了东西街、文化街、民俗街、锁南市场、昂唐街、南街、汪集中学、汪集车站、东乡养老院、东乡高中等。2015年9月25—27日，在兰州市榆中县的多个地方进行了汉语的大规模问卷调查，这些地点包括高崖市场、高崖一院、榆中县第三高级中学、孝昌路、青城市场、眺晨街、瓦窑广场等。

在进行问卷调查时，东乡族大学生会向不识字的受试解释问卷，然后受试根据解说选择答案。在排除未填和误填的问卷后，调查者分别在东乡获得300份有效问卷，同样在兰州也收集到300份有效问卷。

五　数据编码和分析

基于前文已经论述过的研究框架，本研究将对东乡语和汉语实施邀请言语行为的语用策略进行对比分析。本研究根据布鲁姆-库尔卡等人（1989）言语行为实施的跨文化研究的编码模式，并且参照了盖尔西亚（1999，2007，2008）邀请言语行为的分类方法。盖尔西亚把邀请分为三个明确的阶段：邀请—回应、坚持邀请—回应以及结束邀请。本研究要考察的是发出邀请这一过程。

根据所收集的语料数据以及盖尔西亚（2008）的分类方法，本研究将邀请言语行为分为主言语行为部分、主言语行为的内修饰部分、称呼语部分和附加策略部分。

表7-3　　　　　　　　　　邀请言语行为策略分类

主言语行为	例子
直接邀请	
1.语气推导	早上8:00来。
2.清晰表达	我邀请你来参加我的生日聚会。
3.命令	你得来。
4.愿望	我希望你能来。
间接邀请	
1.建议	你来参加怎么样？

续表

主言语行为	例子
2.询问	你能来参加我的生日聚会吗？
3.暗示	你知道的，我的生日在这周六。
主言语行为内修饰词	
1.零修饰	没有任何内修饰词
2.礼貌词	请
3.降级词	一下、一点儿
4.主观表达	想、要
5.条件假设	如果
称呼语	
1.零称呼	无称呼
2.职业称呼	校长、技术员
3.亲戚称呼	叔、大爷
附加策略	
1.零附加	无任何附加策略
2.解释说明	因为我的婚礼在这周六。
3.提供选择	如果你有空的话，能不能来？
4.询问	你能来吗？

（马彩霞，2017：30）

所得数据通过SPSS16.0软件进行分析。为了获取东乡语和汉语的邀请策略总的概况，本研究统计了主言语行为、主言语行为内修饰词、称呼语和附加策略分策略的出现频数和百分比。本研究采取独立样本卡方检验考察年龄差异和关系亲疏对东乡语和汉语邀请策略的影响。

第五节　数据分析

本节将呈现对于研究结果的数据分析。首先对东乡语和汉语是如何实施邀请的总的策略进行分析，然后分别对年龄和关系亲疏对于东乡语邀请策略所造成的影响进行数据分析，最后对比在年龄差异和不同关系亲疏情况下，东乡语和汉语有何异同。

一 东乡语和汉语的邀请实施模式

发出邀请是一种承诺指令类言语行为，属于面子威胁行为并且需要语言缓解的行为（布朗和列文森，1978/87）。本项关于东乡语和汉语的研究将验证布朗和列文森的这一论断是否也能适用于这两种不同的社会文化群体的邀请言语行为实施。根据之前问卷调查收集的数据分析东乡语和汉语的邀请实施模式。盖尔西亚（2008）将邀请的整个步骤分为三个阶段：邀请—回应、坚持邀请—回应以及结束邀请。本研究将重点考察发出邀请这一过程。本研究在分析实施邀请的策略时将发出邀请的话语分为四部分：主言语行为、主言语行为内修饰词、称呼语和附加策略。东乡语和汉语的总的邀请实施策略情况如下表所示。

表7-4　　　东乡语和汉语邀请语用策略总体分布

主言语行为	东乡			汉语		
	频数	百分比	有效项	频数	百分比	有效项
直接邀请						
1.语气推导	812	22.6%	68	863	24.0%	72
2.清晰表达	820	22.8%	69	749	20.8%	62
3.命令	386	10.7%	32	373	10.4%	31
4.愿望	49	1.4%	4	108	3.0%	10
小计（直接邀请）	2067	57.5%	173	2093	58.2%	175
间接邀请						
1.建议	261	7.2%	21	395	11.0%	33
2.询问	850	23.6%	71	763	21.2%	64
3.暗示	422	11.7%	35	348	9.7%	29
小计（间接邀请）	1533	42.5%	127	1507	41.8%	125
总计（主言语行为）	3600	100%	300	3600	100%	300
主言语行为内修饰词						
1.零修饰	627	17.4%	52	803	22.3%	67

续表

主言语行为	东乡			汉语		
	频数	百分比	有效项	频数	百分比	有效项
2.礼貌词	521	14.5%	43	591	16.4%	49
3.降级词	1629	45.2%	136	1456	40.4%	121
4.主观表达	594	16.5%	50	510	14.2%	43
5.条件假设	229	6.4%	19	239	6.6%	20
总计（内修饰词）	3600	100%	300	3599	100%	300
称呼语						
1.零称呼	2205	61.2%	184	1798	49.9%	150
2.职业称呼	1062	29.5%	89	1116	31.0%	93
3.亲戚称呼	333	9.2%	27	686	19.1%	57
总计（称呼语）	3600	100%	300	3600	100%	300
附加策略						
1.零附加	981	27.2%	82	724	20.1%	62
2.解释说明	1810	50.3%	151	2248	62.4%	186
3.提供选择	416	11.6%	35	176	4.9%	15
4.询问	393	10.9%	32	452	12.6%	37
总计（附加策略）	3600	100%	300	3600	100%	300

（数据来源于马彩霞，2017：33）

1.主言语行为

布鲁姆-库尔卡等（1989）提出主言语行为是实施邀请和独立完成邀请言语行为所必不可少的主要成分。在本研究的分析框架中，主言语行为分为直接邀请和间接邀请。根据盖尔西亚（1999，2007，2008）的研究发现：说话人往往采用明确的表达、直陈的语气，或命令、希望等表达，实施直接邀请；而采用询问、建议或暗示等策略发出间接邀请。

从表7-4可以看出在发出邀请时，东乡语受试比汉语受试采用语气推导策略要少，两者所占百分比分别为22.6%和24.0%。事实上从比例来看，两种语言在语气推导策略上差异并不明显。下面是东乡语说话人采用语气推导策略来邀请听话人的例子：

例 7-1

村民（老年男性）：

东乡语：Ene hon alimala osisanla gansan hin wo, chi toreizhi iyele ire, chiyi xinlaye.

汉　语：今年水果长得都挺好的，请你过来转转，顺便吃点水果。

农业技术员（青年男性）：

东乡语：An, ireye.

汉　语：好的。

（马彩霞，2017：34）

从表 7-4 可以看出东乡语受试在邀请时使用清晰表达策略要比汉语受试多，它们各自所占的百分比为 22.8% 和 20.8%。下面是东乡语说话人采用清晰表达策略来邀请听话人的例子：

例 7-2

村民（青年女性）：

东乡语：Ene ghuarudu gelade gou wo la?

汉　语：最近家里都好吗？

村长（老年男性）：

东乡语：En gou wo.

汉　语：嗯，都好。

村民（青年女性）：

东乡语：Chubade jiehun giezho ma, chiyi nie xinlaye.

汉　语：我初八结婚，请你来哈。

村长（老年男性）：

东乡语：En bi uzheye ma shijie wine shi ireye, jinliangdi ireye.

汉　语：嗯，看看情况；如果有时间，我就过来。

村民（青年女性）：

东乡语：An irekuyi ge ma.

汉　语：嗯，尽量来呀。

（马彩霞，2017：34—35）

从表7-4可以看出东乡语和汉语在实施邀请时采用几乎相同频数的命令策略，各自所占的百分比为10.7%和10.4%。下面是东乡语说话人采用命令策略来邀请听话人的例子：

例7-3

校长（老年男性）：

东乡语：Ede gede cha ochile youye.

汉　语：到我家喝茶去。

教师（青年男性）：

东乡语：Yan ochidan wo sha, bu ochiye.

汉　语：有啥喝头，不喝了。

（马彩霞，2017：35）

从表7-4可以看出东乡语在发出邀请时采用表达愿望的策略比汉语少，它们各自所占的百分比为1.4%和3.0%。下面是东乡语说话人采用愿望表达策略来邀请听话人的例子：

例7-4

村民（青年男性）：

东乡语：Ghuaridu beise kande bierei agine ma, nie ire ma, xinla ye.

汉　语：过几天娶儿媳妇，来一下呗，请你了。

村长（老年男性）：

东乡语：An, ireye, dao shihou shi ireye.

汉　　语：嗯，到时候我一定来。

（马彩霞，2017：36）

以上是直接邀请中的四个分策略以及它们各自的例子。从直接邀请的四个分策略的使用频数来看，东乡语受试在邀请时多采用语气推导和清晰表达，而很少在邀请时会用表达个人愿望的策略。

间接邀请策略就是说话人在邀请听话人时不直接发出邀请，因为说话人并不确定听话人会接受他的邀请，他用一种委婉间接的方式来实施邀请。从表7-4可以看出东乡语受试要比汉语受试在实施邀请时采用建议策略少，他们各自所占的比例为7.2%和11.0%。以下是东乡语说话人在邀请时采用建议策略的例子：

例7-5

村民（青年男性）：

东乡语：Puse shi chini giede nie chadase ye gao wo ma!

汉　　语：要不然去你家喝会儿茶也好！

医生（老年男性）：

东乡语：Ene ghuaridu hinde xian uwo a.

汉　　语：我这两天有点忙啊。

（马彩霞，2017：36）

从表7-4可以看出东乡语在实施邀请时采用询问的策略比汉语多，它们各自所占的比例为23.6%和21.2%。以下是东乡语说话人在实施邀请时采用建议策略的例子：

例7-6

餐馆老板（老年男性）：

东乡语：Enedu chi xien shi bi nie gonzi kaizho, chi mini gonzide nie toreile irese?

汉　语：我的饭馆开业了，今天你有空来看看吗？

理发店老板（青年男性）：

东乡语：Hhe be olune.

汉　语：没问题。

（马彩霞，2017：37）

暗示是指说话的意图不会在话语中立即推导出的邀请策略。如表7-4所示，东乡语在实施邀请时使用暗示策略比汉语多，所占百分比分别为东乡语11.7%和汉语9.7%。下面是汉语受试在实施邀请时采用的暗示策略例子：

例7-7

教师（青年男性）：

汉　语：亲戚从远地方给带来些好茶叶，闻着真个香，几个老师都品尝过了。您有时间吗？

校长（老年男性）：

汉　语：闲得很，咋给我没说呢？

（马彩霞，2017：37）

2. 主言语行为内修饰词

从主言语行为的邀请策略转到内修饰词策略，从数据分析可以看出在两种语言的邀请语中都存在着主言语行为内修饰词。东乡语和汉语的说话人都会采用条件假设、降级词、主观表达和礼貌词来减轻缓解在实施邀请时对于听话人的冒犯（穆里尔［Muriel］，2008）。

从表7-4可以看出东乡语实施邀请时使用频数最高的内修饰词是降级词，占百分比为45.2%。依次使用频数第二和第三的是主观表达和礼貌词，分别所占百分比是16.5%和14.5%。

汉语在实施邀请时使用频数最高的内修饰词也是降级词，占百分比为40.4%。使用频数第二和第三的是礼貌词和主观表达，分别所占百分比为16.4%和14.2%。

3. 称呼语

称呼语是说话人用来指明听话人、第三方和他们自己的用语。人们在实施言语行为时，会使用恰当的头衔或名称来称呼对方，而基本上称呼是一种社交必要的功能。称呼形式的细微差别也是说话人和听话人对于他们之间关系的确认，说话人会用称呼来定义他们自身的社会群体，从而确认自己在社会群体中的位置（哈提卜，2006）。

如表7-4所示，东乡语受试在实施邀请时采用零称呼的频数比汉语受试高，它们各自所占百分比为61.2%和49.9%。而东乡语和汉语受试在实施邀请时采用了几乎相同频数的职业称呼，它们各自所占百分比为29.5%和31.0%。东乡语受试在实施邀请时采用亲戚称呼的频数要比汉语受试少，各自所占百分比为9.2%和19.1%。

4. 附加策略

如果说主言语行为是实现邀请言语行为的主体，那么附加策略的作用则是来修饰平缓邀请时所造成的影响（布鲁姆-库尔卡等，1989）。附加策略既能缓和也能激化施为行为的力度。本研究将附加策略分为解释说明、提供选择和询问。

从表7-4可以看出东乡语和汉语在实施邀请时采用最多的附加策略是解释说明，而东乡语比汉语使用解释说明的附加策略比汉语少，它们各自所占百分比为50.3%和62.4%。解释说明是表达邀请的原因来支持主言语行为，下面是东乡语受试邀请时采用解释说明的附加策略的例子：

例7-8

教师（青年男性）：

东乡语：Ede udu dawagvaku ghujilawo, magvashi chinshise gouji ojien agile echiye giezho. Chimade gunfu bise mini peiyizhi hhantu nie yawu bai?

汉　　语：马上就要过祭奠活动了，我想着明天进城去买点东西。能不能陪我一起去啊？

教师（老年男性）：

东乡语：Hhe be olune.

汉　　语：没问题。

（马彩霞，2017：39）

提供选择是说话人在实施邀请时为了缓和听话人面子的附加策略。如果邀请言语行为威胁到听话人的面子时，听话人会选择接受或者拒绝。如表7-4所示，东乡语受试在实施邀请时采用提供选择的附加策略比汉语受试多，它们各自所占的百分比为11.6%和4.9%。下面是东乡语受试在实施邀请时采用提供选择附加策略的例子：

例7-9

小卖铺老板（青年女性）：

东乡语：Agvinde xi yenjizho, matan uzhele yawuye ba, shijien waine shi.

汉　　语：村里在唱戏，有时间的话，我们去看看吧。

送货员（男性，汉语）：

东乡语：Puse ulie echine, giede gouji wilie waine.

汉　　语：家里有事，就不去了。

（马彩霞，2017：40）

如表7-4所示，东乡语受试在实施邀请时采用询问的附加策略少于汉语受试，它们各自所占的百分比为10.9%和12.6%。下面是东乡语受试在实施邀请时采用询问附加策略的例子：

例7-10

教师（青年男性）：

东乡语：Ghuaridu beise nie, kelie du ma, chainie xinlase olunela?

汉　　语：学校让大家在典礼上说说，请一下你可以吧？

教管主任（老年男性）：

东乡语：An olune.

汉　　语：嗯，可以啊。

（马彩霞，2017：40）

二　年龄差异对东乡语邀请策略的影响

东乡语青年组和老年组在实施邀请言语行为时采用的策略数据分布如表7-5所示。

表7-5　　　　年龄对东乡语邀请语用策略影响分布图

主言语行为	老年组			青年组			卡方值	显著性
	频数	百分比	有效项	频数	百分比	有效项		
直接邀请								
1.语气推导	508	28.2%	42	304	16.9%	25	2.837 [a]	0.000
2.清晰表达	245	13.6%	20	575	31.9%	48		
3.命令	260	14.4%	22	126	7.0%	11		
4.愿望	0	0	0	49	2.7%	4		
小计（直接邀请）	1013	56.2%	84	1054	58.5%	88		
间接邀请								
1.建议	164	9.1%	14	97	5.4%	8	26.278 [a]	0.000
2.询问	442	24.6%	37	408	22.7%	34		
3.暗示	181	10.1%	15	241	13.4%	20		
小计（间接邀请）	787	43.8%	66	746	41.5%	62		
总计（主言语行为）	1800	100%	150	1800	100%	150	3.067 [a]	0.000

续表

主言语行为	老年组			青年组			卡方值	显著性
	频数	百分比	有效项	频数	百分比	有效项		
主言语行为内修饰词								
1.零修饰	333	18.5%	28	294	16.3%	25	17.963[a]	0.001
2.礼貌词	281	15.6%	23	240	13.3%	20		
3.降级词	824	45.8%	69	805	44.7%	67		
4.主观表达	264	14.7%	22	330	18.3%	27		
5.条件假设	98	5.4%	8	131	7.3%	11		
总计（内修饰词）	1800	100%	150	1800	100%	150		
称呼语								
1.零称呼	1266	70.3%	105	939	52.2%	78	3.177[a]	0.000
2.职业称呼	517	28.7%	44	545	30.3%	45		
3.亲戚称呼	17	0.9%	1	316	17.6%	27		
总计（称呼语）	1800	100%	150	1800	100%	150		
附加策略								
1.零附加	469	26.1%	39	512	28.4%	43	1.879[a]	0.000
2.解释说明	966	53.7%	81	844	46.9%	70		
3.提供选择	95	5.3%	8	321	17.8%	27		
4.询问	270	15.0%	22	123	6.8%	10		
总计（附加策略）	1800	100%	150	1800	100%	150		

（数据来源于马彩霞，2017：37）

1.主言语行为

从表7-5可以看出东乡语老年组和青年组分别使用每种策略的频数分布情况。采用独立样本卡方检验的目的是分析年龄对于两种语言在实施邀请时是否有明显差异。从表7-5可以看出，东乡语青年组和老年组在实施邀请时多采用直接邀请的策略，与采用间接策略存在显著差异。东乡语青年组采用直接邀请的策略频数多于老年组。东乡语青年组采用间接邀请的策略频数少于老年组。就实施邀请的主言语行为策略而言，东乡老年组和青年组之间存在显著差异（p=0.000<0.05）。

2.主言语行为内修饰词

从表7-5可以看出东乡语老年组和青年组都采用了相应的词汇策略。在本研究所有的词汇策略中，东乡语老年组和青年组采用频数最高的是降级词策略，但是东乡语老年组比青年组使用降级词的策略更多。此外，东乡语老年组采用礼貌词策略多于东乡语青年组，而东乡语青年组则使用主观表达和条件句的词汇策略多于东乡语老年组。通过独立样本卡方检验证明了年龄因素对东乡语主言语行为词汇策略选择有显著影响（p=0.001<0.05）。

3.称呼语

如表7-5所示，在实施邀请时东乡语老年组和青年组都倾向于采用零称呼而直接实施邀请。而在两种有称呼方式中，两组都倾向于采用职业称呼，东乡语老年组使用职业称呼比使用亲戚称呼多；东乡语青年组采用亲戚称呼多于东乡语老年组。通过卡方检验的结果来看，年龄因素对东乡语老年组和青年组实施邀请时的称呼有显著影响（p=0.000<0.05）。

4.附加策略

如表7-5所示，东乡语青年组和老年组使用相同范围的附加策略，但是老年组和青年组使用不同的附加策略。在所有列出的三种附加策略中，老年组和青年组解释说明的策略是使用频数最高的策略，但是老年组比青年组使用解释说明的频数更高。此外，东乡语老年组使用询问的附加策略也比青年组多，而青年组则比较倾向于使用提供选择的附加策略。经过独立样本卡方检验，证明年龄因素对于东乡语的附加策略选择有显著影响（p=0.000<0.05）。

三 关系亲疏对东乡语邀请策略的影响

布朗和列文森（1978/87）提出关系亲疏是影响言语行为实施的三大

社会因素中之一，所以说关系亲疏也会影响东乡语受试的邀请策略。在关系亲疏不同的情况下，东乡语受试的邀请策略分布通过卡方检验如表7-6所示：

表7-6　　关系亲疏对东乡语邀请语用策略影响分布图

主言语行为	疏			亲			卡方值	显著性
	频数	百分比	有效项	频数	百分比	有效项		
直接邀请								
1.语气推导	460	25.6%	38	352	19.6%	29	20.015[a]	0.000
2.清晰表达	461	25.6%	39	359	19.9%	30		
3.命令	178	9.9%	15	208	11.6%	17		
4.愿望	36	2.0%	3	13	0.7%	1		
小计（直接邀请）	1135	63.1%	95	932	51.8%	77		
间接邀请								
1.建议	78	4.3%	6	183	10.2%	15	92.934[a]	0.000
2.询问	460	25.6%	38	390	21.7%	33		
3.暗示	127	7.1%	11	295	16.4%	25		
小计（间接邀请）	665	37%	55	868	48.3%	73		
总计（主言语行为）	1800	100%	150	1800	100%	150	1.551[a]	0.000
主言语行为内修饰词								
1.零修饰	350	19.4%	29	277	15.4%	23	2.466[a]	0.000
2.礼貌词	321	17.8%	27	200	11.1%	17		
3.降级词	714	39.7%	60	915	50.8%	76		
4.主观表达	387	21.5%	32	207	11.5%	17		
5.条件假设	28	1.6%	2	201	11.2%	17		
总计（内修饰词）	1800	100%	150	1800	100%	150		

续表

主言语行为	疏			亲			卡方值	显著性
	频数	百分比	有效项	频数	百分比	有效项		
称呼语								
1.零称呼	897	49.8%	75	1308	72.7%	109	4.012ª	0.000
2.职业称呼	801	44.5%	67	261	14.5%	22		
3.亲戚称呼	102	5.7%	8	231	12.8%	19		
总计（称呼语）	1800	100%	150	1800	100%	150		
附加策略								
1.零附加	740	41.1%	62	241	13.4%	20	7.966ª	0.000
2.解释说明	483	26.8%	40	1327	73.7%	111		
3.提供选择	307	17.1%	26	109	6.1%	9		
4.询问	270	15.0%	22	123	6.8%	10		
总计（附加策略）	1800	100%	150	1800	100%	150		

（数据来源于马彩霞，2017：45）

1.如表7-6所示，当关系疏时，东乡语受试采用直接邀请的比例远高于间接邀请（直接63.1%；间接36.9%）；而当关系亲时，虽然选择直接邀请的比重仍高于间接邀请，但二者百分比差距缩小了（直接51.8%；间接48.2%）。就主言语行为而言，在关系亲疏不同的情况下，东乡语受试在主言语行为的策略选择方面存在显著差异（p=0.000<0.05）。

2.在关系亲疏不同的情况下，主言语行为内修饰词的每种词汇策略的使用频数都如表7-6所示。东乡语受试在关系亲时采用降级词汇策略比在关系疏时要多。在关系疏时，采用礼貌词和主观表达这两种词汇策略的频数要比关系亲时高。在关系亲时采用条件句比关系疏时多。由此可以看出，在主言语行为内修饰词方面，关系亲疏因素对它们有显著影响（p=0.000<0.05）。

3.如表7-6所示，当关系亲时，东乡语受试采用零称呼策略最多，占比高达72.7%；职业称呼次之，占比为14.5%；而亲戚称呼最少，占比为12.8%。当关系疏时，东乡语受试采用职业称呼的比重大幅提升，占比44.5%，而亲戚称呼被采用的比重降低至5.7%。

4.根据不同关系亲疏的影响，每种附加策略的使用都如表7-6所示。从使用频数分布来看，东乡语在关系亲时采用解释说明的附加策略比关系疏时要多。在关系疏时，则较多采用提供选择和询问的附加策略。就邀请附加策略而言，关系亲疏对于附加策略选择有显著影响（p=0.000<0.05）。

根据以上的数据统计可以得出关系亲疏因素对于东乡语受试的邀请策略有显著影响。东乡语受试在不同的关系亲疏中会采用不同的邀请策略。

四 东乡语和汉语邀请策略对比

上文关于东乡语和汉语受试的邀请策略总的模式有了总体陈述，而在这一部分是要找出东乡语和汉语受试在年龄差异和不同关系亲疏影响下会有怎样的差异。

1.如表7-7所示，就主言语行为而言，东乡语老年组采用间接邀请策略多于汉语老年组；而采用直接邀请策略略少。东乡语和汉语老年组存在显著差异（p=0.000<0.05）。而值得注意的是，在主言语行为的内修饰词方面，东乡语和汉语受试并没有显著差异（p=0.569>0.05）。在称呼语方面，东乡语老年组在实施邀请时倾向于采用职业称呼多于汉语；汉语老年组则喜欢采用亲戚称呼。在称呼语的选择方面，东乡语和汉语老年组存在显著差异（p=0.000<0.05）。就附加策略而言，东乡语和汉语老年组在实施邀请时存在显著差异（p=0.000<0.05）。

表 7-7　东乡语和汉语老年组邀请策略卡方检验数据分布

主言语行为	东乡语老年组			汉语老年组			卡方值	显著性
	频数	百分比	有效项	频数	百分比	有效项		
直接邀请								
1.语气推导	508	28.2%	42	532	29.6%	44	13.453 [a]	0.001
2.清晰表达	245	13.6%	20	324	18.0%	27		
3.命令	260	14.4%	22	218	12.1%	18		
4.愿望	0	0	0	0	0	0		
小计（直接邀请）	1013	56.2%	84	1074	59.7%	89		
间接邀请								
1.建议	164	9.1%	14	224	12.4%	19	27.552 [a]	0.000
2.询问	442	24.6%	36	392	21.8%	33		
3.暗示	181	10.1%	16	110	6.1%	9		
小计（间接邀请）	787	43.8%	66	726	40.3%	61		
总计（主言语行为）	1800	100%	150	1800	100%	150	44.812 [a]	0.000
主言语行为内修饰词								
1.零修饰	333	18.5%	28	313	17.4%	26	2.933 [a]	0.569
2.礼貌词	281	15.6%	23	305	16.9%	25		
3.降级词	824	45.8%	69	796	44.2%	66		
4.主观表达	264	14.7%	22	278	15.4%	24		
5.条件假设	98	5.4%	8	108	6.0%	9		
总计（内修饰词）	1800	100%	150	1800	100%	150		
称呼语								
1.零称呼	1266	70.3%	105	1188	66.0%	99	1.180 [a]	0.000
2.职业称呼	517	28.7%	44	456	25.3%	38		
3.亲戚称呼	17	0.9%	1	156	8.7%	13		
总计（称呼语）	1800	100%	150	1800	100%	150		
附加策略								
1.零附加	469	26.1%	39	285	15.8%	24	68.015 [a]	0.000
2.解释说明	966	53.7%	81	1097	60.9%	91		
3.提供选择	95	5.3%	8	68	3.8%	6		
4.询问	270	15.0%	22	350	19.4%	29		
总计（附加策略）	1800	100%	150	1800	100%	150		

（数据来源于马彩霞，2017：48）

2.如表7-8所示,东乡语青年组和汉语青年组在实施邀请时策略选择存在显著差异。在主言语行为方面,东乡语和汉语受试都更多采用直接邀请而非间接邀请($p=0.000<0.05$)。而在主言语行为内修饰词方面,东乡语青年组采用主观表达和降级词策略多于汉语青年组,但是汉语青年组使用礼貌词和降级词策略多于东乡语青年组。东乡语青年组和汉语青年组在词汇策略方面存在显著差异($p=0.000<0.05$)。就称呼语而言,汉语青年组比东乡语青年组使用职业称呼和亲戚称呼都要多,而东乡语青年组在邀请时则使用零称呼较多。东乡语青年组和汉语青年组在称呼语选择方面存在显著差异($p=0.000<0.05$)。在附加策略方面,东乡语青年组比汉语青年组使用提供选择和询问策略多,后者比前者使用解释说明的策略更多,而东乡语青年组和汉语青年组在附加策略选择方面存在显著差异($p=0.000<0.05$)。

表7-8　　　东乡语和汉语青年组邀请策略卡方检验数据分布

主言语行为	东乡语青年组			汉语青年组			卡方值	显著性
	频数	百分比	有效项	频数	百分比	有效项		
直接邀请								
1.语气推导	304	16.9%	25	332	18.4%	28	50.337[a]	0.000
2.清晰表达	575	31.9%	48	425	23.6%	35		
3.命令	126	7.0%	11	155	8.6%	13		
4.愿望	49	2.7%	4	108	6.0%	9		
小计（直接邀请）	1054	58.5%	88	1020	56.6%	85		
间接邀请								
1.建议	97	5.4%	8	171	9.5%	14	20.396[a]	0.000
2.询问	408	22.7%	34	371	20.6%	32		
3.暗示	241	13.4%	20	238	13.2%	19		
小计（间接邀请）	746	41.5%	62	780	43.3%	65		

续表

主言语行为	东乡语青年组			汉语青年组			卡方值	显著性
	频数	百分比	有效项	频数	百分比	有效项		
总计（主言语行为）	1800	100%	150	1800	100%	150	71.107[a]	0.000
主言语行为内修饰词								
1.零修饰	294	16.3%	24	490	27.2%	41	1.606[a]	0.000
2.礼貌词	240	13.3%	20	286	15.9%	24		
3.降级词	805	44.7%	67	660	36.7%	55		
4.主观表达	331	18.3%	28	233	12.9%	19		
5.条件假设	131	7.3%	11	131	7.3%	11		
总计（内修饰词）	1800	100%	150	1800	100%	150		
称呼语								
1.零称呼	939	52.2%	78	610	33.9%	51	1.350[a]	0.000
2.职业称	545	30.3%	45	660	36.7%	55		
3.亲戚称呼	316	17.6%	27	530	29.4%	44		
总计（称呼语）	1801	100%	150	1800	100%	150		
附加策略								
1.零附加	512	28.4%	43	439	24.4%	37	85.463[a]	0.000
2.解释说明	844	46.9%	70	1151	63.9%	96		
3.提供选择	321	17.8%	27	108	6.0%	9		
4.询问	123	6.8%	10	102	5.7%	8		
总计（附加策略）	1800	100%	150	1800	100%	150		

（数据来源于马彩霞，2017：50）

3.东乡语和汉语受试在关系亲的情况下策略选择的对比如表7-9所示，当关系亲时，东乡语和汉语受试采用间接邀请的频数差异并不明显（$p=0.198>0.05$）。但是在主言语行为内修饰词方面，当关系亲时，东乡语受试采用降级词策略比汉语受试多，而汉语受试采用礼貌词和主观表达策略比东乡语多。两者在词汇策略方面存在显著差异。就称呼语而言，东乡语受试采用职业称呼略多于汉语受试，而汉语受试采用亲戚称呼多于东乡语受试。就附加策略来讲，东乡语受试采用提供选择和询问的策略多于汉语受试，而汉语受试则采用解释说明的策略多于东乡语受试。当关系亲时，东乡语和汉语受试在实施邀请的策略选择方面存在显著差异（p=0.000<0.05）。

表7-9　关系亲对东乡语和汉语邀请策略影响卡方检验数据分布

主言语行为	东乡语关系亲组			汉语关系亲组			卡方值	显著性
	频数	百分比	有效项	频数	百分比	有效项		
直接邀请								
1.语气推导	252	19.6%	29	492	27.3%	41	42.491[a]	0.000
2.清晰表达	359	19.9%	31	309	17.2%	26		
3.命令	208	11.6%	17	178	9.9%	15		
4.愿望	13	0.7%	1	0	0	0		
小计（直接邀请）	832	51.8%	78	979	54.4%	82		
间接邀请								
1.建议	183	10.2%	15	200	11.1%	17	3.238[a]	0.198
2.询问	390	21.7%	33	366	20.3%	30		
3.暗示	295	16.4%	24	255	14.2%	21		
小计（间接邀请）	868	48.3%	72	821	45.6%	68		
总计（主言语行为）	1800	100%	150	1800	100%	150	46.722[a]	0.000
主言语行为内修饰词								
1.零修饰	277	15.4%	23	367	20.4%	30	29.699[a]	0.000
2.礼貌词	200	11.1%	17	295	16.4%	25		
3.降级词	915	50.8%	76	727	40.4%	60		
4.主观表达	207	11.5%	17	234	13.0%	20		
5.条件假设	201	11.2%	17	177	9.8%	15		
总计（内修饰词）	1800	100%	150	1800	100%	150		

续表

主言语行为	东乡语关系亲组			汉语关系亲组			卡方值	显著性
	频数	百分比	有效项	频数	百分比	有效项		
称呼语								
1.零称呼	1308	72.7%	109	1085	60.3%	90	1.015^a	0.000
2.职业称呼	261	14.5%	22	247	13.7%	21		
3.亲戚称呼	231	12.8%	19	468	26.0%	39		
总计（称呼语）	1800	100%	150	1800	100%	150		
附加策略								
1.零附加	241	13.4%	20	247	13.7%	23	55.512^a	0.000
2.解释说明	1327	73.7%	111	1418	78.8%	119		
3.提供选择	109	6.1%	9	56	3.1%	4		
4.询问	123	6.8%	10	79	3.4%	4		
总计（附加策略）	1800	100%	150	1800	100%	150		

（数据来源于马彩霞，2017：51）

4.如表7-10所示，关系亲疏因素对两种语言受试采取邀请言语行为时的策略使用产生显著影响。当关系疏时，东乡语和汉语受试都采用直接邀请策略多于间接邀请策略。东乡语和汉语受试在主言语行为策略方面存在显著差异（$p=0.000<0.05$）。就主言语行为内修饰词而言，当关系疏时，东乡语受试采用礼貌词和主观表达多；而汉语受试采用降级词和条件句比较多，两组呈现显著差异（$p=0.000<0.05$）。在称呼语方面，东乡语使用职业称呼和亲戚称呼都少于汉语受试；而东乡语受试更倾向于在邀请时采用零称呼。东乡语和汉语受试在称呼方面存在显著差异（$p=0.000<0.05$）。当关系疏时，东乡语受试采用提供选择和零附加的附加策略多，而汉语受试在采用解释说明和询问的策略多。两种语言在附加策略选择方面也存在显著差异（$p=0.000<0.05$）。

表 7-10　关系疏对东乡语和汉语邀请策略影响卡方检验数据分布

主言语行为	东乡语关系疏组			汉语关系疏组			卡方值	显著性
	频数	百分比	有效项	频数	百分比	有效项		
直接邀请								
1.语气推导	460	25.6%	39	372	20.7%	31	46.398 [a]	0.000
2.清晰表达	461	25.6%	39	440	24.4%	37		
3.命令	178	9.9%	15	195	10.8%	16		
4.愿望	36	2.0%	3	108	6.0%	9		
小计（直接邀请）	1135	63.1%	96	1115	61.9%	93		
间接邀请								
1.建议	78	4.3%	6	195	10.8%	17	47.182 [a]	0.000
2.询问	460	25.6%	37	397	22.1%	33		
3.暗示	127	7.1%	11	93	5.2%	7		
小计（间接邀请）	665	37%	54	685	38.1%	57		
总计（主言语行为）	1800	100%	150	1800	100%	150	1.066 [a]	0.000
主言语行为内修饰词								
1.零修饰	350	19.4%	29	436	24.2%	36	2.469 [a]	0.000
2.礼貌词	321	17.8%	27	296	16.4%	25		
3.降级词	714	39.7%	60	729	40.5%	61		
4.主观表达	387	21.5%	32	276	15.3%	23		
5.条件假设	28	1.6%	2	62	3.4%	5		
总计（内修饰词）	1800	100%	150	1799	100%	150		
称呼语								
1.零称呼	897	49.8%	75	713	39.6%	59	65.847 [a]	0.000
2.职业称呼	801	44.5%	67	869	48.3%	73		
3.亲戚称呼	102	5.7%	8	218	12.1%	18		
总计（称呼语）	1800	100%	150	1800	100%	150		

续表

主言语行为	东乡语关系疏组			汉语关系疏组			卡方值	显著性
	频数	百分比	有效项	频数	百分比	有效项		
附加策略								
1.零附加	740	41.1%	62	477	26.5%	40	43.007[a]	0.000
2.解释说明	483	26.8%	40	830	46.1%	69		
3.提供选择	307	17.1%	26	120	6.7%	10		
4.询问	270	15.0%	22	373	20.7%	31		
总计（附加策略）	1800	100%	150	1800	100%	150		

（数据来源于马彩霞，2017：53）

第六节 分析与讨论

本节将要从社会语用和礼貌的角度回答在第四节提出的问题。首先分析两种语言在实施邀请时所采用的总体策略。然后集中分析在不同的年龄和关系亲疏情况下，东乡语受试在实施邀请时所采用的邀请策略。最后，对东乡语和汉语受试的邀请策略进行对比分析，找出二者之间的异同。

一 东乡语和汉语实施邀请的总体模式

在实施邀请时东乡语受试会采用各种不同的策略。本研究将观察邀请的四个部分：主言语行为、主言语行为内修饰词、称呼语和附加策略。在主言语行为部分，分为直接邀请和间接邀请。在主言语行为内修饰词部分，分为礼貌词、降级词、主观表达和条件句。在称呼语部分，用以引起听话人的注意力，分为职业称呼和亲戚称呼。在附加策略部分，用以修饰"言外之力"（布鲁姆-库尔卡等，1989），分为解释说明、提供选择和询问。

邀请的语用策略不仅要受到社会因素的影响，而且也受到隐藏的社会文化和社会语用的影响。汉彻（Hancher，1979）定义邀请为指令类与承诺类相结合的言语行为。在正式和非正式的聚会场合，邀请是在社交时很频繁发生的言语行为。随着交流的深入，邀请的发生可能不仅是由于不同的人格特征，可能更多是因为不同的社会价值（斯宾塞[Spencer]，2011）。然而对于某些文化群体而言，发出邀请，是因为邀请时有一部分指令类言语行为的属性，又在一定程度上限制了听话人的自由，所以可以被认为是一种威胁听话人消极面子的言语行为（奈斯尔，2014）。说话人会使用威胁自己和听话人双方面子的行为实施邀请，他们也会吹捧说话人和听话人双方的积极面子。说话人在邀请的同时发出一种他喜欢和赞同听话人的信号，并希望得到说话人和听话人认同。通过这种方式，巩固了邀请双方的亲密关系（盖尔西亚，2007）。

东乡语受试在实施邀请时倾向于选择语气推导和清晰表达的策略。他们很少采用愿望表达的邀请策略。这是东乡语和汉语受试在实施邀请时主言语行为部分的策略之间的细微差别，在主言语行为部分的总的策略来讲，两种语言受试都倾向于使用直接邀请的策略。东乡语受东乡县地域和社会发展的影响，语言上表现得相对比较保守。

东乡语受试采用解释说明的策略多于其他的附加策略，这表明东乡语的说话人对于听话人的体贴关注，照顾他们在受到邀请时有可能为难的情绪。此外，在附加部分采用询问和提供选择的策略表明在实施邀请时说话人为了避免听话人有感觉被强加的情绪或是让他们可以有思考的余地（斯宾塞，2011）。根据顾曰国（1990），提供选择的策略也是中国的礼貌概念，证明是一种温暖体贴的策略，采用提供选择和询问的策略能够避免直接冲突从而保全说话人和听话人双方的面子。

二 年龄对东乡语邀请策略的影响

实施言语行为不仅要受到宏观社会因素的影响（比如宗教、社会阶级、民族、性别和年龄），同样也会受到微观社会因素的影响（权势和关系亲疏)(施耐德和拜伦［Schneider & Barron］, 2008)。年龄是影响邀请语用策略选择的因素(贝拉, 2009)。

东乡语青年组和老年组都采用直接邀请策略。青年组采用直接邀请策略还多于老年组,这是因为生活在同一个地方的人与他所在的社会成员有一种社会群体的共享(斯宾塞, 2011)。

在所有的主言语行为内修饰词汇策略中,降级词策略是东乡语老年组和青年组采用频数最高的策略,但是老年组采用降级词比青年组还多。此外,老年组采用礼貌词的词汇策略比青年组高,但是青年组采用主观表达和条件句策略频数比老年组高。

东乡语老年组和青年组在多数情况下都倾向于采用无称呼。在职业称呼和亲戚称呼两种称呼策略中,职业称呼是无论青年组还是老年组都使用频数较高的称呼策略。再则,老年组采用职业称呼比亲戚称呼多;青年组则采用亲戚称呼比老年组多。我们推测这是因为东乡族老年人在社会中相对要传统,认为社会是存在着严格的等级的,个体的存在也是要符合这种等级才合理,所以更多使用职业职位称呼比较合理。而东乡族青年人相对就会认为社会中个体是平等的,为了维护双方的亲密关系,采用亲戚称呼比较合理。

在附加策略部分,东乡语说话人采用多种策略实施邀请,而在附加策略中,解释说明是东乡语老年组和青年组采用频数最高的策略,但是老年组采用的解释说明策略比青年组多。此外,老年组采用询问附加策略多,而青年组采用提供选择策略多。

三 关系亲疏对东乡语邀请策略的影响

关系亲疏是进行言语行为研究必须关注的变量。布朗和列文森(1978/87)认为关系亲疏这一变量在言语行为的研究中普遍影响着几乎所有文化中的说话人的礼貌策略选择;并进一步地证明礼貌程度会随着社会距离的加强而加强。东乡族的民族特点是非常具有代表性的,它是受到了东乡族的政治、经济、文化和自然条件综合影响而产生的。东乡语是东乡族普遍使用的语言，在一个群体所共用的语言会使得这个群体具有一种"共同点"或者是"信息共享"，因为说话人和听话人之间存在一种"共知"（斯宾塞，2011）。

当关系疏时东乡语受试采用较多的直接邀请策略，这也就是说当会话双方关系比较疏远时倾向于采用直接邀请，而当会话双方关系亲密时，反而用间接邀请策略。这可以认为是在东乡族的社会共知里，关系亲近时为了避免让听话人为难伤及面子，所以采用较为委婉的礼貌策略。在关系疏远时，为了使对话目的清晰明了，采用直接策略，反而会显得礼貌。

就主言语行为内修饰词汇策略而言，在东乡语说话人和听话人关系亲密时，采用最多的策略是降级词汇。而在说话双方关系疏远时，更多采用礼貌词和主观表达的词汇策略。这是因为在社会距离远时，采用明确的礼貌词策略表明说话人自己的愿望想法；而在关系亲时，说话人的采用降级词汇策略，是为了降低所邀请的事情所造成的冒犯。

在会话双方关系疏远时，采用职业称呼；而在会话双方关系亲近时，采用亲戚称呼。毫无疑问，在东乡族的社会规约中，他们认为称呼一个人的职业头衔是一种有效地表达尊敬的礼貌策略，因为职业头衔表明了一个人在这个社会中享有一定的社会地位。

在附加策略部分，在说话人和听话人关系亲密时，更多采用解释说明的策略。在说话人和听话人关系疏远时，更多采用提供选择和询问的附加策略；这是因为关系疏远时需要给听话人拒绝邀请的余地。

总结上文的分析，在不同的关系亲疏情况下，东乡语受试在实施邀请的时候会采用不同的邀请策略。这一现象表明东乡族在社会生活中追求人与人之间的和谐友好相处。为了维持人与人之间的和谐相处，他们在实施邀请时会采用不同程度的礼貌策略来避免冒犯。

四 东乡语和汉语邀请策略对比

通过对比东乡语和汉语的邀请策略，证明了东乡语和汉语受试在实施邀请时存在异同。

在东乡语和汉语受试的总实施邀请策略模式中，高频度地采用直接邀请建立在东方文化基础上的礼貌策略一致。不论关系亲疏，东乡语和汉语受试均更倾向于采用直接邀请策略，且当会话双方关系由疏远变为亲近时，两组受试采用间接策略的比重大幅提升。在主言语行为部分的分策略中，东乡语和汉语受试在实施邀请时使用几乎相同频数的命令策略。表明东乡语和汉语受试都在邀请关系亲密的人时礼貌程度相对要低。东乡族和汉族都属于东方社会文化，尽管他们有各自不同的民族特色，但是他们都很注重人际间的面子。

东乡语和汉语受试都在主言语行为内修饰词部分采用降级词汇策略最多。尽管邀请言语行为是有利于听话人的行为，但是说话人还是认为邀请会在一定程度上限制听话人未来的行动，所以说话人采用降级词尽量使接受他的邀请变得容易且不那么麻烦完成。

人际间的关系是社会成员社会关系。称呼形式是一个人在社会中的社会地位的证明。东乡语和汉语受试都采用职业称呼多于亲戚称呼。这表明在这两个社会中，人们都倾向于表达对他人的社会地位的尊重。当关系由亲近变为疏远时，东乡语和汉语受试采用零称呼策略的比重都大幅降低，采用亲戚称呼策略的比重也相应减少，而采用职业称呼的比重大幅提升，且都大于采用亲戚称呼的比重。

在附加策略部分，东乡语和汉语受试都采用解释说明的策略最为频繁。在邀请时都倾向于给对方解释说明原因，也就是这两种语言受试都注重顾及和维护说话双方的积极面子。

东乡语和汉语受试实施邀请时的不同点可以从以下三个方面来阐述：

1.从东乡语和汉语受试实施邀请的模式来看，东乡语受试倾向于采用直接清楚的方式来实施邀请，而间接邀请的策略相对来说较少一些。这种现象说明邀请是指令类的言语行为。当然指令类是实施邀请这一言语行为的前提条件，更重要的是收到邀请对于听话人来说也似乎是一件值得高兴和有益的行为。

东乡语受试在实施邀请时更多采用语气推导和清晰表达的策略；很少使用表达自己愿望和想法的策略。东乡语受试采用清晰表达的策略多于汉语受试。这是因为东乡语受试受他们社会文化和地域限制，相对思想比较保守。东乡语受试的建议策略少于汉语受试，使用询问策略多于汉语受试，使用暗示策略多于汉语受试。东乡语受试的解释说明的附加策略少于汉语受试，但是解释说明的附加策略是东乡语受试采用频数最高的策略。东乡语受试的提供选择的附加策略表明说话人是很用心地为听话人的处境考虑的礼貌策略。

东乡语受试在实施邀请时，大多数情况下采用零称呼的策略来表达人际交往之间的亲密关系和真挚感情，却又极少采用亲戚称呼主动拉近与他人之间的关系，这与汉语受试的表现截然不同。这一方面说明东乡族淳朴直接的民族风格，也从另一方面证明东乡族对家人亲属关系的严谨和看重。

2.存在年龄差异时，东乡语和汉语在实施邀请的策略对比。东乡语老年组和青年组都采用直接邀请的策略多，且青年组多于老年组。这说明东乡族青年人接触外界多，受到外界社会的影响，行事更加直接有效率。

东乡语老年组采用降级词汇和礼貌词多于东乡语青年组，而青年组倾向于采用主观表达和条件句策略。这说明对于东乡语老年组来说，实施邀请也是一种威胁到说话双方面子的行为，所以会尽量弱化所邀请的事物。青年组则认为给听话人提供可以拒绝的余地，就是一种礼貌行为。

东乡语老年组和青年组在大多数情况下实施邀请时会采用零称呼的策略。而在文中涉及的两种称呼策略中，东乡语老年组和青年组都采用职业称呼多于亲戚称呼，并且青年组采用亲戚称呼多于老年组。在附加策略部分，老年组采用解释说明和询问的策略多于青年组。

在关系亲疏不同的情况下，东乡语和汉语受试在实施邀请时的策略对比发现：当关系亲时，东乡语受试选择直接邀请的频次略少于汉语受试；而选择间接邀请的频次略多于汉语受试。当关系疏时，情况则完全相反，即东乡语受试选择直接邀请的频次略高于汉语受试；而选择间接邀请的频次略少于汉语受试。当关系亲时，东乡语受试采用解释说明的附加策略最多，比重高达73.7%；汉语受试情况相似，采用解释说明策略比重高达78.8%。然而，当关系疏时，采用解释说明策略比重均下降，东乡语受试采用最多的是零附加策略，占比41.1%；而汉语受试仍采用解释说明策略最多，不过占比下降至46.1%。

正如利奇（1983）的观点，在一个社会中，社会成员会有一种默认的共识，就是在特定的情况下如何才能表现得礼貌得体。东乡族社会中的社会成员也有这种默认的共识，即怎样做才能礼貌得体。

第七节　结语

一　主要发现

1.年龄差异影响东乡语在实施邀请言语行为时的策略选择。东乡语青年组和老年组都倾向于采用直接邀请的策略。在附加策略部分，解释说明的策略是东乡语采用频数最高的策略，并且老年组采用解释说明的策略多于青年组。此外，老年组采用询问策略多于青年组，采用提供选择策略少于青年组。

东乡语青年组和老年组都倾向于采用无称呼的策略实施邀请，在两种有称呼策略中，东乡语老年组采用职业称呼多于亲戚称呼，采用亲戚称呼少于青年组。在主言语行为内修饰词部分，东乡语老年组采用降级词和礼貌词多于青年组。

2.关系亲疏影响东乡语的邀请策略。不论关系亲疏，东乡语受试都更倾向于采用直接邀请策略。但是，当关系从疏远变为亲近时，间接邀请策略所占比重大幅提高。在会话双方关系亲近时，东乡语受试采用解释说明的策略多，而在关系疏时，采用提供选择和询问的策略较少，多采用零附加策略。

就称呼语部分而言，在关系疏时，东乡语受试多采用职业称呼和零称呼，而在关系亲时，采用零称呼最多，职业称呼和亲戚称呼都较少。在词汇修饰部分，东乡语受试在关系亲时采用降级词汇策略最多，在关系疏时采用礼貌词和主观表达策略比重上升。在分析了关系亲疏不同时的邀请策略之后发现，东乡族受试是追求人际间的和谐友好相处的民族，这种特点植根于他们的社会文化中，因此他们会根据冒犯程度来采用不同程度的礼貌策略。

3.东乡语和汉语受试在实施邀请言语行为时存在差异。通常情况下东乡语会根据可能的冒犯程度来决定使用不同的礼貌策略。而与请求言语行为不同的是，邀请言语行为时让说话双方都受益的言语行为，所以采用直接邀请的策略多。

二 研究局限性与改进意见

1.本研究主要探究年龄和社会距离因素对邀请言语行为的影响；而其他的社会变量也有可能会影响实施邀请的策略选择。在以后的研究中，其他的变量，比如性别、涉及事物大小和权势等也应该在东乡语邀请言语行为的研究中涉及。

2.本研究的受试均为成年人，而儿童受试并没有考虑进去。年青一代接受的是双语教育，并从小学基础阶段就学习汉语。因此，他们深受汉文化的影响，这当然也会对他们在实施邀请时的策略选择产生影响。在未来的邀请言语行为研究中，可以尝试选择儿童受试来对比他们与汉族的差异。

第八章 建议

第一节 引言

在日常生活中，人们经常通过提出建议来表达说话人希望帮助听话人的意图。塞尔（1969b）认为建议言语行为属于指示性的言语行为，是一种将来性的行为，说话人认为这一行为对听话人有好处并且希望听话人去完成。然而，布朗和列文森（1978/87）将建议描述为一种本质上威胁面子的行为，尽管说话人并不打算妨碍听话人的行动自由；作为一种对听话人的施加压力的行为，说话人不能太直接地提出建议。为了平衡建议言语行为对听话人的潜在效益和其对听话人面子的威胁，礼貌，是说话人在决定是否和如何提出建议时为了对抗冒犯并且维持沟通的和谐而采取的一种策略。正如布朗和列文森（1978/87）所指出，礼貌是一种跨文化的普遍现象，语言上的礼貌有共同的原则也存在着差异。顾曰国（1990）认为不同文化间的礼貌原则是不同的，同时他提出了基于中国文化的礼貌准则。从社会语用角度看，东乡语和汉语受试在提出建议时所采用的礼貌策略也将受权势、关系亲疏、性别和年龄因素的影响。

东乡族是居住在甘肃省的一个少数民族，其语言为东乡语。严格来说，东乡语仅有口语，其传承主要依靠口耳相传。随着地区经济的不断发展，经商、外出务工以及官方语言汉语的影响，东乡语的生存与传承受到前所未有的挑战。孙宏开（2006）认为东乡语属于"活力降低，已经显露濒危特征的语言"。因此，研究使用中的东乡语很有必要。本研究旨在从社会语用学的角度观察东乡语受试实施建议言语行为时使用的礼貌策略，并探讨年龄差异和涉及事物大小对东乡语受试使用礼貌策略的影响，找出东乡语与汉语受试建议礼貌策略使用的异同，从而发现礼貌的不同社会和文化规范。本研究收集了大量东乡语建议言语行为的半自然语料，这在某种程度上有利于保存濒危语言，也促进了两个民族的和谐交流。

第二节 理论背景

本节着重论述建议言语行为的定义和实施建议时的礼貌策略。

一 建议言语行为的定义

建议言语行为是向其他人提供自己观点的言语行为。如上所说，塞尔（1975）定义了五类言语行为，其中指令类被定义为"说话人试图让听话人去做某事"。在这一层面上，建议言语行为归于指令类的一种。按照塞尔的观点，建议言语行为是一种未来的动作，说话人相信这一动作有利于听话人，并让听话人去实施这一动作。基于塞尔的定义，很多学者做了建议言语行为的相关研究。班吉和卡雷尔（Banerjee & Carrel，1988）采用塞尔关于建议言语行为的观点，将建议言语行为定义为一种说话人用来让听话人做一些有益于听话人的话语。

很多学者从两个方面区分了建议-s（suggestion）和建议-a（advice）：言外之力和未来行为的主体。具体而言，建议-s比建议-a语力要弱；建议-a的命题内容指向听话人为未来行为的主体，而建议-s的命题内容指向听话人或者说话人都可以是未来行为的主体。在本研究中，建议-s和建议-a是指同一建议言语行为。此外，建议也与请求有区别。请求言语行为，是说话人的意图通常对说话人有帮助，而建议言语行为是说话人给听话人提供有用的意见,而听话人可以自由选择做或者不做。

本研究认为建议是一种指令性言语行为,是说话人提出的关于未来行为可能性的话语,说话人的真实意图是使听话人受益,但同时听话人有自由选择做或者不做。

二　建议礼貌策略

礼貌策略或补救策略,是谈话者在实施面子威胁行为时用来减轻或缓解听话人或者说话人面子的策略。建议言语行为,作为一种威胁听话人消极面子的行为,需要采用礼貌策略来缓解对对方造成的威胁。礼貌策略或者补救策略可以放在建议话语的内部或者外部,也即内部补救策略和外部补救策略。

为了减轻提出建议所造成的威胁,班吉和卡雷尔(1988)采用了一些补救形式,如传统的礼貌形式、积极礼貌形式和消极礼貌形式。具体来说,他们在英语建议的研究中使用了七种主要的策略:

1. 表示关注,包括(a)提供有关说话人认为对听话人有帮助的信息,(b)直接给出建议,(c)唤起听话人对现状的需求或者意识,(d)夸大、同情和开玩笑;

2. 使用模糊限制语;

3. 通过(a)使用团结标记,(b)表示同意,(c)使用"我们",来拉近说话人和听话人之间的关系;

4. 将焦点从听话人转移到外部或说话人;

5. 提供帮助;

6. 给出原因;

7. 使用上述策略并且说话人无意冒犯。

本研究采用了上述的礼貌策略分类,并结合调查所得数据进行了修改。第四节将详细介绍本研究所涉及的礼貌策略。

第三节 文献综述

一 国外建议言语行为相关研究

建议是日常会话中非常普遍的言语交际现象，受到国外学界的广泛关注。德卡普瓦和许贝尔（DeCapua & Huber，1995）认为建议在会话活动中无处不在，普遍存在于各种社会交际活动，但人们往往不能意识到其存在。

班吉和卡雷尔（1988）观察了受试用英语给出建议时所使用的语言形式和礼貌策略。他们比较了28位非母语受试的建议与12位母语受试的建议。结果发现，母语和非母语受试在选择语言形式、直接程度以及建议的频数方面没有明显差异，但所使用礼貌策略的数量和种类并不相同。他们的研究结果也表明，建议的直接程度与尴尬程度无关，所有受试最常用的建议类型是陈述句型。班吉和卡雷尔（1988）对建议言语行为的定义及其实现策略，为后来的相关研究奠定了良好的基础。

德卡普瓦和邓纳姆（DeCapua & Dunham，2007）根据会话完型问卷收集的数据，研究了美国本土和非母语受试的建议言语行为。研究发现非母语受试倾向于使用短而程式化的表达；而母语受试倾向于使用较长的表达方式和谈判的口吻。在实施这些建议之前，通常使用移情表达来缓和由建议造成的强制程度。

库伯（Kouper，2010）研究了在线社区成员之间的同辈建议互动的模式和结构。她分析了征求意见和给出建议的模式，并总结了征求意见的类型，其中包括寻求建议、征求意见、提出问题和宣布行动计划。她将提出建议的直接程度分为四类：直接建议（任何包括命令或情态动词should的评论）、模糊性建议（任何包含明显的模糊限制语、模糊限制语工具或各种缓和词汇的评论）、间接建议（任何没有明显的或者模糊限制语，但又有足够信息的评论）以及个人经历的描述。

什布尔和撒雷（Al-Shboul & Zarei, 2013）研究了伊朗波斯男女学生在用英语（外语）提出建议适当性认知的差异。结果表明，这两个群体分别在面对同伴和面对老师的语境中对关系亲疏的感知不同，并且在使用建议类型上也有所不同。对于男性学习者而言，他们更喜欢间接建议而不是其他三种选择（模糊性建议、直接建议、不做建议），但女性学习者倾向于在两种语境中都选择模糊性建议。

巴拜和沙鲁基（Babaie & Shahrokhi, 2015）对比了伊朗EFL学习者和母语受试在给出建议时的实现模式。根据会话完型测试收集到的数据，其研究结果表明，伊朗的EFL学习者在选择间接建议方面与母语为英语的学生不同，而且在提出建议时，伊朗的EFL没有意识到对话者之间的社会力量和关系亲疏，这表明他们没有获得语用能力。结果还表明，虽然伊朗的EFL学习者和英语为母语的人在提供建议时使用相同的策略，但他们在频数方面存在差异。

艾里克巴里等（Aliakbari et al., 2015）观察了波斯语中建议言语行为的间接程度。通过多项选择会话完型测试来收集数据，他们发现，除性别外，其他变量如年龄、地位和谈话者之间的关系亲疏等也会对谈话者的语言选择和对直接程度的选择产生重大影响。

二 国内建议言语行为相关研究

国内很多学者也从不同角度研究了建议言语行为。例如，汉语建议言语行为的句法模式和礼貌策略或者外语教学中的建议言语行为。

在中国学生学习英语方面，郝春霞（2000）第一次选择汉语为目标语来探索建议言语行为的实现模式，对比了中国受试和英语母语受试实施建议言语行为时的实现模式。研究结果发现，英语受试以较谦虚的语气提出建议，而中国学生更倾向于使用由施为动词引导的直接句型来提出建议。作者还总结了中国学生学习英语时的语用失误是由母语所导致，更由此对中国英语教学提出了针对性建议。

从外国人学习汉语的角度来看，丁安琪（2001）对比了20名汉语受试与10名具有西方文化背景已经学习超过一年的国际学生在给出建议时的语言形式。研究结果表明：（1）中国学生与国际学生使用了相同的建议结构：直接建议、疑问式建议、命令式建议、模糊性建议和非标签建议，但他们使用这些结构的频数不同；（2）中国学生使用更灵活的句子结构，倾向于使用疑问式建议和模糊性建议，而国际学生使用最多的是模糊性建议，其次是直接建议；（3）当外国学生使用直接建议时，他们更愿意表达自己的想法，例如"我建议……""我认为……"，中国学生使用更多的句子，如"我感觉……"；（4）虽然外国学生比中国学生采用更多的模糊性建议，但他们使用有限的小品词，主要包括could和must。作者认为，两组学生之间的差异可能源于语言背后的文化差异。

根据班吉和卡雷尔（1988）的研究框架，方志英（2005）从语用学的角度研究了汉语中"建议"言语行为的实现方式。结果显示：（1）中国大学生给他人提出建议的意愿更强，方式更直接；（2）中国学生实施建议采用句式的频数为陈述句多于祈使句，疑问句使用频数最低；（3）受试采用建议策略包括：对听话人表露关心、表示尊敬、使用模糊限制语、拉近关系亲疏、解释说明、转移到外部因素、表示歉意等；（4）影响中国大学生实施建议策略的影响因素有尴尬程度、关系亲疏和权势，且随着以上三种因素的提升，间接性策略的比重也随之加大，而性别差异对建议的实施影响不大。

王芳（2006）基于汉语语料，分析并解释了"建议"言语行为在汉语中的实现方式，同时研究汉语受试在实施建议时所使用的礼貌策略。研究结果表明，在《心理访谈》这样的机构话语中，以采用间接方式实施建议行为为主。在机构话语中，强势说话人在缓和言语行为的强加程度时，往往采用情态动词而非小品词；主要采用肯定句。强势说话人在实施建议是较多运用礼貌策略，其出发点是维护其知识、地位或者权威，但也会考虑听话人的法定权力。

李（Li，2010）分别对比了广东学生用英语和澳大利亚学生用英语实施建议时的句法形式和语用策略，同时和广东学生用粤语实施建议进行了对比。调查结果显示，广东学生在用英语提出建议时使用较少的句法类型，而在语用策略使用方面与澳大利亚学生相似。

申智奇和刘文洁（2012）基于心理咨询实录，发现咨询师在实施建议言语行为时会有选择地使用不同的语言形式。为了迎合当事人，咨询师经常采用语气较为温和的、有很多不同语用策略的奉劝类和提议类建议。当咨询师与当事人已建立起稳定、友好的咨询关系，又或者咨询师阻止当事人做某些错事时，往往使用语气最强的教导类建议；当对当事人提出的隐私问题时，一般使用语气最弱的引导类建议。

卢加伟（2014）在布朗和列文森（1978/87）面子观的指导下比较了汉英两组建议言语行为礼貌策略的使用类型与频数。结果发现，汉、英两组受试在提出建议时，既不太采用直接的方式，也不会太过间接、委婉，而是采用相应的面子补救策略减轻明确建议可能产生的面子威胁，权势关系是重要考虑因素，这支持了布朗和列文森的礼貌普遍性理论。汉、英两种语言的建议又具有各自的礼貌特性：前者偏好采用消极礼貌策略，而后者偏好积极礼貌策略。

任育新（2014）对国外建议研究做了一个全面的综述。任育新（2015）研究了在汉语学术圈人际互动中，专家作为提建议者对其权势的建构，发现了专家建议者使用多种语用策略建构了四类权势，包括机构性权势强、个人权势强、（与被建议者）同等权势以及个人权势弱。这些权势的构建受到满足当前交际需要的语用驱动。

毛延生和黄倩倩（2016）结合定性与定量研究法，研究了网络环境下汉语建议行为的实现形式以及男女在实施建议是否存在差异。结果发现：第一，在网络语境下，建议行为的表征方式多种多样；第二，建议行为的多模态属性并未得以充分显现；第三，性别影响话语维度和情感维度，对句法影响较小。此研究对于全面认知言语行为的网络演化属性、社会属性以及对外汉语教学都具有一定的参考意义。

第四节　研究方法

一　研究问题

本研究分析了年龄差异和涉及事物大小对东乡语建议言语行为中所使用礼貌策略的影响。本研究观察了东乡语受试建议言语行为中的礼貌策略，并将其与汉语受试的建议言语行为进行对比。就下列五个问题进行研究：

问题一：东乡语男性受试在实施建议时使用哪些礼貌策略？

问题二：年龄差异是否影响东乡语受试建议言语行为中的礼貌策略？如有，是何影响？

问题三：涉及事物大小是否影响东乡语受试建议言语行为中的礼貌策略？如有，是何影响？

问题四：汉语男性受试在实施建议时所使用的礼貌策略有哪些？

问题五：东乡语和汉语受试在实施建议言语行为时采用的礼貌策略有何异同？

二　受试

本研究分析了东乡语受试提出建议时的礼貌策略，并将其与汉语受试的选择进行了对比。为了保证真实性，所有的东乡语受试来自于偏远村庄，东乡语是他们的母语。同时，为了确保跨文化语用研究的对等性，汉语受试也同样来自于偏远乡村。

1.角色扮演受试共有8名男性参与。其中，4名东乡语受试来自东乡县二户社，4名汉语受试来自榆中县定远镇，老年和青年男性数量各占一半。

2.预测问卷受试随机选取80名男性参与。其中，40名东乡语受试来自东乡县果园乡，40名东乡语受试来自榆中县小康营，平均分为老年组和青年组。

3.大规模问卷受试随机选取280名男性参与。其中，东乡语受试140

人，分为青年组70人（18—34岁）和老年组70人（55—75岁），由于东乡县各个村子的人口有限，而集市会汇集很多周边村子的人，因此调查者在东乡县的集市上做调查。汉语受试分组情况同东乡语受试一致，地点同时选取了榆中定远和小康营（李家营和郭家营村）。所有的参与者都得到了报酬，这在一定程度上保证参与者的合作。最终，东乡语和汉语各收集到了120份有效问卷。

三 研究工具

卡斯帕和达尔（1991）认为，在跨文化言语行为研究中应该采用多种数据收集方法来保证数据的有效性，因为每种方法都有其缺点。因此，本研究采用角色扮演和问卷调查作为数据收集方法以在一定程度上保证效度。

沃尔夫森（Wolfson，1981）认为研究人员应通过直接观察或亲身参与到言语行为的具体情境中来收集数据。但是，由于调查人员不会说东乡语，很难获得自然语料，分析从自然情境中获得的大量语料会非常浪费时间；再加上调查人员在数据收集的过程中无法控制任何变量，从而使得从东乡县和兰州市周边获得的数据可能来自于不同的语境等原因；这项研究使用角色扮演来收集数据。根据科恩和奥尔什坦（Cohen & Olshtain，1993）和盖斯和豪克（1999）的研究，对研究人员来讲，开放式角色扮演比自然语料更好，因为开放式角色扮演中发生的交流类似于现实生活中的情景，但同时，调查者可以适当控制变量让受试在设计好角色扮演语境下实施建议言语行为，从而得出足够的预期数据。调查者录制了整个角色扮演的过程。

根据角色扮演收集到的数据，本研究设计了问卷。调查问卷包括了一系列情景的书面描述，可以在特定语境中引发言语行为。由于这种方法可以控制变量并且同时满足收集足够数据的要求，本研究采用这种方法。本研究针对具有不同语言背景的受试使用了包含相同语境的问卷，这使得调查者可以比较东乡语和汉语建议的礼貌策略。

四 研究设计

本研究观察了年龄差异和涉及事物大小两个社会因素,并且控制了性别、权势和关系亲疏等干扰因素。首先,在考虑研究目的和观察变量的基础上,设计了角色扮演的语境,然后在东乡语翻译的帮助下进行了东乡语的角色扮演。汉语角色扮演的过程相同。其次,基于角色扮演收集到的语料,调查者设计了东乡语和汉语的问卷。第三,根据预测问卷的结果,调查者修改了调查问卷,然后进行了大规模问卷调查。最后,从礼貌策略的角度分析了大规模数据收集到的数据。

1.变量的控制

本研究考察了年龄差异和涉及事物大小对东乡语和汉语受试建议言语行为中的礼貌策略选择的影响,从而控制了其他干扰因素。为了控制性别,本研究只选择了男性作为受试。为了使年龄差异更明显,本研究将受试分为老年组和青年组,没有中年组。表8-1展示了本研究的受试年龄分组。当观察涉及事物大小因素的影响时,权势和关系亲疏因素被控制。不管涉及事物如何,关系亲疏和权势有六种方式的组合。因此表8-2展示了这三种社会因素的十二种组合。本研究没有观察当谈话者关系一般,权势相等时,涉及事物大小的影响,因此,本研究考察了八种组合。

表 8-1　　　　　　　东乡语和汉语受试按年龄分组

	东乡语受试 说话人—听话人		汉语受试 说话人—听话人
组1	老年男性—老年男性	组A	老年男性—老年男性
组2	老年男性—青年男性	组B	老年男性—青年男性
组3	青年男性—老年男性	组C	青年男性—老年男性
组4	青年男性—青年男性	组D	青年男性—青年男性

注:东乡语和汉语受试年龄分组分别对应四种相同语境设计。

(数据来源于梁潇洁,2018:32)

表 8-2　　　　　　　　　　　三个社会因素的组合

涉及事物大小	关系亲疏	权势 说话人比听话人
大	疏	弱
小	疏	弱
大	亲	弱
小	亲	弱
大	疏	强
小	疏	强
大	亲	强
小	亲	强
大	疏	相当
小	疏	相当
大	亲	相当
小	亲	相当

（数据来源于梁潇洁，2018：32）

2. 角色扮演语境设计

设计本研究的语境需要首先阅读了一些关于东乡语和东乡族的文献，以获得关于这个少数民族及其语言的一般知识，然后寻求东乡族大学生的建议，以更多了解他们的日常生活并避免一些不合适的场景。因此，本研究考虑到了东乡族的宗教习俗和禁忌。本研究中的所有受试均来自于农村，因此语境是根据他们的现实生活而设计的，例如，寻求卖土豆的建议。此外，本研究采用的八种组合，每种组合包含两个语境。最后，总共有16个语境（见表8-3）。为了对比东乡语与汉语建议礼貌策略，汉语的问卷采用相同的语境。每一个语境包括了对话者之间的年龄差异、涉及事物大小和询问以得到建议。

表 8-3　　　　　　　　　　角色扮演语境设计

涉及事物大小	关系亲疏	权势	语境的设计
大	疏	弱	语境1 建议修一条路 语境2 建议卖掉当年土豆
小	疏	弱	语境3 建议提供些餐巾纸 语境4 建议放羊地点
大	亲	弱	语境5 建议给土地补偿 语境6 建议降低饭价
小	亲	弱	语境7 建议穿衣颜色 语境8 建议进一些雨鞋
大	疏	强	语境9 建议买房子 语境10 建议开商店
小	疏	强	语境11 建议先写演讲稿 语境12 建议少布置家庭作业
大	亲	强	语境13 建议买面包车 语境14 建议承包土地
小	亲	强	语境15 建议干点儿零活儿 语境16 建议包个红包

（数据来源于梁潇洁，2018：33）

3.调查问卷设计

基于角色扮演记录的转写，并结合布鲁姆-库尔卡等人（1989）的解码框架，以及由班吉和卡雷尔（1988）提出的建议言语行为实现策略的分类，本研究分析了引出性的建议言语行为，然后观察东乡语和汉语建议礼貌策略的使用。根据以上收集的礼貌策略，本研究设计了多项选择的问卷进一步调查。

该调查问卷旨在调查年龄差异和涉及事物大小对建议言语行为中礼貌策略的影响。因此，问卷设计包括与四类受试相一致的问卷的类型，如表8-1所示。四种类型的问卷除了说话人和听话人之外都是相同的语境。就选项而言，它们是基于先前角色扮演和访谈中所得的材料而设计的。选项A是从角色扮演记录中获得材料，选项B是从东乡语和汉语受试咨询中得到的材料，选项C和选项D是来自于其他组经常使用的建议话语；最后一个选项是空白项，如果受试无法在其他四个选项中找到合适的选择，他们可以在这个空白项写下自己的答案。为了保证可比性，东乡语和汉语问卷的每个语境都有不同的选项，因为它们是基于当地受试分别收集到的建议礼貌策略。

大规模调查问卷是根据预测问卷调查结果进行部分修改而设计的。首先，在相同的社会因素组合中，如果两种语境引发的礼貌策略差异较大，则修改了大多数受试选择的而研究者未想到的策略。此外，有一个问题的选项需要修改，因为预测问卷中大多数受试选择"圈养"而不是角色扮演中的"到山上去放羊"。其次，本研究根据预测问卷中收集到的礼貌策略的频数修改了选项。每个语境包含五个选项：最常用的一个、第二常用的一个、较少使用的一个、最少使用的一个和供受试填写自己答案的空白项。在问卷中，为避免受试发现规律，同时提高问卷的效度，所有选项的顺序都已被打乱。

4. 研究步骤

（1）角色扮演

（a）角色扮演的准备。首先，邀请两位东乡族的本族语者向受试翻译并解释每一个具体的语境。为了保证准确性，本研究邀请了西北民族大学的两名东乡族大学生，并向他们介绍了我们的研究目的和他们在角色扮演中的职责。本研究结合东乡语专家和翻译人员的建议，选择了东乡县二户社作为研究地点，村里的所有人都可以说纯正的东乡语。汉语的角色扮演在榆中县的定远镇进行。

（b）角色扮演的实施。研究者分别在二户社一个翻译人员的家里和定远镇一个受试家里进行了角色扮演。受试按照自己的真实年龄根据表8-1所示分组进行角色扮演。翻译人员向那些不懂汉字的东乡族解释了角色扮演中的细节，包括他们之间的关系亲疏，以及他们所涉及的事物大小。每个受试都是使用东乡语来进行角色扮演。在角色扮演的过程中，为保证受试之间不互相影响，在不同地点进行。最终，东乡语和汉语有效视频各收集到64个。

（c）角色扮演的转录。本研究邀请了一位对东乡语注音符号有较好掌握的东乡族教育工作者。她根据马国忠和陈元龙（2001）的《东乡语和汉语词典》将录音转写成东乡语注音符号，并翻译成了汉语。为保证角色扮演的准确性，本研究邀请一名兰州本地大学生协助研究人员一起录制了汉语的视频。这些从角色扮演中获得的材料为下一步的问卷调查做了准备。

（2）预测问卷调查

（a）预测问卷调查准备。由于研究者不会说东乡语，本研究邀请两名东乡族大学生帮助进行了问卷调查。汉语的问卷调查同样在一位兰州本地人帮助下进行。考虑村庄人口稀少的问题，调查者在不同的村庄进行了问卷调查（东乡县果园乡调查东乡语，榆中县小康营乡调查汉语）。

（b）预测问卷调查实施。东乡语预测问卷在东乡县果园乡进行，汉语预测问卷在榆中县小康营乡进行。问卷选项分为：最常用的一个、第二常用的一个、较少使用的一个、最少使用的一个和供受试填写自己答案的空白项等五项。在问卷中，为避免受试发现规律，同时提高问卷的效度，所有选项的顺序都已被打乱。最后收到38名东乡语受试的75份东乡语有效问卷，57名汉语受试的114份汉语有效问卷。大规模调查问卷的最终版本是通过对预测问卷进行一些修改而设计的。

5.大规模调查问卷

（1）大规模调查的准备。进行大规模调查之前，两名东乡族大学生帮助研究人员解释问卷。为了获得足够的受试，研究人员选择了人口相对密集的不同地点，特别是村庄里的集市。具体来说，调查在东乡县集市，锁南镇和果园乡和榆中县的小康营乡（李家营、郭家营）进行。

（2）大规模调查的实施。东乡语和汉语各140名18岁到75岁的受试（青年组和老年组各一半）参与了这次问卷调查。和预测问卷调查一样，东乡族学生为东乡族不识字的受试详细翻译。同样的方法，一名兰州本地人为不识字的汉语受试解释问卷各个细节。最终，两种语言各收集到120份有效问卷，青年组和老年组各60份。然后，根据大规模问卷所得数据，研究人员进行了进一步的分析。

6.数据分析

基于角色扮演和问卷调查所得语料，本研究分析了受试对礼貌策略的选择。建议言语行为实质上是一种威胁面子的行为，因此，礼貌策略被用来缓和对听话人面子带来的伤害。在分析礼貌策略时，研究人员借鉴了班吉和卡雷尔（1988）的研究。他们运用了7种礼貌策略：表示关心、以模糊限制语缓和建议、拉近听话人和说话人的距离、变换焦点、提供帮助、解释和运用以上策略并表明说话人无意冒犯。本研究分析了东乡语和汉语建议的四种具体策略，如表8-4所示。

表8-4　　　　　　　　建议策略分类

	策略	语例
礼貌策略	表示关心	演讲稿要得比较急。
	模糊限制语	我觉得黑的好一些。
	亲近	我们应该提供一些餐巾纸。
	解释	现在卖了。价钱挺高的了。

（数据来源于梁潇洁，2018：39）

基于上述所说研究方法，本研究通过SPSS 21.0运用了卡方检验和频数测试方法来分析所有的数据。研究者运用了卡方独立性检验来观察年龄差异的影响、东乡语和汉语建议礼貌策略的对比，运用配对卡方检验来观察涉及事物大小因素的影响。

第五节　研究结果

这一部分给出了研究问题的结果。首先，它展示了东乡语建议礼貌策略所使用的种类。然后，这一部分回答了年龄差异和涉及事物大小对汉语建议礼貌策略使用的影响，也展示了汉语建议礼貌策略使用的种类并对比了东乡语和汉语建议所使用的礼貌策略。因此，这一部分根据研究问题分别给出了相应的答案。

一 东乡语建议礼貌策略的种类

根据大规模调查所得数据，表8-5展示了东乡语受试使用的礼貌策略。总的来说，分析框架里的礼貌策略都被运用了。这个问题旨在总结东乡语建议所使用的礼貌策略并对这些策略简要介绍。

表8-5　　　　东乡语建议礼貌策略使用的频数分布

实施建议的礼貌策略	男老—男老		男老—男青		男青—男老		男青—男青	
	频数	百分比	频数	百分比	频数	百分比	频数	百分比
关心	104	23.32%	171	34.69%	173	39.05%	233	42.83%
模糊语	140	31.39%	176	35.70%	148	33.41%	159	29.23%
亲近	98	21.97%	38	7.71%	18	4.06%	63	11.58%
解释	104	23.32%	108	21.91%	104	23.48%	89	16.36%
总计	446	100%	493	100%	443	100%	544	100%

（数据来源于梁潇洁，2018：40）

不管直接或者间接，对某人提出建议都会由于干涉了听话人的行动自由而威胁听话人的消极面子。因此，礼貌策略可以被用来缓解对听话人面子的威胁。在决定是否或者怎样提出建议时，礼貌策略可以对抗冒犯并保证交谈的和谐。在本研究中，东乡语受试运用了四种礼貌策略：表示关心、模糊限制语、亲近和解释。

如表8-5所示，在东乡语（男老—男老）组中，最常用的礼貌策略是模糊限制语，百分比为31.39%。通过使用模糊限制语，说话人缓和了对听话人面子的威胁。根据布朗和列文森（1978/87）的观点，模糊限制语是语言缓和策略，例如小品词、缓和词、弱化词和最小化词，被用来降低说话人对某一事实承认或合作性的责任，以及与某一命题的关联性。在汉语中，缓和词，例如，"**我认为**""**我感觉**""**依我看**"和小品词"**吧**"，都是模糊限制语。包含模糊限制语的例子如下：

例 8-1

村民（青年）

东乡语：Abei, ene ghuarudu bi nie hoxide echine ma, yan bareise gao wo?

汉　语：伯父，这两天我要去贺个喜，您说送什么好呢？

村长（老年）

东乡语：Bi uzhese baer zui gao wo ma, baer bareidene echima, yagvanbaode injine ma.

汉　语：我看你就送红包吧，最实用。

（语例选自梁潇洁，2018：41）

表示关心和解释是东乡语（男老—男老）组中使用次多的礼貌策略，百分比都是 23.32%。表示关心策略是使听话人确定说话人是出于帮助的目的而提出建议。说话人可以通过直接提出建议、提供关于语境信息、询问听话人想法和开玩笑的方式提供关心。在本研究中，表示关心主要是指说话人向听话人提供其自认为重要和有用的语境信息、直接建议。正如以下例子所示：

例 8-2

老板（青年）

东乡语：Ene ghuarudu mayi fangon shinyi gouji bixindazho, Chiyi jienyi shi matu nie wo?

汉　语：最近生意冷淡了很多，你有什么意见？

雇员（老年）

东乡语：Mayi budanyi jiage te undudazho.

汉　语：顾客都说菜的价格太高了。

（语例选自梁潇洁，2018：42）

第八章 建议

解释策略意味着说话人提出建议时给出为什么该建议应该被采纳或者为什么说话人提出这一策略。解释策略通常和直接建议相连以缓和对听话人面子的威胁。例如:

例8-3

村民(老年)

东乡语:Chi uzhese bi nie fangon kaise gao wo nu, nie shanjien kaise gao wo, Chiyi jienyi shi matu nie wo?

汉　语:开饭馆还是杂货店,你有什么建议?

村民(青年)

东乡语:Bi uzhese shanjien gao wo, shanjien jiendan wo.

汉　语:我认为开杂货店好些,好管理些。

(语例选自梁潇洁,2018:42)

当向老年男性提出建议时,东乡语老年组使用最少的是亲近策略,百分比为21.97%。亲近策略,即说话人试图拉近与听话人的距离而使得建议容易被接受和显得对听话人有利,主要是通过使用团结标志词、表示同意和使用"我们"。如下例所示:

例8-4

老板(老年)

东乡语:Ene ghuarudu mayi fangon shinyi gouji bixindazho, Chiyi jienyi shi matu nie wo?

汉　语:最近生意冷淡了很多,你有什么意见?

雇员(青年)

东乡语:Mayi budanyi jiage te undudazho, jiageyi puse xiajiang gieye.

汉　语:我们饭菜价格太高了,可以降价。

(语例选自梁潇洁,2018:43)

在东乡语（男老—男青）组中，最常用的礼貌策略是模糊限制语，百分比为35.70%。第二和第三常用的策略分别是表示关心和解释策略，百分比分别为34.69%和21.91%。在东乡语（男青—男老）组和（男青—男青）组中，东乡语青年男性受试在向老年男性和青年男性提出建议时采用最多的是表示关心策略，其百分比分别为39.05%和42.83%。亲近策略是四组所有策略中使用最少的策略，百分比分别为21.97%、7.71%、4.06%和11.58%。

二 年龄对东乡语建议礼貌策略的影响

为了考察年龄对东乡语建议礼貌策略的影响，本研究分别观察了东乡族男性受试分别对老年男性和青年男性提出建议时使用的礼貌策略的分布。因此，有四组对比，见表8-6至8-9。

1. 东乡语男性对老年男性实施建议时使用的礼貌策略

如表8-6所示，东乡语老年男性组和青年男性受试在使用表示关心和亲近策略时存在显著差异（p=0.044<0.05；p=0.011<0.05）。根据频数分布可知，青年男性受试比老年男性受试使用更多的表示关心策略；而在向老年男性提出建议时，老年男性比青年男性受试选择亲近策略更多。而在使用模糊限制语和解释策略方面，二者没有明显差异（p=0.456>0.05；p=0.103>0.05），这两种礼貌策略的使用频数都较高。

表8-6　东乡语男性对老年男性建议礼貌策略独立卡方检验结果

建议礼貌策略	对比组（说话人—听话人）	频数	百分比	受试人数	卡方值	显著性
表示关心	男老—男老	104	23.32%	30	4.059 [a]	0.044
	男青—男老	173	39.05%	30		
模糊限制语	男老—男老	140	31.39%	30	0.556 [a]	0.456
	男青—男老	148	33.41%	30		

续表

建议礼貌策略	对比组（说话人—听话人）	频数	百分比	受试人数	卡方值	显著性
亲近	男老—男老	98	21.97%	30	6.427 ª	0.011
	男青—男老	18	4.06%	30		
解释	男老—男老	104	23.32%	30	2.653 ª	0.103
	男青—男老	104	23.48%	30		

（数据来源于梁潇洁，2018：44）

2. 东乡语男性对青年男性提出建议时使用的礼貌策略

由表8-7可知，东乡语老年男性和青年男性受试在建议青年男性时，在使用表示关心、模糊限制语和亲近策略时（每种策略$p<0.05$）存在显著差异。具体而言，青年男性受试比老年男性受试使用更多的表示关心、亲近和模糊限制语策略。两组之间在使用解释策略时没有显著差异（$p=0.137>0.05$）。

表8-7　东乡语男性对青年男性建议礼貌策略的独立卡方检验结果

建议礼貌策略	对比组（说话人—听话人）	频数	百分比	受试人数	卡方值	显著性
表示关心	男老—男青	171	34.69%	30	7.977 ª	0.005
	男青—男青	233	42.83%	30		
模糊限制语	男老—男青	176	35.70%	30	6.129 ª	0.013
	男青—男青	159	29.23%	30		
亲近	男老—男青	38	7.71%	30	4.485 ª	0.034
	男青—男青	63	11.58%	30		
解释	男老—男青	108	21.91%	30	2.207 ª	0.137
	男青—男青	89	16.36%	30		

（数据来源于梁潇洁，2018：45）

3. 东乡语青年男性对男性提出建议时使用的礼貌策略

如表8-8所示，东乡语青年男性受试对青年男性和老年男性提出建议时，在使用表示关心策略方面存在显著差异（p=0.022<0.05），对亲近策略的选择也存在显著差异（p=0.047<0.05）。具体来说，东乡语青年男性受试对青年男性建议时使用更多的表示关心、亲近策略；而对模糊限制语和解释策略的选择则没有显著差异（p=0.296>0.05，p=0.916>0.05）。

表8-8 东乡语青年男性对男性建议礼貌策略的独立卡方检验结果

建议礼貌策略	对比组（说话人—听话人）	频数	百分比	受试人数	卡方值	显著性
表示关心	男青—男老	173	39.05%	30	5.211 a	0.022
	男青—男青	233	42.83%	30		
模糊限制语	男青—男老	148	33.41%	30	1.094 a	0.296
	男青—男青	159	29.23%	30		
亲近	男青—男老	18	4.06%	30	3.951 a	0.047
	男青—男青	63	11.58%	30		
解释	男青—男老	104	23.48%	30	0.011 a	0.916
	男青—男青	89	16.36%	30		

（数据来源于梁潇洁，2018：46）

4. 东乡语老年男性对男性提出建议时使用的礼貌策略

如表8-9所示，东乡语老年男性受试在选择表示关心和亲近策略时有显著差异（两种策略p=0.000<0.05）。从频数分布来看，东乡语老年男性受试在建议青年男性时使用更多表示关心的策略；而在建议老年男性时使用更多亲近策略。在模糊限制语和解释策略的选择上没有明显的差异。

表 8-9　东乡语老年男性对男性建议礼貌策略的独立卡方检验结果

建议礼貌策略	对比组（说话人—听话人）	频数	百分比	受试人数	卡方值	显著性
表示关心	男老—男老	104	23.32%	30	26.075 [a]	0.000
	男老—男青	171	34.69%	30		
模糊限制语	男老—男老	140	31.39%	30	0.006 [a]	0.938
	男老—男青	176	35.70%	30		
亲近	男老—男老	98	21.97%	30	35.063 [a]	0.000
	男老—男青	38	7.71%	30		
解释	男老—男老	104	23.32%	30	0.152 [a]	0.696
	男老—男青	108	21.91%	30		

（数据来源于梁潇洁，2018：46）

在考察下一个研究问题之前，我们总结上述四个小问题的结果（如表8-10所示），因为上述研究问题的目的都是调查年龄差异对东乡语男性受试建议时使用的礼貌策略的影响。

表 8-10　　问题（1）到（4）的结果显著性

问题（1）	男老–男老 男青–男老	显著差异
问题（2）	男老–男青 男青–男青	显著差异
问题（3）	男青–男青 男青–男老	显著差异
问题（4）	男老–男青 男老–男老	显著差异

（数据来源于梁潇洁，2018：47）

三　涉及事物大小对东乡语建议礼貌策略的影响

根据布朗和列文森（1978/87），三个社会变量（涉及事物大小、关系亲疏和权势）会影响面子威胁行为的严重程度以及对话者实施言语行为时的策略选择。为了考察三个变量之一的涉及事物大小是否影响东乡语建议礼貌策略的选择，研究者控制了关系亲疏和权势两个因素。

本研究从两个方面分析了涉及事物大小因素的影响。首先，当说话人与听话人之间关系疏、说话人权势弱于听话人时，本研究讨论了涉及事物大小因素的影响。这种情况下，控制权势强—关系疏观察涉及事物大小的影响。其次，当说话人与听话人之间的关系亲，说话人权势强于听话人时，本研究控制权势弱—关系亲观察涉及事物大小的影响。表8-11和表8-12分别展示了两种组合下东乡语受试在涉及事物大和涉及事物小时所使用的礼貌策略，同时也展示了配对卡方检验的结果。

表8-11　　涉及事物大小对东乡语建议礼貌策略影响对比的配对卡方检验结果（控制权势强—关系疏）

建议礼貌策略	涉事大小	频数	百分比	受试人数	有效项	卡方值	显著性
表示关心	大	81	21.5%	60	377	19.007 [a]	0.000
	小	53	17.2%	60	309		
模糊限制语	大	77	20.5%	60	377	1.143 [a]	0.453
	小	98	31.7%	60	309		
亲近	大	79	20.9%	60	377	0.462 [a]	0.039
	小	47	15.2%	60	309		
解释	大	140	37.1%	60	377	15.866 [a]	0.002
	小	111	35.9%	60	309		

（数据来源于梁潇洁，2018：48）

表8-11显示，说话人权势强于听话人且二者关系疏时，除了使用模糊限制语策略而外，表示关心、亲近和解释等策略差异显著（p=0.000<0.05），且在涉及事物大时的使用频等均高于涉及事物小时。此结果表明：涉及事物大小因素影响东乡语建议礼貌策略的选择。

表8-12展示了说话人权势弱于听话人且二者关系亲时的结果。由表可

知,除了亲近策略(p=1.000>0.05),受试在涉及事物大和涉及事物小时使用的礼貌策略存在显著差异(p=0.000<0.05)。受试在涉及事物小时使用更多的表示关心和解释策略;在涉及事物大时使用更多的模糊限制语策略。

表 8-12　　涉及事物大小对东乡语建议礼貌策略影响对比的配对卡方检验结果(控制权势弱—关系亲)

建议礼貌策略	涉事大小	频数	百分比	受试人数	有效项	卡方值	显著性
表示关心	大	103	41.2%	60	250	6.260 a	0.000
	小	128	49.2%	60	260		
模糊限制语	大	109	43.6%	60	250	2.882 a	0.000
	小	78	30.0%	60	260		
亲近	大	14	5.6%	60	250	21.477 a	1.000
	小	13	5.0%	60	260		
解释	大	24	9.6%	60	250	6.998 a	0.008
	小	41	15.8%	60	260		

(数据来源于梁潇洁,2018:50)

根据表 8-11 和 8-12 的结果,涉及事物大小因素对东乡语建议礼貌策略的选择存在显著影响。具体来说,说话人权势强于听话人且二者关系疏时,尽管解释是在涉及事物大和涉及事物小时最常用的礼貌策略,但它们之间存在显著差异。表示关心策略在涉及事物大和涉及事物小时使用频数都相对较低,但是二者存在显著差异。说话人权势弱于听话人且二者关系亲时,对涉及事物大的情况受试采用更多模糊限制语策略,表示关心策略多用于涉及事物小。

四　汉语建议礼貌策略的类型

本研究观察了汉语建议的礼貌策略(见表 8-13),并将其与东乡语建议的礼貌策略进行对比。如表 8-13 所示,(男老—男老)组中,表示关心策略是四种礼貌策略中使用最多的策略,百分比为 33.57%,最不常用的策略是亲近策略,百分比为10.96%。在(男老—男青)组和(男青—男青)组中,解释策略均排名第一,百分比分别为36.49%和40.69%。虽然模糊限制语是(男老—男青)组中使用最少的策略,百分比为14.02%,但这一策略却是(男青—男老)组中使用最多的策略,百分比为32.09%。(男青—男老)组中使用最少的策略是表示关心策略,百分比为19.15%。

表8-13　　　　　　　　汉语建议礼貌策略的频数分布

实施建议的礼貌策略	男老—男老		男老—男青		男青—男老		男青—男青	
	频数	百分比	频数	百分比	频数	百分比	频数	百分比
关心	193	33.57%	184	31.08%	139	19.15%	120	15.85%
模糊语	142	24.70%	83	14.02%	233	32.09%	195	25.76%
亲近	63	10.96%	109	18.41%	169	23.28%	134	17.70%
解释	177	30.78%	216	36.49%	185	25.48%	308	40.69%
总计	575	100%	592	100%	726	100%	757	100%

(数据来源于梁潇洁,2018:51)

根据表8-5和表8-13可知,在(男老—男老)组中,东乡语受试和汉语受试均使用亲近策略最少,东乡语受试最常使用模糊限制语策略而汉语受试最常使用表示关心策略。在(男老—男青)组中,模糊限制语策略是东乡语受试最常使用的策略,却是汉语受试最不常用的策略。在(男青—男老)组中,东乡语受试和汉语受试最常使用的礼貌策略分别是表示关心策略和模糊限制语策略,而最不常用的礼貌策略分别是亲近策略和表示关心策略。在(男青—男青)组中,解释策略是汉语受试最常使用的策略,却是东乡语受试最不常用的策略。

五　东乡语和汉语建议中礼貌策略的异同

为考察东乡语和汉语建议礼貌策略的异同,研究者就年龄差异和涉及事物大小因素的影响进行了对比。

第一，就年龄差异的影响而言，东乡语和汉语建议礼貌策略对比结果如下：

如表8-14所示，在（男老—男老）组中，东乡语和汉语老年受试在表示关心、模糊限制语和解释策略上存在显著性差异（三种策略p均小于0.05）。在（男老—男青）组中，东乡语和汉语老年受试在模糊限制语、亲近和解释策略上存在显著性差异（三种策略p均小于0.05）。在（男青—男老）组中，东乡语和汉语青年受试对表示关心、亲近和解释策略的选择存在显著差异（三种策略p均小于0.05）。在（男青—男青）组中，东乡语和汉语青年受试对表示关心、亲近和解释策略的选择存在显著差异（三种策略p均小于0.05）。具体来说，结合表8-5和表8-13，当向老年男性提出建议时，汉语老年受试比东乡语受试使用更多的表示关心和解释策略，但是当他们向青年男性提出建议时，汉语老年受试比东乡语老年受试更多采用解释和亲近策略，更少采用模糊限制语策略。当青年受试向老年和青年提出建议时，汉语青年受试比东乡语青年受试使用更多的分辨和解释策略，但是当他们向各自民族的青年受试建议时，东乡语青年受试比汉语青年受试使用更多的表示关心和模糊语策略。

表8-14 东乡语和汉语建议礼貌策略受年龄影响对比的独立卡方检验结果

建议策略	对照项	对照语言	受试人数	总项	有效项	卡方值	显著性
关心	男老—男老	东乡语	30	960	446	25.456[a]	0.000
		汉语	30	960	575		
	男老—男青	东乡语	30	960	493	3.076[a]	0.079
		汉语	30	960	592		
	男青—男老	东乡语	30	960	443	11.308[a]	0.001
		汉语	30	960	726		
	男青—男青	东乡语	30	960	544	4.677[a]	0.031
		汉语	30	960	757		

续表

建议策略	对照项	对照语言	受试人数	总项	有效项	卡方值	显著性
模糊语	男老—男老	东乡语	30	960	446	12.641 a	0.000
		汉语	30	960	575		
	男老—男青	东乡语	30	960	493	3.998 a	0.046
		汉语	30	960	592		
	男青—男老	东乡语	30	960	443	0.580 a	0.446
		汉语	30	960	726		
	男青—男青	东乡语	30	960	544	2.134 a	0.144
		汉语	30	960	757		
亲近	男老—男老	东乡语	30	960	446	0.109 a	0.741
		汉语	30	960	575		
	男老—男青	东乡语	30	960	493	8.131 a	0.004
		汉语	30	960	592		
	男青—男老	东乡语	30	960	443	5.973 a	0.015
		汉语	30	960	726		
	男青—男青	东乡语	30	960	544	4.060 a	0.044
		汉语	30	960	757		
解释	男老—男老	东乡语	30	960	446	4.484 a	0.034
		汉语	30	960	575		
	男老—男青	东乡语	30	960	493	10.519 a	0.001
		汉语	30	960	592		
	男青—男老	东乡语	30	960	443	4.458 a	0.035
		汉语	30	960	726		
	男青—男青	东乡语	30	960	544	10.248 a	0.001
		汉语	30	960	757		

（数据来源于梁潇洁，2018：52）

第八章 建议

第二,就涉及事物大小因素的影响而言,东乡语和汉语建议的礼貌策略对比结果如下:

表8-15和表8-16分别展示了控制权势强—关系疏以及控制权势弱—关系亲两种情况下的涉及事物大小的对比。

表8-15 东乡语和汉语建议礼貌策略受涉及事物大小影响对比的独立卡方检验结果(控制权势强—关系疏)

建议礼貌策略	对照组	受试人数	总项	卡方值	显著性
表示关心	东(大)-汉(大) 81-120	120-120	480	1.465^a	0.226
	东(小)-汉(小) 53-55	120-120	480	0.093^a	0.761
模糊限制语	东(大)-汉(大) 77-120	120-120	480	8.472^a	0.004
	东(小)-汉(小) 98-59	120-120	480	7.075^a	0.008
亲近	东(大)-汉(大) 79-95	120-120	480	5.038^a	0.025
	东(小)-汉(小) 29-56	120-120	480	2.828^a	0.093
解释	东(大)-汉(大) 140-181	120-120	480	4.193^a	0.041
	东(小)-汉(小) 111-124	120-120	480	34.304^a	0.000

注:东(小/大)=东乡语中涉及事物小/大,汉(小/大)=汉语中涉及事物小/大。
(数据来源于梁潇洁,2018:54)

如表8-15所示,在涉及事物大的语境中,东乡语和汉语受试在模糊限制语、亲近和解释策略的选择上存在显著差异(三种策略p均小于0.05),在表示关心策略的选择上不存在显著差异(p=0.226>0.05)。在涉及事物小的语境中,东乡语和汉语受试在模糊限制语和解释策略的选择上存在显著差异(两种策略p均小于0.05),但是在表示关心和亲近策略的选择上二者不存在显著差异(两种策略p均大于0.05)。

如表8-16所示，当权势弱关系亲时，在涉及事物大的语境中，东乡语和汉语受试只有在解释策略的选择上存在显著差异（p=0.002<0.05），其他三种策略没有显著差异。在涉及事物小的语境中，东乡语和汉语受试在表示关心和亲近策略的选择上存在显著差异（两种策略p均小于0.05），另外两种礼貌策略（p均大于0.05）不存在显著差异。

表8-16　涉及事物大小对东乡语和汉语建议礼貌策略影响对比的独立卡方检验结果（控制权势弱—关系亲）

建议礼貌策略	对照组	受试人数	总项	卡方值	显著性
表示关心	东（大）-汉（大）103–65	120–120	480	2.327^a	0.127
	东（小）-汉（小）128–146	120–120	480	13.322^a	0.000
模糊限制语	东（大）-汉（大）109–74	120–120	480	1.120^a	0.290
	东（小）-汉（小）78–48	120–120	480	0.933^a	0.334
亲近	东（大）-汉（大）27–27	120–120	480	0.000^a	1.000
	东（小）-汉（小）0–21	120–120	480	54.898^a	0.000
解释	东（大）-汉（大）24–62	120–120	480	9.720^a	0.002
	东（小）-汉（小）41–56	120–120	480	0.239^a	0.625

注：东（小/大）=东乡语中涉及事物小/大，汉（小/大）=汉语中涉及事物小/大。（数据来源于梁潇洁，2018：55）

总之，由表8-15可知，在涉及事物大的语境中，尽管东乡语受试和汉语受试均使用解释策略最多，但是汉语受试比东乡语受试使用更多这一策略。同时，模糊限制语和亲近策略更多为汉语受试采用。在涉及事物小的语境中，解释策略仍然是东乡语和汉语受试使用最多的策略，但是汉语受试使用比东乡语受试使用更多，而东乡语受试比汉语受试使用更多的模糊限制语策略。由表8-16可知，在涉及事物大的语境中，汉语受试比东乡语受试使用更多的解释策略。在涉及事物小的语境中，尽管东乡语受试和汉语受试均使用较多的表示关心策略，但是汉语受试比东乡语受试使用更多的表示关心策略，此外，汉语受试使用了亲近策略，但东乡语受试并未使用此策略。

第六节　分析与讨论

本节展示了第五节中所得结果的可能原因。首先，分析并讨论东乡语受试使用的主要礼貌策略。其次，重点分析年龄差异和涉及事物大小因素对东乡语建议礼貌策略的影响。第三，讨论东乡语受试所使用的主要礼貌策略并比较其与汉语建议礼貌策略的异同。

一　东乡语建议礼貌策略种类

总体看来，表示关心、亲近、模糊限制语和解释是东乡语受试采用的主要礼貌策略。这些策略的广泛使用表明，东乡语受试将建议言语行为认为是威胁面子的行为，因此他们采用礼貌策略来减轻对听话人面子的威胁。

在讨论东乡语受试为缓解建议言语行为引起的威胁而采用的礼貌策略前，很有必要探索建议言语行为如何威胁听话人的面子。在提出建议时，说话人或许侵犯了听话人的个人空间而因此伤害了听话人的消极面子。布朗和列文森（1978/87）将提出建议描述为本质威胁面子的行为，尽管说话人并无意侵犯听话人的行动自由。而且，西方文化比较强调个人主义、隐私以及对干涉他人事物的厌恶。因此，在实施建议言语行为时须谨慎并采取一系列措施来缓和威胁。而在中国文化中，一方面，提出建议可以被看作是一种表现仁爱和良好态度的团结策略，从而营造和谐对话并建立集体归属感。另一方面，"慎言"在中国是一种美德，而那些对他人提出太多建议的人也会收到不快的评价

"你太喜欢说教了"。所以，为使建议更易于接受，人们在提出建议时会采取一些礼貌策略。

鉴于建议言语行为对听话人面子造成的威胁，东乡语受试理所当然的要采取礼貌策略来减轻其负面影响。由东乡语受试所使用礼貌策略的结果表明，他们意识到建议言语行为是一种威胁面子的行为而努力使这一行为的善意以及对听话人面子的威胁达到平衡。虽然建议本意是好的，但在很多情景中都不能太快地提出。为了避免被认为太过粗野并表明他们在谈话中的合作态度，受试可能会在不同情景中使用不同的策略来礼貌地提出建议。

就东乡语受试选择的礼貌策略来说，模糊限制语策略是老年男性受试向老年男性或者青年男性提出建议时使用最多的策略。表示关心策略是青年男性受试向青年男性或者老年男性提出建议时使用最多的策略。总之，受试使用了所有的策略，但各个策略的使用频数却不同。东乡语老年男性受试采用最多的策略是模糊限制语策略，这表明受试运用语言缓和策略或者各种缓和语，例如"我认为、我感觉、依我看"，来减轻他对承诺某一事实和合作性的责任以及与某一命题的关联性（布朗和列文森，1978/87）。汉语中的模糊限制语策略被用来减轻建议言语行为的直接的语力。这表明东乡语老年男性受试向老年男性或青年男性提出建议时倾向于使用带有模糊限制语策略的直接建议。这种现象可能源于他们的民族性格，即直率或以自我为中心。他们喜欢直接表达自己的想法，但在提出建议时也会考虑到礼貌。表示关心策略是东乡语青年组使用频数最高的策略，这一结果与已有相关研究结果一致（方志英，2005）。本研究中，表示关心策略主要分为两种情况：直接提出建议和提供与语境相关信息。根据调查所得数据，本研究发现东乡语青年男性受试向老年男性建议时倾向于提供语境相关信息而非直接建议。这一现象或许源于"尊老爱幼"思想的影响。这一思想促使他们在向老年男性建议时采用相对礼貌的方式。但是，青年男性受试向青年男性建议时倾向于直接建议，因为青年男性教育程度相对较高因而也更开放。

二 年龄对东乡语建议礼貌策略的影响

第五节中的研究结果表明，四种建议礼貌策略为东乡语老年组和青年组共同采用。对礼貌策略的使用源于建议言语行为威胁面子的本质，而且太直接的建议会让听话人认为说话人过于说教。因此，合适的礼貌策略是为减轻对听话人的面子威胁。

具体来说，当东乡语老年男性受试和青年男性受试向老年男性提出建议时，他们对表示关心策略和亲近策略的选择存在显著差异。相较于老年男性受试，青年男性受试采用表示关心策略更多，亲近策略较少。例如，当向老年男性提出建议时，青年男性受试可能会说"Bu tunyi shi yenyin waine, kunyi ghazhalayi zhenjise jibao ogine（不同意是有原因的，占用别人土地要给些补偿）"，而老年男性可能会说"Huxian shotun gieye. Kunyi ghazhalayi zhenyin gieye. Ingiese jibao ye, baer gouji ogiye（我们相互说服一下。占用别人家的土地就给些补偿）"。在这一例子中，说话人通过提供自认为重要并有利于听话人的语境信息，表示关心策略被用来避免威胁听话人的消极面子。因此，青年男性受试比老年男性受试使用更多的表示关心策略以避免给出直接建议。原因可能是：对老年男性提出建议时，"尊老爱幼"传统思想促使他们使用相对礼貌的话语。当向青年男性提出建议时，相较于老年男性，青年男性受试使用更多表示关心和亲近策略，较少模糊限制语策略。当向青年男性提出建议时，东乡语青年男性受试比老年男性受试相对直接。例如，青年男性受试倾向于说"Shanjien kai ye oluzho（开个杂货店呗）"；而老年男性受试可能说"Miyi kenfa shi chi nie shanjien kaise gaogvan wo（我的看法是你开个杂货店好一些）"。因为东乡族青年人受教育稍多也因此更加开放，对于同辈之人他们倾向于直接表达自己意图。东乡语老年男性受试倾向于表达自己观点或者使用模糊限制语来向青年男性提出建议，这是受他们的民族性格和心理特点影响。一方面，由于东乡族社会的特点，男性在社会中占据主导地位（熊坤新，2007），男性负责家庭和社会中的重大事物，他们倾向于表达自己对某事的看法。另一方面，年龄不同可能导致老年男性认为他们和年轻人思想不同，他们之间存在代沟。因此，东乡语老年男性受试提出建议时会尽量避免啰唆而让年轻人厌恶。

当东乡语受试青年男性分别向老年男性和青年男性提出建议时，他们在表示关心和亲近策略的选择上存在显著差异。东乡语受试青年男性对青年男性提出建议时比对老年男性提出建议时使用更多的表示关心和亲近策略。这表明，受试青年男性向青年男性和老年男性分别提出建议时表现出不同的态度。受试青年男性向青年男性提出建议时使用更多直接建议，而向老年男性提出建议时，则使用较少。这是因为，在面对同辈时，东乡族青年人思想更加开放且愿意直接表达自己的意图。但是面对老年男性时，他们则更礼貌。当受试老年男性分别向老年男性和青年男性提出建议时，他们在表示关心和亲近策略的选择上存在显著差异。东乡语受试青年男性比受试老年男性使用更多的表示关心策略，但是亲近策略较少。不同的年龄可能导致青年男性和老年男性性格不同。因此，东乡语受试老年男性向青年男性提出建议时倾向于提供语境相关信息以避免对年轻人说教太多。

拉近说话人和听话人之间的距离可以使得建议更易被接受。这一策略可以通过使用团结标志来实现，例如，团体称呼、称谓语、亲属称谓和"我们"。当东乡语男性向同辈男性提出建议时都使用的亲近策略。原因可能是：东乡族信奉伊斯兰教而《古兰经》是这一文化中的经典作品，这一作品认为所有的穆斯林教徒都是兄弟，也就是说，穆斯林应该像兄弟姐妹一样对待每个人。这一根深蒂固的思想影响东乡族男性日常中的交流行为。

三 涉及事物大小对东乡语建议礼貌策略的影响

表8-11和表8-12的结果表明涉及事物大小因素对东乡语建议礼貌策略有影响，这一结果与布朗和列文森的观点相一致，即涉及事物大小影响说话人提出建议时礼貌策略的使用。这一部分从两方面讨论了涉及事物大小因素的影响：说话人在较高压力和较低压力下。

第八章 建议

首先，权势强关系疏时，在涉及事物大的语境中，东乡语受试使用更多的表示关心、亲近和解释策略。例如，在建议修路的语境中，受试可能会说"Mani ene oron ye bixin wo, Ene oronyi moni xiuyizhi gaodagvase, xiayidaide oluzhi kewosila mo yaose fanbiengvan xie wo（我们这儿偏僻，路修好了孩子以后也方便）"；在建议牧羊的语境中，受试可能会说"Chi ulade taodene adulale echi（你把羊赶到山上去放牧去）"。也就是说，东乡语受试倾向于在涉及事物大的语境中使用更多的礼貌策略，而最常用的策略是解释策略。解释策略解释了为什么该策略应该被采取或者说话人提出该建议的原因，这一策略被用来减轻对说话人面子的威胁。在调查过程中，调查者发现了东乡族在社会交流中的一个特点，即为他人解决困难。因此，当他人寻求建议时，他们会给出自己真诚的建议。然而，提供建议的意愿与建议对听话人造成的尴尬程度成反比。因此，东乡语受试在涉及事物大的语境中使用更多的礼貌策略。在涉及事物小的语境中，东乡语受试同样采用了在涉及事物大的语境中采用的四种礼貌策略，并且使用最多的是解释策略。在涉及事物小的语境中，礼貌策略的使用可能源于东乡人的观点，即在实施面子威胁行为时他们要采用礼貌策略来缓解这一行为引起的威胁。而且，东乡语受试的选择也可能受其他社会因素的影响，例如，说话人相对于听话人的权势。当说话人权势弱于听话人时，尽管在涉及事物小的语境中，说话人仍会采取礼貌策略。

第二，权势弱关系亲时，在涉及事物大的语境中，东乡语受试使用更多的模糊限制语策略，这意味着东乡语受试倾向于通过表达自己观点或者在直接建议时使用缓和词"吧"来向其他人提出建议。例如，在买面包车的语境中，受试可能会说"Bi uzhese mienji gaogvan wo ma（我看面包车好）"。由于模糊限制语策略表达了说话人的主观观点，它被用来降低建议的作用力。在涉及事物小的语境中，东乡语受试使用更多的表示关心和解释策略。例如，在送红包的语境中，受试可能会说"Baer bareidene echi ma, baer zui gao wo, yagvan baode injine ma（拿上钱去吧，钱哪里都能用，钱最好）"。也就是说，当东乡语受试在较低压力时，他们倾向于直接建议，但是为了使建议更易被接受和维持他们之间的和谐关系，他们使用解释策略来缓和这一直接行为引起的威胁。

在涉及事物大和涉及事物小的语境中使用的礼貌策略的对比表明，尽管东乡语受试在较高压力下使用更多的礼貌策略，他们在较低压力下也不会直接建议。这或许表明东乡语受试友好的性格，他们提倡人与人之间的和谐关系。

四 东乡语建议礼貌策略的类型

汉语受试和东乡语受试都采用了表示关心、亲近、模糊限制语和解释这四种策略，两地受试都能有效意识到建议言语行为是一种威胁面子的行为。为了表示在沟通中的合作态度，他们运用礼貌策略来缓解对听话人造成的威胁。但是，汉语受试所使用的这些礼貌策略频数不同。

在汉语建议中，表示关心策略是老年男性受试向老年男性建议时最常使用的策略，而向青年男性建议时，解释策略使用频数最高。研究人员发现，汉语受试老年避免提出建议，特别是向青年男性提出建议。如果他们不得不提出建议，他们总是选择给出原因来避免威胁相互的面子。汉语受试青年男性向老年男性提出建议时，他们使用最多的策略是模糊限制语策略。这意味着汉语受试青年男性倾向于表达他们的观点或者使用模糊限制语策略作为缓和措施来使得建议更礼貌。汉语受试青年男性向青年男性建议时，由于解释策略通常和直接建议相连，他们倾向于使用原因策略来说明给出建议的原因并且降低对听话人面子的威胁。

五 东乡语和汉语建议礼貌策略的异同点

如第五节结果所示，东乡语和汉语建议的礼貌策略不仅存在共同点，也有不同点。这一部分展示了二者的对比并给出了可能的原因。

1.东乡语和汉语建议礼貌策略的相同点

第五节的结果表明，东乡语和汉语受试均选用了表示关心、亲近、模糊限制语和解释策略。尽管东乡语和汉语受试建议使用最多的礼貌策略不同，但是他们使用某些策略的频数相对较高。具体而言，东乡语和汉语老年受试均使用较高频数都是解释策略，这说明了他们均倾向于给出提出建议的原因而不是给出直接建议。当东乡语和汉语老年组向青年男性提出建议时，他们均使用较高频数的表示关心策略，这意味着他们倾向于通过提出语境相关信息来提出建议。当东乡语和汉语青年男性受试向青年男性提出建议时，他们均使用较高频数的模糊限制语策略，这意味着他们喜欢表达自己的观点或者使用带有缓和词的直接建议。因此，东乡语和汉语受试均倾向于使用各种礼貌策略来避免或者减轻威胁。

  这一部分从两个方面总结了东乡语和汉语受试之间存在相似之处的原因。一方面，东乡语男性受试和汉语男性受试都认为提出建议是一种威胁面子的行为，因此他们使用补救策略来缓和对听话人造成的威胁。另一方面是由于东乡族和汉族在经济文化方面的沟通交流日益频繁，语言，作为一种工具，无疑会在经济贸易的过程中受到影响。根据马少虎（2009）的观点，东乡族正在通过农业、工业和商业相结合的新型发展模式来发展经济。在这一发展过程中，由于汉语在国家教育中占据主导地位，东乡语受到了汉语、文化和社会的影响，而东乡族，尤其是外出经商的青年男性，对学习汉语态度积极思想也更加开放。因此，东乡族的社会特点导致了东乡语和汉语受试选择礼貌策略的相似之处。

2. 东乡语和汉语建议礼貌策略的不同点

  在第五节中，受试对各种礼貌策略的选择与班吉和卡雷尔（1988）的结果一致，即不同文化群体会采用不同种类和不同频数的礼貌策略。正如德卡普瓦和温特格斯特（DeCapua & Wintergest, 2004）指出，语言是沟通信仰、价值观、规范和文化世界观的主要手段。作为日常会话中的一部分，建议因语言而异。在东乡语和汉语里，建议反映了各自社会中的社交习惯，并且与其他社会因素（如信仰和团体共享的观点）有关。这些因素影响着人们的行为方式和解决问题的方式。除了以上提到的共同点，二者存在着一些不同点。本研究从两个方面分析了东乡语和汉语建议礼貌策略的不同点：东乡语和汉语老年组和青年组分别采用的礼貌策略以及二者在涉及事物大和涉及事物小时各自采取的礼貌策略。

  东乡语和汉语老年男性受试向老年男性建议时使用的礼貌策略的差异表明，汉语老年男性受试比东乡语老年男性受试使用更多的表示关心和解释策略。但是当他们向青年男性提出建议时，汉语老年男性受试比东乡语老年男性受试使用更多的亲近、解释策略，但是更少的模糊限制语策略。可见，被用来缓和威胁的礼貌策略如关心、亲近、解释和模糊限制语策略的礼貌程度不同。通过使用表示关心和解释策略，汉语老年男性受试向老年男性提出建议时倾向于提供语境相关信息或者给出提出建议的原因。这表明了汉族人的特点，即他们倾向于以间接的方式表达观点或者避免说教太多。当向青年男性提出建议时，汉语老年男性受试比东乡语老年男性受试使用更多亲近策略和原因策略，这说明汉语老年男性受试倾向于使用称谓语或者包括性词语"我们"来增加与谈话者的亲密。在调查的过程中，调查者发现汉语老年男性受试不喜欢给青年男性提出建议，因为他们认为他们与青年男性存在代沟且青年男性有自己的观点。因此，当他们不得不提出建议时，他们更温和也更委婉地提出建议。东乡语老年男性受试向青年男性提出建议时使用更多的模糊限制语策略。不同的民族有自己特定的文化，这影响着人们的思想和行为方式。在大多数情况下，保守的老年男性更易受传统文化的影响。尽管东乡族主张平等，但他们认为男性决定着重大事物，在家庭和社会中占有较高的地位。因此，东乡语老年男性受试以自我为中心，喜欢表达自己的观点。关于东乡语和汉语青年男性受试选择的礼貌策略差异，在向各自民族的老年男性和青年男性提出建议时，汉语青年男性受试比东乡语青年男性受试使用更多的解释策略，而东乡语青年男性受试向青年男性建议时，更多采用表示关心策略。和汉语青年男性受试相比较，东乡语青年男性受试更倾向于直接给出建议，这表明他们较高的社会地位以及他们将每个人看作兄弟姐妹的观点。汉族青年人受教育较多，因而也更相信人人平等并且每个人都有自己的观点。因此，他们不愿意干涉他人的决定。为了维持和谐人际关系，汉语青年男性受试在提出建议时使用更多解释策略。

两种语言实施建议的礼貌策略受涉及事物大小因素的影响程度不同。本研究从两个方面对比二者的不同。首先，权势强—关系疏。结果表明，在涉及事物大的语境中，汉语受试比东乡语受试使用更多的原因、模糊限制语和亲近策略。在涉及事物小的语境中，汉语受试比东乡语受试使用更多的原因策略。第二，权势弱—关系亲。在涉及事物大的语境中，汉语受试比东乡语受试使用更多的原因策略。在涉及事物小的语境中，汉语受试比东乡语受试使用更多的表示关心策略。而且，汉语受试使用了亲近策略，而东乡语受试没有使用这一策略。这一结果表明，不管说话人在较高压力或者较低压力下，在涉及事物大的语境中，汉语受试比东乡语受试使用更多的礼貌策略，这可能是由于两个民族不同的思想引起。伊斯兰教，作为东乡族社会生活的规则，对信徒生活的各方面都产生重大影响（陈文祥，2013）。例如，伊斯兰教教导所有穆斯林都是兄弟，他们应该像家庭成员一样真诚对待每一个人。因此，即使在较高压力下，他们也不会有压力提出建议。此外，根据调查者的访问，东乡族男性期望其他人直接给出建议，而间接的表达会让他们感觉自己像陌生人。然而，汉族更注重社会等级和面子工作。当汉族人在较高压力，听话人的权势较强时，他们倾向于采取各种礼貌策略来缓解建议带来的压迫。可见，东乡语受试和汉语受试对礼貌策略的不同选择源于他们文化、生活环境和个性等差异。

总而言之，本研究的结果与已有的关于东乡语的语用研究结果相一致。例如，在对恭维言语行为的语用研究中，年龄差异影响东乡语恭维言语行为的语用策略。本研究的结果表明，青年男性受试对老年男性建议时，比对青年男性更礼貌，与上述结果一致。道歉言语行为的语用研究调查了冒犯程度对东乡语道歉策略的影响，结果表明东乡语受试在冒犯程度大的时候使用更多的间接道歉，而在冒犯程度较小时采用解释策略。本研究中涉及事物大小因素（或道歉言语行为调查的冒犯程度）对建议言语行为的影响支持了道歉言语行为研究的结果。

第七节　总结

通过对比东乡语和汉语建议的礼貌策略，本节总结了研究中的主要发现以及本研究的不足，并提出了对未来研究的建议。

一　主要发现

首先，东乡语男性受试在提出建议时会采取各种礼貌策略，如表示关心、亲近、模糊限制语和解释策略，用来缓解提出建议时引起的威胁。考虑到听话人的年龄，他们采用不同频数的不同礼貌策略。这说明东乡族男性意识到建议言语行为是一种面子威胁行为而采取不同的礼貌策略来表现出礼貌性和维护彼此的和谐关系。

其次，年龄差异影响东乡语受试提出建议时礼貌策略的使用。这一结果表明，东乡语青年男性和老年男性对礼貌策略的不同选择源于他们不同的教育水平、社会等级以及与外界接触的程度。随着东乡社会经济的发展，越来越多的东乡语青年男性受到教育，并与汉族接触更多，比东乡语老年男性思想更开放。因此，他们向青年男性提出建议时更倾向于使用直接建议。受尊老爱幼思想的影响，并考虑到老年男性的保守，青年男性受试向老年男性提出建议时倾向于提供语境相关信息而不是直接提出建议。而受东乡传统思想——男性在社会中占主导地位影响的东乡语老年男性以自我为中心，因此他们向老年男性和青年男性提出建议时倾向于表达自己的观点。同时，东乡语受试受传统思想的影响，即他们应该像对待兄弟一样对待穆斯林教徒。因此，在向同辈建议时，东乡语老年男性受试倾向于使用亲近策略来拉近相互的关系。

第三，涉及事物大小影响东乡语受试在建议时礼貌策略的使用。东乡语受试在涉及事物大和涉及事物小时使用的礼貌策略存在显著差异。

权势强—关系疏时，东乡语受试在涉及事物大时使用更多的表示关心、亲近和解释策略。这意味着东乡语受试意识到在涉及事物大的语境中，他们面对更大的压力并且对听话人消极面子威胁更大。因此，他们倾向于使用更多的礼貌策略来缓解建议言语行为引起的威胁。权势弱—关系亲—涉及事物大时，东乡语受试使用模糊限制语策略更多，而涉及事物小时，表示关心和解释策略更多。拥有较强权势的东乡语男性受试倾向于在涉及事物大的语境中表达自己的观点，而在涉及事物小的语境中，他们则倾向于直接建议。因此，他们使用解释策略来缓解建议言语行为引起的威胁。

第四，在礼貌策略的选择上，东乡语和汉语男性受试存在异同。相同的是，东乡语和汉语受试都意识到建议言语行为的面子威胁本质，因此采取礼貌策略来平衡言外之意和社会目标。礼貌几乎在所有文化中都是普遍存在的，为了表示礼貌，对他人面子的关心成为沟通中必须遵循的首要原则。由于对面子观点相同，东乡语和汉语受试采取各种礼貌策略来缓解对听话人的威胁并维持和谐关系。然而，由于不同的社会背景和特点，语言习惯也会不同。东乡语和汉语受试对礼貌策略的不同选择表明两个不同民族的不同礼貌规则和他们不同的社会和民族特点。例如，东乡语老年男性受试比汉语老年男性受试使用较少的礼貌策略，这表明，在东乡族社会中，男性拥有较高的社会地位，因而也更自信并且在意面子，特别是深受这一思想影响的老年男性更是如此。不管涉及事物大还是小，汉语男性受试都比东乡语男性受试使用更多的礼貌策略，这表明汉族男性更注重礼貌或者面子并试图维持友好的氛围。但是在东乡族社会中，东乡族男性主张把所有穆斯林教徒当作兄弟一样。因而，和汉族男性相比，他们提出建议时相对直接。因此，东乡族和汉族男性之间不同的社会和心理特征导致了他们对礼貌策略选择的不同。

二　不足与展望

1.由于时间、人力和财力的限制，本研究仅探索了两个影响东乡族男性提出建议时使用的礼貌策略：年龄差异和涉及事物大小。因此，本研究中获得的礼貌策略可能并不完整。为了在东乡语和汉语获得更多的礼貌策略，未来的研究可以探索权势、关系亲疏和性别等其他社会因素。

2.问答卷是书面的，由东乡族大学生口头翻译，受试选择答案。对村民来说，这种书面加翻译的形式可能并不那么自然，从而在某种程度上影响了受试的反应。在未来研究中，问卷的设计可以更口语化以尽可能少地影响受试的反应。

3.本研究探讨了东乡族男性提出建议时的礼貌策略，但本次的研究没有涉及建议的回应。对建议的实施和听话人的反应进行调查，可以更全面地反映社会因素的影响。因此，在未来的研究中，可以探索听话人对建议的回复策略来扩大研究范围。

第九章 拒绝

第一节 引言

塞尔（1969a：16）认为人类语言交际的最小单位是言语行为，而非单词或句子。不同的社会文化规范造成不同语言和文化中实施言语行为的差异，而另一方面，不同的言语行为的实施方式在不同程度上反映了不同民族和社会特征，研究言语行为是不可或缺的。因此，已有许多学者对言语行为的实施方式和影响人们选择策略的社会文化观念进行了研究。拒绝言语行为是对某一始发言语行为的回应，是"说话人拒绝参与对方所提出行为的一项回应行为"［陈等（Chen et al.），1995：121］，也就是说话人对请求、建议、邀请或提供直接或间接地表达"不"，是最为明显的面子威胁行为。为尽可能减轻因违背对方愿望造成不同程度的冒犯，听话人可采取不同的礼貌策略去避免或减轻冒犯的程度。在具体实施言语行为的过程中，不同的社会文化因素包括性别、年龄、教育程度、权势和关系亲疏等都会对拒绝语的实施都将产生影响（布朗和列文森，1978/87：74—83）。

本研究旨在探究东乡语和汉语拒绝策略选择的异同，并挖掘其蕴含的不同礼貌观念和规范，收集的大量东乡语半自然语料，生动地记录了当时当代东乡族民族的语言使用现状，对东乡语这一濒危语言的保护和传承起到积极作用。此外，本研究对比了东乡语和汉语拒绝策略的异同，通过分析得到各自的拒绝模式，这将有助于东乡族和汉族人们之间的跨文化交流。

第二节　理论背景

本节将就有关邀请言语行为所涉及的分类、定义以及国内外相关研究进行理论综述。本研究使用了有关拒绝言语行为的理论，包括拒绝语的定义及其策略分类。还分析了性别因素对策略选择的影响，因而有关性别和语言使用的理论也属于理论背景之一。

一　拒绝语的定义

拒绝是日常生活中常见的一种言语行为，用来表达说话人不愿接受请求、建议、提供或邀请等行为的否定回应（阿拉米和那依米［Allami & Naeimi］，2011）。如上文所述，由于拒绝的"言外之力"为承诺不会实施某行为，拒绝属于承诺类言语行为（塞尔，1975）。学者们采用了不同的术语来表达拒绝这一概念，如"拒绝"［比伯等（Beebe et al.），1990；陈等，1995］、"回绝"［霍恩，1989；沃克（Walker），1996］、"说不"［鲁宾（Rubin），1983；马（Ma），1996］等。从根本上来说，这些术语的共同之处在于它们都是指对某种始发言语行为的否定回应。

特恩布尔（Turnbull，1992）将拒绝定义为"请求—拒绝"相邻对中不受欢迎的第二部分。陈等（1995：121）在对汉语拒绝语的研究中，把拒绝定义为"说话人拒绝参与对方所提出行为的一项回应行为"。本研究关注受试对请求、建议、提供或邀请言语行为进行拒绝。

二　拒绝策略的分类

在语用学中，语用策略这一术语指对话者为了解决达到交际目的遭遇的不同矛盾或为了促进顺利和谐的交际而采取的一系列手段（卡斯帕，1996）。为了弥补对听话人造成的面子威胁，说话人在实施拒绝言语行为时往往采用不同的礼貌策略。许多学者对不同语言和文化中的拒绝言语行为进行了研究，并对拒绝策略提出了不同的分类方法如：植田［(Ueda)，1974］和鲁宾（1983），在这些分类方法中，比伯等（1990）对拒绝策略的分类最为著名且被广泛接受。

比伯等（1990）将拒绝策略分为主言语行为和附加成分两大部分，而主言语行为又分直接和间接两种方式（见表9-1）。本研究采用了这一分类方法，并根据实际情况对分类作了一些改动（见表9-4）。

表 9-1　　　　　　　　　　拒绝言语行为策略分类

主言语行为			附加成分
直接拒绝	间接拒绝		
施为型	道歉	陈述哲理	表达赞同
非施为型	陈述理由	试图使对方放弃	表达同情
	提出其他办法	接受表达拒绝含义	踌躇标记
	提出条件	回避	表达感激
	承诺未来接受	表达愿望	
	陈述原则		

三　性别和语言使用

男性和女性使用语言是否存在差异这一问题激发了学者们对性别和语言使用的研究兴趣［克劳福德（Crawford），2003］。有三种观点最具代表性，即缺陷论、文化差异论和社会构建论。

1. 缺陷论

莱可夫（1975）认为女性相较于男性，其话语有弱点，如说话无主见且缺乏权威性。在男权社会里，人们把男性的讲话方式作为衡量言语行为的标准，而把女性的讲话方式看成对这种标准的偏离。他认为男性在社会上占有更大权力是导致女性语言较弱的原因，女性的语言是软弱的、犹豫的、讨好的，而男性的言语是直截了当的、强势的。然而，有学者指出，莱可夫（1975）所描述的女性语言并不是只有女性才使用，无论男女只要社会地位较低都会使用这种语言。此外，由于并非所有女性的社会地位都低或所有男性的社会地位都高，所以缺陷论在解释语言使用的性别差异时过于以偏概全［威瑟尔（Weatherall），2002］。

2. 文化差异论

文化差异论不同于缺陷论，认为女性与男性讲话是风格不同，并非缺陷。如莫尔茨和包克尔（1982）认为言语行为是习得的行为，男性和女性不同的社会生活体验，使人们学会如何做男人或女人，语言是一个重要体现。他们发现，女性看重同伴之间的平等关系，而男性等级分明。差异论观点得到许多性别与语言使用研究者的支持，并且被广泛应用于解释男女言语交际中常出现的误解情形。探能（1990a）认为在言语交际中，女性使用的语言更具合作性，倾向于建立或维护友好关系，而男性使用的语言更具竞争性、更倾向于协商或维护社会地位。文化差异论观点被批评过于强调女性和男性会话风格的差异，这就会形成女性语言和男性语言表面上的二元对立。这种观点认为性别差异是说话者固有的、静态的特征，并未关注每一次谈话中语言使用的性别差异，而这正是应该得到重视的研究内容（克劳福德，2003）。

3. 社会建构论

社会建构论的主要代表人物为克劳福德（1995）和卡梅伦（Cameron，1995），他们提出人的性别特征是由人们所从事的社会实践活动造就的，并非与生俱来。社会建构论认为，言语交际中的男性或女性特征并不是由生理因素决定的，而是特定的社会、文化环境影响了男性和女性的说话方式（克劳福德，2003）。建构论者所关注的问题是特定的言语行为如何造就了男人和女人，他们还关注与性别相关的语言模式的语境特征，包括性别与其他社会因素（如年龄、教育背景）的交互作用，与态度和社会心理因素（如说话人想要与对话者接近或疏远）的交互作用。总而言之，性别因素被搁置于情境之中，性别被看成在互动的情境中建构的一种表现，而不是一种固有的属性。本研究也将探讨分析特定情境中实施拒绝言语行为的性别差异。

第三节 文献综述

一 国外拒绝言语行为研究

拒绝是日常生活中交际者常实施的言语行为，由于其自身的面子冲突性和复杂性，自20世纪90年代以来得到国内外学者的广泛关注。

比伯等（1990）对拒绝语的代表性研究公认为是拒绝语研究的开端和基础，探讨了不同权势关系中拒绝语的语用迁移现象。比伯等（1990）将每个拒绝语视为一个"公式序列"，并指出日本的英语学习者和英语本族语受试的拒绝语在语义公式的出现顺序、频数和内容方面不尽相同。研究发现，英语本族语受试在拒绝时倾向于给出详细的理由，但日本的英语学习者喜欢给出模糊的理由；日本英语学习者对权势非常敏感，他们在拒绝权势弱的对话者时倾向于使用"直接拒绝"策略，但英语本族语受试无论拒绝权势强弱的对话者都更多使用"间接拒绝"策略。此后，国内外的拒绝语研究大多以采用比伯等（1990）提出的策略分类对数据进行编码和分析，对拒绝语进行跨文化研究。

巴德维-哈利和哈特福德（Bardovi-Harlig & Hartford，1991）对比分析了英语本族语受试和非本族语受试对建议的拒绝，探讨了非本族语受试的拒绝语在何种程度上和本族语受试的拒绝语存在差异。他们考察了学生在真实情况下拒绝建议的录音，发现"解释"是本族语受试和非本族语受试均使用最多的策略，本族语受试使用次多的策略是"提供其他办法"，但非本族语受试使用次多的是"回避"。

克沙瓦兹等（Keshavarz et al.，2006）通过比较波斯语本族语者、美国英语本族语者和伊朗的英语学习者三者拒绝策略的情况，探讨了目标语水平和语用迁移之间的关系。研究发现高水平的伊朗的英语学习者中存在的语用迁移现象要比中等或低等水平中的更多，这一发现证实了比伯等（1990）提出的正相关论点。

权（Kwon，2004）对比研究了韩语和美国英语的拒绝语，发现韩国人一般不采用直接拒绝，且在拒绝前犹豫并说抱歉，而英语受试更倾向于使用直接拒绝等。

费利克斯-布拉斯德芙（Félix-Brasdefer，2006）研究了墨西哥一个社区中墨西哥西班牙语本族语者使用拒绝策略的情况、墨西哥的礼貌以及面子观念。费利克斯-布拉斯德芙研究了礼貌的三个方面：正式程度、礼貌体系和策略使用，研究发现社会权势和关系亲疏对该墨西哥社区的拒绝策略选择情况存在影响。此外，研究还发现墨西哥人非常喜欢使用融入性策略，而非独立性策略，这一研究结果证实了他们重视被集体接纳的需要，并遵循该社区的社会文化规范。

阿拉米和那依米（2011）从学习者的语言水平、相对权势和引发言语行为三个方面研究了伊朗英语学习者实施拒绝的情况。研究对比分析了波斯语为母语的英语学习者、波斯语本族语者和美国英语本族语者使用拒绝策略的情况，研究发现，美国人相比伊朗人给出更为具体的理由。另一方面，伊朗人对相对权势更为敏感，但美国人无论权势强弱都使用一致的拒绝模式。

西博尔德和布希（Siebold & Busch，2015）对比分析了西班牙和德国不同类型拒绝的实施方式。研究结果表明西班牙语受试更倾向于使用间接拒绝策略并给出模棱两可的回应，但德语受试更喜欢使用直接拒绝策略并给出清晰明确的回应。

二　国内拒绝言语行为研究

国内相关研究除了关注汉语拒绝语策略之外，也经常关注汉语同其他语言拒绝语的对比、拒绝策略选择的影响因素以及二语/外语习得或教学中的中介语拒绝语等方面。

陈等（1995）从社会语用学角度出发，发现汉语中存在实质拒绝和虚假拒绝这两种拒绝语。陈等（1995）认为，说话人使用实质拒绝来表达不愿接受对方所提出行为的意图，但是，当说话人对邀请或提供等行为表面上表达否定却实际上意欲接受时，他们就会使用虚假拒绝。研究提出，在中西文化的礼貌观念中实质拒绝都属于面子威胁行为，但虚假拒绝是汉文化中特有的言语行为，因而，使用虚假拒绝有可能在跨文化交际中产生误解。研究发现，"解释"是普通话受试使用频数最高的实质拒绝策略，其次是"提出其他条件"。研究还发现，由于拒绝是一组相邻对中的第二部分，因而策略的选择受到始发言语行为的影响，此外，说话人和听话人之间的相对权势和关系亲疏对策略的选择也有影响。

廖和布雷斯纳汉（Liao & Bresnahan，1996）对中国台湾地区的中国学生和使用本族语的美国学生选择的拒绝策略进行对比研究，在研究中，受试需要在六个情景中对权势不同（强、平等、弱）的对话者进行拒绝。他们总结了汉语普通话中普遍使用的24种拒绝策略，发现中国人使用的策略要比美国人使用得少。他们认为中国人想尽早结束尴尬的拒绝场面，因而提出汉文化中"点到为止"的礼貌观念。这种差异反映了东方文化中的"谦虚"观念和西方文化中的"自信"观念。

王爱华（2001）研究了汉语和美国英语中拒绝言语行为与社会因素的关系，采用布朗和列文森的礼貌理论为理论框架，根据言语行为对面子的积极和消极影响来评估礼貌值。研究发现中国人和美国人对权势、关系亲疏、涉及事物大小和情感等社会因素有着不同理解。尽管权势对两种语言的拒绝语都有影响，但这一因素对汉语拒绝语中礼貌和直接性起着决定性作用，而美国英语的拒绝语更容易受到关系亲疏的影响。

王绍斌和李玮（2007）通过对比汉语本族语者、中国英语学习者和澳大利亚英语本族语者三组受试，从选择、顺序、使用频数和具体内容四个方面对中国英语学习者拒绝语的语用迁移进行调查研究。研究结果表明，中国英语学习者拒绝语和汉语本族语者情况相似，都有语用迁移现象的发生。澳大利亚受试倾向于给出更多具体的理由，但中国的两组受试都更喜欢给出模糊的理由。

言志峰（2007）的研究考察了性别差异对汉语拒绝策略的影响，结果发现男性拒绝时表现得更直接，而女性则相对较间接；此外，女性比男性使用更多的"道歉"和"提供其他办法"策略，更喜欢给出具体的理由。因而，研究得出女性在拒绝时比男性更加礼貌，从而证明性别对拒绝策略可以产生直接影响。

蔡少莲（2011）从关系亲疏、社会权势和性别差异三方面研究了英语和汉语中拒绝策略的差异，研究发现汉语本族语者和英语本族语者都喜欢使用"间接拒绝"策略，都倾向于表达歉意。此外，研究结果表明汉语本族语者选择拒绝策略时对社会权势更敏感，但英语本族语者更容易受到关系亲疏的影响。

冉永平和赖会娣（2014）研究了特定交际场景下，即送礼等提供类言语行为场景中，观察虚假拒绝的界定及其双向性和区别性特征，进一步说明了发展适用于汉语言习惯礼貌原则的必要性。

第四节 研究方法

本研究考察东乡语受试使用的拒绝言语行为，并与汉语者的使用进行对比。本章节将详细介绍本研究拟解决的研究问题、受试、数据收集工具、设计、步骤和数据分析方法。

一 研究问题

本研究重点观察性别和关系亲疏两个变量，拟回答以下四个具体问题：

问题一：东乡语受试实施拒绝的语用策略有何总体特征？

问题二：性别对东乡语受试实施拒绝的语用策略有何影响？

问题三：关系亲疏对东乡语受试实施拒绝的语用策略有何影响？

问题四：东乡语和汉语受试实施拒绝的语用策略有何异同？

二 受试

本研究主要考察东乡语受试选择拒绝策略的情况，并与汉语受试进行对比分析。本研究的东乡语受试均为当地农村土生土长且日常使用东乡语的村民，其使用的语言代表了目前东乡语的真实状况。为保证跨文化对比研究中受试来源的一致性，汉语受试也同样来自兰州周边的农村。

1.参加角色扮演的受试共8名。东乡语受试来自东乡族自治县汪集乡，汉语受试来自兰州市榆中县高崖镇。两地各随机选取4名男性和4名女性；平均分为老年组（55—70岁）和青年组（16—34岁）。

2.参加预测问卷调查的受试共96名，48名东乡语受试来自东乡族自治县锁南镇，48名汉语受试来自兰州市榆中县高崖镇。两地各随机选取男性24名和女性24名；平均分为老年组（55—70岁）和青年组（16—34岁）。

3.参加正式问卷调查的受试共660名。东乡语受试来自东乡族自治县锁南镇和汪集乡，汉语受试来自兰州市榆中县青城镇和高崖镇。两种受试各330名，男性165名，女性165名，16—70岁；平均分为老（55—70岁）、中（34—54岁）、青（16—34岁）三个年龄段。本研究采用大规模的样本量是为了确保数据的代表性，符合跨文化言语行为研究中使用问卷调查的标准（卡斯帕和达尔，1991）。由于东乡县和兰州榆中县的农村人口数量都比较稀少，因此进行正式调查时分别从两种语言的两个乡镇选取了受试。最终各得到东乡语和汉语有效问卷300份。

三 数据收集工具

由于每种数据收集方法都有其局限性，一些学者（如：卡斯帕和达尔，1991）提倡，为了确保跨文化言语行为研究的效度，可使用多种数据收集手段相结合的方法。因此，本研究使用开放式角色扮演和问卷调查收集数据。

在言语行为研究中，尽管自然语料因其自发性和真实性受到推崇

[奥尔什坦和布拉姆-库尔卡（Olshtain & Blum-Kulka），1985]，但由于收集自然语料时并未对性别和年龄等变量进行控制，因此很难在短期内收集到足够的自然语料进行跨文化对比研究。盖斯和豪克（1999）认为，开放式角色扮演类似真实生活场景，收集到的对话非常接近自然会话。因此，本研究采用了开放式角色扮演，以便恰当控制变量，收集足够可供对比分析的数据。在每段角色扮演中，受试和另一位受试根据语境进行角色扮演，整个过程进行录音录像。

除了开放式角色扮演，本研究还采用了会话完型测试问卷收集数据。会话完型测试问卷给出特定的语境（如：拒绝邻居请求帮助），每个语境下都有一段不完整的对话，受试需要补全对话，写出自己在此语境中会说的话语（布鲁姆-库尔卡等，1989）。使用这种语料收集方法可以对干扰变量进行控制，在短期内收集大量的数据（比伯和卡明斯，1996）。在本研究中，不同语言背景的受试在同样的语境中实施拒绝，这使东乡语和汉语的拒绝策略具有可比性，因此，会话完型测试问卷很适合本研究。根据角色扮演收集语料的实际情况，本研究采用了封闭式会话完型测试问卷，具体设计将在"研究设计"部分详述。

四 研究设计

本研究采用了定性和定量相结合的研究方法，考察的因素为性别和关系亲疏，年龄、权势和涉及事物大小等因素作为干扰变量得以控制。如上所述，本研究采用了开放式角色扮演和问卷调查收集语料。首先，研究人员设计角色扮演语境，并在东乡族大学生的帮助下进行角色扮演。第二，基于角色扮演得到的半自然语料，设计东乡语和汉语的调查问卷，进行预测。第三，根据预测问卷调查结果，对问卷进行了针对性修改，确定正式问卷调查，收集数据。最后，对正式问卷调查得到的数据进行分析，将每个拒绝语划分为实施部分和附加部分。在本研究中，由于拒绝是对引发言语行为的回应，拒绝语中很少出现称呼，因此，本研究没有分析称呼。

1. 变量控制

本研究考察性别和关系亲疏对拒绝策略使用的影响；自变量是受试的性别和说话人与听话人之间的关系亲疏，因变量是受试选择的拒绝策略，收集语料时对年龄、权势和涉及事物大小等干扰变量加以控制。由于本研究考察性别这一因素，年龄作为干扰变量需要控制，按照老、中、青三个年龄段分别选择男女受试。由于本研究考察的另一因素关系亲疏为亲或疏，需要对权势和涉及事物大小这两个变量在语境中进行控制。权势体现在说话人和听话人的身份中（如：老板和员工），涉及事物大小体现在引发言语行为的重要性上（如：借一万元，或借自行车）。当关系为亲时，对不同权势（强、平等、弱）和不同涉及事物大小（大、小）进行控制，形成六组三大因素组合：（1）亲—强—大，（2）亲—强—小，（3）亲—疏—大，（4）亲—疏—小，（5）亲—平等—大，（6）亲—平等—小。当关系为疏时，同样对权势和涉及事物大小进行控制，形成六组社会关系组合：（1）疏—强—大，（2）疏—强—小，（3）疏—平等—大，（4）疏—平等—小，（5）疏—弱—大，（6）疏—弱—小。如表9-2所示，通过对权势和涉及事物大小进行控制，共形成12组三大因素组合。

2. 角色扮演语境设计

在设计语境之前查阅大量文献资料，了解东乡族和东乡语的情况，在语境设计时尽量避免不符合宗教习俗的情况出现。为了设计出合适的语境，也向东乡族大学生咨询他们的意见，得到一些有用的建议。例如，由于伊斯兰文化禁止烟酒，吸烟喝酒这些行为决不能出现在语境中。除了考虑宗教因素，语境设计时也考虑了语境的实际性，要根据农村日常生活场景来设计语境（如：拒绝邻居带化肥的请求）。根据12组三大因素组合，设计出24个语境（见表9-2）。为了可比性，东乡语和汉语采用了同样的语境。每个语境详细描述了说话人和听话人的角色、关系亲疏和需要拒绝的引发行为。

表 9-2　　　　　　　　　角色扮演语境设计

三因素组合（权势强弱—关系亲疏—涉及事物大小）	语境设计	扮演角色
一组：强—亲—大	出价买房	村民—村长
	调派工作	老师—校长
二组：强—亲—小	买菜	员工—老板
	借自行车	村民—村长
三组：强—疏—大	改造房屋	村民—村长
	签劳动合同	打工者—老板
四组：强—疏—小	建议换衣服	员工—老板
	讲价	菜贩—村长
五组：平等—亲—大	赔偿菜地损失	村民—邻居
	借一万块	村民—亲戚
六组：平等—亲—小	邀请做客	村民—朋友
	盛饭	村民—亲戚
七组：平等—疏—大	借五百块	村民—认识的人
	带十袋化肥	村民—邻居
八组：平等—疏—小	问路	村民—陌生人
	建议试穿衣服	村民—服装店员
九组：弱—亲—大	请假十五天	老板—员工
	邀请参加婚礼	村长—村民
十组：弱—亲—小	赔偿碎碗	老板—员工
	建议换自行车	村长—村民
十一组：弱—疏—大	请求打工	老板—打工者
	帮忙报名	校长—家长
十二组：弱—疏—小	送水果	村长—邻居
	建议进货	老板—员工

（引自刘思、吉晓彤、黎巧儿，2018：189；吉晓彤，2016）

3. 问卷设计

通过角色扮演，得到了东乡语和汉语受试实施拒绝的半自然语料，对角色扮演录像进行转写；然后参考布鲁姆-库尔卡等（1989）使用的言语行为编码模式和比伯等（1990）对实施拒绝策略的分类方法，根据所收集的东乡语和汉语的拒绝表达，设计问答卷选项。在此基础之上，设计封闭式会话完型测试问卷，进一步进行定量研究。

问卷的选项依据受试在角色扮演中给出的拒绝回应进行设计，回应通常都是不同拒绝策略的组合，包括实施拒绝部分和附加部分。问卷共包括24个语境，每个语境下有五个选项：（1）使用最多的拒绝回应，（2）使用次多的拒绝回应，（3）使用较少的拒绝回应，（4）东乡语或汉语受试补充的拒绝回应，（5）空白横线（若选不出合适选项，受试可在空白横线上给出自己的拒绝回应）。为了确保可比性，东乡语和汉语的问卷语境相同，但由于它们的选项是根据各自角色扮演中受试给出的拒绝回应进行设计的，两种问卷的选项并不相同。

在进行预测问卷调查后，对问卷进行一些修改。一方面，在保持12组三大因素组合不变的情况下，语境的数量由24个减少到12个。由于对变量的控制保持不变，问卷仍具有信度和效度。另一方面，尽管受试在拒绝邀请、建议和提供的语境中可以选出合意的选项，但他们随后反映，在实际生活中他们很少拒绝他人的邀请或提供，也不会公然否定对方的建议，这种情况在农村非常普遍。考虑到以上因素，正式问卷保留了12个拒绝请求的语境（见表9-3）。

表9-3　　　　　　　　会话完型测试问卷设计

三因素组合 （权势强弱—关系亲疏— 涉及事物大小）	语境设计	受试角色
一组：强—亲—大	出价买房	村民—村长
二组：强—亲—小	签劳动合同	打工者—老板
三组：强—疏—大	借自行车	村民—村长
四组：强—疏—小	讲价	菜贩—村长
五组：平等—亲—大	借一万块	村民—亲戚
六组：平等—亲—小	借五百块	村民—认识的人

续表

三因素组合 （权势强弱—关系亲疏— 涉及事物大小）	语境设计	受试角色
七组：平等—疏—大	买菜	服务员—厨师
八组：平等—疏—小	问路	村民—陌生人
九组：弱—亲—大	请假十五天	老板—员工
十组：弱—亲—小	帮忙报名	校长—家长
十一组：弱—疏—大	带一袋化肥	村长—邻居
十二组：弱—疏—小	请求打工	老板—打工者

（引自刘思、吉晓彤、黎巧儿，2018：190；吉晓彤，2016）

五 角色扮演

1. 准备工作

（1）联系翻译。考虑到东乡语的语言沟通问题，本研究请东乡族大学生为受试口头翻译语境。研究人员联系了三位来自西北师范大学的东乡族大学生，并提前告知他们此研究的目的和他们的具体职责。

（2）选择调研地点。咨询东乡语语言专家和翻译后，将调研地点选择在东乡族自治县汪集乡，这里的村民都会说纯正地道的东乡语。汉语的调研地点选在兰州市榆中县高崖镇。

2. 施行步骤

东乡语的角色扮演于2014年1月22至23日进行，进行角色扮演的具体地点为东乡族自治县汪集乡村民何小花家，她也是此行的翻译。汉语的角色扮演于2014年4月24至25日进行，进行角色扮演的具体地点为兰州市榆中县高崖镇村民马贡德家。

（1）翻译语境。共有4名男性和4名女性参加了角色扮演，平均分为青年组（16—34岁）和老年组（55—70岁）。由于大多数东乡语受试（尤其是老年组）不识汉字，甚至听不懂汉语，所以翻译需要为受试解释语境的详细信息，包括说话人和听话人的角色以及他们之间的关系亲疏。然后，一名东乡语受试做出引发言语行为，另一人拒绝。

（2）视频录像。每个角色扮演的过程都用摄像机进行录像。需要说明的是，在进行角色扮演的过程中，除了参与扮演的两名受试，其他受试都不在录制现场，这样做是以防他们听到正在进行的对话，受到其他人使用的拒绝策略的影响。除去录制不完整或不清晰的视频，最终共得到192条东乡语的有效视频和188条汉语的有效视频。

3. 视频转写

（1）联系翻译。为了进一步分析数据，需要把角色扮演的视频录像转写成文字。由于东乡语有语言无文字，东乡语的视频录像要根据《东乡语汉语词典》转写成记音符号（马国忠和陈元龙，2001）。研究人员联系了三名来自西北民族大学的东乡族大学生转写东乡语的角色扮演视频录像。

（2）培训翻译。为确保视频转写的有效性，东乡语专家、《东乡语汉语词典》的编纂者之一陈元龙先生对三名东乡族大学生进行了培训，指导他们如何使用记音符号。随后，三名东乡族大学生把所有192条有效的东乡语角色扮演视频转写成记音符号并翻译成汉语，研究人员将有效的188条汉语视频进行转写。

六　预测问卷调查

1. 准备工作

（1）联系翻译。考虑到语言沟通障碍问题，预测问卷调查仍由三名东乡语母语者帮助完成，他们是来自西北民族大学的东乡族大学生。

（2）打印问卷。在进行预测问卷调查之前，首先在A4纸上打印设计好的问卷，东乡语和汉语各50份。

（3）选择调研地点。为了选取足够的受试，问卷调查在多处公共地点进行，如街道和市场等。

2. 施行步骤

东乡语的预测问卷调查于2015年6月27日进行，进行问卷调查的具体地点为东乡族自治县锁南镇南大街和锁南市场。汉语的预测问卷调查于2015年6月26日进行，进行问卷调查的具体地点为兰州市榆中县高崖镇309省道和高崖市场。

（1）翻译问卷。受试平均分为青年组（16—34岁）和老年组（55—70岁）。翻译为不识字的东乡语受试解释问卷的语境及其选项，汉语问卷由本人解释。

（2）记录回答。翻译解释了问卷的语境及其选项后，受试做出自己的回答。与此同时，翻译在问卷上标出受试选择的回答，或在空白横线上写下受试补充的拒绝策略。最终有效东乡语问卷42份，兰州问卷43份。根据预测问卷结果，修改后确定最终版本。

七　正式问卷调查

1. 准备工作

（1）联系翻译。进行正式问卷调查之前，首先联系了三名来自西北师范大学的东乡族大学生，他们在进行调研的时候帮助翻译问卷。

（2）打印问卷。问卷的最终版本打印在A4纸上，东乡语和汉语各打印340份。

（3）选择调研地点。由于正式问卷调查需要大规模的样本，因此，受试需要从多处人口相对密集的地点进行选择，如集市、市场、街道、养老院、学校和医院等。如上所述，东乡语和汉语的正式问卷调查分别在两个乡镇进行。

2. 实施步骤

东乡语的正式问卷调查于2015年9月28至29日进行，具体调研地点为东乡族自治县锁南镇的文化路、东西大街、昂堂路、南大街、民俗商贸街、锁南市场、民族中学（高三1班和2班）和养老院，汪集乡的汪集学校（高三2班）、汪集汽车站和马其街道。汉语的正式问卷调查于2015年9月25至27日进行，具体调研地点为榆中县高崖镇的309省道、高崖卫生所、高崖市场和榆中县第三中学（高三3班和4班），和青城镇的边墙路、条城街、校场路、青城市场和瓦窑广场。

（1）翻译问卷。共有330名东乡语受试和330名汉语受试参与了正式问卷调查，年龄均在16—70岁之间，平均分为青年（16—34岁）、中年（35—54岁）和老年组（55—70岁）三个年龄段。和预测问卷调查一样，东乡族大学生为不识字的东乡语受试解释问卷的语境和选项，汉语的问卷由来自兰州本地研究人员解释。

（2）记录回答。翻译解释了问卷的语境和选项后，受试做出选择，与此同时，翻译在问卷上标出受试选择的回答。研究人员标出不识字的汉语受试选择的回答。除去未完成或误填的问卷，最终共得到300份东乡语有效问卷和300份汉语有效问卷。然后，对正式问卷调查收集到的数据进行定量分析。

3.数据分析

本研究的分析方法采用了布鲁姆-库尔卡等（1989）在跨文化言语行为研究项目的编码手册提出的分析言语行为的编码模式。由于拒绝是回应行为，称呼很少出现在拒绝语中，所以本研究对称呼不作分析。

语料分析方法是把拒绝言语行为分为实施拒绝的主言语行为部分和附加部分。主言语行为部分可单独实施拒绝，附加部分用以辅助拒绝的成功实施。本研究对拒绝策略的语料分类分析还参考了比伯等（1990）的分类方法（见表9-4）。

表9-4　　语料分类分析方法

分类	策略	示例
主言语行为部分（实施拒绝）	直接	不行。/我不能给你借自行车。
	间接	我也没钱。
附加部分	解释	我现在有其他事要忙。
	提出条件	你下次来，我就优先招你。
	提供其他办法	你可以问下别人。
	劝说对方放弃请求	你怎么来这么迟？
	推迟	我们完了再商量一下。
	表达愿望	我也想帮你，但是……
	道歉	不好意思。

（数据来源于吉晓彤，2016：47）

研究所得数据通过SPSS17.0进行分析。通过观察实施拒绝的主言语行为部分和附加部分每个策略使用的频数和百分比，可以得出拒绝策略的整体使用情况。性别差异对拒绝策略使用的影响和东乡语与汉语拒绝策略的对比这两个问题需要使用独立性卡方检验进行分析，而关系亲疏对拒绝策略使用的影响这一问题需要使用配对卡方检验进行分析。

第五节　研究结果

本节详细介绍了每个研究问题的研究结果，首先分析了东乡语中拒绝策略使用的总体特征，其次分别详细考察了性别和关系亲疏的影响，最后详细探讨了东乡语和汉语拒绝策略使用的异同之处。

一　东乡语拒绝策略的总体特征

东乡语中拒绝策略的整体使用情况见表9-5。总体而言，东乡语受试使用了除"道歉"外所有的拒绝策略。

表9-5　　　　东乡语实施拒绝策略的整体情况

分类	策略	频数	百分比	人数
主言语行为部分（实施拒绝）	直接	1228	34.4%	300
	间接	2339	65.6%	300
附加部分	解释	649	23.5%	300
	提出条件	594	21.5%	300
	提供其他办法	630	22.8%	300
	劝说对方放弃请求	391	14.1%	300
	推迟	279	10.1%	300
	表达愿望	220	8.0%	300

（数据来源于吉晓彤，2016：48）

1.拒绝策略的实施

本研究中,拒绝主策略包括"直接"和"间接"两种方式。根据比伯等(1990)的拒绝策略分类,"直接拒绝"指说话人表达否定的意愿或能力,包括"施为型"和"非施为型"。"施为型"包含如"我拒绝"等施为性动词的否定句式(本研究中未出现此类"直接拒绝"),"非施为型"指不含施为性动词的否定句式,如"不行"或"我不能"等。例如:

例9-1

村长(女性):

东乡语:Bi chenliese chi qingshuo shi gene huaine giezho chi, 10wan kheigva ye, matei giezho?

汉　语:听说你要卖房子,我出10万(买),怎么样?

村民(男性):

东乡语:Lie olune!

汉　语:不行!

(语例引自:刘思、吉晓彤、黎巧儿,2018;吉晓彤,2016:49)(下同)

解释是本研究最多的"间接拒绝"方式。当拒绝语中未出现"直接拒绝"策略时,解释就间接表明说话人不能或不愿遵从对方的请求。例如:

例9-2

老板(男性):

东乡语:Mayi guanzide cunghuna barazho, chi gouji nie agile echi ba?

汉　语:咱们饭店里的葱完了,你去买一点吧?

员工(女性):

东乡语:Ede made shijian uwo, wilie chighara, puse kiemen nie agigvale echise jiu.

汉　　语：我现在没有时间，活有点多，要不让别人去一下吧。

（语例引自：吉晓彤，2016：49）

如表9-5所示，65.6%东乡语受试在实施拒绝时使用最多的是"间接拒绝"策略，34.4%选择"直接拒绝"策略。大多数情况下，"直接拒绝"策略并未单独出现在拒绝语中，而是和"解释"或"提供其他办法"等附加策略一起使用。同样，尽管东乡语受试在实施拒绝时使用最多"间接拒绝"策略，他们也会同时使用其他附加策略来修饰"言外之力"。

2. 附加部分策略

实施拒绝策略是拒绝语的主要组成部分，而附加部分策略用来修饰拒绝语的"言外之力"（布鲁姆-库尔卡等，1989）。东乡语受试使用的附加策略有七种："解释""提出条件""提供其他办法""推迟""劝说对方放弃请求""表达愿望"和"道歉"，具有缓和或增强拒绝语之力。最常用的附加策略是"解释"，其百分比为23.5%，说话人使用此策略解释自己为何不接受听话人的请求。例如：

例9-3

村长（女性）：

东乡语：Xiaozhang, bi kaosilane chimade onshigvale ire mu?

汉　　语：校长！我让我的孩子们来你这儿念书吧？

校长（男性）：

东乡语：Ene shijian yijing dao widazho, baoming giegva dane.

汉　　语：时间已经过了，不让报名了。

附加部分"提供其他办法"（22.8%）和"提出条件"（21.5%）的频数排在第二和第三位。东乡语受试常给听话人提供帮助以表达关心。例如：

例9-4

村长（女性）：

东乡语：Chenliese chi magvashijie sonoba echine giezho, made huafei hharan daizi dailase!

汉　语：听说你明天要去锁南坝，顺便给我带一袋化肥吧！

邻居（男性）：

东乡语：Miyi chezi jiere duzho, daila dane, chi kunlade dailagva ma!

汉　语：我车子都满了，带不了；你让别人给你带吧！

说话人"提出条件"告知听话人未来将会接受对方的请求。例如：

例9-5

村长（男性）：

东乡语：Laoban, bi tayi guanzide dagong giele irenegiezho, chi matugvan biyi nie kere ba!

汉　语：老板，我想在你们饭店打工，你无论如何要收我呀吧！

老板（女性）：

东乡语：Aiya, ene ghuarudu jian nie kun ereizhi irewo, ede puse niezhen udu bai ma, kun kerekude chi puse ire sha.

汉　语：哎呀！前两天刚来了一个人；要不你等几天，要人时你再来。

附加部分中"劝说对方放弃请求"（14.1%）最多，"推迟"（10.1%）次之，"表达愿望"（8.0%）最少。例如：

例9-6

村长（女性）：

东乡语：Ne caise gouji shizhilaye ma, gouji pianyigvan ogi ma.

汉　语：这菜便宜点卖嘛，我称一点。

村民（男性）：

东乡语：Pianyi ogidane, ede zhinzhinji jiage gui wo ma. Ingiese jiu, bi chimade pianyi giezho, puse banfa uwo.

汉　语：不能再便宜了，现在价格真的贵了。我这已经是便宜卖给你了，再没办法了。

"推迟"策略如下：

例9-7

村长（女性）：

东乡语：Bi qingshuo shi chi gene huaine gie zho, bi 10wan kheigvadene agiye ma, matei giezho?

汉　语：我听说你要卖房子，我出10万买，怎么样？

村民（男性）：

东乡语：Bi huaiku duran uwo ma, bi nie kaolv giedene puse kielieye.

汉　语：还不想卖，我考虑一下再说。

"表达愿望"策略指说话人表达自己有意愿接受听话人的请求。例如：

例9-8

村民（男性）：

东乡语：Bi qianbaone widagvazho, bi ene udu bixu nie lanzhu echine. Chi made baer ube asughugvase olu lie? Bi dai irese huanjiye ma.

汉　语：我钱包丢了，今天我必须去一趟兰州。你借给我五百，行不？我一回来就还你。

认识的人（女性）：

东乡语：Asughuse gao wo ma, asughugvaku baer uwo.

汉　语：借是可以嘛，但没有可以借给你的钱。

二　性别对东乡语拒绝策略的影响

如表9-6所示，东乡族男性和女性受试使用拒绝策略的情况考察性别差异的影响，结果表明性别因素对东乡语受试实施拒绝的语用策略有影响。

表9-6　　东乡族不同性别拒绝语用策略对比卡方检验

分类	策略	分组	频数	百分比	人数	卡方值	显著性
主言语行为部分（实施拒绝）	直接	男	730	41.3%	150	9.346^a	0.002
		女	498	27.7%	150		
	间接	男	1037	58.7%	150	6.108^a	0.013
		女	1302	72.3%	150		
附加部分	解释	男	314	22.5%	150	31.084^a	0.000
		女	335	24.5%	150		
	提出条件	男	319	22.8%	150	8.036^a	0.005
		女	275	20.1%	150		
	提供其他办法	男	203	14.5%	150	37.164^a	0.000
		女	427	31.3%	150		
	劝说对方放弃请求	男	295	21.1%	150	38.357^a	0.000
		女	96	7.0%	150		
	推迟	男	150	10.7%	150	1.536^a	0.215
		女	129	9.4%	150		
	表达愿望	男	116	8.3%	150	0.660^a	0.417
		女	104	7.6%	150		

（数据来源于刘思、吉晓彤、黎巧儿，2018；吉晓彤，2016：53）

1.实施拒绝策略

东乡语男性和女性受试使用实施拒绝部分的每个策略的频数和百分比如表9-6所示，采用独立卡方检验分析两组使用策略的差异是否显著。

结果表明，尽管东乡语男、女受试使用的"间接拒绝"策略均较多，但两者之间比较，使用"直接拒绝"和"间接拒绝"策略均存在显著性差异。

东乡语男性和女性受试使用"直接拒绝"存在显著性差异（p=0.002<0.05），男性更多采用"直接拒绝"策略。两组在使用"间接拒绝"时也存在显著性差异（p=0.013<0.05），女性受试在实施拒绝时比男性受试使用更多"间接拒绝"策略。

2. 附加部分策略

如表9-6所示，东乡语男性和女性受试都使用了六种拒绝附加策略，尽管频数和百分比各自不同。虽然男性和女性受试都使用较多"解释"策略，但女性受试更倾向于使用该策略。此外，男性受试使用更多"提出条件"策略，女性受试使用更多"提供其他办法"策略。为了详细考察性别因素对东乡语受试使用附加部分策略的影响，使用独立性卡方检验对男性组和女性受试使用的附加部分的每个策略进行具体分析。

东乡语女性受试比男性组使用更多"解释"策略，两组对比存在显著性差异（p=0.000<0.05）。男性和女性受试使用"提出条件"策略存在显著性差异（p=0.005<0.05），男性受试使用该策略的频数比女性受试更高。使用"提供其他办法"策略时，男性和女性受试存在显著性差异（p=0.000<0.05），女性受试使用更多该策略。男性比女性受试使用更多"劝说对方放弃请求"策略，两组对比存在显著性差异（p=0.000<0.05）。就"推迟"策略而言，尽管男性受试使用该策略的频数比女性受试更高，但是两组对比未发现显著性差异（p=0.215>0.05）。男性和女性受试使用"表达愿望"策略不存在显著性差异（p=0.417>0.05）。

三 关系亲疏对东乡语拒绝策略的影响

如第二节所述，对面子威胁行为大小的估算和对礼貌策略的选择受到三大因素的影响，关系亲疏就是其中之一（布朗和列文森，1978/87）。由于其他两大因素（权势和涉及事物大小）为控制变量，本研究将详细探讨关系亲疏对东乡语受试实施拒绝的语用策略的影响。

本研究对东乡语受试使用的"直接拒绝"和"间接拒绝"策略以及附加部分的各个策略分别进行具体分析。根据表9-7，得出东乡语受试分别拒绝关系较亲和关系较疏的说话人时使用各个策略的情况；其中配对卡方检验结果表明关系亲疏影响东乡语拒绝策略。

1.实施拒绝策略

如表9-7所示，关系亲疏因素影响东乡语实施拒绝策略；在关系较亲和关系较疏时实施拒绝的策略存在显著性差异（p=0.007<0.05）。在拒绝关系较亲的人时，东乡语受试多选择"间接拒绝"策略；拒绝关系较疏的人时，也更多选择"间接拒绝"策略。

表9-7　　关系亲疏对东乡语拒绝语用策略影响对比卡方检验

分类	策略	关系亲疏	频数	百分比	人数	卡方值	显著性
主言语行为部分（实施拒绝）	直接	亲	461	25.6%	300	7.364^a	0.007
		疏	767	43.4%	300		
	间接	亲	1339	74.4%	300		
		疏	1000	56.6%	300		
附加部分	解释	亲	258	16.0%	300	49.942^a	0.000
		疏	391	34.0%	300		
	提出条件	亲	323	20.0%	300	3.687^a	0.033
		疏	271	23.5%	300		
	提供其他办法	亲	423	26.2%	300	164.246^a	0.000
		疏	207	18.0%	300		
	劝说对方放弃请求	亲	175	10.9%	300	7.274^a	0.007
		疏	216	18.8%	300		
	推迟	亲	250	15.5%	300	327.210^a	0.000
		疏	29	2.5%	300		
	表达愿望	亲	183	11.4%	300	101.262^a	0.000
		疏	37	3.2%	300		

（数据来源于吉晓彤，2016：53）

2. 附加部分的策略

如表9-7所示，附加策略部分，东乡语受试由于关系亲疏不同使用的每个策略都存在显著性差异。东乡语受试在关系较亲和关系较疏时选择"解释"策略存在显著性差异（$p=0.000<0.05$），当关系较疏时，他们使用该策略的频数比关系较亲时更多。东乡语受试在不同关系亲疏中选择"提出条件"策略存在显著性差异（$p=0.033<0.05$），他们在关系较亲时使用更多该策略。当关系较亲时，东乡语受试选择的"提供其他办法"策略比关系较疏时更多，两种关系使用情况对比发现显著性差异（$p=0.000<0.05$）。就"劝说对方放弃请求"策略而言，东乡语受试在关系亲疏不同时选择该策略存在显著性差异（$p=0.007<0.05$），当关系较疏时，他们更倾向于使用该策略。东乡语受试在关系较亲时使用的"推迟"策略比关系较疏时更多，两种关系使用情况对比发现显著性差异（$p=0.000<0.05$）。东乡语受试选择"表达愿望"策略存在显著性差异（$p=0.000<0.05$），当关系较亲时，他们使用该策略的频数更高。

以上结果表明关系亲疏对东乡语受试使用拒绝策略有影响；关系亲疏不同的情况下，他们对拒绝策略的选择不完全相同。对关系较亲的说话人，东乡语受试更多采用"间接拒绝"主言语行为策略和"提供其他办法"的附加策略；对关系较疏的说话人，选用"间接拒绝"和"解释"附加策略较多。

四 东乡语和汉语拒绝策略的异同

1. 汉语拒绝策略使用的总体特征

在对比东乡语和汉语拒绝策略使用的总体特征之前，应先分析汉语受试选择拒绝策略的整体情况。如表9-8所示，实施主言语行为方面，汉语受试选择的"间接拒绝"比"直接拒绝"多，其百分比分别为69.7%和30.3%。在附加部分中，"解释"是使用最多的策略，其百分比为31.7%。"推迟"和"提出条件"策略的使用频数分别排第二和第三位，其百分比分别为21.5%和18.3%。"提供其他办法"策略的使用频数排在第四位,其百分比为9.1%。"劝说对方放弃请求""道歉"和"表达愿望"在附加部分使用较少,其百分比分别为8.7%、8.4%和2.3%。

表9-8　　　　　　　汉语拒绝语用策略使用的整体分布

分类	策略	频数	百分比	人数
主言语行为部分（实施拒绝）	直接	1068	30.3%	300
	间接	2462	69.7%	300
附加部分	解释	940	31.7%	300
	提出条件	543	18.3%	300
	提供其他办法	271	9.1%	300
	劝说对方放弃请求	257	8.7%	300
	推迟	638	21.5%	300
	表达愿望	67	2.3%	300
	道歉	248	8.4%	300

（数据来源于吉晓彤,2016:53）

对比表9-5和表9-8,发现东乡语和汉语使用的拒绝策略有差异。汉语受试使用了"道歉"附加策略,而东乡语受试没有使用过。相比之下,汉语受试选择的"间接拒绝"策略比东乡语受试更多,而东乡语受试选择"直接拒绝"策略比汉语受试更加频繁。研究也发现,东乡语和汉语受试普遍都会选用附加策略,他们在附加部分选择最多的都是"解释"策略,但他们选用次多的附加策略不同。东乡语受试选用第二多的附加策略是"提供其他办法",而汉语受试选用第二多的策略是"推迟"。

2.东乡语和汉语拒绝策略使用的异同

除了探讨东乡语和汉语拒绝策略的整体使用情况的异同,本研究还对比分析了东乡语和汉语男性受试、东乡语和汉语女性受试实施拒绝的情况,以及东乡语和汉语受试在拒绝关系较亲或关系较疏的说话人时选择拒绝策略的情况。

（1）东乡语和汉语男性受试使用拒绝策略的情况通过独立性卡方检验进行对比分析（见表9-9），结果表明东乡语男性受试比汉语男性受试更倾向于使用"直接拒绝"策略，他们使用的"间接拒绝"策略要比汉语男性受试少，两组对比发现他们在选择这两种策略时都存在显著性差异（"直接拒绝"p=0.003<0.05；"间接拒绝"p=0.001<0.05）。东乡语和汉语男性受试使用附加部分的每个策略都存在显著性差异（p<0.05），东乡语男性受试更多使用"提出条件"附加策略，而汉语男性受试更多选择"推迟"策略。

表9-9　东乡语和汉语男性拒绝语用策略使用对比卡方检验

分类	策略	分组（男性）	频数	百分比	人数	卡方值	显著性
主言语行为部分（实施拒绝）	直接	东乡语	730	41.3%	150	8.681[a]	0.003
		汉语	304	17.2%	150		
	间接	东乡语	1037	58.7%	150	10.640[a]	0.001
		汉语	1462	82.8%	150		
附加部分	解释	东乡语	314	22.5%	150	21.485[a]	0.000
		汉语	411	33.7%	150		
	提出条件	东乡语	319	22.8%	150	3.341[a]	0.045
		汉语	203	16.7%	150		
	提供其他办法	东乡语	203	14.5%	150	130.393[a]	0.000
		汉语	73	6.0%	150		
	劝说对方放弃请求	东乡语	295	21.1%	150	83.074[a]	0.000
		汉语	75	6.2%	150		
	推迟	东乡语	150	10.7%	150	26.226[a]	0.000
		汉语	415	34.1%	150		
	表达愿望	东乡语	116	8.3%	150	31.672[a]	0.000
		汉语	41	3.4%	150		

（数据来源于刘思、吉晓彤、黎巧儿，2018；吉晓彤，2016：59）

（2）东乡语和汉语女性受试使用拒绝策略的情况通过独立性卡方检

验进行对比分析（见表9-10），结果表明两组使用实施拒绝部分和附加部分的每个策略都存在显著性差异（p<0.05）。虽然"间接拒绝"在两组内的使用频数都高于"直接拒绝"，但是东乡语女性受试比汉语女性受试使用的"间接拒绝"策略更多。在附加部分，汉语女性受试使用更多"解释"策略，而东乡语女性受试则使用更多"提供其他办法"策略。

表 9-10　东乡语和汉语女性拒绝语用策略对比卡方检验

分类	策略	分组（女性）	频数	百分比	人数	卡方值	显著性
主言语行为部分（实施拒绝）	直接	东乡语	498	27.7%	150	26.226[a]	0.000
		汉语	764	43.3%	150		
	间接	东乡语	1302	72.3%	150	7.545[a]	0.006
		汉语	1000	56.7%	150		
附加部分	解释	东乡语	335	24.5%	150	6.513[a]	0.011
		汉语	529	35.3%	150		
	提出条件	东乡语	275	20.1%	150	6.573[a]	0.010
		汉语	340	22.7%	150		
	提供其他办法	东乡语	427	31.3%	150	9.304[a]	0.002
		汉语	198	13.2%	150		
	劝说对方放弃请求	东乡语	96	7.0%	150	17.013[a]	0.000
		汉语	182	12.1%	150		
	推迟	东乡语	129	9.4%	150	19.360[a]	0.000
		汉语	223	14.9%	150		
	表达愿望	东乡语	104	7.6%	150	41.158[a]	0.000
		汉语	26	1.7%	150		

（数据来源于吉晓彤，2016：60）

（3）东乡语和汉语本族语者在关系较亲时使用拒绝策略的情况通过独立性卡方检验进行对比分析（见表9-11），结果表明，当关系较亲时，东乡语和汉语受试都选用更多的"间接拒绝"策略，但二者使用实施拒绝部分的每个策略都存在显著性差异（p<0.05）。在附加部分，东

乡语和汉语受试除了在使用"劝说对方放弃请求"策略时没有显著差异（p=0.324>0.05）之外，其他五种策略均有显著差异（p<0.05）。

表9-11　关系亲对东乡语和汉语拒绝语用策略影响对比卡方检验

分类	策略	分组（关系亲）	频数	百分比	人数	卡方值	显著性
主言语行为部分（实施拒绝）	直接	东乡语	461	25.6%	300	79.278^a	0.000
		汉语	306	16.6%	300		
	间接	东乡语	1339	74.4%	300	31.367^a	0.000
		汉语	1535	83.4%	300		
附加部分	解释	东乡语	258	16.0%	300	70.098^a	0.000
		汉语	622	37.4%	300		
	提出条件	东乡语	323	20.0%	300	5.880^a	0.015
		汉语	432	26.0%	300		
	提供其他办法	东乡语	423	26.2%	300	239.548^a	0.000
		汉语	67	4.0%	300		
	劝说对方放弃请求	东乡语	175	10.9%	300	0.972^a	0.324
		汉语	191	11.5%	300		
	推迟	东乡语	250	15.5%	300	313.394^a	0.000
		汉语	347	20.9%	300		
	表达愿望	东乡语	183	11.4%	300	182.892^a	0.000
		汉语	5	0.3%	300		

（数据来源于吉晓彤，2016：61）

（4）东乡语和汉语受试在关系较疏时使用拒绝策略的情况通过独立性卡方检验进行对比分析（见表9-12），结果表明，当关系较疏时，东乡语和汉语受试选择"解释""间接拒绝""提出条件""推迟""表达愿望"和"劝说对方放弃请求"等策略方面都存在显著性差异（p<0.05），但在"直接拒绝"和"提供其他办法"上差异不显著（"直接拒绝"p=0.356>0.05；"提供其他办法"p=0.931>0.05）。

表 9-12　　关系疏对东乡语和汉语拒绝策略影响对比卡方检验

分类	策略	分组（关系疏）	频数	百分比	人数	卡方值	显著性
主言语行为部分（实施拒绝）	直接	东乡语	767	43.4%	300	0.850^a	0.356
		汉语	762	45.1%	300		
	间接	东乡语	1000	56.6%	300	4.255^a	0.039
		汉语	927	54.9%	300		
附加部分	解释	东乡语	391	34.0%	300	39.382^a	0.000
		汉语	318	30.2%	300		
	提出条件	东乡语	271	23.5%	300	43.744^a	0.000
		汉语	111	10.6%	300		
	提供其他办法	东乡语	207	18.0%	300	0.007^a	0.931
		汉语	204	19.4%	300		
	劝说对方放弃请求	东乡语	216	18.8%	300	63.963^a	0.000
		汉语	66	6.3%	300		
	推迟	东乡语	29	2.5%	300	32.505^a	0.000
		汉语	291	27.7%	300		
	表达愿望	东乡语	37	3.2%	300	7.686^a	0.006
		汉语	62	5.9%	300		

（数据来源于吉晓彤，2016：62）

观察表 9-11 和 9-12 发现，不论关系亲疏，东乡语和汉语受试的拒绝策略都更倾向于"间接拒绝"。当关系较亲时，东乡语受试在选择更多"提供其他办法"附加策略，而汉语受试选择更多"解释"附加策略。当关系较疏时，东乡语和汉语受试都在附加部分最频繁选用"解释"策略，但次多的附加策略不同，东乡语受试选择"提出条件"，汉语受试选择是"推迟"。

第六节　分析与讨论

一　东乡语拒绝策略的总体特征

东乡语受试采用不同的拒绝策略，可分为主拒绝策略和附加策略。主拒绝策略包括"直接"和"间接"两种方式。附加策略用以修饰主拒绝策略，增强"言外之力"（布鲁姆-库尔卡等，1989），增加交际成功的概率。本研究发现东乡语受试使用了包括"解释""提出条件""提供其他办法""推迟""表达愿望"和"劝说对方放弃请求"等六种附加策略。东乡语受试实施许多不同的策略，说明他们意识到拒绝是面子威胁言语行为，需要考虑在回应对方时话语的礼貌性，应尽量减轻对听话人的面子的威胁，避免由于拒绝不当所带来的不利影响。

为了探讨东乡语受试在实施拒绝时使用的礼貌策略，首先需要分析拒绝是如何威胁说话人和听话人的面子的。文献中普遍认为听话人（接受拒绝者）的面子比说话人（实施拒绝者）的更容易受到威胁。伊斯拉米（2010）指出，实施拒绝本质上就有冒犯听话人的危险。布朗和列文森（1978/87）指出，由于听话人期望计划顺利实施，但受到拒绝与期望相悖，因而威胁听话人的消极面子。再则，因听话人希望自己提出的请求能得到认可，所以拒绝也威胁听话人的积极面子。拒绝不但威胁听话人的面子，也对说话人的面子造成威胁。在问卷调查过程中一些受试反映，他们想给对方留下好印象，于是他们很难实施拒绝。由此，拒绝会妨碍说话人希望得到喜爱或赞同的积极面子需求。此外，由于说话人想施行自己的计划，而不是顺从对方的请求，因而拒绝也会威胁说话人的积极面子。

由于拒绝言语行为既威胁听话人的积极面子和消极面子，又威胁说话人的积极面子和消极面子，因而东乡语受试采用诸多不同策略来减轻其造成的不利影响。研究表明东乡语受试使用最多的是"间接拒绝"；这是因为他们意识到拒绝言语行为会威胁交际者双方的面子，所以不愿直接实施这种本质上不礼貌的言语行为。如果说话人不直接或不公开实施言语行为，听话人需要自己识别其中的"言外之力"（布朗和列文森，1978/87）。塞尔（1975）认为这种间接性有利于维护礼貌，因此，东乡语受试选择"间接拒绝"这种现象说明他们在实施拒绝时，倾向于使用间接言语行为表示礼貌。

东乡语受试实施拒绝时使用的礼貌策略属于消极礼貌。消极礼貌的典型特征是利用间接言语行为来减轻对听话人面子的伤害而造成的冒犯（利奇，1983），从而实现交际目的，维系人际关系，减轻不利影响。

在附加部分，东乡语受试使用最多的是"解释"策略，这与文献中拒绝语研究的结果一致（如：阿拉米和那依米，2011）。对于他们的拒绝主行为，东乡语受试附加最多的是"解释"策略，诚恳地向听话人说明缘由，表明他们拒绝对方的请求是迫不得已而为之；从而维护了对方的面子。使用次多的附加策略是"提供其他办法"。东乡语受试建议听话人选择其他办法求得帮助，甚至帮助听话人想可能找到的可选择的办法，以表达"解释"的诚意和"拒绝"的歉意。为听话人提供其他选择是中国礼貌文化中"态度热情"观念的体现（顾曰国，1990），可避免实施拒绝为交际双方带来的矛盾，并且可维护双方（特别是对方）的面子。

二　性别因素对东乡语拒绝策略的影响

从第五节的研究结果可以发现，东乡语男性和女性受试在实施拒绝时使用"间接拒绝"策略都要比使用"直接拒绝"策略更加频繁。由于拒绝是面子威胁行为，本身就是不礼貌的，听话人可能会将实施拒绝视为说话人对其不赞同、不喜欢甚至无礼的表现，因而，东乡语受试为了表示有礼貌，都倾向于间接地实施拒绝。然而，对主拒绝策略的使用存在性别差异；男性较多采用"直接拒绝"，女性则采用"间接拒绝"策略较多。表达对请求的否定意愿时，男性受试比女性更加直接。

实施附加策略，东乡语无论男性还是女性受试，使用最多的策略是

"解释"；而且都倾向于找理由。这种现象说明他们认为使用该策略，可以减轻给交际双方带来的面子威胁，也显得自己很礼貌。东乡语女性受试比男性受试的使用更加频繁，更愿意强调是客观因素导致的拒绝并非她们的本意；由此，可以推断东乡语女性受试比男性更加礼貌些。

东乡语女性受试还使用较多"提供其他办法"的策略；她们表示愿意与听话人一起想办法满足对方要求，以维护对方面子（费利克斯-布拉斯德芙，2006）。东乡语女性受试频繁使用该策略来避免和听话人的正面冲突，表示自己对听话人需求的关心。东乡族男性受试使用的"提出条件"策略较多。说话人使用"提出条件"策略时，表示会在以后某种条件下接受对方的请求。我们可以推测：男性受试使用这种策略不但维护了双方的面子，而且给听话人一个心理安慰；即将来某一天他的请求会被接受，或者要求会得到满足，从而减轻面子威胁行为造成的冒犯，并且得到了心理上的安慰。

东乡语男性和女性受试选择拒绝策略的差异支持霍尔姆斯（1995）的观点，男性受试在实施拒绝时比女性受试更加直接，而女性受试更加礼貌，体现对听话人更多的关怀，印证了莱可夫（1975）所提出的女性语言更加礼貌的观点。这种语用差异或与东乡族的社会特征有关。东乡族男性负责家庭内部与社会交往的重要事物，他们在社会中拥有更多话语权（熊坤新，2007），因而表达拒绝比女性更直接。再则，他们表达了接受请求的可能性，反映了男性在社会分工中具有更多的决策力。

三 东乡语拒绝策略受关系亲疏影响

关系亲疏影响东乡语受试实施拒绝的语用策略。关系亲疏是许多学者研究言语行为时重点考察的社会因素之一，布朗和列文森（1978/87）认为，在几乎所有文化中，说话人实施言语行为时选择的礼貌策略都要受到关系亲疏的影响。他们提出：关系越疏，策略越间接，礼貌程度越高。但是，我们的研究结果并不支持这一观点。

东乡语受试对关系较亲的人反而实施较多"间接拒绝"，并且辅以

"提供其他办法"这种附加策略,以减轻拒绝言语行为造成的不利后果,同时表达对听话人需求的关心。东乡族在日常社会交往中往往遵循一些不成文的道德准则(熊坤新,2007),如帮别人排忧解难就是准则之一。当他们不得不拒绝对方的请求时,也会提供其他可以解决问题的办法,体现东乡族对社会关系的重视。东乡语受试对关系较疏的人实施清晰明了的"直接拒绝",有效表达说话人的否定态度;同时,他们也会频繁使用其他附加策略,如"解释";说明东乡语受试有意识地减轻面子威胁,从而显得礼貌一些。

以上对比发现,东乡语受试在拒绝关系较亲的人时更加间接和礼貌,但他们对关系较疏的说话人也不会使用完全不礼貌的拒绝回答,体现了东乡族崇尚友好与和谐的民族性格。

四 东乡语和汉语拒绝策略的异同

经过对比研究发现,东乡语和汉语受试实施拒绝言语行为时有相同点也有不同点。

1. 相同点

东乡语和汉语受试在实施拒绝时都更倾向于使用"间接拒绝"策略,他们都不会直接明了地表明自己的拒绝意图;表明东乡语和汉语受试都意识到拒绝是威胁面子的行为,所以更多使用间接言语行为表示礼貌,减轻对听话人的面子造成的威胁和拒绝言语行为带来的不利后果。

在附加部分中,东乡语和汉语受试选择最多的策略都是"解释",这种现象说明东乡语和汉语受试都倾向于表示外部因素妨碍他们无法接受对方提出的请求,由此可见,他们都很重视维护说话人和听话人的积极面子(布朗和列文森,1978/87)。东乡语和汉语受试频繁使用间接言语行为实施拒绝,都普遍使用外界因素解释他们无法接受拒绝的原因,这种礼貌行为符合利奇提出的"东方集体性礼貌"(2007)。尽管东乡族和汉族的民族特征不同,但由于他们都属于东方的集体主义社会,他们都很重视面子,把维护面子当作一种社会规范(顾曰国,1990)。

东乡语和汉语受试选择拒绝策略的相同之处与两个民族的社会特征密不可分。在东乡社会城市化的进程中，东乡族与汉族经济文化的接触交流日益频繁。由于语言是人类社会的主要工具之一，在经贸往来的过程中，东乡语难免会受到汉语的影响。此外，东乡族社会结构正在经历从以农业为基础向农、工、商并重的经济发展模式的转型，汉语在民族教育和社会经济交往中占主导地位，东乡族使用的东乡语受到汉语的影响越来越大（马少虎，2009）。因此，东乡族与汉族多方面的密切交往在一定程度上造成了他们使用拒绝策略的相同之处。

2. 不同之处

东乡语和汉语受试实施拒绝策略存在差异。表现在三个方面：第一，二者的整体拒绝策略具有差异；第二，二者的男性受试选择拒绝的策略不同，女性受试选择拒绝的策略也不同；第三，在关系亲疏影响下，二者受试选择的拒绝策略存在差异。下文将详述东乡语和汉语拒绝策略的不同之处：

（1）整体使用情况不同。汉语受试使用"道歉"这一附加策略，而东乡语受试并未使用。这种现象与此前东乡语与汉语"道歉"对比研究的结果一致（刘丽姝，2013）。该研究通过实证调研，得出东乡语中没有与汉语普通话或汉语对应的表达道歉的词汇（如："对不起""不好意思""抱歉"等）。东乡语受试在拒绝时不使用"道歉"，这与他们的民族性格密不可分。东乡族信仰伊斯兰教，对东乡族而言，伊斯兰教不仅是他们的宗教信仰，也是东乡族的社会生活方式和社会经济、政治和文化的制度框架，对其信仰者生活的各方面都有重要影响（陈文祥，2013）。伊斯兰教义倡导"天下穆斯林皆兄弟"，他们应该互助友爱。东乡族的民族性格由此形成，他们都像对待家人一样真诚友好地对待其他穆斯林，因此，他们认为实施拒绝时无须使用"道歉"的客套话。

尽管东乡语和汉语受试都倾向于"间接拒绝"，但东乡语受试选用的"直接拒绝"策略比汉语受试多。如上所述，东乡族人民性格真诚，他们在言语表达方式上比汉族更直接，但汉族比较迂回婉转。由此，东乡族在实施拒绝时更加直接。在附加部分，虽然东乡语和汉语受试选择最多的策略都是"解释"，但二者在理由的内容上有所不同。汉语受试更倾向于选用与家庭相关的理由（如："我得跟我的家人商量一下"），而东乡语受试更多选择与个人相关的理由（如："Bi ene xuexiaode gouji ganqing waine ma."我对这个学校有感情）。这种现象与东乡族的家庭伦理结构有关，东乡族倡导"另家制"，即父母不与成年的儿子（除了最小的儿子）住在一起。同处在西北农村地区的汉族有着不同的家庭伦理结构，在实地调研中发现，汉族父母和成年的子女通常住在一起。两个民族不同的社会特征使他们在附加部分给出不同的理由。

（2）东乡语和汉语男性受试的拒绝策略不同。在主拒绝策略方面，东乡语男性受试"直接拒绝"更多，而汉语男性受试则更多使用"间接拒绝"；在附加策略方面，东乡语男性受试更倾向于使用"提出条件"策略，而汉语男性受试更偏向于使用"推迟"策略。尽管"提出条件"和"推迟"都是用来避免或减轻对听话人造成的冒犯的礼貌策略，且都没有对请求给出明确的答复，但两种策略在礼貌程度上有所不同。汉语男性受试使用"推迟"策略来延迟决定，避免和听话人直接冲突，这与汉族喜欢委婉的表达方式有关。而东乡语男性受试喜欢表示他们在将来某种情况下会接受对方的请求，尽管这种答复也具有不确定性，但由于这种策略可视为说话人做出的承诺，表达了对听话人需求的关心，更加礼貌。东乡语男性受试频繁使用"提出条件"策略，说明他们在东乡社会中拥有做决策的权利，他们可以向对方承诺何时会接受对方的请求。

东乡语和汉语女性受试的拒绝策略也不尽相同。在主策略部分，东乡语和汉语女性受试虽然都偏爱使用"间接拒绝"策略，但是相比较而言，东乡语女性受试使用得更多；在附加策略部分，东乡语女性受试更多使用"提供其他办法"策略，而汉语女性受试倾向于使用"解释"策略。东乡社会中"男主外、女主内"的传统观念根深蒂固，东乡族女性的社会地位较低，没有话语权，因此，她们在拒绝时非常含蓄，不会像东乡族男性一样直接表达其否定的意愿。尽管地处西北农村的汉族社会也有类似的传统观念，但随着越来越多的农村汉族女性外出工作，农村女孩接受学校教育，汉族女性在西北农村的社会地位在不断提高，这种性别的日益平等赋予女性更多话语权，因此她们会直接表达自己不愿接受请求的想法。此外，汉族女性比东乡族女性更加开朗健谈，她们会解释更多的拒绝原因，而东乡族女性会通过给对方提供其他办法来表达对听话人的关心。

（3）拒绝关系亲疏不同的人使用的策略不同。不论关系亲疏与否，东乡语受试更多使用"间接拒绝"，这种现象与二者拒绝策略的整体使用情况一致。东乡语受试在关系较亲时，更倾向于使用"提供其他办法"策略，而汉语受试更多使用"解释"策略。东乡语受试在关系较疏时，更多使用"提出条件"策略，而汉语受试更多选用"推迟"策略。实施拒绝言语行为受到不同社会文化规范的制约，不同民族持有不同的礼貌观念，他们以不同的方式解读和评估关系亲疏。如利奇（1983）所述，一个社会的所有成员对特定情境中何为礼貌都有共同认识，因此，不同民族在实施拒绝言语行为时所认同的语用策略都不尽相同。

第七节　结论

一　主要发现

1.东乡语受试普遍使用间接的方式实施拒绝，并辅以不同的礼貌策略以减轻对听话人造成的冒犯，说明东乡族语受试能意识到拒绝言语行为的威胁面子本质，更多选择通过间接方式实施拒绝言语行为以示礼貌，有意维护人际关系和谐。

2.东乡语拒绝策略受性别因素影响，印证了东乡族传统的"男主外、女主内"的社会分工现状，且男性的社会地位较高。例如，东乡语男性受试在表达拒绝时比女性受试更直接，而女性受试在附加部分普遍以提供其他选择办法表示对听话人的关心。男性受试通常还做出对将来利益的承诺和保证，体现东乡族男性拥有更多话语和物质主导权。

3.东乡语拒绝策略受关系亲疏影响。当东乡语受试不得不拒绝关系亲的人时，往往采用"提供其他办法"的附加策略，旨在付出"心力"尽力帮助对方，表现出东乡族关爱他人的民族性格。在拒绝关系不亲的人时，虽然相较于拒绝关系亲的人更多采用直接的拒绝方式对说话人的面子造成较大威胁，但东乡语受试用"解释"的附加策略来尽力缓和面子的威胁程度，体现了东乡族实在厚道的品质，也从另一个侧面反映出他们拒绝关系较亲的人时更为礼貌。

4.东乡语和汉语受试的拒绝策略有同有异。二者相同之处说明两个民族都能意识到拒绝言语行为的面子威胁本质，往往采用间接拒绝以示礼貌。尽管东乡族和汉族拥有不同的民族特征，但他们同属东方集体主义社会，都将面子视为重要的社会规范。例如，东乡语和汉语受试在实施拒绝时都倾向于使用"间接拒绝"策略，都喜欢在附加部分解释为何不接受对方的请求。

从语用这个切入点本研究观测到二者的不同之处，揭示了两个民族礼貌观念和社会文化规范的差异，让研究人员感受到两个民族人民的性格差异。汉语受试会有意识地使用"道歉"附加策略以缓和拒绝言语行为的面子威胁，但"道歉"策略从未在东乡语受试的选择中出现，因为在东乡族的礼貌观念中，认为在拒绝时"道歉"的"客套话"不足以表现真诚，不如付出实际行动如"提供其他办法"来缓和面子威胁。另外，东乡语女性受试倾向于使用更加含蓄的间接拒绝策略，这反映出在东乡族社会，男权思想的盛行导致女性在社会中地位较低，而在汉族社会，由于女性获得越来越多的教育和就业机会，男女权力日渐平等。这些不同的社会特征和民族性格造成东乡族和汉族语言使用的差异。

二 局限与建议

1.本研究仅考察了性别和关系亲疏对拒绝策略使用的影响，其他因素年龄、权势和涉及事物大小作为控制变量，在本研究中并未考察。在今后的研究中，建议可以考察其他因素对拒绝策略使用的影响，从而更加全面地了解东乡语受试实施拒绝言语行为的情况。

  2.本研究的受试年龄均在16—70岁，16岁以下的少年儿童并未参加本次调研，这是因为本研究考虑到目前东乡族儿童的自小学开始就接受东乡语和普通话的双语教育，在选择拒绝策略时可能会受到汉语及汉文化的影响。在今后的研究中，建议可以分析在少年儿童组实施拒绝言语行为对比研究，考察东乡族与汉族少年儿童选择的拒绝策略是否存在更多共同之处。

  3.受限于研究时间和财力、物力的不足，本研究的语料主要来自东乡族自治县的两个乡镇。尽管这两个乡镇使用的东乡语地道纯正且保存完好，但毕竟调研区域有限，无法得到最全面的东乡语的语言使用情况。在今后的研究中，建议可以在更多东乡语受试居住的乡镇收集语料，分析他们实施拒绝言语行为的情况。

第十章 抱怨

第一节 引言

　　文化是一个国家和民族的灵魂，语言或文字是文化的一部分，保存和拯救一种语言与保存一种文化密切相关。文化和语言的多样性给人们的生活带来希望、幸福和美丽。如果这些差异消失，人们穿着同样的衣服，使用相同的语言，生活将失去很多趣味。因此，保护民族语言和文化的多样性势在必行，特别是对处于濒危状态的语言，必须引起人们更多的重视。世界语言分为五个语系：汉藏语系、阿尔泰语系、奥地利语系、奥地利和印欧语系。中国语言种类繁多，但是，一些语言的状况并不乐观。许多少数民族语言的受试越来越少，少数民族语言也处于危险之中。东乡少数民族语言（东乡语）就是其中之一。东乡族主要居住在中国甘肃省，属阿尔泰语系蒙古语族，其语言传承仅依靠口耳相传，2000年第五次全国人口普查中，甘肃省东乡族人口约为513800人。十年后，网络统计显示，甘肃省东乡族口数量大幅下降。其中一个主要原因是越来越多的年轻人离开家乡追求更好的生活或为大城市工作，为了融入新的生活和工作地，他们越来越多地使用普通话，使用本民族语言的机会越来越少。

　　东乡语越来越显示出濒临灭绝的特征；许多著作和研究从语音学和词汇学等角度对其进行了整理和分析，如《东乡族语言与汉语词典》

《新疆东乡语语音研究》等。然而，很少有作品从语用角度对东乡语进行研究。因此，本研究从社会语用学角度研究东乡语抱怨的策略和人称，运用定性和定量研究方法，探讨不同性别和不同涉及事物大小的语境对东乡族（中年40—50岁）选择语用策略和人称的影响，同时与汉族人（中年40—50岁）进行对比分析。通过调查东乡语和汉语的抱怨策略和人称，可以加深对东乡族民族的认识，在实地调查过程中收集的珍贵语料为保护濒危语言大有助益。

第二节　理论框架

本节着重论述抱怨言语行为的定义和实施抱怨时的礼貌策略。

一　抱怨言语行为

豪斯和卡斯帕（House & Kasper, 1981: 159）将抱怨定义为"后事件，即抱怨已经发生的事件，且此事件对发言人是有代价的"。抱怨区别于其他言语行为有两个方面的表现，包括这个行为本身是否对说话人有风险，以及这个行为是在事情发生之后进行的。

奥尔什坦和温巴赫（Olshtain & Weinbach, 1987: 195—196）定义了抱怨言论行为发生条件。"说话人表示不满或厌烦是对过去或正在进行的行动的反应，其后果影响不利"。所以他们提出应该有以下先决条件：（1）说话人预期会发生有利事件或不利事件，某一行为通过启用或未能避免冒犯事件而导致违背说话人的期望；（2）说话人认为这一行为对于其有不利的后果。因此，这一行为是无礼的。

根据奥尔什坦和温巴赫（1987）的观点，抱怨的言语行为并不一定要包括修复或补救，并以此作为其目的。说话人有权决定是否将不利事件改为令人满意的事件。莫罗（Morrow, 1995）批评先前研究者对抱怨的定义过于宽泛，引入了利特伍德（Littlewood, 1992: 47）的三个标准：（1）说话人对某事（字面意思）不满；（2）说话人要求听话人避免做出某一行为，或说话人期望听话人有义务为某一行为（功能意义）道歉；（3）说话人希望保持或削弱其与听话人（社会意义）的关系。本研究中定义的抱怨将采用惠子（Keiko，2010：33）的定义，该定义是"由抱怨者决定采取的一种威胁面子的行为，目的是想被抱怨者对之前或者目前正在进行的给抱怨者带来的不愉快行为进行补偿，抱怨程度和冒犯程度均与所处社会期望和规范有关。"

特罗斯博格（Trosborg，1995a：311—312）将抱怨定义为"说话人（抱怨人）在表达异议和消极情绪时，对向所述事态直接或间接负责的听话人（被抱怨人）进行批评"。她还引用了利奇关于抱怨的观点，认为抱怨言语行为具有冲突功能。特罗斯博格（1995a）认为，抱怨根据定义，其本质是不礼貌的，是威胁面子的；但是，为了避免交流冲突，需要某些缓解措施。正如特罗斯博格（1995a：311）所说，抱怨的施为行为传达了道德判断，表达了说话人对所述行为的不赞成，"抱怨行为实质上是回顾性的，因为说话人通过其认为的道德判断被抱怨人已经做了的，或没有做的，或正在做的过程中。"在这三种情况中，奥斯汀的注意力主要集中在施为行为上。他的言语行为理论是施为行为理论。在如何用言语处理事情方面，奥斯汀（1975：160）进一步将表演性动词分为五类，其中施为动词包括两个概念：对他人行为和运气的情绪反应和对他人过去或现在行为的行为或行为的看法。批评和抱怨的言语行为都属于施为的类型。

塞尔（1969b）根据言语行为的功能将奥斯汀的五种行为动词简化为：声明、代表、表达、指示和委托。尤尔（1996：53）解释表达方式为"说话人所感受到的那些言语行为"，例如欢乐、快乐、悲伤、痛苦、喜欢、不喜欢、爱或恨。他并没有明确引用这种抱怨作为例子，但它可以合理地纳入这种类型。然而，塞尔的适切条件意味着有两种类型的抱怨：一种是只表达说话人的感受，另一种是说话人表示听话人为其做些事情，如表10-1所示。因此，一种是表达式，另一种是指令式。尽管这两种类型在某些情况下是重叠的，但在相同的情况下，某一种类型的抱怨通常占主导地位。

表 10-1　　　　　　　　两类抱怨言语行为

	表达类	指令类
命题内容条件	听话人已经实施了某言语行为	说话人预测到听话人的这一言语行为
预备条件	说话人认为这一言语行为会给自己带来不利	听话人有能力实施这一言语行为
真诚条件	说话人对这一言语行为感到不愉快	说话人希望听话人实施这一言语行为
基本条件	能够解释为不愉快的表达	可作为说话人试图让听话人对其道歉或者补偿

（引自魏芳秀，2016：15）

二　面子威胁行为的抱怨

根据布朗和列文森（1978/87）提出的"面子论"（详见本书第三章），抱怨是面子威胁的行为，既可以威胁听话人的消极面子，也可以威胁听话人的积极面子。前者包括请求、命令、建议、威胁和警告；后者则包括反对、批评、蔑视、嘲笑、抱怨、谴责、指责和侮辱。布朗和列文森（1978：66）在论述威胁听话人的积极面子是由于说话人对听话人的积极面子的某些方面有负面评价，表示说话人不喜欢或不认同听话人的愿望、行为、个人特征、个人所有、信仰或价值。抱怨的言语行为也是一种违反莱可夫（1975）的所有礼貌规则的行为，即（1）不强加、（2）给予选择权、（3）使（听话人）感觉良好。莱可夫（1975：64）认为礼貌是社会为减少个人交往中的摩擦而发展的，所以礼貌必须随着时间和文化的不同而有所不同。总而言之，抱怨的言论行为是说话人过去或现在对听话人表达不满的行为或行为的情绪反应，威胁听话人的积极面子。

三　直接和间接抱怨

虽然许多学者如高桥和都放（Takahashi & DuFon，1989）指出"间接抱怨"就是抱怨，不宜分成直接和间接，但是在言语行为研究中，直接/间接的概念是一个关键问题，直接和间接这两个术语在语用学调查中经常存在。直接表达，往往以直接的力量呈现，并要在一定情况下承担违反礼貌的风险；间接表达，代表说话人希望通过放弃直接表达而实现特定的交际目的且不威胁听话人的面子。托马斯（Thomas，1995：119）指出直接和间接之间存在一个连续的程度统一，这里的程度指的是对礼貌策略对面子威胁（如抱怨）不同的缓和程度。这些沟通策略与礼貌密切相关，可以在不同的文化中以不同的方式实现。

我们认为抱怨一词适用于对听话人的行为或行为的评论，直接/间接抱怨似乎不仅限于表达方式的差异。一方面，直接抱怨往往意味着说话人直接向麻烦制造者表达自己的不满，如"这家酒店的服务太差了"。间接抱怨则通过不直接的方式表达不满，需要听话人从话语中推断出说话人的意思，如"我得换一家酒店"；间接抱怨似乎具有寻求同意或期待达成一致的目的。另一方面，直接抱怨可能涉及文化差异，是否可以实现直接抱怨，或者通常采用何种程度的直接抱怨，往往受文化的制约。就直接或间接抱怨的定义而言，本研究采用间接抱怨与一系列需要上述听话人推论的策略相关的概念。

第三节　文献综述

本节简要回顾国内外关于"抱怨"言语行为的研究。

国外研究人员常采用对比的方法对来找出母语与外语之间言语行为的实现方式（豪斯和卡斯帕，1981；奥尔什坦和温巴赫，1987；杜［Du］，1995；特罗斯博格，1995b；墨菲和纽伊［Murphy & Neu］，1996）。奥尔什坦和温巴赫（1987）通过"会话完型测试"收集数据，包括来自35名以色列大学生的20种抱怨语境，以确定抱怨严重程度的基准量表，并且他们的五种实现抱怨模式如下：（1）暗示、（2）表示烦恼或不赞成、（3）明确抱怨、（4）指责和警告、（5）直接威胁。他们的发现是，希伯来语者倾向于围绕三种中心策略：不赞成、抱怨和警告。但这种趋势根据对话者的关系亲疏而变化。实际结果表明，如果说话人的地位较低，他们倾向于使用较不严厉的抱怨策略，如不赞同和抱怨，而具有同等或较高社会地位的人倾向于使用更严厉的策略（抱怨和警告）。奥尔什坦和温巴赫（1987）也比较了来自英国、美国和以色列的不同文化群体对他们选择不缓和形式、缓和策略以及间接或直接策略的选择。结果表明，三组之间的抱怨行为只有轻微的差异。

特罗斯博格（1995b）对请求、抱怨和道歉三种言语行为进行了横向对比研究以确定典型的由丹麦英语学习者所犯的语用和语言失误。她的研究对象包括五个小组：三组不同熟练程度的英语学习者，另外两个小组以英语为母语和以丹麦语为母语。英语学习者的年龄在16岁至20岁之间，母语人士的年龄在20岁至35岁之间。在数据收集方面，特罗斯博格（1995b）构建了类似于现实生活中互动的抱怨言语行为，并从班级中学生的400次角色扮演中获取了120个抱怨言语行为。特罗斯博格（1995b）为研究抱怨建立了两种分析标准：直接程度和抱怨策略的组成部分。抱怨策略分为四类，涉及直接级别：（1）未明确的责备、（2）表示不赞成、（3）谴责和（4）指责。这些类别被进一步分为八个子类别。另外，由抱怨人使用的内部修改分析了两类模式：降级和升级，他们进一步将其分为九个子类别。八个子类别的外部修改用作内部修改的附加成分。

表10-2是特罗斯博格（1995b）描述的严厉程度递增的抱怨策略。特罗斯博格（1995b）研究了学习者和母语人士采用的策略，以及附加语和内部修改，她的研究方法是迄今为止最有用的方法，并为学者研究抱怨言语行为提供了一个很好的例子。

中钵（Nakabachi，1996）通过对8个语境的会话完型测试，调查了日语作为母语和英语作为外语的抱怨言语行为。她发现超过25%的日本本科生具有中等水平的英语水平，他们的英语表达比母语日语更严厉。

墨菲和纽伊（1996）试图找出美国母语人士对英语和韩国英语学习者抱怨言语行为集合的组成部分，以及母语人士对这些言语行为的判断。受试数量为14个，均为男性研究生。通过口头会话完型任务收集的数据，研究人员确定了抱怨言语行为的六种组合方式：（1）解释目的、（2）抱怨、（3）批评、（4）取证、（5）请求和（6）要求。惠子（2010）主要关注实现抱怨的语言序列。

表10-2　　　　　　按照直接性递增依次排列的抱怨策略

分类		策略	
（一）	明显表达不满	1.	暗示
（二）	表达不赞成	2.	表达不满
		3.	指出不良后果
（三）	谴责	4.	较间接谴责
		5.	较直接谴责
（四）	指责	6.	委婉指责
		7.	明确指责（行为）
		8.	明确指责（个人）

（数据来源于魏芳秀，2018：25）

总之，在之前对抱怨的研究中，数据是用会话完型测试或角色扮演收集的，研究重点主要是母语和外语学习者（英语或希伯来语）选择策略，其中自然语料及纵向对比研究几乎没有。此外，一些中国学者如杜（1995）和李萍等（2006）对抱怨言论行为进行了研究。他们的研究焦点主要集中在中文抱怨策略；其中一些还将中文与英文等外语进行了对比，以找出两者之间的差异和相似之处，他们使用的数据获取方法是会话完型测试和角色扮演等。国内外有许多学者利用不同的数据获取手段从多方面对抱怨言语行为进行了研究。从社会语用学角度来看，东乡语是一种濒危少数民族语言，兰州方言是兰州地区的一种汉语方言。目前几乎没有人研究东乡语和汉语之间的抱怨言语行为。因此，本研究考察了东乡语中的抱怨策略的使用以及抱怨的人称，并与汉语进行对比。

第四节　研究方法

本节涉及本研究方法、设计、受试和研究步骤等。研究步骤包括访谈、角色扮演、视频和录音转录、预测和大规模问卷。

一　研究设计

为了研究以下四个问题：

问题一：性别是影响东乡语中年受试抱怨策略和人称选择的因素吗？如是，有何影响？

问题二：在相同语境中，东乡语受试和汉语受试在抱怨策略和人称选择上有何异同？

问题三：涉及事物大小是否影响东乡语中年受试对抱怨策略和人称的选择？有何影响？

问题四：涉及事物大小因素在影响东乡语受试和汉语受试方面有何异同？

本研究设计了如表10-3所示的语境。

表10-3　　　　　　　　语境设计因素和语境主题

压力	权势 说话人—听话人	关系亲疏	涉事大小	语境主题
较高	小	疏	大	语境1　大雨 语境2　五万元
		疏	小	语境3　等候一小时 语境4　借用的铁锹
		亲	大	语境5　小偷 语境6　在餐厅
		亲	小	语境7　花盆 语境8　蔬菜

续表

压力	权势 说话人—听话人	关系亲疏	涉事大小	语境主题
较低	大	亲	大	语境9 树 语境10 小麦
		亲	小	语境11 猫 语境12 院墙
		疏	大	语境13 花园 语境14 苹果树
		疏	小	语境15 商店 语境16 车棚

（引自魏芳秀，2018：29）

根据时本（Tokimoto，2005）和刘思等（2015）的研究，本研究将抱怨言语行为的语境分为两类：较高压语境和较低压语境。较高压力下的语境因素包括社会权势高、社会关系的亲疏以及涉及事物大小三个，较低压力下的语境因素除社会权势低之外亦如上。关于每个相同状态下的社会因素总共出现在四种不同的语境中。在控制了关系亲疏和社会权势之后，本研究调查涉及事物大小多大程度上影响了东乡语受试在抱怨策略和人称上的选择，问题的分析语境仅包括语境1、语境2、语境3和语境4。语境设计中考虑因素均为前期去当地考察的与村民生活息息相关的生活场景。研究内容主要有两个：抱怨策略和人称。根据特罗斯博格（1995b）的说法，本研究将抱怨人称分为四类：（1）"我"、（2）"你（们）"、（3）"其他"和（4）"我们"。抱怨策略分为五种：（1）表达不满、（2）指出不良后果、（3）谴责、（4）寻求修复和（5）指责。

二 受试

洪岗（2005）认为跨文化语用学研究应该尽可能保证对等。为了保证研究的真实性，本研究受试分别来自东乡县果园乡和兰州市榆中县下官营村中年人（40—50岁），均为当地村民，文化程度相当且相对较低，以务农为生。为了分析性别对东乡县果园乡中年人（40—50岁）抱怨言语行为策略和人称的选择的影响。就性别因素而言，研究将抱怨言语行为的受试分为四组：第一组是（男—男），即男性说话人对男性听话人抱怨；第二组是（男—女），即男性说话人对女性听话人抱怨；第三组是（女—男），即女性说话人对男性听话人抱怨；第四组是（女—女），即女性说话人对女性听话人抱怨。东乡语与汉语受试分组一致。在角色扮演和问卷中都给受试相应的报酬。

三　研究步骤

1. 采访

柯伟乐（Kvale，1996：14）指出，"访谈是获取人类经验和行为知识的有力工具"。本研究的研究人员首先到三甲集镇果园乡采访当地东乡族村民，了解其日常交谈话题。例如，他们最关心什么？什么事情重要？通常会引发他们的抱怨？他们对抱怨的理解是什么和最近的日常沟通中抱怨最多的是什么；然后本研究记录下所有材料，以确保收集到的材料类似或接近村民现实生活情况。分析采访中收集的材料结果显示村民们非常关心的和他们生活息息相关的日常用品，例如吃的食物、劳动工具以及他们最需要的事物。这些相关信息有助于问卷设计。

2. 角色扮演

根据访谈内容和布朗和列文森（1978/87）提出的影响说话人语言选择的三个社会因素，即权力、关系亲疏和涉及事物大小，研究者设计了角色扮演问卷。这三个重要因素是这样设计的：根据"1个社会因素×2个条件×4个情境×2个情境"得到本调查问卷中的16个情景。为了使数据更有说服力和有效性，观察一个因素时控制了其他两个影响因素。社交距离是指抱怨者和被抱怨者之间的关系亲疏，因为角色扮演的村民实际上来自同一个村庄，他们彼此相识但又并非亲人关系。因此研究者认为考察其他两个因素时关系亲疏应为疏。例如，在本研究中，要观察涉及事物大小这一因素影响选定受试抱怨言语行为策略和人称时，无论另外两个因素是什么条件，关系亲疏应为疏。因此只有在这种情况下才能对其进行合理调查。权势高低的设计是基于社会地位的高低而定。在本次研究中，有两个层次：一个是权力较高的人向权势低的人进行抱怨（抱怨言语行为的执行者的权力低于接受者，比如村民对村长进行抱怨，或者店员向店长进行抱怨）。另一个是权力较低的人向权势高的人进行抱怨（抱怨者的权势高于被抱怨者，例如雇主向店员或村民向村长进行抱怨）。涉及事物大小的设计是对指被抱怨者对抱怨者造成不便的程度。换言之，被抱怨者被认为是麻烦来源；有些人会选择不进行抱怨，以避免造成进一步的麻烦或导致相互攻击。是否进行抱怨和选择怎么样实施抱怨部分取决于参与互动的个人性格特征，部分则来自主导个人行为的文化规范。涉及事物大的语境包括"大雨"和"五万元"等语境；在这些语境中，要抱怨的事情相对来说与被抱怨者的关系更密切。因此，它可能会给抱怨者带来更严重的后果，或造成更大的麻烦。例如，当村民的庄稼被摧毁，或者债主无法收回被抱怨者借出五万元人民币的债务时，这肯定会影响抱怨者的生活。对于大多数偏远村民来说，学生的学费对于特别是低收入家庭来说是一个沉重的负担。因此，在这种情况下，涉及事物大小的程度不可能低。然而，与打碎花盆等日常小事相比，无疑后者是相对较低的。

设计语境考虑三个因素，即社会权势、关系亲疏和涉及事物大小。除了这三个社会因素外，这项研究考察受试的性别因素影响。所有这些语境内容都来自东乡语受试和汉语受试的真实生活，从而保证角色扮演语境内容具有了真实性。语境的内容设计符合东乡语和汉语的文化和语言习惯。东乡语翻译者修改了角色扮演的所有语境，目的是使其更符合本族语者的习惯。例如，在录制角色扮演之前，角色扮演的研究者和翻译者多次修改所有语境，以便受试可以理解其真正内涵。在进行角色扮演转写的过程中，研究人员使受试处于不同的房间中，以避免下一个受试听到前者的谈话，因为担心后者只是重复前者的对话而表达不出他或她的真实想法。语境的内容甚至包括造成损失的暴雨和给抱怨者带来一些麻烦的猫等语境。角色扮演产生的语料，例如东乡语中的以下对话以及由东乡语大学生用口头语翻译，并进一步解释语境因素以确保角色扮演者正确理解语境。

例10-1

村长（中年男子）：

东乡语：Bi gouji nie gie giewo, gie xiuyise suwayi durugvawo, tayi zhonjialayi man taodene widagvawo ma, ede matu giene?

汉　语：我建了点房子，堵住了水道，（下雨之后）水把你家的粮食冲没了，现在怎么办？

村民（中年男子）：

东乡语：Matan kunlayi uruzhi kurugvayedene kieliegvaye bai, zhonjia wiwo shi udu dao dane, kewosi olon wo, agvinyi oqiao kun nasun chighan kunji man uruzhi kurugvadene kieliegvaye bai.

汉　语：我们叫来人说道说道，因为孩子多，没有粮食就无法生活，（所以）让村里的老人和年轻人都来，让他们给评评呗。

（语例引自魏芳秀，2018：35）

3. 视频转写

首先，我们聘请东乡族大学生按照《东乡语汉语词典》规范化标注的东乡语汉语音标，将所有东乡语视频和录音转写成汉语音标，并相应地将东乡语翻译成汉语，句子中的词一一对应；然后按汉语习惯写出汉语句子。例如，东乡语汉语音标："Bi nie gie giezhi nie suwayi duigvadene nie bixinni giewo, tanyi zhonjiala, caiji manji widagvawo, chi uzhezhi matu giese？"（对应的汉语词：我一个房子修一水渠堵住了一件不好的做了，你们的庄稼菜等漫没有了，你看着怎么做？）；适切的完整的汉语是："我修房子时把沟渠给堵住了，做了一件不好的事情，（下雨）把你们的庄稼菜等都让水给漫了，你看怎么办呢？"（不难看出，东乡语和汉语的词序存在差异。）为了获得准确的语料，我们专门聘请东乡语专家、《东乡语汉语词典》的作者陈元龙先生对转写内容进行了审阅、修改。至于汉语录像，由研究人员（兰州本地人）转写为文字材料。

4.预测

预测问卷内容均来自角色扮演语料。每个语境都设有五个选项。第一个选项内容来自录音内容，第二个来自东乡语的另一个受试，第三个选项是东乡族学生的语料，第四个选项的材料来自同族异性的语料材料。例如，如果问卷设计为男性对男性，则第四选择是从女性对女性的角色扮演语料，第一选项是来自相应真实口语语料等。第五个选择为其他。在预测阶段，所有的选项内容都按照这个顺序排列在一起，但是受试并不知，所以他们找不到任何规律，从而提高了问卷的可靠性。在这一部分中，本研究也对原始口语语料做了一些修改，因为原始口语语料有的地方重复比较多。例如，"Chiyi ene sanwan baerni ene hon honji dane, goniense liao, houniense honjise olu lie? Bi chimade kielieye ene hon honji dane."（我跟你说，今年无法还你三万元，明年或是后年还，行不？我还不上，今年还不了）。这个话语来自被抱怨者，由此可以看到他不止一次地重复了一些部分，所以本研究在设计大规模问卷时为了简明扼要进行了修改。

5.大规模问卷

大规模问卷中120名受试均为随机选择，有翻译人员向受试解释语境内容、问题和选项，供他们自己选择，并强调他们应该选择一个他们认为是现实生活中他们最可能选择的某一个选项。

6.数据编码和分析

在本项研究中，研究人员采用了特罗斯博格（1995b）的抱怨言语行为分析方法，并且只分析抱怨策略和人称因素。特罗斯博格（1995b）区分了四个人称：（1）"我"、（2）"我们"、（3）"你"以及（4）"其他"。其中，"其他"包括："它""这个""非特定或模糊词语"等指称形式；是对抱怨对象的隐射或非特指，如抱怨者使用这些形式，任何人都可能是他抱怨的对象。特罗斯博格（1995b）提到从抱怨的说话人/听话人角度提出了一个特殊的兴趣点，即在面对面的交流中，当说话人发出请求，听话人是被请求人；相反，抱怨人对其对话者或第三方的行为表达了不愉快的感受，如果发言人避免提及听话人作为当事人，这会降低抱怨对被抱怨人的面子伤害，因为抱怨只对被抱怨人有模糊的隐射。因此，本研究选择这个角度作为研究要点之一。至于抱怨策略，来自四个组的角色扮演数据使用特罗斯博格（1995b）的抱怨严厉程度的量表进行分析。关于语料分类，首先是根据直接性和责备程度对抱怨策略进行分类，同时考虑语料的文化背景等因素，最终确定了五种策略。然后，参考特罗斯博格（1995b）抱怨人称代词的四个分类进行统计分析。然后，将数据结果与其他组结果进行比较。总之，本研究的分析遵循特罗斯博格（1995b）对抱怨言语行为的分析方法。首先尝试根据特罗斯博格（1995b）的原始八个类别对角色扮演数据中的抱怨进行编码。但是，在所有语境中，两组人员从未采用暗示、间接谴责和威胁策略。出于以上原因和特罗斯博格（1995b）的定义以及语例，这些策略在本研究中不出现。本研究所采用的语境清楚地表明被抱怨人对该抱怨负有直接责任，因此本研究中的暗示策略从未被使用，尽管在日常生活中经常使用它。根据实际语料和相关定义，本研究将特罗斯博格的直接谴责和间接谴责合并为谴责一种策略。总之，本研究仅采用特罗斯博格（1995b）的五个策略：指出不良后果、表达不满、谴责、寻求修复和责备。现各举例子说明。例如，"Bijien matu giene, bijien nanxin no wo."（我们能做什么？我们很穷），这是表达不满的策略。"zhonjia wiwo shi udu dao dane."（没有粮不能生活），这是指出不良后果的一个例子；"chi ene giedun sara tai matu giede?"［为什么你（把我的铁锹）放了几个月（不还）？］，这是本项研究中的谴责策略。然而，特罗斯博格（1995b）将谴责分为间接和直接两个子类别，因为她认为谴责试图确立可抱怨的人。通过间接谴责，她认为如果抱怨人试图通过询问被抱怨者是否对抱怨事实负责，那么这种策略属于间接谴责。抱怨者也可以直接指控被抱怨人对某种行为负责任，那这种就属于直接谴责抱怨策略"Chi ghigvazhi man gaodagvane ma."（你必须很好地修剪好整棵树的树枝。）是寻求修复的一个例子。至于指责，特罗斯博格（1995b）说："指责行为的前提是被抱怨者有过错。三个类别确定了抱怨者明确表达其对被抱怨者的道德指责。在所有情况下，抱怨者都会对被抱怨者进行价值判断。它可能表现为一种被修饰的指责表达，或者可能表达为对被抱怨者的行为或作为一个人的明确指责。"本研究没有按照特罗斯博格（1995b）的划分方法将指责策略划分为三个子范畴，而是把这三个子类作为唯一的一个策略。因为在"我"的语境中，是否是被抱怨者本人的行为已经有明确告知。例如"Chi made jienhua egvizhi eqiegvense shanliandazhi gaodagvazhou？"（你提前跟我打电话商量好了吗？）。

通过统计软件SPSS（19.0）使用卡方检验和频数检验分析所有数据。独立卡方检验用来检验性别差异的影响并比较东乡语和汉语的抱怨策略和人称。采用配对卡方检验是为分析涉及事物大小因素的影响。

可抱怨的事实有两种：

（1）抱怨者认为自身有冒犯事实的行为发生，并且由被抱怨者造成。

（2）不便之处，即问题的严重程度或被抱怨人对抱怨人造成的损失。

具体语例请参见表10-4。

表 10-4　　　　　　　　　　　例子

语境	行为、严重程度
等候一小时	老板要求被抱怨者去车站帮他接人，被抱怨者已经等了一个小时
大雨	被抱怨者损坏了抱怨者的粮食
花园	在未经抱怨者的允许的情况下被抱怨者将砖头卸到了抱怨者的花园中，而这将会给抱怨者带来不便

（引自魏芳秀，2018：40）

第五节 结果

一 性别对东乡语抱怨策略的影响

本研究首先考察性别对东乡语受试使用抱怨策略的影响。就抱怨策略而言，东乡语（男—男）组与（女—男）组类似，因为在30份问卷中都使用了所有五种策略。对于"不良后果"和"寻求修复"的策略，两组对男性抱怨时类似，因为两组选择"不良后果"和"寻求修复"的分别为16.0%、32.1%和14.4%、33.8%（见表10-5）；卡方检验显示，两组之间的差异无统计学意义；其余的策略卡方检验显示两组之间存在显著差异（见表10-6）。至于抱怨人称，东乡语（男—男）组与（女—男）组之间的差异是显而易见的，除"我"之外其他三个抱怨人称存在显著差异（见表10-6）。东乡族男性和女性受试都倾向于用"你"和"其他"抱怨人称，且在频数上呈现出相似的趋势。东乡语男性和女性受试在对女性抱怨时策略选择相似，选择了问卷中的所有五种策略（表10-7）。卡方检验表明，就所有相关策略而言，东乡语男性和女性受试两组之间没有显著差异。从抱怨的人称来看，东乡语男性和女性受试两组之间的差异是显著的；三个抱怨人称之间存在显著差异，即"我""你"和"其他"。然而，两组对于"我们"的选择没有显著差异（见表10-7）。

表10-5 东乡语抱怨语用策略和人称使用频数分布结果

抱怨言语行为		东乡语（男—男）		东乡语（女—男）		东乡语（女—女）		东乡语（男—女）	
		频数	百分比	频数	百分比	频数	百分比	频数	百分比
语用策略	表达不满	44	9.2%	75	15.6%	80	16.7%	102	21.3%
	不良后果	77	16.0%	69	14.4%	77	16.0%	91	19.0%
	谴责	68	14.2%	10	2.1%	12	2.5%	12	2.5%
	寻求修复	154	32.1%	162	33.8%	156	32.5%	185	38.5%
	指责	62	12.9%	100	20.8%	56	11.7%	72	15.0%

续表

抱怨言语行为		东乡语（男—男）		东乡语（女—男）		东乡语（女—女）		东乡语（男—女）	
		频数	百分比	频数	百分比	频数	百分比	频数	百分比
人称	我	75	15.6%	72	15.0%	14	2.9%	65	13.5%
	你	218	45.4%	285	59.4%	209	43.5%	267	55.6%
	其他	141	29.4%	83	17.3%	202	42.0%	148	30.9%
	我们	0	0.0%	9	1.9%	17	3.5%	20	4.2%

注:"（男—男）"表示男性对男性抱怨,"（女—男）"表示女性对男性抱怨,下同。"其他"包括:"它""这个""非特定或模糊词语"等指称形式,是对抱怨对象的隐射或非特指。（下同）

（数据来源于魏芳秀,2018）

表10-6　对男性抱怨东乡语语用策略和人称选择的卡方检验结果

抱怨言语行为		分组东乡语受试	频数	百分比	受试总数	有效项	卡方值	显著性
语用策略	表达不满	（男—男）	44	9.2%	30	480	9.218[a]	0.003
		（女—男）	75	15.6%	30	480		
	不良后果	（男—男）	77	16.0%	30	480	0.517[a]	0.529
		（女—男）	69	14.4%	30	480		
	谴责	（男—男）	68	14.2%	30	480	46.942[a]	0.000
		（女—男）	10	2.1%	30	480		
	寻求修复	（男—男）	154	32.1%	30	480	0.302[a]	0.631
		（女—男）	162	33.8%	30	480		
	指责	（男—男）	62	12.9%	30	480	10.723[a]	0.001
		（女—男）	100	20.8%	30	480		
人称	我	（男—男）	75	15.6%	30	480	0.072[a]	0.858
		（女—男）	72	15.0%	30	480		
	你	（男—男）	218	45.4%	30	480	18.747[a]	0.000
		（女—男）	285	59.4%	30	480		
	其他	（男—男）	141	29.4%	30	480	19.833[a]	0.000
		（女—男）	83	17.3%	30	480		
	我们	（男—男）	0	0.0%	30	480	9.085[a]	0.004
		（女—男）	9	1.9%	30	480		

（数据来源于魏芳秀,2018）

表10-7　对女性抱怨东乡语语用策略和人称选择的卡方检验结果

抱怨言语行为		分组东乡语受试	频数	百分比	受试总数	有效项	卡方值	显著性
语用策略	表达不满	（女—女）	80	16.7%	30	480	3.281^a	0.084
		（男—女）	102	21.3%	30	480		
	不良后果	（女—女）	77	16.0%	30	480	2.056^a	0.177
		（男—女）	91	19.0%	30	480		
	谴责	（女—女）	12	2.5%	30	480	0^a	1.000
		（男—女）	12	2.5%	30	480		
	寻求修复	（女—女）	156	32.5%	30	480	3.825^a	0.059
		（男—女）	185	38.5%	30	480		
	指责	（女—女）	56	11.7%	30	480	2.308^a	0.154
		（男—女）	72	15.0%	30	480		
人称	我	（女—女）	14	2.9%	30	480	35.876^a	0.000
		（男—女）	65	13.5%	30	480		
	你	（女—女）	209	43.5%	30	480	14.145^a	0.000
		（男—女）	267	55.6%	30	480		
	其他	（女—女）	202	42.0%	30	480	13.202^a	0.000
		（男—女）	148	30.9%	30	480		
	我们	（女—女）	17	3.5%	30	480	0.253^a	0.738
		（男—女）	20	4.2%	30	480		

（数据来源于魏芳秀，2018）

可见，对策略而言，性别因素影响抱怨策略和人称的选择。数据表明，东乡语男性受试倾向于选择五种不同的策略，不同之处在于"表达不满""指责"和"谴责"三种策略的选择上。也就是说，当一个男性向男性抱怨时，他倾向于使用间接策略，例如"谴责"；当向女性抱怨时，则更喜欢"指责"和"表达不满"。从人称来看，"我们"没有显著差异，"其他"趋势相似，但频数不同。

二　东乡语和汉语受试抱怨策略和人称对比

接下来进行东乡语和汉语受试的对比。表10-8呈现了东乡语和汉语（男—男）的抱怨策略和人称选择的频数和卡方检验结果。关于总体频数，东乡语和汉语两组男性受试相似，因为他们在30份问卷中使用了所有五种策略。对男性抱怨时，东乡语男性受试选择"寻求修复"策略最多；而汉语男性受试选择"指责"策略最多。就"表达不满"策略而言，选择的频数分别占比9.2%和13.8%，卡方检验显示两组之间存在显著差异（p=0.033<0.05）。而对于其余策略，卡方检验显示东乡语和汉语两组男性受试之间存在显著差异，东乡语男性受试选择"指责"较少，更倾向于"寻求修复"；而"指责"策略是汉语男性受试中最常使用的，占总数的23.3%。从抱怨的人称来看，东乡语和汉语两组男性受试的差异是显而易见的，四个抱怨人称都存在显著差异。虽然东乡语和汉语两组男性受试在频数上呈现出相似的趋势，但他们更偏好不同的抱怨人称选择，以"你"作为最受欢迎的选择。

表10-8 对男性抱怨东乡语和汉语男性语用策略和人称选择的卡方检验结果

抱怨言语行为		对照组（男—男）	频数	百分比	受试总数	有效项	卡方值	显著性
语用策略	表达不满	东乡语	44	9.2%	30	480	4.969^a	0.033
		汉语	66	13.8%	30	480		
	不良后果	东乡语	77	16.0%	30	480	7.735^a	0.007
		汉语	48	10.0%	30	480		
	谴责	东乡语	68	14.2%	30	480	15.418^a	0.000
		汉语	31	6.5%	30	480		
	寻求修复	东乡语	154	32.1%	30	480	12.153^a	0.001
		汉语	106	22.1%	30	480		
	指责	东乡语	62	12.9%	30	480	17.548^a	0.000
		汉语	112	23.3%	30	480		
人称	我	东乡语	75	15.6%	30	480	9.894^a	0.002
		汉语	43	9.0%	30	480		
	你	东乡语	218	45.4%	30	480	26.37^a	0.000
		汉语	297	61.8%	30	480		
	其他	东乡语	141	29.4%	30	480	30.944^a	0.000
		汉语	70	14.6%	30	480		
	我们	东乡语	0	0.0%	30	480	17.306^a	0.000
		汉语	17	3.5%	30	480		

（数据来源于魏芳秀，2018）

表 10-9 对女性抱怨东乡语和汉语男性语用策略和人称选择的卡方检验结果

抱怨言语行为		分组（男—女）	频数	百分比	受试总数	有效项	卡方值	显著性
语用策略	表达不满	东乡语	102	21.3%	30	480	50.374[a]	0.000
		汉语	27	5.6%	30	480		
	不良后果	东乡语	94	19.6%	30	480	58.383[a]	0.000
		汉语	18	3.8%	30	480		
	谴责	东乡语	12	2.6%	30	480	17.66[a]	0.000
		汉语	42	8.8%	30	480		
	寻求修复	东乡语	185	38.5%	30	480	55.043[a]	0.000
		汉语	82	17.1%	30	480		
	指责	东乡语	72	15.0%	30	480	31.73[a]	0.000
		汉语	145	30.2%	30	480		
人称	我	东乡语	65	13.5%	30	480	69.721[a]	0.000
		汉语	0	0.0%	30	480		
	你	东乡语	267	55.6%	30	480	127.205[a]	0.000
		汉语	98	20.4%	30	480		
	其他	东乡语	148	30.9%	30	480	0.064[a]	0.837
		汉语	152	31.7%	30	480		
	我们	东乡语	20	4.2%	30	480	0.219[a]	0.755
		汉语	23	4.8%	30	480		

（数据来源于魏芳秀，2018）

表10-9呈现了东乡语和汉语两组男性受试对女性的抱怨策略和人称选择的频数和卡方检验结果。关于总体频数，东乡语和汉语两组男性受试对女性都使用了五种抱怨策略。对女性抱怨时，东乡语男性受试选择"寻求修复"策略最多；而汉语男性受试选择"指责"策略最多。在"寻求修复"策略时，东乡语和汉语两组男性受试的选择比例分别为38.5%和17.1%，存在显著差异；在选择"指责"策略时，两组受试的选择比例分别为15.0%和30.2%，存在显著差异。而对于其余策略，虽然卡方检验显示东乡语和汉语两组男性受试之间存在显著差异，但是，东乡语（男—

女)组选择"谴责"策略最少,他们更倾向于"寻求修复"和"表达不满"。从抱怨的人称来看,东乡语和汉语两组男性受试之间的差异非常明显,如表中所示,选择"我"和"你"两组之间存在显著差异。虽然东乡语和汉语两组男性受试在频数上分别呈现出相似的趋势,但他们更偏好人称"你"。

表 10-10 对男性抱怨东乡语和汉语女性语用策略和人称选择的卡方检验结果

抱怨 言语行为		分组 (女—男)	频数	百分比	受试 总数	有效项	卡方值	显著性
语用 策略	表达 不满	东乡语	27	5.6%	30	480	6.26^a	0.016
		汉语	49	10.2%	30	480		
	不良 后果	东乡语	69	14.4%	30	480	20.11^a	0.000
		汉语	24	5.0%	30	480		
	谴责	东乡语	10	2.1%	30	480	36.465^a	0.000
		汉语	58	12.1%	30	480		
	寻求 修复	东乡语	162	33.8%	30	480	33.253^a	0.000
		汉语	84	17.5%	30	480		
	指责	东乡语	100	20.8%	30	480	5.82^a	0.019
		汉语	132	27.5%	30	480		
人称	我	东乡语	72	15.0%	30	480	26.667^a	0.000
		汉语	24	5.0%	30	480		
	你	东乡语	285	59.4%	30	480	3.091^a	0.090
		汉语	258	53.8%	30	480		
	其他	东乡语	83	17.3%	30	480	2.667^a	0.121
		汉语	103	21.5%	30	480		
	我们	东乡语	9	1.9%	30	480	16.997^a	0.000
		汉语	36	7.5%	30	480		

(数据来源于魏芳秀,2018)

表 10-10 呈现了东乡语和汉语两组女性受试对男性的抱怨策略和人称选择的频数和卡方检验结果。关于总体频数,对男性抱怨时,东乡语

和汉语两组女性受试类似，都使用了五种策略。对男性抱怨时，东乡语女性受试选择"寻求修复"策略最多；而汉语女性受试选择"指责"策略最多。就"寻求修复"策略而言，东乡语和汉语两组女性受试分别为33.8%和17.5%，存在显著差异。至于"指责"策略，东乡语和汉语两组女性受试使用频数为20.8%和27.5%，存在显著差异。对于其余的策略，卡方检验显示两组之间存在显著差异。至于抱怨人称，东乡语和汉语两组女性受试在"我"和"我们"的人称上存在显著差异。同时，"你"和"其他"的人称选择没有显著差异。

表 10-11　对女性抱怨东乡语和汉语女性语用策略和人称选择的卡方检验结果

抱怨言语行为		分组（女—女）	频数	百分比	受试总数	有效项	卡方值	显著性
语用策略	表达不满	东乡语	80	16.7%	30	480	78.194^a	0.000
		汉语	3	0.6%	30	480		
	不良后果	东乡语	77	16.0%	30	480	0.735^a	0.440
		汉语	87	18.1%	30	480		
	谴责	东乡语	12	2.5%	30	480	90.182^a	0.000
		汉语	110	22.9%	30	480		
	寻求修复	东乡语	156	32.5%	30	480	57.752^a	0.000
		汉语	58	12.1%	30	480		
	指责	东乡语	56	11.7%	30	480	107.947^a	0.000
		汉语	198	41.3%	30	480		
人称	我	东乡语	14	2.9%	30	480	25.323^a	0.000
		汉语	54	11.3%	30	480		
	你	东乡语	209	43.5%	30	480	8.078^a	0.000
		汉语	253	52.7%	30	480		
	其他	东乡语	202	42.0%	30	480	3.426^a	0.000
		汉语	89	18.6%	30	480		
	我们	东乡语	17	3.5%	30	480	1.594^a	0.269
		汉语	25	5.2%	30	480		

（数据来源于魏芳秀，2018）

表10-11呈现了东乡语和汉语两组女性受试对女性的抱怨策略和人称选择的频数和卡方检验结果。就总体频数而言，对女性抱怨时，东乡语和汉语两组女性受试都使用了五种策略。对女性抱怨时，东乡语女性受试选择"寻求修复"策略最多；而汉语女性受试选择"指责"策略最多。对于"寻求修复"策略，东乡语和汉语两组女性受试的选择存在显著差异，分别为32.5%和12.1%。就"指责"策略而言，东乡语和汉语两组女性受试的选择比例分别为11.7%和41.3%，存在显著差异。其余策略卡方检验显示均存在显著差异。不过，东乡族女性受试使用"指责"策略最少，她们更愿意"寻求修复"。相反，汉语女性受试使用"指责"最多。从抱怨的人称来看，两组之间的差异非常明显，如表10-11中所示，"我""你"和"其他"的人称存在显著差异。虽然东乡语和汉语两组女性受试在频数上分别呈现出相似的趋势，但她们更倾向于使用"你"的抱怨人称。

综上，对于抱怨策略和人称选择，东乡语和汉语组有相同点，也有不同点。

首先，在（男—男）组中，就所有的策略和人称而言，东乡语和汉语男性受试存在显著差异。就总体频数而言，东乡语男性受试在大多数情况下比汉语男性受试采用更多的策略，五种策略中更倾向于采用以下四种策略，即"寻求修复"（32.1%）、"不良后果"（16.0%）、"谴责"（14.2%）、"指责"（12.9%）；而"指责"是汉语男性受试最常用的一种，占23.3%。就抱怨人称而言，东乡语和汉语男性受试最常用的都是"你"（45.4%和61.8%），汉族男性受试使用"你"的比例相当大；东乡语男性受试次多选择的是"其他"（29.4%），而汉族男性受试选的是"其他"（14.6%）。

在（男—女）组中，首先，东乡语和汉语男性受试所采用的策略都存在显著差异。在总体频数上，对女性抱怨时。东乡语男性受试偏好使用以下策略，即"寻求修复"（38.5%）"表达不满"（21.3%）和"不良后果"（19.6%）。"指责"是汉语男性受试使用最多的策略（30.2%）。从抱怨的人称来看，东乡语男性受试最常用的人称是"你"（55.6%），其次是"其他"（30.9%）；对于汉语男性受试来说，使用人称的总频数要少得多；卡方检验表明，"我"和"你"存在显著差异。与此相反，"其他"（p=0.837>0.05）和"我们"（p=0.755>0.05）的人称没有显著差异。

在（女—男）组中，就总体频数而言，对男性抱怨时，东乡语与汉语女性受试采用策略总体趋势相似，区别主要在于，东乡语女性受试较多使用"寻求修复"（33.8%），其次是"指责"（20.8%），尽管"指责"是汉语女性受试最常用的策略（27.5%），两组存在显著差异。从抱怨的人称来看，东乡语与汉语女性两组受试最常用的人称都是"你"（59.4%和53.8%），且没有显著性差异（p=0.090>0.05）。

在（女—女）组中，就总体频数而言，对女性抱怨时，东乡语女性受试只有两种策略使用多于汉语女性组，即"寻求修复"（32.5%）和"表达不满"（16.7%）。然而，差异在于，汉语女性组倾向于使用"指责"（41.3%）和"谴责"（22.9%），卡方检验表明，东乡语和汉语女性两组受试在表达不满策略上存在显著差异，包括"谴责""寻求修复"和"指责"策略。从抱怨人称来看，最常用的人称东乡语女性受试的"你"（43.5%），其次是"其他"（42.0%）；而汉语女性受试选择"你"（52.7%）的比重明显高于东乡语组（p=0.000<0.05）。

综上，本研究发现，首先，东乡语和汉语所有四组受试在选择抱怨人称和抱怨策略人称存在差异。其次，整体而言，不考虑性别因素，趋势相似。例如，在相同的语境中，来自东乡语和汉语的相同性别的受试在抱怨时，都会集中选择一个或两个策略以及抱怨人称。最后，东乡语和汉语受试都倾向于选择"寻求修复"和"指责"，且东乡语组相对更多。性别是影响东乡语抱怨策略和人称选择的一个主要因素。

三 涉及事物大小对东乡语受试抱怨策略的影响

表10-12呈现了东乡语不同性别受试就涉事大小的语境所采取抱怨策略和人称影响对比百分比分布，组间差异显著性通过卡方检验，结果汇总在表10-13。本节将结合表10-12和10-13进行分析。

表 10-12　涉事大小对东乡语抱怨语用策略和人称影响对比百分比分布

百分比（%）东乡语受试	表达不满	不良后果	谴责	寻求修复	指责	我	你	其他	我们
（男—男）涉事大	6.7	30	0	60	0	6.7	16.7	54.5	0
（男—男）涉事小	0	30	0	0	6.7	48.3	6.7	0	0
（女—男）涉事大	65	0	0	81.7	0	16.7	75	0	13.3
（女—男）涉事小	5	25	0	25	0	6.7	25	25	0
（男—女）涉事大	45	0	0	100	0	43.3	45	0	15
（男—女）涉事小	0	0	0	63.3	0	58.3	0	18.3	0
（女—女）涉事大	68.3	30	0	50	0	21.7	86.7	0	25
（女—女）涉事小	0	0	0	21.7	1.7	1.7	0	21.7	0

（数据来源于魏芳秀，2018）

表 10-13　涉事大小对东乡语抱怨语用策略和人称影响对比卡方检验结果

抱怨言语行为	（男—男）涉事（大—小）		（女—男）涉事（大—小）		（男—女）涉事（大—小）		（女—女）涉事（大—小）	
	卡方值	显著性	卡方值	显著性	卡方值	显著性	卡方值	显著性
表达不满	4.138[a]	0.119	47.473[a]	0.000	34.839[a]	0.000	62.278[a]	0.000
不良后果	0.000	1	17.143[a]	0.000	—	—	21.176[a]	0.000
谴责	—	—	—	—	—	—	—	—
寻求修复	120.000[a]	0.000	38.705[a]	0.000	26.939[a]	0.000	10.474[a]	0.002
指责	4.138[a]	0.119	—	—	—	—	1.008[a]	1
我	26.123[a]	0.000	2.911[a]	0.153	2.701[a]	0.144	11.644[a]	0.001
你	2.911[a]	0.153	30.000[a]	0.000	34.839[a]	0.000	91.765[a]	0.000
其他	45.818[a]	0.000	17.143[a]	0.000	12.110[a]	0.001	14.579[a]	0.000
我们	—	—	8.571[a]	0.000	9.730[a]	0.003	17.143[a]	0.000

（数据来源于魏芳秀，2018）

不论涉及事物大小，对男性抱怨时，东乡语男性受试都未选择"谴责"策略。在涉及事物大的语境中，东乡语男性受试最多的选择是"寻求修复"（60%）策略，但是在涉及事物小的语境中则从未选择。无论涉及事物大小，东乡语男性受试都使用"不良后果"策略，且百分比相同（30%）。涉及事物大时，东乡语男性受试偶尔会使用"表达不满"（6.7%）策略，不使用"指责"（0%）策略；与之相反，在涉及事物小时，东乡语男性受试偶尔会使用"指责"（6.7%）策略，不使用"表达不满"（0%）策略。除了"寻求修复"策略存在显著差异（p=0.000<0.05），其他策略两组之间没有显著差异。从抱怨人称来看，不论涉及事物大小，东乡语男性受试从未使用"我们"进行抱怨，而都使用"你"。在涉及事物大的语境中，超过一半的东乡语男性受试（54.5%）使用"其他"进行抱怨；而当涉及事物小时，东乡语男性受试更喜欢用"我"（48.3%）。

不论涉及事物大小，对男性抱怨时，东乡语女性受试从未选择"谴责"和"不良后果"策略。在涉及事物大的语境中，东乡语女性受试仅使用过"表达不满"（65.0%）和"寻求修复"（81.7%）策略，都有显著性差异（p=0.000<0.05）。从抱怨的人称来看，除了"我"以外，涉及事物大小的影响显著的（p=0.000<0.05）。在涉及事物大时，东乡语女性受试没有用"其他"进行抱怨。其中，使用"你"占比最高，尤其在涉及事物小的语境中（75%）。

对女性抱怨且涉及事物大时，东乡族男性受试从未选择"谴责""不良后果"和"指责"策略，而是倾向于"寻求修复"（100.0%）和"表达不满"（45.0%）。在涉及事物小的语境中，东乡族男性受试仅使用"寻求修复"（63.3%），涉事大小影响显著（p=0.000<0.05）。从抱怨人称来看，涉事大小除了对"我"的使用没有显著影响之外，对"你""其他""我们"人称的影响非常显著。在涉及事物大时，东乡族男性受试从不使用"其他"（0%）；在涉及事物小时，东乡族男性受试从不使用"你"（0%）和"我们"（0%）。

涉及事物大小对东乡语女性受试对女性抱怨产生显著影响，东乡语女性受试没有选择"谴责"和"指责"策略，在其余"表达不满"（p=0.000<0.05）、"不良后果"（p=0.000<0.05）和"寻求修复"（p=0.002<0.05）等策略上都有显著差异。在涉及事物较大的语境中，东乡语女性受试多使用"表达不满"（68.3%）和"寻求修复"（50%）策略；涉及事物较小时，东乡语女性受试倾向于使用"寻求修复"（21.7%）。从抱怨的人称来看，两组之间的差异显著。在涉及事物大时，没有人采用"其他"（0%）进行抱怨。相反，在涉及事物小的语境中，东乡语女性受试没有人用"你"（0%）和"我们"（0%）进行抱怨。

综上所述，在涉及事物大的语境中，东乡族（男—男）组受试更愿意选择寻求"修复策略"，达到总频数的一半。而在涉及事物小的语境中，东乡族（男—男）组受试并没有选择在涉及事物大的情况下频繁的"寻求修复"，而选择了"不良后果"和"谴责"。在对女性抱怨时，在涉及事物大的语境中，东乡语男性受试喜欢使用"表达不满"和"寻求修复"；然而，在涉及事物小的语境中，他们倾向于采用"不良后果"和"谴责"策略。至于东乡语女性受试，她们对男性和女性都没有使用过"谴责"策略。从抱怨的人称来看，无论涉及事物大小，作为抱怨人称的"你"仍然是最多被选择的，紧随其后的是"其他"。一般来说，在所有四组中几乎没有人选择"我们"。可见，涉及事物大小因素主要影响东乡语受试对于"指责""寻求修复"和"表达不满"策略的选择。

四 涉及事物大小对东乡语和汉语抱怨策略的影响

表10-14呈现了东乡语和汉语受试就涉事大小不同所采取抱怨策略和人称对比百分比分布，组间差异显著性通过卡方检验，结果汇总在表10-15。本节分析将结合表10-14和10-15进行。

表 10-14　涉事大小对东乡语和汉语抱怨语用策略和人称对比百分比分布

对照语言	对照组（%）	表达不满	不良后果	谴责	寻求修复	指责	我	你	其他	我们
东乡语	（男—男）涉事大	9.2	16	14.2	32.1	12.9	16.6	45.4	29.4	0
	（男—男）涉事小	15.6	14.4	2.1	33.8	20.8	15	59.4	17.3	1.9
汉语	（男—男）涉事大	0	45	0	28.3	65	0	97.3	0	28.3
	（男—男）涉事小	45	35	27	0	0	0	50	50	0
东乡语	（女—男）涉事大	65	0	0	81.7	0	16.7	75	0	13.3
	（女—男）涉事小	5	25	0	25	0	6.7	25	25	0
汉语	（女—男）涉事大	0	0	41.7	0	61.7	0	38.3	15	38.3
	（女—男）涉事小	33	0	0	0	38.5	0	13.3	26.7	0
东乡语	（男—女）涉事大	45	0	0	100	0	43.3	45	0	15
	（男—女）涉事小	0	0	0	63.3	0	58.3	0	18.3	0
汉语	（男—女）涉事大	0	0	20	36.7	38.3	0	50	10	36.7
	（男—女）涉事小	45	40	43.3	11.7	0	11.7	40	66.7	0
东乡语	（女—女）涉事大	68.3	30	0	50	0	21.7	86.7	0	25
	（女—女）涉事小	0	0	0	21.7	1.7	1.7	0	21.7	0
汉语	（女—女）涉事大	0	33.3	93.3	0	46.7	48.3	75	0	41.7
	（女—女）涉事小	5	0	0	18.3	0	0	38.3	21.7	0

（数据来源于魏芳秀，2018）

表 10-15　涉事大小对东乡语和汉语抱怨语用策略和人称对比卡方检验

抱怨言语行为	东乡语—汉语（男—男）涉事（大—小）		东乡语—汉语（女—男）涉事（大—小）		东乡语—汉语（男—女）涉事（大—小）		东乡语—汉语（女—女）涉事（大—小）	
	卡方值	显著性	卡方值	显著性	卡方值	显著性	卡方值	显著性
表达不满	34.839^a	0.000	8.571^a	0.006	34.839^a	0.000	3.077^a	0.244
不良后果	1.250^a	0.352	—	—	30.000^a	0.000	24.000^a	0.000
谴责	34.839^a	0.000	31.579^a	0.000	7.548^a	0.01	105.000^a	0.000
寻求修复	19.806^a	0.000	—	—	10.231^a	0.002	12.110^a	0.001
指责	57.778^a	0.000	6.533^a	0.017	28.454^a	0.000	36.520^a	0.000
我	—	—	—	—	7.434^a	0.013	38.242^a	0.000
你	41.295^a	0.000	9.786^a	0.003	1.212^a	0.359	16.425^a	0.000
其他	40.000^a	0.000	2.476^a	0.177	40.752^a	0.000	14.579^a	0.000
我们	19.806^a	0.000	28.454^a	0.000	26.939^a	0.000	31.579^a	0.000

（数据来源于魏芳秀，2018）

在（男—男）组中，在涉及事物大的语境中，汉语男性受试对男性使用仅采取"不良后果""指责"和"寻求修复"三种策略；而东乡族男性受试采取五种策略，"寻求修复"策略占比最大（32.1%）在涉及事物小的语境中，东乡族男性受试多采用"寻求修复"和"指责"策略，而汉语男性受试没有人采取这两个策略。在人称方面，不论涉及事物大小"你"的人称是两个组使用最多的人称选择。

在（女—男）组中，在涉及事物大的语境中，东乡语女性受试倾向于采用"寻求修复"和"表达不满"的抱怨策略，汉语女性受试倾向于采用"谴责"和"指责"；在涉及事物小的语境中，东乡语女性受试更多采用"不良后果"和"寻求修复"策略，汉语女性受试更多采用"指责"和"表达不满"策略。观察称呼，"你"仍然是所有人选择最多的人称。

在（男—女）组中，东乡语和汉语两组受试差异主要表现在两个方面：在涉及事物大的语境中，东乡语男性受试多选择"寻求修复"和"表达不满"策略；汉语男性受试多选择"寻求修复"和"指责"策略；至于人称，"你"和"我"是东乡语和汉语两组男性受试在上述语境中选择得最多的，"你"和"我们"仍然是汉语男性受试最受欢迎的人称。在涉及事物小的语境中，东乡语男性受试仅选择了"寻求修复"；而汉语男性受试除"指责"外，选择其余四种策略，最多的是"表达不满"以及"谴责"。至于人称，"我"是两组在涉及事物小的语境中选择最多的一个；对于汉语男性受试，"其他"和"你"是最受欢迎的人称。

在（女—女）组中，在涉及事物大的语境中，就策略而言，东乡语女性受试多选择"表达不满"和"寻求修复"，汉语女性受试为"谴责"和"指责"；人称方面，"你"是东乡语和汉语女性受试选择最多的。涉及事物小时，两组女性受试选择"寻求修复"的策略最多。至于人称，"其他"是东乡语女性受试在涉及事物小的语境中选择最多的一个；对于汉语女性受试，"你"是选择最多的。可见，两组之间最大区别是，东乡语女性受试选择最多的策略是"表达不满"和"寻求修复"，而汉语女性受试则是"谴责"和"指责"。毫无疑问，"你"为两组选择最多的抱怨人称。

综上，涉及事物大小因素会影响东乡语和汉语女性受试抱怨策略和人称的选择，且当两组受试向异性抱怨时选择更加多样化，不过这一现象在汉语受试来说更加明显。

第六节 分析与讨论

本节分析和讨论了以下各组之间抱怨的语用策略和人称之间差异的原因。

一 东乡语抱怨的性别影响

从表10-5中可以得出，东乡语受试使用了所有五种抱怨策略和四种人称，在东乡族（男—男）组中，人称"我们"未使用。一般来说，东乡语男性和女性受试在策略中最喜欢的选择是"寻求修复"，人称使用"你"，见下例：

例10-2

［语境2（五万元）］

村长（中年男子）：

东乡语：Chiyi ene wuwan baerni ene hon honji dane, gienienseliao, houniense honjise olu lie?

汉　语：我今年还不能偿还你五万元，能不能明年或者后年给你？

村民（中年男子）：

东乡语：Bi（我）xieshinlayi onshigvazho, chi（你）mini baerni bixi ene hon honjine.

汉　语：我供我的孩子上学（表达不满），所以你必须在今年偿还债务（寻求修复）。

（语例选自魏芳秀，2018：67，笔者译）

从抱怨的使用频数来看，东乡语男性和女性受试在对男性抱怨时，在使用"表达不满""谴责"和"指责"方面存在差异。然而，东乡（男—男）组与东乡（女—男）组相比，东乡语男性受试较少使用"表达不满"和"指责"，但使用"谴责"较多。东乡语男性和女性受试分别在对女性抱怨时，即东乡（男—女）组与东乡（女—女）组，东乡语女性受试采用更多"表达不满""不良后果""寻求修复"和"指责"策略，可见东乡语女性受试对女性采用抱怨策略的频数大于对男性。与此同时，从整体情况而言，东乡语女性几乎在所有策略中频数都大于男性受试，但是没有显著差异。从抱怨的人称来看，在东乡（男—男）组和东乡（女—男）组中，人称无显著性差异。在东乡（男—女）组与东乡（女—女）组中，只有"我们"的使用无显著差异。由此可见，东乡语的中年（40—50岁）女性受试比东乡语同龄男性受试使用更多的间接抱怨策略，例如"表达不满"和"不良后果"，相比之下，男性受试更倾向于使用较为直接的抱怨策略例如"指责"等。总之，被抱怨人的性别会影响抱怨人选择的策略。当男性向男性抱怨时，他们通常既不使用最直接的抱怨策略，也不使用最间接的抱怨策略。如果被抱怨人是女性，男性会以"表达不满"开始抱怨，然后以"指责"结束，这就使得两组之间的频数出现差距。

从抱怨的人称来看，明显的差异在于"你""其他"和"我们"三种人称。当东乡语男性受试向女性抱怨时，比东乡语女性受试更多选择人称"你"，而"你"这个人称更能凸显直接指向被抱怨者。相反，东乡语女性受试比男性选择"其他"更多，也使用更多的抱怨人称"我们"。根据特罗斯博格（1995b）的划分，"我们"人称比"你"要更加委婉。

根据上述发现，本研究试图从社会文化角度加以诠释。

首先，东乡语男性和女性受试在抱怨时有相似之处。本研究考察了这些测试所在村落的传统、宗教和社会经济状况。所选受试均为当地农民，他们都信仰伊斯兰教，属于同一民族。所有参与研究的人都是同龄人，年龄在40岁到50岁之间，因此他们都彼此分享绝大多数价值观和知识，这就是为什么对于指出"不良后果"和"指责"策略以及"你"的人称来看，没有显著差异。因为男性和女性的价值几乎相同，例如在东乡语中，他们看重食物和水，他们不会浪费任何这些东西。但是，也存在一种现象，即当同一性别发生抱怨时，与相反的性别相比，通常言语较短，策略和人称较少。这种现象是因为，来自同一性别、同一社会地位的人可以更好地理解对方。因此，能够使用较少文字以保持简洁的沟通。

其次，当试图解释他们的抱怨言语行为的差异时，不可能忽视抱怨人和被抱怨人之间的性别差异。整个东乡族信仰伊斯兰教，所以在宗教中的一些规定塑造了他们对自己和周围世界的观念，例如，他们认为他们在日常生活中是平等的。然而，由于历史和现实原因，他们在现实中对待不同的性别，男性还是处于相对较高的社会地位，这可以解释为什么男性和女性在某种程度上在策略和人称方面表现出不同的抱怨。例如，与女性相比，男性倾向于采用更直接的策略，而女性往往会提出更为复杂的抱怨，特别是针对男性。由于男性拥有更多的权力或权威，因此女性只能用更多的词语来使自己的抱怨听起来更加合理，这部分反映了她们的价值以及进一步证明了东乡语语用习惯中存在的性别差异。虽然不能得出一个普遍的结论，但性别差异会导致他们对抱怨策略和人称的不同选择。

二 东乡语和汉语不同性别受试抱怨策略的异同

在这一部分，本研究将分析和讨论东乡语和汉语四个对照组之间的异同以及导致它们的原因。四组为东乡（男—男）组与汉语（男—男）组，东乡（男—女）组与汉语（男—女）组，东乡（女—男）组与汉语（女—男）组，东乡（女—女）组与汉语（女—女）组。分析将主要集中在抱怨策略和人称两个方面。这些受试具有相同的年龄、社会地位和受教育程度。根据表10-14，发现在（男—男）组中，两种抱怨策略和人称存在统计学差异，这意味着来自两个不同村庄的受试在日常生活中的抱怨中表现显著不同；然而，在实施五种策略和四种人称范围是一样的，东乡族和汉族两个村的本地人都从五种策略和四种人称中选择策略和人称，只是频数不同。另一个区别在于双方的整体频数，数据表明东乡语受试比汉语受试的抱怨更多，尤其是来自东乡语（女—男）组的频数在五个策略中的频数比汉语的频数高出31%。研究发现，在（女—女）组中，两种抱怨策略和人称都存在统计差异。来自两个不同村庄的受试在交流抱怨方面有着独特的表现，并且在（女—女）组对指出"不良后果"的选择中具有相同的倾向。另外，来自汉语组的女性受试比其他三组受试的抱怨更多，特别是高于汉语男性的受试。在东乡（男—男）组中，最常用的策略是"寻求修复"，然后是指出"不良后果"。在汉语（男—男）组中，"寻求修复"和"指责"是最多的，尽管频数比东乡语组低很多（见下例）。

例 10-3

［语境 1（大雨）］

村长（中年男子）：

东乡语：Bi gouji nie gie giewo, gie xiuyise suwayi durugvawo, tayi zhonjialayi man taodene widagvawo ma, ede matu giene?

汉　语：我建了点房子，并且堵住了水道，（下雨之后）水把你家的庄稼冲没了，现在怎么办？

村民（中年男子）：

东乡语：（其他）Zhonjia wiwo shi udu dao dane, kewosi olon wo（指出不良后果），（其他）agvinyi oqiao kun nasun chighan kunji man uruzhi kurugvadene kieliegvaye bai（寻求修复）。

汉　语：因为孩子多，没有粮食就无法生活，把村里的老人和年轻人都叫来，让他们说说怎么办。

（语例选自魏芳秀，2018：72，笔者译）

我们再来看一个汉语（男—男）组的例子：

例 10-4

［语境 16（车库）］

村长（中年男子）：

汉　语：取车的时候把你家车门划坏了。

村民（中年男子）：

汉　语：你白长了一双大眼睛（指责），找掌柜（我妻子）的解决这个问题（寻求修复）。

（语例选自魏芳秀，2018：72）

当东乡语与汉语男性向女性抱怨时,东乡语男性受试使用最多的抱怨策略是"寻求修复"和"不良后果",汉语男性受试是"指责"和"寻求修复"。在向男性抱怨时,两地男性最多选择"你",且汉语男性受试要多于东乡语男性受试的选择,差异显著;"其他"次之,且东乡语男性受试的选择要少于汉语男性受试,差异显著。

在东乡语与汉语女性向男性抱怨时,东乡语女性受试使用最多的抱怨策略是"寻求修复"和"指责",汉语女性受试是"指责"和"寻求修复";除人称"你"和"其他"外,其他所有人称的选择仍然存在显著差异。在向女性抱怨时,除了指出"不良后果"策略和人称"我们"外,其他组之间的差异显著。请见下例。

例 10-5

[语境9(树)]—东乡语

雇佣村民(中年女子):

东乡语:Miyi ajia bi mejie da osunni yeni mutunde egviwo ma.

汉　语:我的姐呀,我不小心把除草的农药打在果树上了。

村民或雇员(中年女子):

东乡语:Chi(你)zherin ulie fuyine, chiyi naozi khala echizho ma(指责), ede qimegveni mutunni man(不良后果).

汉　语:你不负责任,你脑子长哪里了?现在,那么多树都(会死的)。

(语例选自魏芳秀,2018:73,笔者译)

例 10-6

[语境9(树)]—汉语

雇佣村民(中年女子):

汉　语:农药兑错打树上了,树要死了。

村民或雇员(中年女子):

汉　　语：你操的什么心撒？我给你说半天说清楚了啊（指责）。

（语例选自魏芳秀，2018：73）

　　基于上述发现，东乡语和汉语受试选用最多的策略是"寻求修复"，这表明对于生活在偏远贫困地区的村民来说，一旦有人冒犯了他们，或者有人导致他们失去了某种东西，他们的首选就是请求补偿或者要求某种行为终止。对于"寻求修复"策略来说，特罗斯博格（1995b）甚至将它归为附加言语行为。对于这些村民来说，一方面他们不认为他们使用"寻求修复"策略会使得他人的面子受到威胁。另一方面，从以前对东乡语的研究发现，在道歉时，村民会选择"承诺"或"修复"，向别人展示他们的诚意，也就是说在他们的心目中，如果他们给他人带来麻烦或导致他人失去某种东西，最好的解决办法是为他们修复损失，所以这就像每个人心中的社会惯例或契约，与不礼貌相关。这可以部分解释为什么"寻求修复"仍然是最常用的策略，特别是对于东乡语受试。

　　两组受试抱怨策略差异如下：首先，除了"寻求修复"外，东乡语受试选择的抱怨策略分布不均匀，而在汉语则更为规律或均匀。可见，汉语比东乡语更加灵活多样。尽管如此，在某些语境中，这两个受试选择多个策略来表达他们的不满情绪；东乡语受试通过"表达不满"或提出听话人造成的"不良后果"来抱怨，然后以"寻求修复"来结束。汉语受试大多选择直接要求修复，但不能认定这两种模式或组合中的哪一种比另一种更直接，因为像利奇、布朗和列文森的研究表明言语行为的直接性是与特定文化相关的，不能从观察者或局外人的角度来判断。那么，什么可以合理解释这种相似性和差异呢？

　　首先，这东乡语和汉语受试都是村民，他们生活在位于中国西北偏远地区的山区，特点是缺水、干旱、生态脆弱和不发达。因此，这些受试更愿意选择"寻求修复"的抱怨策略尤其是来自东乡语的抱怨者，是可以理解的。其次，女性和男性采用抱怨策略和人称之间的差异表明，他们之间的完全平等并不现实，尽管这是个复杂的问题。历史、传统和人的身体状况都是影响他们语言行为的因素，无论如何，在未来，我们希望当男性和女性使用相同的语言时，会产生相同的沟通效果。第三，汉语和东乡语两个群体之间的差异主要在于他们各自的宗教、传统和生活环境。伊斯兰教强调信徒之间的平等，传统上妇女的社会地位因自身等各种因素等导致其低于男性，其信徒长期生活在贫困地区，这些因素促成了现在的一些社会价值。儒家传统上影响着汉族，汉语受试村民心中有着等级感。这些或许导致了汉语和东乡语两组受试之间的差异。

三 涉及事物大小对东乡语抱怨的影响

本部分将分析和讨论东乡语中在涉及事物大小各语境中的异同以及导致这些情况的原因。四组分别是东乡（男—男）·涉事（大—小），东乡（女—男）·涉事（大—小），东乡（男—女）·涉事（大—小），东乡（女—女）·涉事（大—小）。分析将主要集中在抱怨策略和人称两方面，不考虑被抱怨者社会权势高于抱怨者和两者之间关系疏的语境。因此，在这一部分，本研究只考察涉及事物大小两种语境中东乡语受试对抱怨策略和人称的选择。

从表10-15发现，在东乡（男—男）组中，"寻求修复""我"和"其他"存在显著差异；在东乡（女—男）组中，"表达不满""不良后果""寻求修复""你""其他"和"我们"这些方面存在显著性差异。研究发现在涉及事物大的语境中，东乡语受试抱怨策略总体使用频数是较低使用策略下的组合使用频数的三倍；就人称而言，也是同样的趋势，也就是说，涉及事物越大，受试选用的抱怨人称频数也越高，但并不与策略一致。从东乡（男—女）组和东乡（女—女）组的结果看出，在"不良后果""谴责""指责"和"我"的使用中，两组没有显著差异。东乡（女—女）组在"谴责"和"指责"方面没有任何区别，在涉及事物大的语境中，东乡（女—男）组的总体频数远高于在涉及事物小的语境中的频数，在策略上多两倍，在人称方面也类似，只有在该组中"表达不满"和"寻求修复"上，"寻求修复"策略更频繁。可以说，在东乡（女—女）组中，涉及事物大小显著影响了策略和人称的选择。

综上，本研究得出有关东乡语受试的结果如下：

1. 无论涉及事物大小如何，男性抱怨者通常抱怨较少；

2. 男性抱怨者不仅对具体语境因素敏感，同时也对抱怨者的性别因素敏感；

3. 对女性抱怨人来说，情况不同，涉及事物大小因素是引起抱怨策略和人称差异的主要因素，对于她来说，被抱怨人的性别对女性在抱怨策略和人称上的选择没有影响；

4. 涉及事物大小因素是影响东乡语抱怨策略和人称选择的因素，但女性比男性更敏感。

为什么在东乡语受试中有这样的发现？根据布朗和列文森（1978/87）计算面子威胁程度强度的公式："$W_x=D(S, H)+P(H, S)+R_x$"，三个因素 D（关系亲疏）、P（权势）和 R（涉及事物大小）。这个公式把这三个因素视为累积："关系越疏远，权势越高则越要显得礼貌"。但是，正如布朗和列文森（1978/87：16）所说，这个公式太简单了。利奇（1983）在他书中第四节引用两个例子对布朗和列文森和自己进行批判时指出：沃尔夫森和乔安（Wolfson & Joan, 1981）的理论认为，在一个中产阶级的美国语言社区中，就道歉和赞美而言，对话者之间关系亲或疏双方被同等对待。在本研究中，情况也是复杂的，因为一旦涉及事物大小发生变化，语言选择的变化就随之而来。另外，根据（男—男）组与（女—男）组的发现，被抱怨人的性别也会影响男性抱怨者的选择，所以它不能简单地说，对被抱怨者的压力越大，就越需要礼貌策略，显然，从东乡语收集的数据来看，礼貌或面子缓和措施很少出现。此外，受试似乎对策略和人称的选择主要受涉及事物大小的影响，而不是其他两个社会因素。从这些发现来看，完全依赖布朗和列文森（1978/87）简单地计算面子威胁程度的公式并不明智。

可见，上述研究结果背后的原因主要是由于东乡族的生活习惯、宗教信仰和社会经济条件等因素，所有这些决定了他们的价值观，抱怨的方式以及如何抱怨等。

四　涉及事物大小对东乡语和汉语抱怨影响的对比

在这一部分，本研究将分析和讨论东乡语和汉语四组之间就涉及事物大小因素影响的异同以及导致它们的原因。四组为（涉事大—小）·（东乡—汉语）·（男—男）组，（涉事大—小）·（东乡—汉语）·（男—女）组，（涉事大—小）·（东乡—汉语）·（女—男）组，（涉事大—小）·（东乡—兰州）·（女—女）组，分析将主要集中在抱怨策略和人称的方面。

在（男—男）组中，在涉及事物大的语境中，"寻求修复"是东乡语受试最喜欢的选择而"指责"是汉语受试选择最多的。在涉及事物小的语境中，"寻求修复"仍然是东乡语受试最常见的策略，而对于汉语受试来说却是"表达不满"。至于人称，在上述情况下，这两个受试最多使用"你"；在涉及事物小的语境中，汉语受试不仅多选用"你"，还有"其他"。这意味着根据特罗斯博格（1995b），东乡语受试使用更直接的策略，并且更多地集中提及被抱怨者，这会让听话人凸显而威胁听话人的面子；相反，汉语受试相对较少的选择直接策略和更多不同的抱怨人称，尽管在（男—男）组中，汉语受试的总体抱怨策略频数大于东乡语。

在（男—女）组中，在涉及事物大的语境中，"寻求修复"是东乡语受试的最多选择，汉语受试亦如此。在涉及事物小的语境中，"寻求修复"和"不良后果"是东乡语受试最常见的策略，而汉语受试多使用"表达不满"和"指责"。至于人称，在涉及事物大的语境中，这组受试使用"你"最多。在涉及事物小的语境中，汉语受试除了多选择"你"，频数高的还有"其他"和"我们"。这种情况意味着东乡语受试根据特罗斯博格（1995b）的标准使用更直接的人称，并且更多地集中提及被抱怨者（听话人——你），这使得被抱怨者处于凸显位置并有威胁面子的风险。相反，汉语使用相对更多的间接策略和更多不同的抱怨人称。从男性发出抱怨的几组数据表明人称抱怨策略以及东乡语受试的人称总体频数大于汉语的总体频数。

在剩下的（女—男）和（女—女）两组中，在涉及事物小的语境中，差异和相似性在前一节已经详细对比说明了。简言之，涉及事物大小因素对东乡语受试和汉语受试的策略和人称选择有差异也有相似，但趋于更具有相似性。因此，本研究得出以下结论：首先，东乡语受试选择最多的策略是"寻求修复"，而人称是"你"。在两种涉及事物的语境中，汉语受试都会选择较为多样化的策略和人称。这种情况是因为一方面，由于设计的用于获取抱怨言语行为的语境实际上在大多数东乡语语境下被认为是请求言语行为。数据表明，"寻求修复"绝对是最常用的策略，对于汉语受试来说也可以认为主要围绕这种言语行为，其他策略成了附加选择。另一方面，对于汉语受试来说，数据显示还是和预期一致。

然而，社会语言学是一门关注语言在维护社区中的社会角色方面所扮演的角色的学科。一方面，社会语言学家试图孤立那些在特殊情况下使用的语言特征，并且标记了主体和重要元素之间的各种社会关系。这种差异强调特定的语言行为，重点在于语言。另一方面，它集中在诸如年龄、性别、教育、职业、种族和同龄群体等因素上，这些因素影响选择语音、语法元素、词汇项以及语用策略。例如，美国英语者可能会选择使用"He don't know nothing"或"He doesn't know anything"等形式，这取决于他的教育水平、种族、社会阶层或意识等因素，或者他考虑与他正在交流的听话人产生什么样的效果。这种现象有其可接受的解释。也就是说，不同的语言表达方式传达了说话人的信息，同时，这种特定的背景也影响了说话人在其选择语言时的某些习惯或特点。

因此，可以得出这样的结论：东乡语和汉语之间的言语行为在抱怨策略和人称之间的异同主要是因为他们属于不同的社区，即东乡语社区和汉语社区。这两个社区不仅来自不同的地区，讲不同的母语，最重要的是他们信仰不同的宗教或遵循不同的社会规范。更具体地说，众所周知，东乡族分布在甘肃省最不发达的地区，生活条件比兰州榆中县的生活条件要艰难，他们的宗教教导他们平等相待，尽管看起来他们的男性的社会地位以及家庭中的权力由于历史原因而高于女性，但至少在宗教生活方面它们是平等的，所以通常他们与本地人相比没有强烈的等级感，而汉语受试受儒家思想的影响等级感较强。尽管如此，汉语受试显示他们对听话人的密切关注，并通过使用多元化的语言策略，努力与他人保持良好的关系，并尽量在对话中尽可能间接地传达他们的目标或意图。就所有的差异和相似之处而言，作者在这里必须提到，根据定义，抱怨是一种威胁面子的言语行为，来自两个村庄的受试很少选择缓和措施或礼貌策略来减轻威胁面子的程度，这是可以理解的，因为抱怨言语行为的特点决定了进行抱怨是一件困难的事情，即使对于最善于交际的人来说，也需要一定技巧和社交经验。

第七节　结论

本节总结了研究结果，指出本研究存在的不足以及对将来开展此类研究的启示。

一　本研究主要发现

首先，本研究对东乡语和汉语受试的抱怨言语行为策略和人称进行了对比研究，具有以下研究价值：

1.描述出东乡语受试抱怨言语行为的使用情况；

2.对比研究清楚地表明了两种语言之间的异同；

3.为言语行为理论的发展提供一些相关语料；

4.为抱怨言语行为的跨文化研究做出了某些贡献。

研究发现：

1.性别影响东乡语中年受试的抱怨策略。东乡语男性采用"寻求修复"的策略最多且分布均匀。对同性的抱怨，东乡语男性选择"谴责"策略仅次于"寻求修复"。东乡语女性对男性抱怨时的主要策略是"指责"和"表达不满"。对异性的抱怨时，东乡语女性使用"谴责"和"寻求修复"策略较多；对同性的抱怨，则主要选择"表达不满"和"寻求修复"。在人称方面，"你"或者"你们"使用得最多。

2.东乡语和汉语的四组受试在抱怨策略和人称选择上虽然总体趋势相似，但仍存在显著差异，体现在"寻求修复"和"谴责"策略，以及"你"和"你们"的人称上。东乡语受试比汉语受试更多选用"寻求修复"策略，但相较而言较少选择"你"或者"你们"的人称。

3.涉及事物大小影响东乡语受试抱怨策略和人称选择的因素。在涉及事物大时，"寻求修复"是东乡语受试对同性的抱怨策略；男性对女性抱怨用"表达不满"和"寻求修复"较多，抱怨是人称"我"，而女性是"表达不满"和"寻求修复"。在涉及事物小时，东乡语男性受试对同性更多选择"不良后果"的策略，而女性是"寻求修复"；男性对异性则较多使用"不良后果"和"寻求修复"策略，女性对异性只采取"寻求修复"的抱怨策略。东乡语受试不论涉及事物大小，均未选用"指责"策略，而使用最频繁的抱怨人称是"你"或"你们"，"其他"次之，"我们"几乎无人选择。

4.对比汉语受试，在抱怨同性且涉及事物大时，东乡语男性受试更多选择"寻求修复"策略，汉语男性受试倾向于选择"不良后果"策略；在涉及事物小时，东乡语男性受试仍更多选择"寻求修复"策略，而汉语男性受试多为"表达不满"；在人称方面，"你"或者"你们"为最主要抱怨人称。在抱怨异性且涉及事物大时，东乡语男性受试采用"寻求修复"和"表达不满"较多，而汉语男性受试多采用"指责"和"谴责"策略；在涉及事物小时，东乡语男性受试多选择"不良后果"和"寻求修复"策略，而汉语男性受试则以选择"指责"为主。在抱怨异性且涉及事物大时，东乡语女性受试多选择"寻求修复"和"表达不满"，以及人称"你""你们"或"我"；汉语女性受试多选择"指责"和"寻求修复"，人称方面除了选择"你"或者"你们"外，还有"我们"的人称。在抱怨同性且涉及事物小时,东乡语女性受试更多选择"寻求修复",以及人称"我";而汉语女性则主要选择"表达不满"和"谴责"策略,以及人称"其他"。在抱怨同性且涉及事物大时,东乡语女性受试多用"表达不满"和"寻求修复",以及"你"或"你们";而汉语女性受试以选择"谴责"和"指责"为主,人称为"你"或"你们"。在抱怨同性且涉及事物小时,东乡语女性受试集中选择"寻求修复"策略,以及"它""这"或"无人称";汉语和东乡语女性受试相同,均更多选择"寻求修复",以及"你"或"你们"的人称。

最后,在进行异性之间抱怨时,东乡语和汉语受试对策略的选择呈现多样化和频繁的特点,汉语受试相较而言更为突出。在涉及事物大时,东乡语和汉语受试最常用的抱怨策略依次是"寻求修复""谴责"和"不良后果";人称是"你"或者"你们"。

二 局限性和对未来研究的建议

以下是本研究的两点不足:

1.通过角色扮演收集半自然语料,虽然年龄真实,身份也尽量保证真实,但得到的毕竟还不是最自然的语料。今后类似调研,应该考虑更科学的方法收集完全的自然语料,结果会更加可靠。

2.虽然我们的语境是以东乡族当地村民的语用习惯为基础来设计的,但有个别语境在他们的生活中出现比较少,可能某种语用策略使用也不是很频繁。在今后的调研中,应选择更频繁出现的语境进行设计,以更加深层次反映该民族的语用习惯。

我们希望上述不足可以为该领域的未来研究提供一定的借鉴和规避作用以进行更科学的设计。

参考文献

中文文献

阿·伊布拉黑麦：《回族"消经"文字体系研究》，《民族语文》1992年第1期。

阿·伊布拉黑麦·陈元龙：《东乡族的书面语言——"小经"文字》，《西北民族研究》2005年第4期。

白解红：《性别语言文化与语用研究》，湖南教育出版社2000年版。

包萨仁：《从语言接触看东乡语和临夏话的语序变化》，《西北第二民族学院学报》（哲学社会科学版）2006第2期。

包萨仁：《东乡语汉语接触模式探析》，《北方语言论丛》2011年第00期。

鲍跃华：《汉语问候语语用及文化特色研究》，《科教文汇》2014年第274期。

布合：《东乡语词汇》，内蒙古人民出版社1983年版。

布合：《东乡语和蒙古语》，内蒙古人民出版社1986年版。

布合：《东乡语话语材料》，内蒙古人民出版社1987年版。

蔡少莲：《英汉语拒绝策略理论与实证研究》，《外语教学》2011年第5期。

蔡曙山：《言语行为和语用逻辑》，中国社会科学出版社1998年版。

曹钦明：《汉语邀请行为的语用研究》，硕士学位论文，暨南大学，2005年。

参考文献

曹志耘:《语气词运用的性别差异》,《语文研究》1987年第3期。

陈松岑:《汉语招呼语的社会分布和发展趋势》,《语文建设》1988年第4期。

陈文祥:《东乡族研究现状及其前景展望》,《黑龙江民族丛刊》2007年第4期。

陈文祥:《试论东乡族与伊斯兰教的关系》,《实事求是》2013年第5期。

陈新仁、钱永红:《多模态分析法在语用学研究中的应用》,《中国外语》2011年第5期。

丁安琪:《欧美留学生实施"建议"言语行为模式分析》,《语言教学与研究》2001年第1期。

杜文礼:《语言的象似性探微》,《外国语文》1996年第1期。

方志英:《试析汉语建议言语行为——谈中国大学生建议言语行为的实施》,硕士学位论文,安徽大学,2005年。

高葆泰:《兰州音系略说》,《方言》1980年第3期。

高葆泰:《兰州方言音系》,甘肃人民出版社1985年版。

高本汉:《中国音韵学研究》,商务印书馆2003年版。

龚双萍:《冲突性话语回应策略与权势的语用分析》,《外语学刊》2011年第5期。

顾曰国:《奥斯汀的言语行为理论:诠释与批判》,《外语教学与研究》1989年第1期。

顾曰国:《礼貌、语用与文化》,《外语教学与研究》1992年第4期。

顾曰国:《John Searle的言语行为理论与心智哲学》,《国外语言学》1994年第2期。

顾曰国:《John Searle的言语行为理论:评判与借鉴》,《国外语言学》1994第3期。

顾曰国:《意向性、意识、意图、目的(标)与言语行为:从心智哲学到语言哲学》,《当代语言学》2017年第3期。

韩艳梅:《间接性话语的冲突回应及说话人权势的非对称现象》,《现代外语》2013年第3期。

郝春霞:《对英汉两种语言言语行为的实现模式的探讨》,《山西师大学报》(社会科学版)2000年第1期。

何天祥:《兰州方言里的第三人称代词》,《兰州大学学报》(社会科学版)1986年第2期。

何天祥:《兰州方言里的"上"与"下"》,《兰州大学学报》(社会科学版)1987年第4期。

何雅媚:《言语交际中亲疏关系信息的传递》,《外语学刊》2009年第5期。

何兆熊:《新编语用学概要》,上海教育出版社2000年版。

何自然:《语用学与英语学习》,上海外语教育出版社1997年版。

洪岗:《跨文化语用学研究中的对等问题》,《外国语》2001年第2期。

洪岗:《跨文化语用学语料收集方法研究》,外语教学与研究出版社2005年版。

黄衍:《语用学》,外语教学与研究出版社2009年版。

胡明扬:《问候语的文化心理背景》,《世界汉语教学》1987年第2期。

胡明扬:《北京话"女国音"调查》,《语文建设》1988年第1期。

姜占好:《过渡语语用学视角下的语用能力研究》,北京大学出版社2013年版。

焦梅:《东乡语和兰州方言问候和告别言语行为的语用策略对比研究》,硕士学位论文,兰州大学,2016年。

金双龙:《东乡语研究》,博士学位论文,内蒙古大学,2013年。

吉晓彤:《东乡语与兰州方言拒绝言语行为的语用策略对比研究》,硕士学位论文,兰州大学,2016年。

康德:《纯粹理性批判》,商务印书馆1956年版。

兰莉鹏:《东乡语与兰州方言实施请求的语用对比研究》,硕士学位论文,兰州大学,2012年。

兰州大学中文系语言研究小组编:《兰州方言》,《兰州大学学报》(社会科学版）1963年第2期。

兰州大学中文系语言研究小组编：《兰州方言》，《兰州大学学报》（社会科学版）1964年第1期。

梁潇洁：《东乡语"建议"策略的研究及其与兰州方言策略的对比》，硕士学位论文，兰州大学，2018。

李捷、何自然、霍永寿：《语用学十二讲》，华东师范大学出版社2011年版。

李军：《使役方式选择与社会情景制约关系分析》，《现代外语》2001年第24卷第4期。

李丽娜：《告别言语行为分析》，《安徽教育学院学报》2003年第4期。

栗林均：《"东乡语词汇"蒙古书面语词索引序言》，引自甘肃省民族事务委员会少语办编《东乡语论集》甘肃民族出版社1988年版。

凌来芳：《A study On the Speech Act of Invitation in Chinese》，硕士学位论文，安徽大学，2004年。

李萍、郑树棠、杨小虎：《影响中美学生抱怨话语严厉程度的因素分析》，《外语教学与研究外国语文双月刊》2006年第38卷第38期。

李田新：《英汉问候语对比研究》，博士学位论文，东北师范大学，2006年。

刘丽姝：《东乡语与兰州方言实施道歉之语用对比研究》，硕士学位论文，兰州大学，2013年。

刘思：《新格莱斯与关联理论的语言意义之争》，《南京社会科学》2010年第8期。

刘思、钟航：《东乡语恭维言语的语用特点及文化》，《西北民族研究》2014年第1期。

刘思、张水云、李宗宏、段晓红：《生态语言学背景下的东乡语语用研究》，兰州大学出版社2015年版。

刘思、吉晓彤、黎巧儿：《东乡语"拒绝"策略的语用文化探析》，《西北民族研究》2018年第4期。

刘照雄：《东乡语简志》，民族出版社1981年版。

李玉婷：《东乡语与兰州方言致谢言语行为的语用对比研究》，硕士学位论文，兰州大学，2013年。

李宗宏：《词汇语用学与语言歧义性探索》，《宁夏大学学报》（人文社会科学版）2006年第6期。

卢加伟：《面子论视角下汉英建议礼貌策略的比较研究》，《河南科技大学学报》（社会科学版）2014年第3期。

马彩霞：《东乡语与兰州方言邀请语用策略对比研究》，硕士学位论文，兰州大学，2017年。

马国忠、陈元龙：《东乡语汉语词典》，甘肃民族出版社2001年版。

马国良、刘照雄：《东乡语论集》，甘肃民族出版社1988年版。

马虎成：《撒尔塔：一个曾经被忽略的民族名称——也谈撒尔塔与东乡族族源上》，《西北民族研究》1992年第2期。

马虎成：《撒尔塔：一个曾经被忽略的民族名称——也谈撒尔塔与东乡族族源下》，《西北民族研究》1993年第1期。

毛延生、黄倩倩：《网络语境下建议行为的语用机制研究》，《语言教学与研究》2016年第3期。

马少虎：《改革开放以来东乡族社会结构变迁研究——以东乡族自治县为例》，硕士学位论文，西北民族大学，2009年。

马永峰、陈玉梅：《东乡语保护对策研究》，《语言与翻译》2015年第2期。

敏春芳：《东乡语人称代词词干溯源》，《西北民族大学学报哲学社会科学版》2012年第2期。

皮尔斯：《皮尔斯：论符号》，赵星植译，四川大学出版社2014年版。

钱厚生：《英汉问候语告别语对比研究》，商务印书馆1996年版。

钱永红、陈新仁：《语料库方法在语用学研究中的运用》，《外语教学理论与实践》2014年第2期。

曲卫国、陈流芳：《汉语招呼分析》，《华东师范大学学报》2001年第3

期。

冉永平：《指示语选择的语用视点、语用移情与离情》，《外语教学与研究》2007年第39卷第5期。

冉永平、赖会娣：《虚假拒绝言语行为的人际语用理据分析》，《外语学刊》2014年第2期。

冉永平、杨青：《英语国际通用语背景下的语用能力思想新探》，《外语界》2015年第5期。

任育新：《国外建议行为研究述评》，《外语教学理论与实践》2014年第4期。

任育新：《学术互动中权势关系建构的语用分析》，《现代外语》2015年第2期。

申智奇、刘文洁：《心理咨询师建议言语行为的语用探讨》，《外国语言文学》2012年第1期。

史耕山、张尚莲：《论性别话语风格的相对性——一种情景研究模式》，《外语教学》2004年第25卷第5期。

史耕山：《汉语称赞语中的性别研究》，科学出版社2008年版。

宋海燕：《性别原型及其在两性言语交际能力中的反映》，《外国语（上海外国语大学学报）》1998年第2期。

孙宏开：《中国少数民族语言活力排序研究》，《广西民族大学学报》（哲学社会科学版）2006年第5期。

王爱华：《英汉拒绝言语行为表达模式调查》，《外语教学与研究》2001年第3期。

王德春：《社会心理语言学》，上海外语教育出版社2004年版。

王芳：《对汉语心理咨询节目中"建议"言语行为的研究》，硕士学位论文，东北师范大学，2006年。

王建华：《话语礼貌与语用距离》，《外国语》2001年第5期。

王烈琴：《优势与差异：言语交往中的性别因素》，《外语教学》2005年第5期。

王绍斌、李玮：《拒绝言语行为的语用迁移研究》，《外语学刊》2007年第4期。

王守仁：《〈大学英语教学指南〉要点解读》，《外语界》2016年第3期。

魏芳秀：《东乡语与兰州方言中实施抱怨的对比研究》，硕士学位论文，兰州大学，2018年。

温仁百：《试论篇章的以言行事行为结构》，《外语教学》2002年第6期。

武娟娟：《语境顺应理论指导下的学术文本翻译》，硕士学位论文，兰州大学，2019年。

夏历：《北京农民工语言使用研究》，《中国社会语言学》2007年第2期。

肖旭月：《英语呼语的礼貌标记功能》，《解放军外国语学院学报》2003年第26卷第1期。

校玉萍：《国际商务电子邮件中请求策略的语用研究》，《外语教学》2011年第6期。

熊坤新：《东乡族伦理思想管窥》，《新疆师范大学学报》（哲学社会科学版）2007年第2期。

徐大明：《语言变异与变化》，上海教育出版社2006年版。

言志峰：《汉语拒绝言语行为的性别差异研究》，《合肥工业大学学报》（社会科学版）2007年第4期。

姚桂林：《东乡语语言活力及涉及危现状考察——以汪集乡何家村为例》，《科学·经济·社会》2020年第1期。

姚晓东：《Grice合作概念的层次性再思考》，《北京航空航天大学学报》（社会科学版）2012年第25卷第4期。

游汝杰：《方言和普通话的社会功能与和谐发展》，《修辞学习》2006年第6期。

游汝杰：《三十年来上海方言的发展变化——吴语研究第五辑》，上海教育出版社2010年版。

余维：《亲疏尊轻的理论框架与人称指示的语用对比分析——汉外对比语用学的尝试》，《外国语》1998年第4期。

俞玮奇：《城市青少年语言使用与语言认同的年龄变化——南京市中小学生语言生活状况调查》，《语言文字应用》2012年第3期。

张凤：《语用层面的距离象似性考察》，《外语研究》2003年第4期。

张璐璐、曹依民、周先武：《劝说行为中英汉人称视点的选择对比》，《外语学刊》2015年第5期。

张蕊：《中英文商务邀请信中邀请言语行为对比分析》，《常州工学院学报社科版》2013年第3期。

张绍杰、王晓彤：《"请求"言语行为的对比研究》，《现代外语》1997年第3期。

张盛裕：《陕甘宁青四省区汉语方言的分区》，《方言》1986年第2期。

张淑敏：《兰州话量词的用法》，《中国语文》1997年第2期。

张文轩、莫超：《兰州方言字典》，中国社会科学出版社2009年版。

张颖：《半机构权势关系下的嘲弄话语回应》，《外语学刊》2017年第5期。

钟航：《东乡语和兰州方言恭维言语行为的语用策略对比研究》，硕士学位论文，兰州大学，2013年。

周薇、周民权：《言语行为中的语用标记探究》，《西安外国语大学学报》2014年第4期。

朱武汉：《跨文化语用学研究范式之检讨及变革刍议》，《外国语》2016年第39卷第2期。

英文文献

Aijmer, Karin, 1996, *Conversational Routines in English: Convention and Creativity*, London: Longman.

Aliakbari, Mohammad, Aghaee Raziyeh and AzimiAmoli Fatemeh, 2015, "Directness vs. Indirectness: A Study of the Linguistic Choices of Persian Speakers When Giving Advice", *English Linguistics Research*, Vol. 4, No. 2.

Al-Khatib, Mahmoud, 2006, "The Pragmatics of Invitation Making and

Acceptance in Jordanian Society", *Journal of Language and Linguistics*, Vol. 52.

Allami, Hamid and Amin Naeimi, 2011, "A Cross-linguistic Study of Refusals: An Analysis of Pragmatic Competence Development in Iranian EFL Learners", *Journal of Pragmatics*, Vol. 43, No. 1.

Al-Shboul, Yasser and Nafiseh Zarei, 2013, "Gender Differences in the Appropriateness of Advice-giving Among Iranian EFL Learners", *International Journal of Language Learning and Applied Linguistics World*, Vol. 3, No. 4.

Arndt, Horst and Richard W. Janney, 1983, Towards an Interactional Grammar of Spoken English, In J. Morreal, ed., *The Ninth LACUS Forum*, Columbia, SC: Hornbeam.

Austin, John L., 1962, *How to do Things With Words*, Oxford: Clarendon Press.

Austin, John L., 1964, *Sense and Sensibilia*, Reconstructed from the manuscript notes by Geoffrey J. Warnock, Oxford: Oxford University Press.

Austin, John L., 1975, *How to do Things With Words* (2nd edition), Cambridge, MA: Harvard University Press.

Austin, John L., 1979, *Philosophical Papers*, Oxford: Oxford University Press.

Babaie, Sherveh and Mohsen Shahrokhi, 2015, "A Cross-cultural Study of Offering Advice Speech Acts by Iranian EFL Learners and English Native Speakers: Pragmatic Transfer in Focus", *English Language Teaching*, Vol. 8, No. 6.

Bach, Kent, 1975, "Performatives Are Statements Too", *Philosophical Studies*, Vol. 28, No. 4.

Bach, Kent and Robert M. Harnish, 1979, *Linguistic Communication and Speech Acts*, Cambridge: The MIT Press.

Bach, Kent and Robert M. Harnish, 1992, "How Performatives Really Work: A Reply to Searle", *Linguistics and Philosophy*, Vol. 15, No. 1.

参考文献

Bach, Kent, 1994, "Conversational Impliciture", *Mind & Language*, Vol. 9, No. 2.

Bach, Kent, 1995, "Standardization vs. Conventionalization", *Linguistics and Philosophy*, Vol. 15.

Bach, Kent, 2012, Context Dependence (Such as it is), In Manuel García-Carpintero and Max Kölbel, eds., *The Continuum Companion to the Philosophy of Language*, London: Continuum Publishing.

Banerjee, Janet and Patricia L. Carrell, 1988, "Tuck in Your Shirt, You Squid: Suggestion in ESL*", *Language Learning*, Vol. 38, No. 3.

Bardovi-Harlig, Kathleen, and Beverly S. Hartford, 1991, Saying "No" in English: Native and Nonnative Rejections, In Lawrence F. Bouton and Yamuna Kachru, eds., *Pragmatics and Language Learning*, Vol. 2, Urbana, IL: Dinision of English as an International Language, University of Illinois at Urbana-Champaign.

Bar-Hillel, Yehoshua, 1946, "Analysis of 'Correct' Language", *Mind*, Vol. 55, No. 220.

Bar-Hillel, Yehoshua, 1964, *Language and Information: Selected Essays on Their Theory and Application*, Addison-Wesley/Jerusalem: The Jerusalem Academic Press.

Beebe, Leslie, Tomoko Takahashi and Robin Uliss-Weltz, 1990, Pragmatic Transfer in ESL Refusals, In Robin C. Scarcella, Elaine S. Anderson and Stephen D. Krashen, eds., *Developing Communicative Competence in a Second Language*, New York: Newbury House.

Beebe, Leslie M. and Martha C. Cummings, 1996, Natural Speech Act Data Versus Written Questionnaire Data: How Data Collection Method Affects Speech Act Performance, In Susan M. Gass and Joyce Neu, eds., *Speech Acts Across Cultures: Challenges to Communication in a Second Language*, Berlin: De Gruyter Mouton.

Bella, Spyridoula, 2009, "Invitations and Politeness in Greek: The Age Variable",

Journal of Politeness Research: Language, Behavior, Culture, Vol. 5, No. 2.

Bella, Spyridoula, 2011, "Mitigation and Politeness in Greek Invitation Refusals: Effects of Length of Residence in the Target Community and, *Journal of Pragmatics*, Vol. 43, No. 6.

Bezuidenhout, Anne and J. Cooper Cutting, 2002, "Literal Meaning, Minimal Propositions, and Pragmatic Processing", *Journal of Pragmatics*, Vol. 34, No. 4.

Bezuidenhout, Anne L. and Robin K. Morris, 2004, Implicature, Relevance and Default Pragmatic Inference, In Ira A. Noveck and Dan Sperber, eds., *Experimental Pragmatics*, Palgrave Studies in Pragmatics, Language and Cognition, London: Palgrave Macmillan.

Blum-Kulka, Shoshana, 1982, "Learning to Say What You Mean in a Second Language: A Study of the Speech Act Performance of Learners of Hebrew as a Second Language", *Applied Linguistics*, Vol. 3, No. 1.

Blum-Kulka, Shoshana and Elite Olshtain, 1984, Requests and Apologies: A Cross-cultural Study of Speech Act Realization Patterns (CCSARP), *Applied Linguistics*, Vol. 5, No. 3.

Blum-Kulka, Shoshana, Brenda Danet and Rimona Gherson, 1985, The Language of Requesting in Israeli Society, In Joseph P. Forgas, ed., *Language and Social Situations*, Springer Series in Social Psychology, New York, Berlin: Springer.

Blum-Kulka, Shoshana, Juliane House and Gabriele Kasper, 1989, *Cross-cultural Pragmatics: Requests and Apologies*, Norwood, NJ: Ablex Publishing Corporation.

Bolander, Brook, 2013, *Language and Power in Blogs: Interaction, Disagreements and Agreements*, Amsterdam: John Benjamins.

Bolinger, Dwight, 1980, *Language: The Loaded Weapon: The Use and Abuse of Language Today*. Berlin: London: Longman..

Bousfield, Derek E., 2008, Impoliteness in the Struggle for Power, In Derek Bousfield and Miriam Locher, eds., *Impoliteness in Language: Studies on its Interplay With Power in Theory and Practice*, Mouton de Gruyter.

Bowe, Heather and Kylie Martin, 2007, *Communication Across Cultures: Mutual Understanding in a Global World*, Cambridge: Cambridge University Press.

Bott, Lewis, Todd M. Bailey and Daniel Grodner, 2012, "Distinguishing Speed From Accuracy in Scalar Implicatures", *Journal of Memory and Language*, Vol. 66, No. 1.

Bott, Lewis, and Ira A. Noveck, 2004, "Some Utterances are Underinformative: The Onset and Time Course of Scalar Inferences", *Journal of Memory and Language*, Vol. 51, No. 3.

Breheny, Richard, Napoleon Katsos and John Williams, 2006, "Are Generalised Scalar Implicatures Generated by Default? An On-line Investigation Into the Role of Context in Generating Pragmatic Inferences", *Cognition*, Vol. 100, No. 3.

Brouwer, Dédé, 1982, "The Influence of the Addressee's Sex on Politeness in Language Use", *Linguistics*, No. 20.

Brown, Penelope, and Stephen C. Levinson, 1978/87, *Politeness: Some Universals in Language Usage*, Cambridge: Cambridge University Press.

Brown, Roger W. and Albert Gilman, 1960, The Pronouns of Power and Solidarity, In Thomas A. Sebeok, ed., *Style in Language*, Cambridge, MA: M. I. T. Press.

Burkhardt, Armin, 1990, *Speech Acts, Meaning and Intentions*, Berlin: Walter de Gruyter.

Cameron, Dale, 1995, Rethinking Language and Gender Studies: Some Issues for the 1990s, In Sara Mills, ed., *Language and Gender: Interdisciplinary Perspectives*, New York: Longman.

Carston, Robyn, 1996, "Quantity Maxims and Generalized Implicature", *Lingua*, Vol. 96, No. 4.

Carston, Robyn, 2002, *Thoughts and Utterances*, Oxford: Blackwell Publishing.

Carston, Robyn, 2004, Relevance Theory and the Saying/Implicating Distinction, In Laurence R. Horn and Gregory Ward, eds., *The Handbook of Pragmatics*, Oxford: Blackwell Publishing.

Chambers, Jack, 2003, Patterns of Variation Including Change, In Jack Chambers, Peter Trudgill and Natalie Schilling-Estes, eds., *The Handbook of Language Variation and Change*, Oxford: Blackwell.

Chemla, Emmanuel, and Lewis Bott, 2014, "Processing Inferences at the Semantics/Pragmatics Frontier: Disjunctions and Free Choice", *Cognition*, Vol. 130, No. 3.

Chen, Xing, Lei Ye and Yanyin Zhang, 1995, Refusing in Chinese, In Gabriele Kasper, ed., *Pragmatics of Chinese as Native and Target Language*, Honolulu, Hawaii: University of Hawaii, Second Language Teaching and Curriculum Center.

Chevallier, Coralie, Ira A. Noveck and Tatjana Nazir, 2008, "Making Disjunctions Exclusive", *Quarterly Journal of Experimental Psychology*, Vol. 61, No. 11.

Clark, Herbert H., and Peter Lucy, 1975, Understanding What Is Meant From What Is Said: A Study in Conversationally Conveyed Requests, *Journal of Verbal Learning and Verbal Behavior*, Vol. 14, No. 1.

Clark, Herbert H., 1985, Language Use and Language Users, In Gardner Lindzey and Elliot Aronson, eds., *The Handbook of Social Psychology*, Reading, MA: Addison-Wesley.

Coates, Jennifer, 1993, *Women, Men and Language: A Sociolinguistic Account of Gender Differences in Language* (2nd edition), London: Longman.

Cohen, Andrew D. and Elite Olshtain, 1993, The Production of Speech Acts by

EFL Learners, *TESOL Quarterly*, No. 27.

Coupland, Nikolas, 1995, Accommodation Theory, In Jef Verschueren, ed., *Handbook of Pragmatics*, Amsterdam: John Benjamins.

Crane, Tim, 1998, Intentionality, *Routledge Encyclopedia of Philosophy*, London and New York: Routledge.

Crawford, Mary, 1995, *Talking Difference: On Gender and Language*, London: Sage.

Crawford, Mary, 2003, "Gender and Humor in Social Context", *Journal of Pragmatics*, No. 35.

Culpeper, Jonathan, 2008, Reflection on Impoliteness, Relational Work and Power, In Derek Bousfield and Miriam A. Locher, eds., *Impoliteness in Language: Studies on its Interplay With Power in Theory and Practice*, Berlin/New York: Mouton de Gruyter.

Culpeper, Jonathan and Michael Haugh, 2014, *Pragmatics and the English Language*, London: Pralgrave Macmilian.

Cutting, Joan, 2001, The Speech Acts of the In-group, *Journal of Pragmatics*, Vol. 33, No. 8.

DeCapua, Andrea and Lisa Huber, 1995, "'If I were you…': Advice in American English", *Multilingua*, No. 14.

DeCapua, Andrea and Ann C. Wintergerst, 2004, *Crossing Cultures in the Language Classroom*, Michigan: The University of Michigan Press.

DeCapua, Andrea and Dunham J. Findlay, 2007, "The Pragmatics of Advice Giving: Cross-cultural Perspectives", *Intercultural Pragmatics*, Vol. 4, No. 3.

Doran, Ryan, Gregory Ward and Meredith Larson, 2012, "A Novel Experimental Paradigm for Distinguishing Between What is Said and What is Implicated", *Language*, Vol. 8, No. 1.

Du, J. Steinberg, 1995, Performance of Face-threatening Acts in Chinese: Complaining, Giving Bad News and Disagreeing, In Gabriele Kasper, ed., *Pragmatics of Chinese as Native and Target Language,* Honolulu: University of Hawaii Press.

Duranti, Alessandro, 1997, "Universal and Culture-specific Properties of Greetings", *Journal of Linguistic Anthropology*, Vol. 7, No. 1.

Eckert, Penelope and Ginet S. McConnell, 1992, Think Practically and Look Locally: Language and Gender as Comnity-based Practice, *Language in Society*, Vol. 21.

Eckert, Penelope and Gmuinet S. McConnell, 2003, *Language and Gender.* Cambridge: Cambridge University Press.

Eelen, Gino, 2001, *A Critique of Politeness Theories*, Manchester: St. Jerome Publishing.

Ervin-Tripp, Susan, 1976, "Is Sybil there? The Structure of Some American English Directives", *Language in Society*, Vol. 5, No. 1.

Eslami, Zohreh R., 2010, Refusals: How to Develop Appropriate Refusal Strategies, In Alicia Martínez-Flor and Esther Usó-Juan, eds., *Speech Act Performance: Theoretical, Empirical and Methodological Issues*, Amsterdam: John Benjamins.

Félix-Brasdefer, J. César, 2006, "Linguistic Politeness in Mexico: Refusal Strategies Among Male Speakers of Mexican Spanish", *Journal of Pragmatics*, Vol. 38, No. 12.

Field, Kenneth L., 1997, *A Grammatical Overview of Santa Mongolian*, Unpublished doctoral dissertation, Santa Barbara: University of California.

Fillmore, Charles J., 1976, "Frame Semantics and the Nature of Language", *Annals of the New York Academy of Sciences*, Vol. 280, No. 1.

Fillmore, Charles J., 1977, Scenes-and-Frames Semantics, Linguistic Structures Processing, In Antonio Zampolli, ed., *Fundamental Studies in Computer Science*, Amsterdam: North Holland.

Firth, John R., 1972, Verbal and Bodily Rituals of Greeting and Parting, In Jean

S. L. Fontaine, ed., *The Interpretation of Ritual: Essays in Honour of A. I. Richards*, London: Tavistock.

Fischer, John L., 1958, "Social Influences in the Choice of a Linguistic Variant", *Word*, No. 14.

Fishman, Pamela M., 1978, "Interaction: The Work Women Do", *Social Problems*, Vol. 25, No. 4.

Fraser, Bruce, and William Nolen, 1981, "The Association of Deference With Linguistic Form", *International Journal of the Sociology of Language*, No. 27.

Frege, Gottlob, 1879, *Begriffsschrift, Eine Der Arithmetischen Nachgebildete Formesprach des Reinen Denkens*, Halle a. S.: Loius Nebert.

Fukushima, Saeko, 2002, A Cross-cultural Study of Requests: The Case of British and Japanese Undergraduates, In Katarzyna M. Jaszczolt and Ken Turner, eds., *Meaning Through Language Contrast*, Amsterdam: John Benjamins.

García, Carmen, 1999, "The Three Stages of Venezuelan Invitations and Responses", *Multilingua*, Vol. 18, No. 4.

García, Carmen, 2007, Establishing and Maintaining Solidarity: A Case Study of Argentinean Invitations, In María E. Placencia and Carmen García, eds., *Research on Politeness in the Spanish-speaking World*, New York: Lawrence Erlbaum, Mahwah.

García, Carmen, 2008, Different Realization of Solidarity Politeness: Comparing Venezuelan and Argentinean Invitations, In Klaus P. Schneider and Anne Barron, eds., *Variational Pragmatics*, Amsterdam: John Benjamins.

Garrett, Merrill and Robert M. Harnish, 2007, "Experimental Pragmatics: Testing for Implicatures", *Pragmatics and Cognition*, Vol. 15, No. 1.

Gass, Susan M. and Nol Houck, 1999, *Interlanguage Refusals: A Cross-cultural Study of Japanese-English*, New York: Mouton de Gruyter.

Gibbs, Raymond W., 1990, "Comprehending Figurative Referential Descriptions", *Journal of Experimental Psychology: Learning, Memory and Cognition*, Vol. 16, No. 1.

Gibbs, Raymond W. and Jessica F. Moise, 1997, "Pragmatics in Understanding What is Said", *Cognition*, Vol. 62, No. 1.

Giles, Howard and Peter Powesland, 1997, Accommodation Theory, In Nikolas Coupland and Adam Jawarski, eds., *Sociolinguistics: A Reader and Coursebook,* New York: Macmillan Press.

Giles, Howard and Tania Ogay, 2007, Communication Accommodation Theory, In Bryan B. Whaley and Wendy Samter, eds., *Explaining Communication: Contemporary Theories and Exemplars*, Mahwah, NJ: Lawrence Erlbaum.

Goffman, Erving, 1955, "On Face-Work", *Psychiatry*, Vol. 18, No. 3.

Goffman, Erving, 1971, *Relations in Public: Microstudies of the Public Order*, New York: Basic Books, Inc., Publishers.

Goffman, Erving, 1972, *Interaction Ritual: Essays on Face-to-face Behavior*, Harmondsworth: Penguin.

Grant, Colin K., 1958, "Pragmatic Implication", *Philosophy*, Vol. 33.

Grice, Paul, 1957, "Meaning", *The Philosophical Review*, Vol. 66.

Grice, Paul, 1975, Logic and Conversation, In Peter Cole and Jerry L. Morgan, eds., *Syntax and Semantics*, *3: Speech Acts*, New York: Academic Press.

Grice, Paul, 1989, *Studies in the Ways of Words*, Cambridge, MA: Harvard University Press.

Gu, Yueguo, 1990, "Politeness Phenomena in Modern Chinese", *Journal of Pragmatics*, No. 4.

Haiman, John, 1985, *Iconicity in Syntax*, Amsterdam: John Benjamins.

Hall, Kira, 1995, Lip Service on the Fantasy Lines, In Kira Hall and Bucholtz Mary, eds., *Gender Articulated: Language and the Socially Constructed Self*, London: Routledge.

Halliday, Michael and Kirkwood Alexander, 1994, *An Introduction to Functional Grammar*, London: Edward Arnold.

Hancher, Michael, 1979, "The Classification of Cooperative Illocutionary Acts", *Language in Society*, Vol. 8, No. 1.

Harnish, Robert M., 1991, "Performatives Are Default Reflexive Standardized Indirect Speech Acts", Presented at the Budapest Conference on Metapragmatic Terms.

Holmes, Janet, 1992, *An Introduction to Sociolinguistics*, London and New York: Routledge.

Holmes, Janet, 1995, *Women, Men, and Politeness*, London: Longman.

Hong, Wei, 1998, *Request Patterns in Chinese and German: A Cross-cultural Study*, Munich: Lincom Europa.

Horn, Laurence R., 1984, Toward a New Taxonomy for Pragmatic Inference: Q Based and R Based Implicature, In Deborah Schiffrin, ed., *Meaning, Form, and Use in Context: Linguistic Applications*, Washington, DC: Georgetown University Press.

Horn, Laurence R., 1988, Pragmatic Theory, In Frederick Newmeyer, ed., *Linguistics: The Cambridge Survey*, Cambridge: Cambridge University Press.

Horn, Laurence R., 1989, *A Natural History of Negation*, Chicago, IL: Chicago University Press.

House, Juliane and Gabriele Kasper, 1981, Politeness Markers in English and German, In Florian Coulma, ed., *Conversational Routine: Exploration in Standardized Communication Situations and Prepatterned Speech*, The Hague: Mouton.

Huang, Yan, 2009, *Pragmatics*, Beijing: Foreign Languages and Research Press.

Huang, Yiting and Jesse Snedeker, 2009, "Online Interpretation of Scalar Quantifiers: Insight Into the Semantics–Pragmatics Interface", *Cognitive*

Psychology, Vol. 358, No. 3.

Huebner, Bryce R., 2014, *Macrocognition: A Theory of Distributed Minds and Collective Intentionality*, Oxford: Oxford University Press.

Hu, Hsien Chin, 1944, "The Chinese Concepts of 'Face'", *American Anthropologist*, Vol. 46, No. 1.

Ide, Sachiko, 1982, "Japanese Sociolinguistics: Politeness and Women's Language", *Lingua*, Vol. 57.

Ide, Sachiko, 1989, "Formal Forms and Discernment: Two Neglected Aspects of Universals of Linguistic Politeness", *Multilingua*, Vol. 8.

Ide, Sachiko, 1993, "Preface: The Search for Integrated Universals of Linguistic Politeness", *Multilingua*, Vol. 12, No. 1.

Janney, Richard W. and Horst Arndt, 1992, Intracultural Tact Versus Intercultural Tact, In Richard J. Watts, Sachiko Ide and Konrad Ehlich, eds., *Politeness in Language: Studies in Its History, Theory and Practice*, Berlin: Mouton de Gruyter.

Jespersen, Otto, 1922, *Language: Its Nature, Development and Origin*, London: Allen and Unwin Ltd.

Johnson, Mark, 1987, *The Body in the Mind: The Bodily Basis of Meaning, Imagination and Reason*, Chicago: The University of Chicago Press.

Kasper, Gabriele and Merete Dahl, 1991, "Research Methods in Interlanguage Pragmatics", *Studies in Second Language Acquisition*, Vol. 13, No. 8.

Kasper, Gabriele, 1996, Linguistic Etiquette, In Florian Coulmas, ed., *Handbook of Sociolinguistics*, Oxford: Blackwell.

Katsos, Napoleon and Chris Cummins, 2010, "Pragmatics: From Theory to Experiment and Back Again", *Language and Linguistic Compass*, Vol. 4, No. 5.

Keiko, Sato, 2010, *A Comparative Study of Complaint Sequences in English and Japanese*, Unpublished doctoral dissertation, Temple University at

Philadelphia.

Kipers, Pamela S., 1987, "Gender and Topic", *Language in Society*, Vol. 16, No. 4.

Knight, Dawn and Svenja Adolphs, 2008, Multi-modal Corpus Pragmatics: The Case of Active Listenership, In Jesús Romero-Trillo, ed., *Pragmatics and Corpus Linguistics*, Berlin: Walter de Gruyter.

Kouper, Inna, 2010, "The Pragmatics of Peer Advice in a LiveJournal community", *Language@Internet*, Vol. 7, No. 1.

Kuribayashi, Hitoshi, 1989, "Comparative Basic Vocabularies for Mongolia (Chakhar), Dagur, Shera-Yögur, Monguor, Bao-an and Dungshang", *Study of Linguistic and Cultural Contacts*, Vol. 1.

Kecskes, Istvan, 2014, *Intercultural Pragmatics*, New York: Oxford University Press.

Keshavarz, Mohammad H., Zohreh R. Eslami and Vahid Ghahraman, 2006, "Pragmatic Transfer and Iranian EFL Refusals: A Cross-cultural Perspective of Persian and English", *Pragmatics and Language Learning*, Vol. 11.

Kwon, Jihyun, 2004, "Expressing Refusals in Korean and in English", *Multilingua*, Vol. 23, No. 4.

Kvale, Steinar, 1996, *Interview: An Introduction to Qualitative Research Interviewing*, Beverly Hills: Sage.

Lakoff, Robin, 1973, The Logic of Politeness: Or, Minding Your P's and Q's, In Claudia Corum, T. Cedric Smith-Stark and Ann Weiser, eds., *Papers From the Ninth Regional Meeting of the Chicago Linguistic Society*, Chicago: Chicago Linguistic Society.

Lakoff, Robin, 1975, *Language and Woman's Place*, New York: Harper and Row.

Lakoff, Robin, 1990, *Talking Power: The Politics of Language in Our Lives*, Glasgow: Harper Collins.

Lakoff, George and Mark Johnson, 1980, *Metaphors We Live by*, Chicago: The University of Chicago Press.

Laver, John T., 1981, Linguistic Routines and Politeness in Greeting and Parting, In Coulmas Florian, ed., *Conversation Routine*, The Hague: Mouton.

Leech, Geoffrey, 1983, *Principles of Pragmatics*, London: Longman.

Leech, Geoffrey, 2007, "Politeness: Is There an East-West Divide?", *Journal of Politeness Research: Language, Behavior, Culture*, Vol. 3, No. 2.

Leech, Geoffrey, 2014, *The Pragmatics of Politeness*, Oxford University Press.

Lee-Wong, Song Mei, 2000, *Politeness and Face in Chinese Culture: Cross Cultural Communication*, Melbourne: Monash University Press.

Levin, Magnus, 2014, "The Bathroom Formula: A Corpus-based Study of a Speech Act in American and British English", *Journal of Pragmatics*, Vol. 64.

Levinson, Stephen C., 1983, *Pragmatics*, Cambridge: Cambridge University Press.

Levinson, Stephen C., 1987, "Pragmatics and the Grammar of Anaphora: A Partial Pragmatic Reduction of Binding and Control Phenomena", *Journal of Linguistics*, Vol. 23.

Levinson, Stephen C., 2000, *Presumptive Meanings, the Theory of Generalized Conversational Implicature*, Cambridge, MA: MIT Press.

Liao, Chao-Chih and Mary Bresnahan, 1996, "A Contrastive Pragmatic Study on American English and Mandarin Refusal Strategies", *Language Sciences*, Vol. 18, No. 3.

Li, Eden Sum-hung, 2010, "Making Suggestions: A Contrastive Study of Young Hong Kong and Australian Students", *Journal of Pragmatics*, Vol. 42, No. 3.

Littlewood, William, 1992, *Teaching Oral Communication: A Methodological Framework*, Oxford: Basil Blackwell.

Liu, Si, 2011, "An Experimental Study of the Classification and Recognition of Chinese Speech Acts", *Journal of Pragmatics*, Vol. 43, No. 6.

Liu, Si, Robert M. Harnish and Merrill F. Garrett, 2012, *Theories and Research in Experimental Pragmatics*, Beijing: China Social Science Press.

Liu, Si and Yi Yang, 2019/2017, "Cognitive Processing of Scalar Implicatures With Chinese Gradable Adjectives", *Pragmatics & Cognition*, Vol. 24, No. 3.

Locher, Miriam A., 2004, *Power and Politeness in Action: Disagreements in Oral Communication*, Berlin: Mouton de Gruyter.

Lumsden, David, 2008, "Kinds of Conversational Cooperation", *Journal of Pragmatics*, Vol. 40, No. 11.

Ma, Ringo, 1996, "Saying 'yes' for 'no' and 'no' for 'yes': A Chinese Rule", *Journal of Pragmatics*, Vol. 25, No. 2.

Malinowski, Bronislaw, 1923, The Problem of Meaning in Primitive Languages, In Charles K. Ogden and Ivor A. Richards, eds., *The Meaning of Meaning*, London: K. Paul, Trend, Trubner.

Maltz, Daniel N. and Ruth A. Borker, 1982, A Cultural Approach to Male and Female Miscommunication, In John J. Gumperz, ed., *Language and Social Identity*, Cambridge: Cambridge University Press.

Mao, Luming, 1992, "Invitational Discourse and Chinese Identity", *Journal of Asian Pacific Communication*, Vol. 3, No. 1.

McAllister, Paula G., 2015, Speech Acts: A Synchronic Perspective, In Karin Aijmer and Christoph Rühlemann, eds., *Corpus Pragmatics: A Handbook*, Cambridge: Cambridge University Press.

Meibauer, Jörg, 2012, "Pragmatic Evidence, Context, and Story Design: An Essay on Recent Developments in Experimental Pragmatics", *Language Sciences*, Vol. 34, No. 6.

Mey, Jacob L., 1993, *Pragmatics: An Introduction*, London: Blackwell Publishers Ltd.

Mills, Sera, 2003, *Gender and Politeness*, Cambridge: Cambridge University Press.

Mizutani, Osamu and Nobuko Mizutani, 1987, "How to Be Polite in Japanese", *Japan Times*.

Moore, George E., 1953, "Some Main Problems of Philosophy", *Philosophy & Phenomenological Research*, Vol. 15, No. 4.

Moore, George E., 1942/1968, A Reply to My Critics, In Paul A. Schilpp, ed., *The Philosophy of G. E. Moore*, La Salle, IL: Open Court.

Morris, Charles W., 1937, "Logical Positivism, Pragmatism, and Scientific EmpiriAcism", *Expose de Philsophie Scientifique*, Vol. 1.

Morrow, Christopher K., 1995, *The Pragmatic Effects of Instruction on ESL Learners' Production of Complaint and Refusal Speech Acts*, Unpublished doctoral dissertation, State University of New York at Buffalo.

Muriel, Warge, 2008, Requesting in German as a Pluricentric Language, In Klaus P. Schneider and Anne Barron, eds., *Variational Pragmatics*, Amsterdam: John Benjamins.

Murphy, Beth and Joyce Neu, 1996, My Grade's Too Low: The Speech Act Set of Complaining, In Susan M. Gass and Joyce Neu, eds., *Speech Acts Across Cultures*, Berlin: Mouton de Gruyter.

Nazari, Behzad, 2014, "The Contrastive Analysis of the Speech Act of Invitation Between English and Farsi", *US-China Foreign Language*, Vol. 12, No. 8.

Nakabachi, Keiichi, 1996, "Pragmatic Transfer in Complaints: Strategies of Complaining in English and Japanese by Japanese EFL speakers", *JACET Bulletin*, Vol. 27.

Neys, Wim De and Walter Schaeken, 2007, "When People are More Logical Under Cognitive Load: Dual Task Impact on Scalar Implicature", *Experimental Psychology*, Vol. 54, No. 2.

Nicolle, Steve and Billy Clark, 1999, "Experimental Pragmatics and What is Said: A Reply to Gibbs and Moise", *Cognition*, Vol. 69, No. 3.

Noveck, Ira A. and Andres Posada, 2003, "Characterizing the Time Course of an

Implicature: An Evoked Potentials Study", *Brain and Language*, Vol. 85, No. 2.

Nowell-Smith, Patrick H., 1954, *Ethics*, Harmondsworth: Penguin.

Oishi, Etsuko, 2011, How are Speech Acts Situated in Context? In Anita Fetze and Etsuko Oishi, eds., *Context and Contexts*, Amsterdam/Philadelphia: Benjamins Publishing Company.

Oliver, Corff, 1996, The Dongxiang Mongols and Their Language. Retrieved from http://userpage.fu-berlin.de/~corff/im/Sprache/Dongxiang.html.

Olshtain, Elite and Shoshana Blum-Kulka, 1985, "Crosscultural Pragmatics and the Testing of Communicative Competence", *Language Testing*, Vol. 2, No. 1.

Olshtain, Elite and Liora Weinbach, 1987, Complaints: A Study of Speech Act Behavior Among Native and Nonnative Speakers of Hebrew, In Marcella Bertuccelli Papi and Jef Verschueren, eds., *The Pragmatic Perspective: Selected Papers From the 1985 International Pragmatics Conference*, Amsterdam: John Benjamins.

Ononye, Chuka F., 2020, The Concept of Politeness: First/Second Order Distinction, A Lecture Delivered on the Telegram Platform of the Pragmatics Association of Nigeria (PrAN), on April 17.

Panizza, Daniele, Gennaro Chierchia and Charles Clifton Jr., 2009, "On the Role of Entailment Patterns and Scalar Implicatures in the Processing of Numerals", *Journal of Memory & Language*, Vol. 611, No. 4.

Panther, Klaus-Uwe and Linda Thornburg, 1998, "A Cognitive Approach to Inferencing in Conversation", *Journal of Pragmatics*, Vol. 30, No. 6.

Panther, Klaus-Uwe and Linda Thornburg, 2009, *Metonymy and Metaphor in Grammar*, Amsterdam/Philadelphia: John Benjamins.

Paramasivam, Shamala, 2007, "A Discourse-oriented Model for Analyzing Power and Politeness in Negotiation Interaction: A Cross-linguistic Perspective", *Journal of Universal Language*, Vol. 8.

Politzer-Ahles, Stephen, Robert Fiorentino, Xiaoming Jiang and Xiaolin Zhou, 2013, "Distinct Neural Correlates for Pragmatic and Semantic Meaning Processing: An Event-related Potential Investigation of Scalar Implicature Processing Using Picture-Sentence Verification", *Brain Research*, Vol. 1490 (Complete).

Recanati, François, 2004a, *Literal Meaning*, Cambridge: Cambridge University Press.

Recanati, François, 2004b, Pragmatics and Semantics, In Laurence Horn and Gregory Ward, eds., *The Handbook of Pragmatics*, Oxford: Blackwell Publishing.

Richard, Justin B., 2013, Speech Act Theory, Ethnocentrism, and the Multiplicity of Meaning-making Practices, In Marina Sbisà and Ken Turner, eds., *Pragmatics of Speech Actions*, Berlin/Boston: Gruyter Mouton.

Romero-Trillo, Jesús, 2008, *Pragmatics and Corpus Linguistics*, Berlin: Walter de Gruyter.

Rorty, Richard M., 1992, *The Linguistic Turn: Essays in Philosophical Method*, Chicago: The University of Chicago Press.

Rubin, Joan, 1983, How to Tell When Someone Is Saying "No" Revisited, In Nessa Woflson and Elliot Judd, eds., *Sociolinguistics and Language Acquisition*, London: Newbury House Publishers.

Rühlemann, Christoph, 2010, What Can a Corpus Tell Us About Pragmatics, In Anne O'Keeffe and Michael McCarthy, eds., *The Routledge Handbook of Corpus Linguistics*, London: Routledge.

Rühlemann, Christoph and Karin Aijmer, 2015, Corpus Pragmatics: Laying the Foundations, In Karin Aijmer and Christoph Rühlemann, eds., *Corpus Pragmatics: A Handbook*, Cambridge: Cambridge University Press.

Sbisà, Marina, 2002, "Speech Acts in Context", *Language & Communication*, Vol. 22, No. 4.

Sbisà, Marina, 2009, Speech Act Theory, In Jef Verschueren and Jan-Ola Östman, eds., *Key Notions for Pragmatics*, Amsterdam: John Benjamins.

Sbisà, Marina, 2013, Some Remarks About Speech Act Pluralism, In Alessandro Capone, Franco Lo Piparo and Marco Carapezza, eds., *Perspectives on Pragmatics and Philosophy*, Berlin, Heidelberg, New York: Springer.

Schegloff, Emanuel A. and Harvey Sacks, 1973, "Opening up Closings", *Semiotica*, Vol. 8. No. 4.

Schiffrin, Deborah, 1977, "Opening Encounters", *American Sociological Review*, Vol. 42, No. 5.

Schneider, Klaus P. and Anne Barron, 2008, Where Pragmatics and Dialectology Meet: Introducing Variational Pragmatics, In Klaus P. Schneider and Anne Barron, eds., *Variational Pragmatics*, Amsterdam: John Benjamins.

Searle, John R., 1968, "Austin on Locutionary and Illocutionary Acts", *The Philosophical Review*, Vol. 77, No. 4.

Searle, John R., 1969a, *Speech Acts: An Essay in the Philosophy of Language*, Cambridge: Cambridge University Press.

Searle, John R., 1969b, "The Classification of Illocutionary Acts", *Language in Society*, Vol. 5, No. 1.

Searle, John R., 1975, Indirect Speech Acts, In Peter Cole and Jerry L. Morgan, eds., *Syntax and Semantics, Vol. 3, Speech Acts*, New York: Academic Press.

Searle, John R., 1976, "A Classification of Illocutionary Acts", *Language in Society*, Vol.5, No. 1.

Searle, John R., 1979, *Expression and Meaning: Studies in the Theories of Speech Acts*, Cambridge: Cambridge University Press.

Searle, John R., 1983, *Intentionality: An Essay in the Philosophy of Mind*, Cambridge: Cambridge University Press.

Searle, John R., 1984, "Intentionality and Its Place in Nature", *Synthese*, Vol. 61, No.1.

Searle, John R. and Daniel Vanderveken, 1985, *Foundations of Illocutionary Logic*, Cambridge: Cambridge University Press.

Searle, John R., 1990, Collective Intentions and Actions, In Philip R. Cohen, Jerry Morgan and Martha E. Pollack, eds., *Intentions in Communication*, Cambridge, MA: The MIT Press.

Searle, John R., 1991a, Response: Meaning, Intentionality and Speech Acts, In Ernest Lepore and Robert Van Gulick, eds., *John Searle and His Critics*, Oxford: Basil Blackwell.

Searle, John R., 1991b, "Consciousness, Unconsciousness, and Intentionality", *Philosophical Issues*, Vol. 1, Consciousness.

Siebold, Kathrin and Hannah Busch, 2015, "(No) Need for Clarity: Facework in Spanish and German Refusals", *Journal of Pragmatics*, Vol. 75.

Smith, Barry, 1990, Towards a History of Speech Act Theory, In Armin Burkhardt, ed., *Speech Acts, Meaning and Intentions: Critical Approaches to the Philosophy of John R. Searle*, Berlin/New York: Mouton de Gruyter.

Spencer-Oatey, Helen, 2011, "Conceptualising 'the Relational' in Pragmatics: Insights From Metapragmatic Emotion and (Im)politeness Comments", *Journal of Pragmatics*, Vol. 43, No. 14.

Spencer-Oatey, Helen, 2000, *Culturally Speaking: Managing Rapport Through Talk Across Cultures*, London and New York: Continuum.

Spencer-Oatey, Helen, 2008, *Culturally Speaking: Culture, Communication and Politeness Theory,* London and New York: Continuum. (Revised edition of Spencer-Oatey 2000a.)

Spender, Dan, 1992, *Man and Language*, London: Pandora Press.

Sperber, Dan and Gloria Origgi, 2012, A Pragmatic Perspective on the Evolution of Language, In Deirdre Wilson and Dan Sperber, eds., *Meaning and Relevance*, Cambridge: Cambridge University Press.

Sperber, Dan and Deirdre Wilson, 1986, *Relevance: Communication and*

Cognition, Cambridge, MA: Harvard University Press.

Sperber, Dan and Deirdre Wilson, 2002, "Pragmatics, Modularity and Mind-reading", *Mind Language*, Vol. 17, Nos. 1 and 2.

Sunburst, 1959, *Summary of Dongxiang Minority Language*. Read in the first Mongolia Society.

Suzuki, Toshihiko, 2007, *A Pragmatic Approach to the Generation and Gender Gap in Japanese Politeness Strategies*, Tokyo: HituziShobo Publishing.

Suzuki, Toshihiko, 2009, "A Study of Lexicogrammatical and Discourse Strategies for Suggestion With the Use of the English Speech Act Corpus", *The Cultural Review*, No. 34.

Swacker, Marjorie. 1976, Women's Verbal Behavior at Learned and Professional Conferences, In Betty L. Dubois and Isabel Crouch, eds., *The Sociology of the Languages of American Women*, San Antonio, TX: Trinity University.

Takahashi, Satomi and Margaret A. DuFon, 1989, Cross-linguistic Influence in Indirectness: The Case of English Directives Performed by Native Japanese Speakers, Unpublished manuscript, University of Hawaii at Manova. Retrived from https://eric.ed.gov/?id=ED370439.

Tannen, Deborah, 1990a, Gender Differences in Conversational Coherence: Physical Alignment and Topical Cohesion, In Bruce Dorval, ed., *Conversational Organization and Its Development*, Norwood, N. J.: Ablex.

Tannen, Deborah, 1990b, *You Just Don't Understand: Women and Men in Conversation*, New York: William Morrow.

Tannen, Deborah, 1993, *Framing in Discourse*, New York: Oxford University Press.

Taylor, John R., 1995, *Linguistic Categorization: Prototypes in Linguistic Theory* (2nd edition), Oxford: Clarendon.

Terkourafi, Marina, 1999, "Frames for Politeness: A Case Study", *Pragmatics*, Vol. 9, No.1.

Terkourafi, Marina, 2001, The Distinction Between Generalised and Particularized Implicatures and Linguistic Politeness, In Peter Kuhnlein, Hannes Rieser and Henk Zeevat, eds., *Proceedings of the Fifth Workshop on the Formal Semantics and Pragmatics of Dialogue*, Bielefeld: ZiF.

Terkourafi, Marina, 2005, An Argument for a Frame-based Approach to Politeness: Evidence From the Use of the Imperative in Cypriot Greek, In Robin T. Lakoff and Sachiko Ide, eds., *Broadening the Horizon of Linguistic Politeness*, Amsterdam: John Benjamins.

Thomas, Jenny, 1995, *Meaning in Interaction: An Introduction to Pragmatics*, London: Longman.

Thornborrow, Joanna, 2002, *Power Talk: Language and Interaction in Institutional Discourse*, London: Pearson Education.

Thorne, Barrie and Nancy Henley, 1975, *Language and Sex: Difference and Dominance (Series in Sociolinguistics)*, Rowley, MA: Newbury House Publishers.

Tokimoto, Masahiro, 2008, "The Effects of Deductive and Inductive Instruction on the Development of Language Learners' Pragmatic Competence", *The Modern Language Journal*, Vol. 92, No. 3.

Tomlinson, John M., Todd M. Bailey and Lewis Bott, 2013, "Possibly All of That and Then Some: Scalar Implicatures Are Understood in Two Steps", *Journal of Memory and Language*, Vol. 69, No. 1.

Tor Da leva, 1961, *Dongxiang Minority Language*, Moscow: Moscow Press.

Trosborg, Anna, 1995a, The Communicative Act of Complaining, In Anna Trosborg, ed., *Interlanguage Pragmatics: Request, Complaints and Apologies*, Berlin: Mouton de Gruyter.

Trosborg, Anna, 1995b, Complaint Strategies in Non-native and Native Speakers of English, In Anna Trosborg, ed., *Interlanguage Pragmatics: Request, Complaints and Apologies*, Berlin: Mouton de Gruyter.

Trudgill, Peter, 1974, *The Social Differentiation of English in Norwich*, Cambridge: Cambridge University Press.

Tuomela, Raimo, 2013, *Social Ontology: Collective Intentionality and Group Agents*, Oxford: Oxford University Press.

Turnbull, William, 1992, A Conversation Approach to Explanation With Emphasis on Politeness and Accounting, In Margaret L. McLaughlin, Michael J. Cody and Stephen J. Read, eds., *Explaining One's Self to Others: Reason-giving in a Social Context*, Hillsdale, NJ: Erlbaum.

Uchida, Aki, 1992, "When 'Difference' Is 'Dominance' : A Critique of the 'Anti-Power-Based' Cultural Approach to Sex Differences", *Language in Society*, Vol.21, No. 4.

Ueda, Keiko. 1974, Sixteen Ways to Avoid Saying "No" in Japan, In John C. Condon and Mitsuko Saito, eds., *Intercultural Encounters With Japan*, Tokyo: The Simul Press.

Vanderveken, Daniel, 1990, *Meaning and Speech Acts*, Cambridge: Cambridge University Press.

Ventola, Eija, 1979, "The Structure of Casual Conversation in English", *Journal of Pragmatics*, Vol. 3, Nos. 3 and 4.

Verschueren, Jef, 1999, *Understanding Pragmatics*, London: Edward Arnold.

Walker, Marilyn A., 1996, "Inferring Acceptance and Rejection in Dialogue by Default Rules of Inference", *Language and Speech*, Vol. 39, No. 2.

Wardhaugh, Ronald, 1998, *Sociolinguistics: An Introduction to Language and Society* (3nd edition), Blackwell Publishers Ltd.

Watts, Richard J., 2003, *Politeness*, Cambridge: Cambridge University Press.

Watts, Richard J., Sachiko Ide and Konrad Ehlich, 2005, *Politeness in Language: Studies in Its History, Theory and Practice*, Berlin and New York: Mouton de Gruyter.

Weatherall, Ann, 2002, *Gender, Language and Discourse*, New York:

Routledge.

Wierzbicka, Anna, 1987, *English Speech Act Verbs: A Semantic Dictionary*, Emerald Group Publishing.

Wierzbicka, Anna, 2003, *Cross-cultural Pragmatics: The Semantics of Human Interaction*, Berlin/New York: Mouton de Gruyter.

Witek, Maciej, 2013, "Three Approaches to the Study of Speech Acts", *Dialogue Universalism*, No. 1.

Witek, Maciej, 2015, "An Interactional Account of Illocutionary Practice", *Language Sciences*, Vol. 47.

Wolfson, Nessa, 1981, "Compliments in Cross-cultural Perspective", *TESOL Quarterly*, Vol. 15, No. 2.

Wolfson, Nessa and Joan Manes, 1981, *The Compliment Formula*, The Hague: Mouton.

Wolfson, Nessa, 1989, *Perspectives: Sociolinguistics and TESOL*, Boston: Heinle & Heinle Publishers.

Youssouf, Ibrahim A., Allen D. Grimshaw and Charles S. Bird, 1976, "Greetings in the Desert", *American Ethnologist*, Vol. 3, No. 4.

Yu, Guodong and Yaxin Wu, 2018, "Inviting in Mandarin: Anticipating the Likelihood of the Success of an Invitation", *Journal of Pragmatics*, Vol. 125.

Yule, George, 1996, *Pragmatics,* London: Oxford University Press.

Zimmerman, Don H. and Candace West, 1996, "Sex Roles, Interruptions and Silences in Conversation", *Amsterdam Studies in the Theory and History of Linguistic Science Series*, No. 4.

Zipf, George K., 1949, *Human Behaviour and the Principle of Least Effort: An Introduction to Human Ecology*, Cambridge, Mass: Addison-Wesley Press.

后　　记

首先，我们要诚挚地感谢东乡族和汉族的父老乡亲，花费了大量时间参加我们的数据收集工作！本项目的调研对象，东乡族和西北汉族人数共达2000多人，没有他们的积极、认真的配合，我们是不可能完成此项研究的。

我们还要由衷地感谢东乡语专家、原甘肃省委统战部副部长、现甘肃省社科联党组书记陈元龙先生！他担任了本项目整个东乡语视频转写和翻译稿的审校，并多次接受我们的访问，解答相关的东乡语语言和文化问题。我们的调研也得到甘肃东乡自治县教育局和双语教育办公室的热情支持，在此一并表示衷心的感谢！

我们的东乡语视频转写、口头和笔头翻译都由东乡族大学生担任。他们积极、热情、认真的工作给予了我们最有效最有利的帮助。在此，对王小霞、马冬梅、马雪梅等同学表示深切的谢意！

本专著第一章由刘思指导博士生杨益完成；第二章由李宗宏教授负责撰写；第三章由张水云副教授负责撰写；第四章由刘思指导赵白露和黎巧儿撰写初稿；第五章由何馨老师负责撰写。在此，表示衷心的感谢！

第六章至第十章分别由研究生焦梅、马彩霞、吉晓彤、梁潇洁、魏芳秀参与数据收集，完成报告初稿。另外，研究生王展、赵重鸳、杨雪在校对、核查时，提供了无私的帮助。谢谢她们！

本课题研究的总体策划、设计和指导由项目主持人刘思负责、执行；主持人还完成了全文的改写、审校、编辑等工作。杨益协助主持人进行核查、修改和编辑。

本专著的出版，得到兰州大学中央高校基本科研业务费专项资金项目"人文社科青年教师提升计划"（项目编号：2019jbkyzx032）的资助，在此特别表示感谢！

本成果是众多东乡族和汉族同胞共同努力、共献心血的结晶。

作　者

2020年7月